T0316444

Syndicats et dialogue social

Les modèles occidentaux à l'épreuve

P.I.E. Peter Lang

Bruxelles · Bern · Berlin · Frankfurt am Main · New York · Oxford · Wien

Dominique ANDOLFATTO et Sylvie CONTREPOIS (dir.)

Syndicats et dialogue social

Les modèles occidentaux à l'épreuve

Ouvrage publié avec le soutien de la région Bourgogne (programme Faber) et de l'Université de Bourgogne-Franche-Comté (France)

Cette publication a fait l'objet d'une évaluation par les pairs.

© P.I.E. PETER LANG s.a.
Éditions scientifiques internationales
Bruxelles, 2016
1 avenue Maurice, B-1050 Bruxelles, Belgique
www.peterlang.com ; info@peterlang.com

Imprimé en Allemagne

ISBN 978-2-87574-342-8
eISBN 978-3-0352-6617-7
D/2016/5678/38

Information bibliographique publiée par « Die Deutsche Bibliothek »

« Die Deutsche Bibliothek » répertorie cette publication dans la « Deutsche National-bibliografie » ; les données bibliographiques détaillées sont disponibles sur le site <http://dnb.ddb.de>.

Table des matières

Introduction 9

Chapitre 1
Allemagne : la résilience d'un « modèle » de référence 15
Martin Behrens

Chapitre 2
Autriche : l'essoufflement politique d'un système consensuel 37
Patrick Moreau

Chapitre 3
Belgique : l'adaptation d'un « modèle » de concertation sociale 55
Évelyne Léonard et François Pichault

Chapitre 4
**Bulgarie : syndicalisme et tripartisme après la chute
du communisme** 77
Vassil Kirov

Chapitre 5
Danemark : un « modèle » en difficulté 91
Jens Lind

Chapitre 6
**Espagne : le « modèle ibérique » face à la crise
et aux Indignés** 107
Marina Casula

Chapitre 7
**États-Unis : crise du syndicalisme
et de la négociation collective** 123
Mathieu Dupuis et Claude Rioux

Chapitre 8
France : la cartellisation des relations professionnelles 139
Dominique Andolfatto et Dominique Labbé

Chapitre 9
Grèce : les relations du travail au prisme des politiques d'austérité et de déréglementation 161
Lefteris Kretsos

Chapitre 10
Italie : libéralisation du marché du travail et résistances syndicales 173
Guillaume Gourgues et Jessica Sainty

Chapitre 11
Pays-Bas : le syndicalisme des polders 191
Antoine Bevort

Chapitre 12
Québec : un système de relations industrielles en mutation 209
Mélanie Laroche et Patrice Jalette

Chapitre 13
Roumanie : des *minériades* à l'intégration européenne 225
Anemona Constantin

Chapitre 14
Royaume-Uni : l'européanisation d'un modèle très libéral 243
Sylvie Contrepois

Chapitre 15
Suède : brève histoire du syndicalisme et défis actuels 263
Christer Thörnqvist, Monica Andersson Bäck et Jesper Hamark

Conclusion 283

Les auteurs 291

Introduction

Comment ont évolué les modes de régulation du travail compte tenu des transformations profondes intervenues dans le monde et dans les entreprises depuis une trentaine d'années ?

Quinze études de cas nationaux – en Europe et en Amérique du Nord – permettent de faire précisément le point et de dépasser des clichés ou des anachronismes qui marquent bien souvent le débat social. Il s'agit d'appréhender clairement les systèmes de relations professionnelles. Comment se sont-ils édifiés ? Quels sont leurs principaux acteurs ? Comment ont-ils évolué ? Les relations professionnelles renvoient en l'occurrence aux rapports collectifs liés au travail, soit dans les entreprises, les branches d'activité, ou aux niveaux multi-professionnels, aux rapports entre les représentants des salariés (habituellement les syndicats) et les employeurs (et leurs organisations), avec pour objectif l'élaboration de procédures qui régissent ces rapports et de règles de contenu, par exemple le niveau des salaires ou le temps de travail (Bevort, Jobert, 2011). On parle aussi de « dialogue social » (voire de « démocratie sociale » ou de « démocratie au travail »), entre les « partenaires sociaux » que constituent donc les syndicats et les employeurs.

En dépit d'histoires économiques qui présentent de nombreuses différences entre les pays observés, ne serait-ce qu'en termes de temporalité, bien des parallèles apparaissent toutefois. De fait, « les relations professionnelles en Europe possèdent un certain nombre de traits fondamentaux » (Slomp, 2000) : prévalence historique de la négociation collective (entre syndicalistes et employeurs) par branche d'activité, participation des travailleurs à l'adaptation des conventions collectives au niveau des entreprises, interventionnisme des gouvernements… L'Amérique du Nord partage également ces caractéristiques mais les sphères professionnelle et politique sont beaucoup plus distinctes, et le niveau local est privilégié, avec de nombreuses formes d'arrangements.

En Europe, trois modèles dominaient à la fin du 20ᵉ siècle : un modèle britannique ou anglo-saxon (plus proche des États-Unis que de l'Europe continentale) qui « laisse une grande liberté de négociation aux acteurs syndicaux et patronaux », un modèle allemand et, plus largement, de l'Europe du Nord-Ouest (ou rhénan) qui privilégie des négociations centralisées par branche (avec un sous-groupe constitué par les pays scandinaves qui a poussé le plus loin l'homogénéisation entre syndicalisme et politique), un modèle des pays latins dans lequel « l'État joue un rôle prépondérant du fait de l'héritage jacobin et du poids du secteur public » (Slomp, 2000).

Avec la globalisation de l'économie et la révolution technologique, tous les systèmes de relations professionnelles ont connu de fortes tensions depuis le dernier quart du 20ᵉ siècle, ce que soulignent les différentes études réunies dans ce livre. Ces tensions ont remis en cause, plus ou moins fortement, les différents « modèles » qui s'étaient construits. Certains pans de ces systèmes se sont même effondrés, comme cela apparaît clairement dans le cas américain. D'autres sont devenus artificiels parce que, tout en cherchant à préserver un idéal de progrès et d'égalité, ils ont été de plus en plus décalés par rapport à l'économie réelle, comme dans le cas français (Hairault, 2015). Au total, tous tendent à évoluer vers un système dual. D'une part, un (ou des) noyau(x) demeurent relativement stable(s), comme en Allemagne ou dans les pays nordiques (voir les chapitres 1, 5 et 15). D'autre part, les règles existantes sont remises en cause dans des îlots sinon des secteurs, toujours plus nombreux et étendus, où prévalent la libéralisation, l'absence de régulation collective, des droits sociaux *a minima*. Dans ces secteurs, des standards minimums individuels se substituent aux règles collectives (Frege, Kelly, 2013). En France, d'une certaine manière, les projets d'une « déclaration des droits du travail » (Badinter, Lyon-Caen, 2015) et de révisions, nombreuses, du code du travail s'inscrivent dans cette perspective. Dans l'Europe du Nord-Ouest, à l'exemple de l'Allemagne, se développe plus spécifiquement « une société à plusieurs niveaux : les salariés de grandes entreprises, couverts par des conventions collectives et une masse croissante de travailleurs pauvres » (Basilien *et al.*, 2012) et inorganisés : sous-traitants, personnels des services, travailleurs migrants… Enfin, suivant l'exemple américain, le nombre de conventions collectives ne peut que reculer faute de syndicats pour les négocier.

Durant ces trente dernières années, une dimension supplémentaire est apparue : l'affirmation de l'Union européenne avec ses normes propres mais aussi une dynamique favorable à la libéralisation. Cette européanisation a produit un effet double et contradictoire, assurant la diffusion d'un certain « modèle social européen », avec des institutions d'information et de consultation des travailleurs, mises en place notamment dans les « nouveaux pays » d'Europe centrale et orientale (comme les études de cas de la Bulgarie et de la Roumanie le montrent), et même une transnationalisation de ce dialogue, à travers les comités d'entreprise européen (voir les chapitres 4 et 13). Cependant, elle a également permis la remise en cause des conventions collectives nationales, à travers des détachements de salariés entre pays européens, ce qui a favorisé le dumping social et déstabilisé les systèmes sociaux, pour ne pas parler de la limitation des formes classiques d'action collective (Andolfatto, Labbé, 2009).

L'européanisation est également à l'origine de politiques drastiques de lutte contre la crise économique et, en lien avec la politique de l'euro, contre la crise de la dette. Cela a conduit à des réformes sociales en profondeur, remettant en cause l'État social hérité de 1945 ou obligeant des États fragiles à se restructurer. L'exemple le plus emblématique est celui de la Grèce (voir le chapitre 9). Mais le Portugal, l'Espagne, l'Italie, le Royaume-Uni (voir les chapitres 6, 10 et 14) ont également lancé dans les années 2010 des réformes d'ampleur, révisant les règles de la négociation collective, imposant la flexibilité du travail, la modération voire la réduction des salaires et des retraites… Cela a soulevé d'importants mouvements de contestation. Mais ceux-ci n'ont pas renversé, ni vraiment réussi à avoir un impact sur le cours des évolutions. Ces changements se sont donc produits dans un contexte de « marginalisation temporaire ou durable des partenaires sociaux » (Vielle, 2012). Au fond, cela renvoie au déclin des organisations syndicales – en tant que mouvements sociaux – entamé dans le dernier quart du 20ᵉ siècle, même si celui-ci a été plus ou moins accentué selon les pays et si des syndicats ont assez bien résisté, voire consolidé leurs positions, dans certains pays, comme l'Italie ou la Belgique (voir le chapitre 3). Ce déclin pourrait être vu comme une sorte de point aveugle de la sociologie des relations professionnelles. Ce sont d'abord les efforts faits par les syndicats pour « affronter la mondialisation, les nouvelles organisations ou la perte d'adhérents » qui ont monopolisé l'attention et la recherche (Slomp, 2000 ; Frege, Kelly, 2006). En revanche, le décrochage syndical, sinon de la forme syndicale, n'ont guère été interrogés, sauf à insister sur certains effets de contexte.

Enfin, la révolution technologique et numérique, la digitalisation, conduisent à multiplier les modes de communication et interfaces dématérialisées et horizontales dans et hors des entreprises. Cela remet en cause les cadres hiérarchiques traditionnels, rend plus floues les frontières de l'entreprise avec le monde extérieur, voire les frontières du salariat, compte tenu du développement du travail à distance, accélérant la circulation de l'information, favorisant les nouvelles collaborations et une transformation des métiers, ce qui oblige – notamment – à revoir les modèles de relations sociales traditionnels et de dialogue collectif (Mettling, 2015).

Au total, le lecteur verra que les systèmes de relations professionnelles et leurs acteurs, syndicats et employeurs, sont souvent éloignés des images d'Épinal qui peuvent perdurer parfois. La globalisation et son cortège de restructurations et de recompositions économiques, l'européanisation et ses ambivalences, les nouvelles technologies de l'information et de la communication, le contexte de la crise de la dette, sans omettre les mutations des acteurs ont engendré un désordre important ainsi que l'émergence de zones grises, non régulées sinon sans véritables droits sociaux, même si certains modèles nationaux, en raison des cultures socio-politiques qui les soutiennent, résistent mieux que d'autres.

Après la mort du compromis fordiste, serait-ce celle du « modèle social européen » pour reprendre une formule qui est un peu une auberge espagnole ? C'est ce qu'affirmait Mario Draghi, nouvellement nommé à la tête de la Banque centrale européenne, dans une interview au *Wall Street Journal* le 24 février 2012. Mais de ces changements, souvent profonds, on peut avoir deux lectures : soit « la régression sociale », soit « l'urgence de trouver des réponses pragmatiques » à des transformations accélérées (Basilien *et al.*, 2012). La première lecture insiste sur la réduction sinon la destruction du *Welfare State* et le retour à une sorte d'« année zéro » des relations sociales. La seconde souligne plutôt la persistance de l'État social et des relations professionnelles mais, l'un comme l'autre, sévèrement adaptés et renouvelés.

En prenant appui sur des études de cas nationaux diverses, qui empruntent des problématiques plurielles, ce livre cherche à saisir ces évolutions, à les remettre en perspective, à préciser des données souvent floues, ou parfois embellies, concernant les systèmes de relations professionnelles et leurs protagonistes. L'acteur syndical, dans ses diversités, est privilégié. En dépit de différences qui renvoient à la variété des « modèles » sociaux déjà évoqués, la sociologie du syndicalisme présente des traits communs, avec l'affirmation notamment de syndicats de « professionnels » (voire de toute une économie autour d'eux), devenus relativement autonomes des salariés « représentés ». Cela explique la nécessité d'inventer des formes de participation pour ces derniers afin d'éviter que les biais politiques et professionnels, caractéristiques des organisations syndicales, ne réduisent à néant la « démocratie sociale ». Ce processus de « professionnalisation » commence très tôt comme le montre l'étude consacrée à la Suède, qui privilégie une approche historique. Dès les années 1930, l'appareil syndical s'arroge un droit de veto par rapport aux choix auxquels procèdent ses composantes locales (voir le chapitre 15). Après la chute du mur de Berlin, c'est également ce « modèle » qui sera importé, via l'européanisation, dans les nouvelles démocraties de l'Est. Mais c'est sans doute en France que ce « modèle » sera poussé le plus loin avec la création, en 2014, d'un impôt assis sur les salaires afin de financer les organisations tant syndicales que patronales (Andolfatto, Labbé, 2015). Certains pays ont néanmoins réussi à préserver un syndicalisme d'adhérents – ou de services aux adhérents – assez dynamique. Le cas belge est assez exemplaire de ce point de vue. Cela dit, l'exemple américain souligne l'importance du déclin industriel, plus encore la segmentation de l'emploi en deux pôles opposés, les difficultés pour les syndicats de s'implanter dans les nouveaux secteurs en développement, mais aussi l'hostilité croissante des employeurs. Ces facteurs ont conduit à un affaiblissement historique des organisations syndicales américaines et, de fait, à une déstructuration du système de relations professionnelles (voir le chapitre 7). Les tentatives de revitalisation, les innovations, en lien notamment avec différents mouvements sociaux, restent fragiles mais, en dépit de temps difficiles, en particulier du regain de la « crise » à compter de 2010, elles existent et cherchent à se consolider (Gumbrell-McCormick, Hyman, 2013). Mais le syndicalisme institutionnel se heurte également à des formes de démocratie plus directe ou participative, voire à des mouvements néo-radicaux, qui tendent à se développer face à la crise, par exemple en Espagne (voir le chapitre 6).

Au total, ce livre rassemble 13 études de cas concernant les pays européens :

- une étude est relative aux évolutions du « modèle » anglo-saxon (Royaume-Uni) ;
- six études concernent le « modèle » de l'Europe du Nord-Ouest dans ses différentes variétés (Allemagne, Autriche, Belgique, Danemark, Pays-Bas et Suède) ;
- quatre études se rapportent à l'Europe latine (Espagne, France, Grèce et Italie) ;
- deux études sont consacrées à des pays d'Europe de l'Est (Bulgarie et Roumanie).

En contrepoint, deux études ont trait à l'Amérique du Nord (États-Unis et Québec), soit deux cas aux évolutions contrastées mais pas nécessairement opposées. Le premier éclaire et anticipe certains changements qui caractérisent au moins partiellement la plupart des pays européens dans un sens d'une plus grande libéralisation. Le second, focalisé sur l'une des provinces du Canada, caractérisé également par la déréglementation, montre une meilleure résistance de l'acteur syndical mais au prix d'importantes concessions.

Les études auraient pu être rangées par grands « modèles » mais les épreuves que connaissent ces derniers, la porosité croissante de leurs frontières, les rendant donc moins pertinents, mais aussi un souci de didactisme et d'accès simple aux chapitres successifs, ont conduit à choisir un classement alphabétique[1].

[1] Ce projet a bénéficié du soutien de la région Bourgogne (programme Faber) et de l'infrastructure du Credespo, laboratoire de droit et science politique de l'Université de Bourgogne Franche-Comté : Patrick Charlot, son directeur, Juliette Olivier, ingénieure de recherche et Martina Perreau, secrétaire, doivent être tout particulièrement remerciés pour leur intérêt et leur implication dans ce projet.

Bibliographie

Andolfatto D., Labbé D., 2009, *Toujours moins ! Déclin du syndicalisme à la française*, Paris, Gallimard.

Andolfatto D., Labbé D., 2015, « L'impôt syndical et patronal », *Droit social*, Dalloz, n° 7-8, p. 616-624.

Badinter R., Lyon-Caen A., 2015, *Le travail et la loi*, Paris, Fayard.

Basilen J.-P., Rescourio-Gilabert M., Lopez M.-N., 2012, « Le modèle social européen en crise ? », *Note d'actualité sociale*, Entreprise & Personnel, n° 304.

Bevort A., Jobert A., 2011, *Sociologie du travail : les relations professionnelles*, Paris, Armand Colin.

Frege C., Kelly J. (eds.), 2006, *Varieties of Unionism. Strategies for Union Revitalization in a Globalizing Economy*, Oxford, Oxford Press University.

Frege C., Kelly J. (eds.), 2013, *Comparative Employment Relations in the Global Economy*, Londres, New York, Routledge.

Gumbrell-McCormick R., Hyman R., 2013, *Trade Unions in Western Europe. Hard Times, Hard Choices*, Oxford, Oxford University Press.

Hairault J.-O., 2015, *Ce modèle social que le monde ne nous envie plus*, Paris, Albin Michel.

Dufour C., Hege A., 2010, *Évolutions et perspectives des systèmes de négociation collective et de leurs acteurs : six cas européens. Allemagne, Espagne, France, Grande-Bretagne, Italie, Suède*, IRES, 2010 [rapport de recherche].

IRES, 1992, *Syndicalismes. Dynamiques des relations professionnelles : Grande-Bretagne, États-Unis, Allemagne, Italie, France*, Paris, Dunod.

Mettling B., 2015, *Transformation numérique et vie au travail*, rapport au ministre du Travail, de l'Emploi, de la Formation professionnelle et du Dialogue social.

Millot M., Roulleau J.-P., 2005, *Les relations sociales en Europe*, Rueil-Malmaison, Éditions Liaisons.

Slomp H., 2000, *Les relations professionnelles en Europe*, Paris, Éditions de l'Atelier.

Vielle P., 2012, « La légitimité des mesures de droit social en temps de crise », *Liaisons sociales Europe*, n° 2983.

Chapitre 1

Allemagne :
la résilience d'un « modèle » de référence

Martin Behrens[1]

Pendant des décennies, les relations sociales en Allemagne ont servi, en quelque sorte, de modèle de stabilité et d'ordre. Cette stabilité résultait de différents facteurs : « l'idéologie et les pratiques réformistes de syndicats qui sont centralisés laissant peu de place pour les militants de base ; un système très institutionnalisé de comités d'entreprise impliquant des travailleurs au niveau de l'unité de production ; des lois encadrant les actions des syndicats et des entreprises » (Katzenstein, 1987, p. 126). Pour comprendre les origines de ce système et aussi son orientation actuelle, il est important de revenir, même de façon rapide, sur l'histoire de l'Allemagne.

Quantité d'éléments fondamentaux dans les relations sociales en Allemagne remontent à la République de Weimar, voire plus tôt, notamment aux accords collectifs multi-branches et aux comités d'entreprise, ces derniers étant issus d'une loi de 1920 (Müller-Jentsch, 1995). Il faut noter, cependant, que la forme et la logique interne du système des relations industrielles allemandes ne se sont imposées qu'avec la reconstruction du pays après la Seconde Guerre mondiale. L'unification du syndicalisme comme le rôle « soumis » de l'État allemand constituent d'autres éléments clés qui n'ont pas été mis en place avant 1950. Ces nouveaux éléments traduisent la leçon tirée par une partie importante de la société allemande (et rappelée, bien évidemment, par les forces d'occupation) de l'effondrement du premier régime démocratique allemand – la République de Weimar – et des horreurs de la dictature nazie et de la guerre mondiale qui s'en sont suivies.

Ainsi, la prétendue autonomie de négociation collective (*Tarifautonomie*) peut être comprise comme une réponse à une ingérence de l'État dans la négociation collective qui, durant les années de la République de Weimar, semble avoir paralysé la capacité des syndicats et du patronat à négocier et à assumer la responsabilité de l'issue des négociations. À cette époque, les dispositions qui autorisaient l'État à émettre des arbitrages contraignants (*Zwangsschlichtung*) avaient effectivement réduit la capacité des

---

[1] Chercheur à la Fondation Hans Böckler (Düsseldorf).

syndicats et des employeurs à négocier les conditions de l'emploi (Artus, 2001, p. 55 et suiv.). Ayant retenu la leçon, lorsqu'une nouvelle constitution de la République fédérale d'Allemagne a été promulguée en 1949, un article 9, alinéa III, y a été inclus pour garantir le droit de mettre en place des structures de négociation collective libres de toute ingérence étatique. Ainsi que l'énonce aussi l'article 4, alinéa I, de la loi relative aux négociations collectives, les normes établies collectivement ont un pouvoir de régulation direct et contraignant dans les domaines visés.

Une autre leçon à tirer des années d'avant-guerre concerne la structure du syndicalisme allemand ou plus exactement des mouvements syndicaux allemands. Jusqu'à ce que Hitler et ses adeptes interdisent effectivement les syndicats libres et regroupent toutes les organisations existantes sous la houlette du *Deutsche Arbeitsfront* (Front allemand du travail), le mouvement allemand avait été divisé en trois mouvances : socialo-communiste, libérale et chrétienne (Schneider, 2000). En raison des luttes internes à ces blocs idéologiques (notamment après la scission entre socio-démocrates et communistes), elles se sont trouvées dans l'incapacité d'opposer une résistance forte à la dictature nazie. Un mouvement syndical plus unifié, représentant les intérêts des travailleurs au sein d'une seule confédération au lieu de trois aurait – en ce sens – donné un vrai poids aux syndicats ouvriers leur permettant de se faire entendre même sous un régime autoritaire. En conséquence, quand, après la guerre, les forces d'occupation à l'Ouest comme à l'Est ont permis aux syndicats de se reconstituer, et après la sortie de prison ou le retour d'exil de certains des leaders clés des syndicats de Weimar, ceux-ci créèrent un mouvement syndical unifié autour de sa principale confédération, la Fédération des syndicats allemands (*Deutscher Gewerkschaftsbund* / DGB) (Jacoby, 2000).

En ce sens, les relations sociales allemandes ont connu un développement peu précoce. D'une part, parce qu'en Allemagne, l'industrialisation a été relativement tardive (des années 1830 aux années 1870), plusieurs décennies après le Royaume-Uni (seconde moitié du 18e siècle) et, d'autre part, parce que des moments charnières des relations sociales allemandes ne se sont pas produits avant le milieu des années 1950, quand la reconstruction du pays était déjà bien engagée.

1. Les traits caractéristiques du « modèle rhénan » d'après-guerre

Comme déjà indiqué, un mouvement syndical unifié a été l'un des éléments moteurs des relations sociales allemandes après la reconstruction du pays. Jusqu'à la fin des années 1980, le DGB comptait 16 fédérations, assurant l'organisation des travailleurs dans les secteurs public et privé. La fonction la plus importante de ces syndicats était, et reste, la négociation des conventions collectives par branche auprès des quelque 700 associations patronales, la plupart d'entre elles affiliées directement ou indirectement à la Confédération des employeurs allemands, le BDA (Behrens, 2011).

Bon nombre d'accords collectifs étaient négociés pour l'intégralité de la branche dans une région déterminée (généralement l'un des 16 *Länder*), mais quelques-uns d'entre eux concernaient le niveau national, dans la banque ou dans le secteur public, par exemple. La loi relative à la négociation collective (*Tarifvertragsgesetz*) permet, cependant, la négociation d'accords au niveau de l'entreprise entre un syndicat et la direction. En 2013, quand, à la suite de plusieurs fusions, le nombre des fédérations au sein du DGB s'est réduit à huit, 32 % des entreprises en Allemagne de l'ouest et 20 % en Allemagne de l'est étaient couvertes par un accord collectif (au niveau de la branche ou de l'entreprise) (Ellguth, Kohaut, 2014)[2]. La probabilité de participation à un accord collectif étant fonction de la taille de l'entreprise, environ 60 % des salariés en Allemagne de l'ouest et 47 % en Allemagne de l'est sont concernés. Il s'avère aussi que, généralement, les employeurs appliquent les conditions définies par un accord collectif à l'ensemble de leur personnel, plutôt qu'aux seuls syndiqués, qui, aux yeux de la loi, seraient les seuls à pouvoir bénéficier de ces conventions collectives. L'une des raisons pour laquelle les entreprises appliquent cette politique est qu'elles ne veulent pas donner aux non syndiqués une incitation forte à adhérer et à renforcer ainsi le pouvoir syndical.

Si les accords multi-employeurs sont les plus répandus, les salaires, les horaires et les conditions de travail d'un nombre significatif de salariés sont régis par des accords d'entreprise. Ces derniers sont plus populaires en Allemagne orientale que dans la partie occidentale du pays. À l'est, 12 % des salariés sont concernés par des accords d'entreprise contre 8 % à l'ouest (Ellguth, Kohaut, 2014).

Malgré une longue tradition de faible implication de l'État dans les négociations collectives, le gouvernement fédéral a pris des mesures récemment pour pérenniser le système. Alors que, par le passé, les dispositions concernant le salaire minimum étaient rarement utilisées, ne concernaient que certaines industries et étaient fondées sur des accords collectifs, en 2014, le parlement a voté un texte visant à mettre en place un nouveau salaire minimum légal (8,50 euros à partir de 2015) applicable à la plupart des travailleurs en Allemagne. Par ailleurs, la nouvelle législation a

---

[2]   Il est frappant que même vingt ans après que la réunification eut étendu le droit et les institutions concernant les relations sociales d'Allemagne de l'ouest à l'ex-RDA, des différences substantielles perdurent dans des pratiques majeures comme la couverture des négociations mais aussi la représentation des intérêts dans les entreprises.

favorisé le droit de l'État à déclarer les accords collectifs contraignants, étendant ainsi les conventions négociées à des groupes de salariés et d'entreprises qui n'étaient pas visés directement[3].

En Allemagne, les salariés ne jouissent pas d'un droit de grève individuel. Conformément à diverses décisions de la Cour constitutionnelle fédérale et du Tribunal fédéral du travail, les syndicats ne peuvent appeler leurs membres à la grève que lorsqu'un accord collectif n'est pas en application. Les mouvements de grève sont aussi considérés comme illégaux si l'action ne correspond pas à l'appel d'un syndicat ou si l'objectif poursuivi outrepasse le cadre des questions prévues par l'accord collectif. Ce dernier point est l'une des principales raisons pour laquelle les grèves politiques sont interdites en Allemagne. Avec seulement la perte de 16 jours de travail par an pour 1 000 salariés (moyenne sur la période de 2005 à 2012), les mouvements sociaux en Allemagne sont rares (Dribbusch, Birke, 2014).

La représentation des intérêts par l'intermédiaire des comités d'entreprise constitue un second trait caractéristique du système de relations sociales allemand de l'après-guerre (Frege 2002, Müller-Jentsch, 2003). Conformément à la loi sur l'organisation de l'entreprise, les salariés d'entreprises comptant plus de 5 salariés ont le droit d'élire un comité d'entreprise. Une fois élu, ces comités disposent de droits à la codétermination, dont le droit à l'information et à la consultation ainsi que, dans certains cas, des droits de participation plus étendus. Selon les données de 2013, environ 10 % des entreprises (la loi ne concernant que celles de plus de 5 salariés) avaient mis en place un comité d'entreprise. Parce que la grande majorité des entreprises de 500 salariés et plus disposent d'une telle institution, 43 % des salariés d'Allemagne de l'ouest et 35 % à l'est travaillent dans une entreprise dotée d'un comité d'entreprise (Ellguth, Kohaut, 2014).

Pendant longtemps, ce système dual (négociations de branche et codétermination par entreprise) a structuré les relations sociales allemandes d'une façon qui a cloisonné les différentes aires de conflits. Les désaccords relatifs au niveau de vie, aux salaires, aux horaires et aux conditions de travail sont « gérés » par le syndicat et les associations d'employeurs, intervenant pour la plupart au niveau des branches, et cause de grèves ou de lock-out. Parce que les comités d'entreprise ne sont autorisés ni à négocier des conventions collectives, ni à appeler à la grève, ils pouvaient discuter paisiblement avec les directions. Cela ne veut pas dire qu'il ne se produit pas de conflits au niveau des entreprises (Kotthoff, 1981). À vrai dire, il peut exister des différends mais ils se régulent sans recours formel à la grève. Les comités d'entreprise n'étant pas autorisés à appeler à la grève, c'est, par exemple, en refusant d'effectuer des heures supplémentaires que les salariés exercent des pressions sur l'employeur. La loi sur l'organisa-

---

[3] Sur le débat ayant mené à l'adoption de la nouvelle législation, voir Bispinck, 2012.

tion de l'entreprise désigne également des instances d'arbitrage chargées de résoudre les conflits (chambres arbitrales bipartites) (Behrens, 2007).

L'État fédéral protège en outre ce système en permettant aux acteurs clés d'assurer leurs fonctions. La constitution allemande et son interprétation par la Cour constitutionnelle et le Tribunal fédéral du travail soutiennent l'autonomie en matière de négociation collective à travers de grands arrêts. L'État défend les négociations collectives en fixant les normes légales minimales pour les salariés (par exemple, la durée minimale des congés), mais aussi par le biais de dispositions propres à la protection sociale (système de retraite, assurance chômage, assurance maladie obligatoires). Alors que certains de ces avantages ont été réduits au cours de la dernière décennie, ce qui a suscité la colère des syndicats, dans la plupart des domaines, le système allemand de protection sociale exonère les syndicats et les employeurs du règlement de ces questions au moyen de la négociation collective. Par exemple, contrairement à leurs homologues américains, les syndicats allemands n'ont pas à négocier les dispositions pour assurer aux salariés une assurance santé minimale (toutefois, plusieurs syndicats ont incorporé des dispositions sur les retraites complémentaires privées dans leurs conventions collectives). Alors que l'État joue un rôle fondamental quand il s'agit de réguler les prestations sociales, la réglementation dans d'autres domaines est moins systématique. Un salaire minimum légal universel a été introduit en 2015, salué comme une victoire importante pour les syndicats qui le réclamaient depuis plusieurs années. Mais au contraire de cette implication de l'État pour assurer un salaire minimum, les possibilités d'étendre les salaires négociés collectivement aux branches et aux salariés qui ne sont pas directement concernés sont limitées. Il s'agit là d'une différence importante par rapport aux autres pays en Europe de l'ouest qui prévoient de telles dispositions permettant l'extension des conventions collectives.

2. Les acteurs clés des relations professionnelles

Les relations sociales sont le fait de trois types d'acteurs : les syndicats, les employeurs, le gouvernement.

Les syndicats

Le nombre d'adhérents au sein de la première confédération est en déclin depuis la réunification de l'Allemagne. Elle a atteint son sommet en 1991, après que les syndicats ouest-allemands eurent étendu leur compétence aux nouveaux *Länder* de l'est, réunissant alors 11,8 millions de membres (après une période de stabilité des effectifs autour de 8 millions dans les années 1980). Ce nombre a reculé à 6,1 millions en 2014, réduisant de presque de moitié les effectifs du DGB en seulement deux décennies.

Si l'on prend en considération le taux de syndicalisation, celui-ci a atteint son maximum également en 1991 : 36 % des salariés étant syndiqués. En fait, il plafonnait déjà aux environs de 35 % dans les années 1980 et même le régime conservateur d'Helmut Kohl n'a guère réussi à le tirer. Puis, ce taux a été peu à peu réduit par deux, pour atteindre 18 % en 2011.

Une majeure partie du recul lors de la première moitié des années 1990 est imputable à la baisse de la syndicalisation dans les régions de l'est (où elle avait frôlé les 100 % après la réunification). D'autres causes sont ensuite identifiées. Parmi les plus importantes : la faible attractivité des syndicats dans le débat public (Pyhel, 2006), l'accélération de la mobilité des capitaux et des salariés ainsi qu'une organisation plus flexible du travail (Fitzenberger *et al.*, 2011), la perception des syndicats comme peu efficaces et difficilement capables de mobiliser massivement les salariés (Dribbusch, 2011). De plus, l'évolution de la taille moyenne des entreprises ainsi que l'accroissement du secteur privé des services (au taux de syndicalisation particulièrement faible) sont associés à un recul des adhésions. En revanche, certains facteurs habituellement soupçonnés d'être à l'œuvre, telle l'évolution du profil des salariés (travail à plein temps ou à temps partiel, âge, compétences) expliquent mal le recul de l'adhésion syndicale (Schnabel, Wagner, 2007 ; Fitzenberger *et al.*, 2011).

Les six millions de syndiqués du DGB sont répartis en huit fédérations, dont le syndicat des métallurgistes IG-Metal et celui des prestataires de services, Ver.di, de loin les plus importants, réunissant plus des deux tiers du total des effectifs confédéraux. Résultant de plusieurs fusions, commencées par la création du syndicat des salariés des médias et de l'imprimerie, IG-Medien en 1989, et se poursuivant par la mise en place de Ver.di en 2001 (amalgamant 5 fédérations), l'organisation syndicale allemande apparaît désormais très concentrée (Waddington, Hoffmann, 2005 ; Keller, 2005). Les motivations expliquant cette évolution sont assez diverses mais privilégient le recul de la syndicalisation et les difficultés financières en découlant (Streeck, Visser, 1997).

Après la Seconde Guerre mondiale, toutes les organisations ouvrières ne se sont toutefois pas affiliées au DGB. Notamment, la Fédération allemande des fonctionnaires (*Deutscher Beamtenbund* / DBB), avec ses 39 syndicats affiliés représentant 1,28 millions de membres en 2013. La plupart de ses adhérents sont fonctionnaires mais il faut tenir compte aussi de 360 000 salariés du service public non fonctionnaires (Dribbusch, 2010). Alors que les conditions de l'emploi pour ces salariés non fonctionnaires sont régies par des conventions collectives, les salaires, horaires et conditions de travail pour les fonctionnaires sont fixés de façon unilatérale par l'État[4].

Si la majeure partie des syndiqués de l'ex-Union chrétienne des années Weimar ont rejoint le DGB, il reste aussi une plus petite organisation, la Confédération des syndicats chrétiens de l'Allemagne (CGB) avec 17 syndicats affiliés et un total d'environ 280 000 adhérents.

Enfin, on compte une douzaine de syndicats indépendants. Si le *Marburger Bund*, le syndicat des médecins hospitaliers, est le seul à dépasser les 100 000 adhérents et que la plupart des autres organisations sont de taille très modeste, ils ont joué un rôle de plus en plus important dans les négociations collectives récentes (Schroeder *et al.*, 2011). En effet, les petits syndicats, dans des secteurs pointus, tels le syndicat des contrôleurs aériens allemands, GFL, le syndicat des pilotes, *Cockpit*, ou l'union des conducteurs de train, GDL (affilié au DBB), sont très efficaces lorsqu'il s'agit d'obtenir des augmentations de salaires, dépassant de loin, dans certains cas, les augmentations négociées par les syndicats affiliés au DGB (Keller, 2009). La stratégie de négociation appliquée par certains syndicats professionnels indépendants a fait récemment l'objet de critiques. Les conventions négociées réservent des avantages à un nombre réduit de salariés privilégiés, au détriment d'augmentations salariales plus largement répandues. En outre, parce que ces syndicats rivaux du DGB ont été à l'origine de davantage de grèves dans des secteurs tels que les hôpitaux et les transports aériens ou ferroviaires, les représentants du gouvernement et du patronat (appuyés par la majorité des syndicats affiliés au DGB) ont soutenu une nouvelle législation destinée à éliminer toute concurrence entre syndicats d'un même secteur en matière de négociation collective. Une nouvelle loi dite d'« unité tarifaire » est entrée en vigueur en 2015, appliquant le principe « une entreprise, un syndicat, une convention collective ». Ce projet de loi a engendré d'importants conflits tant au sein des syndicats qu'entre syndicats : les syndicats affiliés au DBB ainsi que nombre de syndicats indépendants, secondés par Ver.di voire d'autres fédérations du DGB, ont pris position contre cette loi, tandis que les fédérations de la chimie, de la construction et de la métallurgie mais aussi d'autres petits syndicats du DGB sont favorables à cette réforme. Les intérêts des syndicats minoritaires seraient toutefois protégés puisqu'ils peuvent présenter leurs revendications à l'employeur lors des discussions tarifaires.

---

[4] L'État – au niveau de la fédération, des *Länder* et des municipalités – applique généralement les normes convenues collectivement et négociées avec les syndicats. Mais il le fait de façon volontaire et peut (et l'a fait ces dernières années) dévier de ce schéma. Par ailleurs, les fonctionnaires n'ont pas le droit de grève (bien que cette disposition soit contestée par le droit européen) mais ils jouissent en échange de la sécurité de l'emploi « à vie ».

Les employeurs

La capacité des employeurs à s'organiser a été déterminante pour la mise en place de conventions de branche. En fait, la représentation des intérêts patronaux est double. L'une concerne les intérêts liés au marché économique. C'est l'affaire d'organisations dont la première est le BDI. L'autre concerne les intérêts relatifs au marché du travail. Ici, quelque 700 associations patronales et leur confédération principale, le BDA (Confédération des associations des employeurs allemands), sont chargées de la négociation collective. Dans certaines branches, il existe aussi des associations représentant intérêts économiques et intérêts du marché du travail. Cependant, dans la plupart des zones, la séparation est claire, au moins jusqu'à présent (Schroeder, Weßels, 2010).

Dans la structure du BDA, de petites associations côtoient des poids lourds comme *Gesamtmetall* et ses organisations affiliées au niveau national qui représentent des employeurs de l'automobile, de la métallurgie, des machines-outils et de l'électronique. Alors que les associations de grande taille bénéficient de moyens importants et peuvent assurer à leurs membres une large gamme de services, nombre des petites associations peinent à mobiliser des ressources suffisantes pour offrir aux adhérents des services qui dépassent les seules négociations collectives.

Les associations plus importantes peuvent soutenir leurs membres de bien des façons. Elles négocient les conventions collectives, certes, mais elles veillent aussi à leur mise en œuvre. Par exemple, les associations affiliées à *Gesamtmetall* ont recours à des ingénieurs qui assistent les entreprises pour appliquer les barèmes de salaires et procéder aux classifications. Elles font aussi du conseil en droit de travail et de l'embauche (allant jusqu'à représenter les entreprises devant les tribunaux), en relations publiques ou assurent la formation des salariés. Mais, la tâche la plus visible reste la négociation collective. Celle-ci a évolué quelque peu depuis les années 1990 avec la mise en place par de nombreuses associations du statut de membre dit « OT », c'est-à-dire « sans négociation collective » (*ohne Tarifbindung*) (Völkl, 2002 ; Haipeter, Schilling, 2006 ; Behrens, 2011). Ces associations proposent en effet une clause dérogatoire à leurs membres. Une entreprise peut rester membre de l'association sans pour autant appliquer les conventions collectives du secteur à son personnel. Par contre, l'entreprise bénéficie des autres services assurés par l'association, mais elle est libre soit de déterminer les salaires, les horaires et les conditions de travail avec les salariés à titre individuel, soit de négocier une convention d'entreprise distincte. Au moins un tiers, voire la moitié des associations patronales proposent à leur membres une telle option (Behrens, Helfen, 2010). Côté entreprises, ce statut de membre OT est de plus en plus prisé. Au sein de *Gesamtmetall*, en 2013, plus de 47 % des entreprises membres en bénéficient. Celui-ci concerne surtout les petites et moyennes entreprises.

Le gouvernement

Le rôle du gouvernement dans les relations sociales est limité. La capacité de l'État à s'immiscer dans les questions relevant de la négociation collective est en effet encadrée par la constitution et par le célèbre concept de *Tarifautonomie*. L'État est ici « semi-souverain » (Katzenstein, 1987). En fait, l'État joue un rôle dominant en modelant ce qu'il est convenu d'appeler l'État-providence « bismarkien » avec ses quatre piliers : l'assurance chômage, les pensions de retraite, l'assurance santé et l'assurance protection sociale, cette dernière étant la plus récente (créée en 1995) et contribuant aux soins des patients sans ressources. Alors que les quatre piliers sont administrés par des organismes tripartites (sous régime de droit public) plutôt que par l'État lui-même, la loi fixe le montant des cotisations dues par les salariés et les employeurs ainsi que les montants des prestations versées. Par ailleurs, l'État – en l'occurrence des gouvernements socio-démocrates – est intervenu à plusieurs reprises pour modifier la loi sur l'organisation de l'entreprise (remontant à 1952) qui concerne notamment les comités d'entreprise.

En effet, dans la période de l'après-guerre, les syndicats allemands se sont reconstruits en mouvement homogène (*Einheitsgewerkschaft*) sans confédérations spécifiques selon les orientations politiques divergentes, le DGB et ses syndicats affiliés ouvrant donc leurs rangs à des travailleurs issus de sensibilités politiques diverses. Si un nombre important de syndiqués sont membres du parti social-démocrate (SPD), du parti démocrate-chrétien (CDU), des verts ou du parti de gauche (*Die Linke*), il a traditionnellement existé un « partenariat privilégié » entre les syndicats et le SPD (Schroeder, 2005, 2008), relation étroite qui a même amené parfois à parler de « frères siamois » (Ebbinghaus, 1995). Vu sous un autre angle, la part des syndiqués au sein du SPD est particulièrement élevée. En 2009, 42 % des membres du SPD détenaient une carte syndicale, contre 13 % seulement du CDU, 26 % des Verts et 32 % de *Die Linke* (Klein, 2011).

Ces données relatives à la double adhésion au SPD et à un syndicat peuvent expliquer pourquoi, même en s'en tenant au concept de l'*Einheitsgewerkschaft*, les espoirs de voir une politique pro-travailleurs et pro-syndicats ont toujours été forts quand le SPD est au pouvoir.

De fait, la plupart des réformes en faveur des travailleurs de la loi sur l'organisation de l'entreprise sont intervenues lorsque le chancelier était social-démocrate (entre 1969 et 1982 sous les gouvernements Brandt et Schmidt puis entre 1998 et 2005 sous le gouvernement Schröder).

Lors de cette dernière période, la relation entre le SPD et les syndicats a subi de fortes contraintes. Par une suite de réformes, dites lois Hartz (du nom de Peter Hartz, responsable des relations humaines chez Volkswagen et président de la commission chargée de proposer ces réformes), les sociaux-démocrates ont cherché à assouplir le marché du travail (Bothfeld *et al.*, 2009). Les réformes ont eu pour objectif de faciliter le recours aux agences de travail intérimaire, réduire les allocations chômage pour certains bénéficiaires et exiger plus d'efforts de la part des chômeurs pour retrouver du travail. Dans le cas du travail intérimaire, la loi a assoupli la durée maximale sans embauche (auparavant 2 ans). Les indemnités chômage sont désormais versées, sauf exceptions, pendant une durée maximale d'une année. À l'issue de celle-ci, les personnes sans emploi sont prises en charge par un second régime, connu communément sous le nom de « Hartz IV ». Ces allocataires reçoivent des indemnités de logement en sus d'un montant forfaitaire pour couvrir le coût de la vie (391 euros mensuels en 2014) mais ils s'exposent à des pénalités s'ils ne collaborent pas avec les agences pour l'emploi ou s'ils refusent une offre d'emploi. Caractérisées par d'autres mesures encore, comme l'allongement de l'âge de départ en retraite de 65 à 67 ans et l'introduction d'un plan de retraite complémentaire (privée), ces années Schröder et post-Schröder marquent un tournant pour le partenariat privilégié entre le SPD et les syndicats, avec certains dirigeants syndicaux du DGB revendiquant leur autonomie vis-à-vis des politiques gouvernementales.

Force est de constater, cependant, que cette coupure entre les syndicats et le SPD reste partielle. Trois raisons peuvent être identifiées : d'abord, lorsque les sociaux-démocrates ont perdu le pouvoir en 2005, ils se sont empressés de tendre de nouveau la main aux syndicats. En deuxième lieu, une partie importante des militants du SPD conservent une double adhésion au parti et au syndicat (Jacoby, Behrens, 2014). Enfin, la structure fédérale de l'Allemagne a toujours assuré aux syndicats de multiples opportunités de collaboration de la sorte, qui se sont donc maintenues. Si la plupart des politiques significatives pour les syndicats se décident au niveau fédéral, certaines questions relèvent en effet de la compétence des *Länder*. C'est le cas, parmi d'autres, des lois sur les marchés publics et de l'extension des conventions collectives, mais aussi, dans une certaine mesure, des politiques de développement industriel.

Malgré une relation privilégiée avec le SPD, les syndicats allemands ont cherché à maintenir des relations de collaboration avec les gouvernements à plusieurs niveaux, même lorsque le SPD retourne dans l'opposition. Lors de la récente crise financière mondiale, par exemple, les syndicats se sont engagés dans des discussions avec le gouvernement Merkel pour obtenir un assouplissement du recours aux contrats de travail aidés à court terme mais aussi l'adoption d'un programme soutenant l'achat de petites automobiles. Si les contrats de travail à court terme ainsi que l'assouplissement des horaires de travail négociés entre les comités d'entreprise et la direction des entreprises ont contribué de manière significative à ce qu'il est convenu d'appeler le « miracle de l'emploi allemand » (remarquable stabilité de l'emploi au moment de la récession la plus rude de l'histoire de l'Allemagne depuis la Seconde Guerre mondiale) (Herzog-Stein, Zapf, 2014), la question de savoir si l'assouplissement du marché de l'emploi introduit par les réformes Hartz a contribué de façon significative à la performance du marché de l'emploi en temps de crise continue à faire l'objet d'un vif débat (Herzog-Stein *et al.*, 2010).

3. Tendances générales et évolution des relations professionnelles : décentralisation et européanisation

Au cours des deux dernières décennies, les relations de travail allemandes ont connu plusieurs évolutions, selon un double processus de décentralisation et d'européanisation.

La décentralisation

La décentralisation fait généralement référence au processus par lequel les compétences sont transférées du niveau sectoriel ou national vers le niveau de l'entreprise ou de l'établissement individuel, la « désyndicalisation » étant la forme la plus poussée de décentralisation des structures de négociation (Katz, 1993, p. 12). Les observations sur la décentralisation se rapportent, la plupart du temps, au domaine de la négociation collective. Ceci suppose que le pouvoir pour déterminer le niveau de salaire, les horaires et les conditions de travail, entre les mains des acteurs au niveau de l'établissement, les comités d'entreprise, les salariés et la direction, s'est renforcé au détriment des acteurs au niveau du secteur, à savoir les syndicats et les associations patronales. La décentralisation présente de multiples facettes et prend différentes formes. À observer la façon dont elle émerge, on peut distinguer la décentralisation « organisée » de la décentralisation « désorganisée » (Traxler, 1995) ou la décentralisation « contrôlée » de la décentralisation « sauvage » (Bispinck, Schulten, 1999). Tandis que par la décentralisation organisée, les tâches de négociation sont délibérément déléguées au niveau inférieur, la décentralisation désorganisée implique fréquemment la dérégulation directe du marché du travail ou le retrait de la négociation collective de la part d'acteurs clés, tel le patronat, repoussant le vieux système centralisé (Traxler, 1995, p. 6-7). En Allemagne, la décentralisation peut être analysée par rapport à ces deux formes. La décentralisation organisé a pris naissance au milieu des années 1980, lorsque *IG Metall* – la fédération de la métallurgie – a réussi à faire insérer, dans sa célèbre convention collective sur l'introduction des 35 heures de travail hebdomadaire, une clause qui permet aux acteurs au niveau de l'entreprise de modifier les temps de travail pour mieux s'adapter aux besoins de l'entreprise (Schmidt, Trinczek, 1986 ; Thelen, 1991). Après ce précédent, tous les syndicats allemands ont inclus de telles clauses dans leurs accords de branche, ce qui permet davantage de flexibilité dans l'adaptation des conventions collectives aux conditions spécifiques existant au niveau de l'établissement. Dans bien des cas, cela aboutit à ce que les comités d'entreprise prennent en charge les négociations. Par ailleurs, pour sauvegarder les emplois en temps de crise, les syndicats et le patronat ont fréquemment négocié des accords d'entreprise dans le contexte des « pactes pour l'emploi et la compétitivité ». Ces accords (dans bien des cas fondés sur les clauses préliminaires ou même sur les conventions collectives propres à l'entreprise) comprennent des concessions de la part des syndicats et des comités d'entreprise en contrepartie de garanties en matière d'emploi (Seifert, Massa-Wirth, 2005 ; Rehder, 2006).

La décentralisation désorganisée s'est produite dans le contexte de l'affaiblissement de la capacité des associations patronales à stabiliser leurs effectifs. Comme le montre le graphique ci-dessous, la proportion des salariés allemands couverts par des conventions collectives au niveau des branches est en recul depuis 1995 (première année pour laquelle les données sont disponibles).

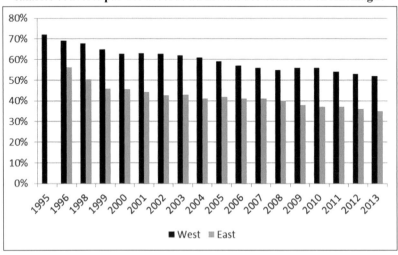

La négociation collective entre 1995 et 2013 : salariés couverts par des accords au niveau des branches en Allemagne

Source : Panel d'établissements de l'Institut de recherche IAB

Diverses raisons expliquent ce type de décentralisation désorganisée. Si au cours des années qui ont suivi la réunification de l'Allemagne de nombreuses entreprises ont quitté les associations patronales parce qu'elles n'étaient pas satisfaites des résultats de la négociation collective, le déclin plus tardif est davantage lié à la capacité décroissante des associations à recruter de nouvelles entreprises. Quand, au milieu des années 1990, les premières associations ont commencé à proposer aux entreprises un statut de membre OT dit à « négociation libre », cette possibilité a aussi aggravé le recul de la négociation collective.

L'européanisation

L'expression « modèle social européen » est devenue courante dans toute l'Europe (Marginson, Sisson, 2006). Ce modèle serait une combinaison de principes fondamentaux dans le domaine du droit au travail, du droit à la protection sociale et du droit à bénéficier de bonnes conditions sur son lieu de travail. Si une grande partie de la législation au niveau européen s'est concentrée sur la mise en œuvre de normes sociales de base dans des domaines tels que le temps de travail, la sécurité et la santé, l'égalité entre les sexes, un second objectif est d'établir de nouvelles institutions susceptibles d'accompagner le processus de transnationalisation des entreprises. Les plus importantes de ces institutions sont les comités d'entreprises européens (CEE) mais aussi les représentations des salariés dans les conseils d'administration mis en place par la Directive sur les sociétés européennes. En 2014, il existait 1 067 comités d'entreprises européens en Europe, dont environ 200 dans des entreprises ayant leur siège social en Allemagne. Cela signifie que près du tiers des entreprises multinationales allemandes devant mettre en place un CEE ont effectivement franchi le cap (Waddington, 2011, p. 61). Alors que les CEE, par rapport aux comités d'entreprise allemands du moins, sont encore dépourvus de certains droits de participation importants, ils permettent néanmoins de mieux faire entendre la voix des travailleurs au sein des sociétés concernées. En ce qui concerne la capacité des CEE à représenter les intérêts des salariés de manière efficace, il existe une grande diversité de comités, entre ce que Kotthoff (2006) dénomme « le tigre édenté » (le CEE déficient), et le comité « à participation active », assurant une représentation efficace des salariés. Dans ce dernier cas, il existe des exemples impressionnants de participation qui dépassent de loin les droits établis par la Directive relative aux comités d'entreprise européens (Hauser-Ditz *et al.*, 2010 ; Hertwig *et al.*, 2010). Parmi les plus efficaces, on distingue le CEE de Ford en Europe. Les activités de ce CEE dépassent les droits de simple information et de consultation en incluant la négociation avec la direction (Hauser-Ditz *et al.*, 2010, p. 324 et suiv.).

Alors que, dans le cas des CEE, la construction institutionnelle a soutenu la coordination transnationale du travail (Greer, Hauptmeier, 2008), l'européanisation se manifeste également à travers la coordination volontaire, notamment la coordination européenne de la négociation collective (Schulten, 2004 et 2009). Ces efforts de coordination se poursuivent depuis la fin des années 1990 (avec l'introduction de l'Union monétaire européenne) et sont fondés, d'une part, sur un échange d'informations sur la négociation collective au niveau européen et, d'autre part, sur les objectifs conjoints ou même les « règles » devant être mises en œuvre dans les négociations collectives nationales (Erne, 2008). La coordination est poursuivie, la plupart du temps, par les fédérations de syndicats européens, mais il n'existe pas d'instruments suffisamment contraignants pour obliger les syndicats nationaux à se conformer à ces règles.

Il existe un autre aspect de l'européanisation étroitement lié aux quatre principes clés (ou quatre libertés) de l'Union européenne (UE), à savoir la libre circulation des marchandises, des capitaux, des services et des personnes. Ainsi, on assisterait à une mutation fondamentale dans l'équilibre des pouvoirs parmi les acteurs clés de la société au sein de l'UE, conduisant à une accentuation de la libéralisation (Höpner, Schäfer, 2008, p. 14). En premier lieu, il y a une série d'arrêts rendus par la Cour de justice de l'Union européenne (CJUE) qui ont interféré avec les droits nationaux des syndicats et la réglementation du marché du travail. Dans les célèbres affaires Viking et Laval, la CJUE a jugé qu'une grève des syndicats finlandais et suédois violait le droit européen. Bien que ces décisions n'aient pas directement affecté les syndicats allemands, elles ont, cependant, amorcé un vif débat sur le rôle de la Cour, amenant certains commentateurs à prôner la désobéissance civile envers cette dernière. Selon cette opinion, les États membres devraient simplement refuser de se conformer à la décision de la CJUE (Scharpf, 2008). Un autre cas d'école, l'affaire Rüffert, a eu un impact direct sur les normes allemandes en matière de droit du travail. Dans cette affaire, la cour européenne a jugé que le droit des marchés publics dans le *land* de Basse Saxe violait le principe de libre échange des services au sein de l'Union européenne (Bücker, Warneck, 2010 ; Brunn *et al.*, 2010). En conséquence, la plupart des *Länder* qui avaient des lois relatives aux marchés publics les ont abandonnées ou ont simplement refusé de les appliquer (Schulten, Pawicki, 2008) et il a fallu plusieurs années avant que le pouvoir législatif de ces *Länder* ne promulgue des lois révisées, en conformité avec la décision de la CJUE.

Ces développements démontrent, en essence, que l'impact de l'européanisation sur les relations sociales au niveau national est ambivalent et, bien plus, qu'il est fortement contesté. D'un côté, l'Europe donne aux travailleurs la possibilité de construire de nouvelles structures représentatives et, d'un autre côté, elle se munit des outils nécessaires à la libéralisation des configurations nationales des relations du travail.

4. Comprendre le changement : perspectives théoriques

Depuis assez longtemps, l'Allemagne apparaît un cas type concernant « les variétés du capitalisme » et illustre un groupe de pays dits « à économies de marché coordonnées » (Hall, Soskice, 2001 ; Crouch, 2005 ; Hall, Gingerich, 2009). Il semble aussi que ces modèles d'économie nationale se montrent quelque peu rétifs aux changements institutionnels : « au fur et à mesure que la libéralisation globale se poursuit et que la concurrence s'intensifie, les réformes s'imposent et les ajustements se mettent en place. Cependant, un message central de la littérature [sur les variétés du capitalisme] est que plus ça change, plus c'est la même chose » (Turner, 2009, p. 307).

Comme vu plus haut, il y a bien des signes importants d'évolution à la fois en termes de relations sociales, d'institutions et de structures mais également en termes de résultats. Alors que les principales institutions de négociation collective sont encore en place, on assiste à une décentralisation remarquable de certaines responsabilités en direction des entreprises ou des établissements, ce qui a conduit des chercheurs à conclure que l'économie allemande est « dualisée » (Hassel, 2014 ; Palier, Thelen, 2010). Nous avons aussi assisté à la naissance de nouvelles institutions au plan européen qui incitent les travailleurs à étendre leurs activités au niveau transnational. Dans le même temps, cependant, nous pouvons observer de puissantes forces au niveau de l'Union européenne qui remettent en cause certaines institutions nationales et poussent à la libéralisation. En ce qui concerne les relations sociales, on peut voir s'effriter des pans entiers du modèle vertueux allemand (Turner, 1991, 1998) ou du modèle de « production diversifiée de qualité » (Streeck, 1991), avec ses éléments de qualification (relativement) élevée, productions de haute qualité, salaires élevés et niveau élevé d'égalité sociale. En effet, on observe un niveau grandissant d'inégalité de salaires, conséquence en grande partie de l'accroissement du secteur des bas salaires.

Mais comment faut-il comprendre l'évolution des relations sociales en Allemagne ? Une double perspective paraît se dessiner. D'une part, une perspective de la désorganisation : en raison de la croissance des marchés mondiaux, les structures institutionnelles et la coordination nationale des salaires devraient s'effondrer partout dans le monde capitaliste (Lash, Urry, 1987). D'autre part, une perspective de réintégration : la libéralisation s'accompagne toujours de contre-mesures prises par la société pour équilibrer les effets des marchés libres (Greer, 2008, p. 182 ; Streeck, Thelen, 2005, p. 4).

En confrontant les données empiriques concernant l'évolution des relations sociales en Allemagne aux prévisions des théories succinctement évoquées, il est impossible de savoir quelle perspective va l'emporter. La décentralisation de la négociation collective, les augmentations significatives de l'inégalité des salaires et les approches visant la libéralisation poursuivies par les acteurs clés au niveau européen ne viennent conforter ni la vision de la « complémentarité-stabilité » (le modèle social « dual » allemand), ni la vision de la désorganisation qui supposerait la disparition progressive des institutions centrales des relations sociales. Concernant la « réintégration », le débat reste ouvert quant à savoir si les défenseurs de celle-ci (par exemple, les grandes entreprises) seraient assez forts pour diffuser des mesures de stabilisation dans toute l'économie nationale.

Les défenseurs de la vision « complémentarité-stabilité » soutiennent que certaines combinaisons d'institutions ont le potentiel pour conforter le « modèle » allemand parce que les systèmes de relations industrielles, de formation et d'éducation, les systèmes de gouvernance sociale et les relations inter-entreprises se complètent bien et confèrent un avantage en termes de compétitivité. Si on prend l'exemple du secteur des centres d'appels allemands, il apparaît une association positive entre les institutions de négociation collective et la représentation des intérêts au niveau des comités d'entreprises, d'un côté, et l'adoption de pratiques de gestion à haute implication, de l'autre (Doellgast, 2008).

Cependant, ces résultats n'expliquent pas pourquoi le taux de syndicalisation a été presque divisé par deux en deux décennies et pourquoi la négociation collective est en recul permanent, ce qu'Anke Hassel (1999) a appelé l'« érosion » des relations industrielles allemandes. L'un des fondements de cette érosion pourrait être les évolutions structurelles au sein même de l'économie allemande.

À travers la restructuration en cours, la taille moyenne des entreprises diminue. Étant donné que le taux de syndicalisation, la négociation collective et l'existence de comités d'entreprise sont associés tous les trois positivement à la taille de l'entreprise, on peut difficilement s'étonner que la restructuration heurte de plein fouet les institutions clés des relations sociales allemandes. Du point de vue des défenseurs du système traditionnel des relations sociales, en Allemagne, ce qui est petit n'est pas mignon du tout (*small is not beautiful*).

Cette évolution n'est pas due exclusivement aux stratégies de gestion par externalisation des services des grandes sociétés en petites unités indépendantes ; il est aussi le résultat du processus de « dépassement » parce que les industries en croissance rapide dans le secteur des services sont dominées par des petites entreprises. Si le processus de « dépassement » (impulsé par les nouvelles industries en expansion) est guidé par le marché, la réduction de la taille moyenne des entreprises due à la restructuration est surement le résultat d'une politique imposée par la direction et donc une question de choix de la part des acteurs.

Il apparaît aussi que, concernant les changements majeurs que sont la décentralisation de la négociation collective et la restructuration du marché du travail, ce sont les entreprises, prises isolément et les associations patronales ainsi que le gouvernement fédéral qui sont à la manœuvre : les entreprises ont décidé de restructurer leurs activités (dans certains cas sous forme d'un nouvel agencement de la production), les associations patronales ont introduit les adhésions « OT » et le gouvernement fédéral a favorisé les possibilités pour les employeurs de saisir l'opportunité du travail atypique au moyen des agences d'intérim et des « mini jobs ». Face à ces évolutions, la mobilisation des travailleurs ne se produit qu'en réaction aux événements et de manière peu systématique.

Conclusion

Aujourd'hui, les relations sociales en Allemagne sont très différentes des descriptions qui ont prévalu jusqu'au début des années 1990. Elles sont plus européennes qu'antérieurement (pour le meilleur ou pour le pire) et plus décentralisées. Cela ne signifie pas qu'un processus de convergence vers le modèle anglo-saxon (ou tout autre modèle) soit en train de se produire, les relations sociales allemandes se rapprochant de celles des États-Unis ou du Royaume-Uni (Katz, Darbishire, 2000). Bien qu'il existe des zones de plus en plus nombreuses de l'économie allemande où des institutions clés comme la négociation collective multi-employeurs sont quasi-inexistantes, il reste un noyau stable au cœur du système, et il semble très solide.

Ce sont les hypothèses tant de la réintégration que de la désorganisation qui semblent confortées, tout en soulevant des doutes quant à leur capacité à rendre compte des principales évolutions en cours du système de relations sociales allemandes. Des secteurs nouveaux ou encore en développement, notamment les services à la personne, semblent suivre le chemin prédit de la désintégration : les négociations collectives multi-employeurs, la représentation des intérêts au niveau de l'établissement par le biais des comités d'entreprise sont en perte de vitesse, voire inexistantes, les salaires sont relativement bas, l'emploi atypique est répandu. Dans le même temps, dans des secteurs comme l'automobile ou la chimie, où les institutions clés des relations sociales demeurent relativement fortes et malgré l'accroissement du travail intérimaire et d'autres formes de travail atypique, les salaires sont relativement élevés. L'expérience de la crise financière de 2008 a montré que le « système » allemand est relativement stable et capable de supporter des chocs très rudes. Cette résistance a été possible grâce aux programmes de travail étatique de courte durée, à la capacité des syndicats et des comités d'entreprise à négocier des pactes pour l'emploi et la compétitivité, ce qui permis de stabiliser le niveau de l'emploi en dépit de la crise la plus sévère depuis la Seconde Guerre mondiale. Ce faisant, les relations sociales en Allemagne traduisent de plus en plus une désorganisation, soit « une composition hétérogène de formes infranationales diversifiées qui coexistent sur le même territoire national », comme dans l'Italie des années 1980 et 1990 (Locke, 1995, p. 20).

Bibliographie

Artus I., 2001, *Krise des deutschen Tarifsystems. Die Erosion des Flächentarifvertrags in Ost und West*, Wiesbaden, Westdeutscher Verlag.

Behrens M., 2007, « Conflict, Arbitration, and Dispute resolution in the German workplace », *International Journal of Conflict Management*, n° 18, p. 175-192.

Behrens M., 2011, *Das Paradox der Arbeitgeberverbände. Von der Schwierigkeit, durchsetzungsstarke Unternehmensinteressen kollektiv zu vertreten*, Berlin, Ed. Sigma.

Behrens M., Helfen M., 2010, « Employers' Exit from Multi-Employer Bargaining. Organizational Change in German Employers' Associations », in *Proceedings of the 9th IIRA European Congress, 29 June-1 July 2010*, Copenhague.

Bispinck R., 2012, « Allgemeinverbindlicherklärung von Tarifverträgen – vom Niedergang zur Reform? », *WSI-Mitteilungen*, n° 65-7, p. 496-507.

Bispinck R., Schulten T., 2011, *Sector-level bargaining and possibilities for deviations at company level: Germany*, Dublin, European Foundation for the Improvement of Living and Working Conditions.

Bispinck R., Schulten T., 1999, « Flächentarifvertrag und betriebliche Interessenvertretung », in Müller-Jentsch W. (ed.), *Konfliktpartnerschaft. Akteure und Institutionen der industriellen Beziehungen*, Munich, Mehring, Rainer Hampp Verlag, p. 185-212.

Bothfeld S., Sesselmeier W., Bogedan C., 2009, *Arbeitsmarktpolitik in der sozialen Marktwirtschaft – Vom Arbeitsförderungsgesetz zum Sozialgesetzbuch II und III*, Wiesbaden, VS Verlag.

Bruun N., Jacobs A., Schmidt M., 2010, « ILO Convention n° 94 in the aftermath of the Rüffert case », *Transfer*, n° 16, p. 473-488.

Bücker A., Warneck W., 2010, *Viking – Laval – Rüffert. Consequences and policy perspectives*, Bruxelles, ETUI.

Crouch C., 2005, *Capitalist Diversity and Change: Recombinant Governance and Institutional Entrepreneurs*, Oxford, Oxford University Press.

Doellgast V., 2008, « Collective Bargaining and High-Involvement Management in Comparative Perspective: Evidence from U.S. and German Call Centers », *Industrial Relations*, n° 47, p. 284-319.

Dribbusch H., 2011, « Organisieren am Konflikt: Zum Verhältnis von Streik und Mitgliederentwicklung », in Haipeter T., Dörre K. (eds.), *Gewerkschaftliche Modernisierung*, Wiesbaden, VS Verlag, p. 231-263.

Dribbusch H., 2010, « Tarifkonkurrenz als gewerkschaftspolitische Herausforderung: Ein Beitrag zur Debatte um die Tarifeinheit », WSI-Diskussionspapier, n° 172.

Dribbusch H., Birke P., 2014, *Die DGB-Gewerkschaften seit der Krise. Entwicklungen, Herausforderungen, Strategien*, Berlin, Friedrich-Ebert-Stiftung.

Ebbinghaus B., 1995, « The Siamese twins: Citizenship rights, cleavage formation, and party-union relations in Western Europe », *International Review of Social History*, n° 40, p. 51-89.

Ellguth P., Kohaut S., 2014, « Tarifbindung und betriebliche Interessenvertretung: Ergebnisse aus dem IAB-Betriebspanel 2013 », *WSI-Mitteilungen*, n° 67, p. 286-295

Erne R., 2008, *European Unions. Labor's Quest for a Transnational Democracy*, Ithaca/London, ILR Press.

Fitzenberger B., Kohn K., Wang Q., 2011, « The erosion of union membership in Germany: determinants, densities, decompositions », *Journal of Population Economics*, n° 24, p. 141-165.

Frege C. M., 2002, « A Critical Assessment of the Theoretical and Empirical Research on German Works Councils », *British Journal of Industrial Relations*, n° 40, p. 221-248.

Greer I., 2008, « Organised industrial relations in the information economy: the German automotive sector as a test case », *New Technology, Work and Employment*, n° 23, p. 181-196.

Greer I., Hauptmeier M., 2008, « Political Entrepreneurs and Co-Managers: Labour Transnationalism at Four Multinational Auto Companies », *British Journal of Industrial Relations*, n° 46, p. 76-97.

Haipeter T., Schilling G., 2006, *Arbeitgeberverbände in der Metall- und Elektroindustrie. Tarifbindung, Organisationsentwicklung und Strategiebildung*, Hambourg, VSA.

Hall P., Gingerich D. W., 2009, « Varieties of Capitalism and Institutional Complementaries in the Political Economy: An Empirical Analysis », in Hancké B. (ed.), *Debating Varieties of Capitalism. A Reader*, Oxford, Oxford University Press, p. 135-179.

Hall P., Soskice D., 2001, « An Introduction to Varieties of Capitalism », in Hall P., Soskice D. (eds.), *Varieties of Capitalism. The Institutional Foundations of Comparative Advantage*, Oxford, Oxford University Press, p. 1-70.

Hassel A., 1999, « The erosion of the German system of industrial relations », *British Journal of Industrial Relations*, n° 37, p. 483-505.

Hassel A., 2014, « The Paradox of Liberalization – Understanding Dualism and the Recovery of the German Political Economy », *British Journal of Industrial Relations*, n° 52, p. 57-81.

Hauser-Ditz A., Hertwig M., Pries L., Rampeltshammer L., 2010, *Transnationale Mitbestimmung? Zur Praxis Europäischer Betriebsräte in der Automobilindustrie*, Francfort/New York, Campus.

Hertwig M., Pries L., Rampeltshammer L., 2010, *European Works Councils in Complementing Perspectives*, Bruxelles, ETUI.

Herzog-Stein A., Zapf I., 2014, « Navigating the Great Recession: The Impact of Working-Time Accounts in Germany », *Industrial and Labor Relations Review*, n° 67, p. 891-925.

Herzog-Stein A., Lindner F., Sturn S., van Treeck T., 2010, « From a source of weakness to a tower of strength? The changing German labour market », IMK-Report n° 56.

Höpner M., Schäfer A., 2008, « Grundzüge einer politökonomischen Perspektive auf die europäische Integration », in Höpner M., Schäfer A. (eds.), *Die politische Ökonomie der europäischen Integration*, Francfort/New York, Campus, p. 11-45.

Jacoby W., 2000, *Imitation and Politics. Redesigning Modern Germany*, Ithaca/London, Cornell University Press.

Jacoby W., Behrens M., 2014, « Breaking up is hard to do. German trade unions within the Social Democratic Party », *Comparative European Politics*, 30 juin.

Katz H., 1993, « The Decentralization of Collective Bargaining: A Literature Review and Comparative Analysis », *Industrial and Labor Relations Review*, n° 47, p. 3-22.

Katz H., Darbishire O., 2000, *Converging Divergences. Worldwide Changes in Employment Systems*, Ithaca/New York, ILR Press.

Katzenstein P., 1987, *Policy and Politics in West Germany. The Growth of a Semisovereign State*, Philadelphia, Temple University Press.

Keller B., 2005, « Union Formation through Merger. The Case of Ver.di in Germany », *British Journal of Industrial Relations*, n° 42, p. 209-232.

Keller B., 2009, « Berufs und Spartengewerkschaften. Konsequenzen und Opitionen », *Sozialer Fortschritt*, n° 59, p. 118-128.

Klein M., 2011, « Wie sind die Parteien gesellschaftlich verwurzelt? », in Spier T. *et al.* (eds.), *Parteimitglieder in Deutschland*, Wiesbaden, VS Verlag für Sozialwissenschaften, p. 39-60.

Kotthoff H., 1981, *Betriebsräte und betriebliche Herrschaft: eine Typologie von Partizipationsmustern im Industriebetrieb*, Francfort, Campus.

Kotthoff H., 2006, *Lehrjahre des Europäischen Betriebsrats. Zehn Jahre transnationale Arbeitnehmervertretung*, Berlin, Ed. Sigma.

Lash S., Urry J., 1987, *The End of Organized Capitalism*, Madison, The University of Wisconsin Press.

Locke R. M., 1995, *Remaking the Italian Economy*, Ithaca, Cornell University Press.

Marginson P., Sisson K., 2006, *European integration and industrial relations. Multi-level governance in the making*, Houndmills/New York, Palgrave Macmillan.

Müller-Jentsch W., 2003, « Re-assessing Co-determination », in Müller-Jentsch W., Weitbrecht H. (eds.), *The Changing Contours of German Industrial Relations*, Munich/Mehring, Rainer Hampp Verlag, p. 39-56.

Müller-Jentsch W., 1995, « Germany: From Collective Voice to Co-management », in Rogers J., Streeck W. (eds.), *Works Councils. Consultation, Representation, and Cooperation in Industrial Relations*, Chicago/Londres, The University of Chicago Press, p. 53-78.

Palier B., K. Thelen, 2010, « Institutionalizing Dualism: Complementaries and Change in France and Germany », *Politics & Society*, n° 38, p. 119-148.

Pyhel J., 2006, « Warum ist man Gewerkschaftsmitglied? – Determinanten der Mitgliedschaftsneigung », *WSI-Mitteilungen*, n° 59, p. 341-346.

Rehder B., 2006, « Legitimitätsdefizite des Co-Managements. Betriebliche Bündnisse für Arbeit als Konfliktfeld zwischen Arbeitnehmern und betrieblicher Interessenvertretung », *Zeitschrift für Soziologie*, n° 35, p. 227-242.

Scharpf F., 2008, « Der einzige Weg ist, dem EuGH nicht zu folgen. Interview », *Die Mitbestimmung*, juillet-août, p. 18-23.

Schmidt R., Trinczek R., 1986, « Erfahrungen und Perspektiven gewerkschaftlicher Arbeitszeitpolitik », *Prokla*, n° 64, p. 85-108.

Schnabel C., Wagner J., 2007, « The Persistent Decline in Unionization in Western and Eastern Germany, 1980-2004: What Can We Learn from a Decomposition Analysis? », *Industrielle Beziehungen*, n° 14, p. 118-132.

Schneider M., 2000, *Kleine Geschichte der Gewerkschaften. Ihre Entwicklung in Deutschland von den Anfängen bis heute*, Bonn, Dietz Nachfolger.

Schroeder W., 2005, « Sozialdemokratie und Gewerkschaften », *Berliner Debatte Initial*, n° 16, p. 12-21.

Schroeder W., 2008, « SPD und Gewerkschaften: Vom Wandel einer privilegierten Partnerschaft », *WSI Mitteilungen*, n° 61, p. 231-237.

Schroeder W., Weßels B., 2010, « Die deutsche Unternehmerverbändelandschaft: vom Zeitalter der Verbände zum Zeitalter der Mitglieder », in Schroeder W., Wessels B. (eds.), *Handbuch Arbeitgeber- und Wirtschaftsverbände in Deutschland*, Wiesbaden, VS Verlag, p. 148-168.

Schroeder W., Kalass V., Greef S., 2011, *Berufsgewerkschaften in der Offensive. Vom Wandel des deutschen Gewerkschaftsmodells*, Wiesbaden, VS Verlag.

Schulten T., 2004, *Solidarische Lohnpolitik in Europa. Zur Politischen Ökonomie der Gewerkschaften*, Hambourg, VSA.

Schulten T., 2009, « Zehn Jahre europäische Koordinierung der Tarifpolitik – eine Zwischenbilanz », in Schlatermund H., Flore M. (eds.), *Zukunft von*

Arbeitsbeziehungen und Arbeit in Europa (ZAUBER), Osnabrück, Secolo Verl, p. 103-118.

Schulten T., Pawicki M., 2008, « Tariftreueregelungen in Deutschland – Ein aktueller Überblick », *WSI-Mitteilungen*, n° 61, p. 184-190.

Seifert H., Massa-Wirth H., 2005, « Pacts for employment and competitiveness in Germany », *Industrial Relations Journal*, n° 36, p. 217-240.

Streeck W., 1991, « On the Institutional Conditions of Diversified Quality Production », in Matzner E., Streeck W. (eds.), *Beyond Keynsianism. The Socio-Economics of Production and Employment*, Londres, Edward Elgar, p. 21-61.

Streeck W., Thelen K., 2005, *Beyond Continuity: Institutional Change in advanced Political Économies*, Oxford, Oxford University Press.

Streeck W., Visser J., 1997, « The rise of the conglomerate union », *European Journal of Industrial Relations*, n° 3, p. 305-332.

Thelen K., 2004, *How Institutions Evolve. The Political Economy of Skills in Germany, Britain, the United States, and Japan*, Cambridge, Cambridge University Press.

Thelen K., 1991, *Union of Parts. Labor Politics in Postwar Germany*, Ithaca/ Londres, Cornell University Press.

Traxler F., 1995, « Farewell to labour market associations? Organized versus disorganized decentralization as a map for industrial relations », in Crouch C., Traxler F. (eds.), *Organized Industrial Relations in Europe: What Future?*, Aldershot, Avebury, p. 3-19.

Turner L., 1991, *Democracy at Work: Changing World Markets and the Future of Labor Unions*, Ithaca/Londres, Cornell University Press.

Turner L., 1998, *Fighting for Partnership. Labor and Politics in Unified Germany*, Ithaca/Londres, Cornell University Press.

Turner L., 2009, « Institutions and Activism: Crisis and Opportunity for a German Labor Movement in Decline », *Industrial and Labor Relations Review*, n° 62, p. 294-312.

Völkl M., 2002, *Der Mittelstand und die Tarifautonomie. Arbeitgeberverbände zwischen Sozialpartnerschaft und Dienstleistung*, Munich/Mehring, Rainer Hampp Verlag.

Waddington J., 2011, *European Works Councils. A Transnational Industrial Relations Institution in the Makin*, New York/Londres, Routledge.

Waddington J., Hoffmann J., 2005, « Germany. Towards a New Form of German Trade Unionism? », in Waddington J. (ed.), *Restructuring Representation. The Merger Process and Trade Union Structural Development in Ten Countries*, Bruxelles, P.I.E.-Peter Lang, p. 113-138.

CHAPITRE 2

Autriche : l'essoufflement politique d'un système consensuel

Patrick MOREAU[1]

Le syndicalisme en Autriche diffère profondément du modèle allemand, tant de par ses relations avec les partis politiques qu'avec les administrations et l'État autrichien[2]. L'Autriche est un système politique reposant sur la coopération entre les grandes organisations représentant les intérêts économiques, les administrations et le gouvernement. Cette constellation, également fort différente du cas français, a été l'un des moteurs de la reconstruction de l'Autriche après la Seconde Guerre mondiale et a abouti, après que le pays eut retrouvé sa pleine souveraineté en 1955, à une forte croissance économique et une paix sociale qui se mesure – sauf exception notable comme en 2003[3] – au faible nombre de jours de grève par an. Le syndicalisme autrichien connait toutefois au 21e siècle des difficultés dans son action liées à différents facteurs structurels : les crises économiques de 2008 et de l'Euro ; la perception par une partie grandissante de la population que le système politique est bloqué par la Grande Coalition et que les syndicats sont un acteur de ce blocage ; la montée en puissance de l'extrême-droite (le *Freiheitliche Partei Österreich* / FPÖ) ; la montée – relative – du chômage et enfin, en 2015, l'arrivée des réfugiés et demandeurs d'asile. Face à ces défis, le syndicalisme autrichien a formulé des objectifs économiques et sociaux qu'il a proposés à la Grande Coalition unissant conservateurs et sociaux-démocrates, intensifié ses contacts avec le mouvement syndical européen et mondial, renforcé son action auprès de l'Union européenne. Face au défi migratoire, le syndicalisme autrichien cherche encore des réponses.

---

[1]   Chargé de recherche au CNRS, laboratoire Dynamiques Européennes, Université de Strasbourg.

[2]   Nous remercions l'ÖGB et l'*Arbeitskammer* de Vienne pour la mise à disposition des données et documents nécessaires à cette synthèse.

[3]   L'année fut marquée par un important mouvement de grève contre l'allongement de la durée de cotisations pour les retraites, « première grève générale en Autriche en 50 ans », comme titra un périodique français.

1. Repères historiques

Les premières associations de travailleurs ont été créées dans les années 1840 sous la monarchie des Habsbourg. En 1870, la loi dite de coalition fixe le premier statut juridique des syndicats. À partir de 1890 et au début du 20ᵉ siècle, les syndicats autrichiens deviennent des organisations de masse et imposent un certain nombre de droits sociaux fondamentaux : assurance maladie et assurance contre les accidents du travail, interdiction du travail dominical, journée de 10 heures, interdiction du travail de nuit pour les femmes… La signature d'un nombre grandissant de conventions collectives conduit à la réglementation du temps de travail, l'adoption d'un salaire minimum, la rémunération des heures supplémentaires… L'effondrement de la monarchie, liée à la défaite de 1918, voit la classe ouvrière et les soldats revenus du front se radicaliser sous l'influence de la Révolution d'octobre. Les conseils d'ouvriers et de soldats exigent des mesures politiques et économiques qui aboutissent à l'adoption de la loi sur les comités d'entreprises (1918) et sur les conventions collectives (1919) ainsi qu'à la création de chambres du travail, institutions de représentation et de régulation des intérêts (1920) (Stolwitzer, 1978). Jusqu'en 1934, moment où la confrontation entre l'austro-fascisme et la social-démocratie aboutit à une répression sanglante du mouvement ouvrier, les syndicats autrichiens, malgré leurs profondes divisions entre sensibilités socio-démocrate, communiste, chrétienne, national-allemande, et soumis de surcroît à la pression des syndicats « jaunes » liés au patronat, parviennent néanmoins à obtenir l'introduction de la journée de travail de 8 heures et d'une allocation de chômage (Pelinka, 1980).

En 1934, au terme d'une guerre civile brève mais sanglante, le mouvement ouvrier est si affaibli qu'il ne peut plus s'opposer à l'interdiction par le gouvernement austro-fasciste des syndicats libres et du droit de grève. Un syndicat unique (*Österreichischer Gewerkschaftsbund*) est créé le 2 février 1934 par le gouvernement Dollfuss, ses représentants étant nommés par le ministère des Affaires sociales. En 1938, l'*Anschluß* marque l'annexion de l'Autriche, devenue un *Gau* du IIIᵉ Reich. Les travailleurs sont contraints d'adhérer au Front allemand du travail (*Deutsche Arbeitsfront*) (Flagmeyer, 2009). La mise au pas de la population et des poches de résistance syndicales voit l'arrestation, puis l'envoi en camp de concentration, de très nombreux syndicalistes de toutes sensibilités politiques.

La défaite du Reich s'annonçant, les syndicalistes engagés dans la résistance au national-socialisme décident la fondation d'une organisation syndicale unique par-delà la refondation d'une Autriche indépendante. Dès avril 1945, des syndicalistes de toutes les sensibilités politiques fondent ensemble la Fédération Syndicale Autrichienne (*Österreichische Gewerkschaftsbund /* ÖGB). En 1947, l'ÖGB compte plus de 1,2 millions d'adhérents.

2. Le partenariat économique et social

L'Autriche pratique le « partenariat économique et social ». Il s'agit d'une coopération volontaire dans les secteurs économique et sociopolitique entre les différents organismes de représentation des salariés et du patronat. Son objectif est l'harmonisation des intérêts réciproques et la négociation de compromis. Ce système implique, en cas de tensions entre les partenaires, le gouvernement. Il prend également appui sur des institutions de type néo-corporatiste, notamment les chambres du travail (voir *infra*).

Le système de concertation sociale autrichien englobe, en dehors de la régulation des intérêts des travailleurs et du patronat, des questions sociales, économiques, monétaires et européennes. Sur ce dernier plan, la population autrichienne comme les élites politiques et économiques a toujours eu un regard critique sur l'Union européenne et sur ses mécanismes institutionnels, alors que les syndicats allaient s'engager en sa faveur. Il faut rappeler que l'Autriche n'adhère qu'en 1995 à l'Union européenne. Cette adhésion avait été précédée d'un très vif débat montrant l'existence d'un euroscepticisme dans différents segments de la société. L'extrême droite autrichienne hésitait entre un nationalisme isolationniste et un projet pangermanique. Elle était clairement hostile à la Communauté européenne, ceci comme le Parti communiste autrichien engagé contre l'« Europe du capital ». Le FPÖ représentait de 20 à 30 % des voix dans les élections nationales, les communistes environ 1 %. Du côté des formations démocratiques, une partie des conservateurs et surtout des sociaux-démocrates craignaient – et le débat dure toujours – que la construction de l'Union européenne aboutisse à un État supranational, dont la constitution et le fonctionnement viendraient à remettre en cause le principe de neutralité inscrit dans la constitution autrichienne. Du côté du patronat, surtout des petites et moyennes entreprises, on craignait la puissance économique de l'Allemagne, fort présente en Autriche. Les patrons et les banques autrichiennes voyaient plutôt l'avenir économique de l'Autriche dans ce qui avait été l'Empire austro-hongrois, en clair, la Hongrie, la République tchèque, la Slovaquie et les pays des Balkans issus de la dislocation de la Yougoslavie. L'idée était que l'Autriche était un pont naturel entre le Nord et le Sud-Est de l'Europe et avait plus à gagner dans ce rôle. Certes, les pro-européens triomphaient, mais les sondages effectués depuis 1995[4] montrent que 25 % en moyenne de la population sont partisans de quitter l'Union européenne. La sociographie des eurosceptiques indique qu'il ne s'agit pas seulement de sympathisants de l'extrême droite, mais aussi de personnes issues du champ démocratique motivées par les crises européennes, le rejet

---

[4] Voir les sondages publiés par l'Österreichische Gesellschaft für europäische Politik. En ligne : http://oegfe.at/wordpress/.

de l'Euro, la faiblesse du parlement européen et la perte d'indépendance judiciaire et politique de l'Autriche dans le cadre européen.

La régulation sociale en Autriche

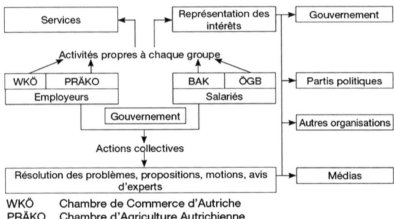

WKÖ	Chambre de Commerce d'Autriche
PRÄKO	Chambre d'Agriculture Autrichienne
BAK	Chambre Fédérale du Travail
ÖGB	Confédération des Syndicats Autrichiens

Pour toutes ces raisons, l'adhésion de l'Autriche à l'Union européenne en 1995 fut préparée en étroite concertation entre les partenaires sociaux et le gouvernement et a abouti à l'adoption d'un « accord sur l'Europe ». Le gouvernement s'engageait à impliquer les partenaires sociaux pour tout ce qui touche à la politique européenne. En raison de cet accord, l'ÖGB et la Chambre fédérale du Travail disposent aujourd'hui de bureaux de liaison à Bruxelles.

Quatre organismes associent les partenaires sociaux et se retrouvent au sein d'une « commission paritaire »[5] : la Fédération Syndicale Autrichienne (ÖGB) ; la Chambre fédérale du Travail, la Chambre de Commerce d'Autriche, la conférence des présidents des Chambres d'Agriculture.

La représentation des intérêts des salariés repose plus précisément sur trois institutions : la Fédération syndicale autrichienne (ÖGB), les Chambres du Travail, les comités d'entreprise. La recherche du consensus est toujours privilégiée.

---

[5] La Commission paritaire comprend quatre sous-commissions : le conseil consultatif pour les questions économiques et sociales (les résultats de ses recherches constituent la base des recommandations adressées au gouvernement) ; le sous-comité des salaires chargé de la coordination dans le temps et de l'adoption des conventions collectives ; le sous-comité des questions internationales ; le sous-comité de la concurrence et des prix.

3. L'ÖGB

L'adhésion à l'ÖGB est facultative. L'ÖGB organise, en 2014, 1 198 071 travailleurs (effectifs quasi-identiques à ceux de 2013), dont 35,3 % de femmes, soit un taux de syndicalisation d'environ 28 % des salariés autrichiens. La syndicalisation est plus forte chez les travailleurs manuels et les employés du secteur public que dans les autres catégories.

Les capacités d'organisation de l'ÖGB décroissent régulièrement depuis un « pic » en 1985. Les causes déterminantes en semblent la centralisation et la rigidité du syndicat unique. À ce qui apparaît donc comme une critique de la « bureaucratie » syndicale s'ajoutent des raisons plus politiques et, en l'occurrence, une critique du soutien – sinon de l'implication – de l'ÖGB dans les grandes coalitions SPÖ-ÖVP (Parti social-démocrate et Parti populaire) en place depuis des décennies[6].

L'ÖGB est indépendante statutairement des partis politiques et des confessions, mais la confédération syndicale joue un rôle politique important dans le système politique. Les « fonctionnaires » du syndicat se sont présentés depuis 1949 sur les listes de différents partis politiques et ont été élus. Dans le gouvernement de Werner Faymann, on compte en 2014, 6 ministres membres de l'ÖGB. Des militants de celle-ci occupent aussi de nombreuses fonctions de direction et de gestion dans les administrations, en particulier aux Affaires sociales.

Les membres de l'ÖGB peuvent être actifs au sein de « plateformes » (ou tendances) politiques ou confessionnelles existant au sein de la confédération. En 2014, les plus importantes d'entre elles sont la fraction social-démocrate, proche du SPÖ (*Fraktion Sozialdemokratischer Gewerkschafter* / FSG) et celle des syndicalistes chrétiens proche de l'ÖVP (*Fraktion Christlicher Gewerkschafter* / FCG). Il existe également, entre autres, des groupements indépendants (*Unabhängigen GewerkschafterInnen im ÖGB-UG* et *Fraktion Parteifreier Gewerkschafter* / FPG), national-populiste, proche du FPÖ (*Freiheitlichen Arbeitnehmer* / FA), communiste et extrême-gauche (*Gewerkschaftlicher Linksblock* / GLB). La force de ces fractions se lit dans les résultats des élections à la Chambre fédérale du travail nationale et des chambres du travail des *Länder*. Le FSG, qui domine l'ÖGB, contrôle largement l'appareil et les structures de direction de l'ÖGB.

L'ÖGB dispose pour son financement des cotisations, de sa participation à des entreprises et à une banque. Son budget s'élevait à 14 119 000 d'euros en 2012[7].

---

[6]   1945-1964, 1987-2000 et depuis 2007, le SPO ayant été de façon continue au pouvoir depuis 1945, sauf pendant les périodes 1966-1979 et 2000-2007.

[7]   Voir en ligne : http://www.oegb.at/cms/S06/S06_2.1.2/ueber-uns/wir-machen/oegb-in-zahlen.

Les effectifs de l'ÖGB 1945-2013

Date	Hommes	%	Femmes	%	Total
1945					128 770
1945					298 417
1946	696 277	75,3	227 997	24,7	924 274
1950	955 965	74,1	334 616	25,9	1 290 581
1955	1 027 352	73,5	371 094	26,5	1 398 446
1960	1 079 718	71,9	421 329	28,1	1 501 047
1965	1 108 714	71,9	434 099	28,1	1 542 813
1970	1 101 597	72,5	418 662	27,5	1 520 259
1975	1 136 630	71,6	450 870	28,4	1 587 500
1980	1 162 213	70,0	498 772	30,0	1 660 985
1981	1 171 172	69,8	506 093	30,2	1 677 265
1982	1 164 941	69,7	507 568	30,3	1 672 509
1983	1 153 221	69,5	507 232	30,5	1 660 453
1984	1 157 726	69,2	515 094	30,8	1 672 820
1985	1 156 433	69,2	514 948	30,8	1 671 381
1990	1 132 588	68,9	512 253	31,1	1 644 841
1991	1 126 102	68,7	512 077	31,3	1 638 179
1992	1 122 218	68,7	511 262	31,3	1 633 480
1993	1 109 955	68,7	506 061	31,3	1 616 016
1994	1 093 775	68,4	505 360	31,6	1 599 135
1995	1 081 721	68,3	501 635	31,7	1 583 356
1996	1 048 089	68,3	486 964	31,7	1 535 053
1997	1 022 958	68,3	474 626	31,7	1 497 584
1998	1 008 925	68,2	471 091	31,8	1 480 016
1999	995 139	67,9	470 025	32,1	1 465 164
2000	977 202	67,7	465 191	32,3	1 442 393
2001	960 857	67,6	460 170	32,4	1 421.027
2002	944 810	67,2	461 709	32,8	1 406 519
2003	926 578	66,9	458 622	33,1	1 385 200
2004	907 743	66,8	450 190	33,2	1 357 933
2005	894 286	67,0	441 135	33,0	1 335 421
2006	849 061	66,7	422 950	33,3	1 272 011
2007	822.719	65,9	425 076	34,1	1 247 795
2008	817.642	66,0	420 948	34,0	1 238 590
2009	802.135	65,6	420 055	34,4	1 222 190
2010	791.519	65,4	419 592	34,6	1 211 111
2011	786 860	65,3	419 018	34,7	1 205 878
2012	783 163	65,1	420 278	34,9	1 203 441
2013	777 924	64,9	420 725	35,1	1 198 649
2014	774 786	64,7	423 285	35,3	1 198 071

Source : ÖGB

L'ÖGB a pour objectif la réalisation d'une « société solidaire ». Son action est classique : la défense des emplois et des salaires, les actions en faveur de l'égalité de traitement, la protection de l'environnement, le soutien à un projet de croissance basée sur une politique salariale favorisant la productivité, la réduction des inégalités sociales et des discriminations de tout type[8].

Les structures de l'ÖGB

L'instance souveraine de l'ÖGB est le congrès confédéral qui se tient tous les quatre ans. Le congrès confédéral définit les priorités du syndicat en fonction de la situation économique et politique et il élit les membres de la présidence confédérale et de la commission de contrôle. La présidence coordonne le travail quotidien de l'ÖGB. Depuis 2008, le métallurgiste Erich Foglar préside la confédération[9]. Pour ce qui concerne l'action syndicale au niveau des secteurs ou des entreprises, il existe des syndicats autonomes et, en partie, juridiquement indépendants de la confédération. Leur nombre a toutefois diminué au cours des dernières années à la suite de plusieurs fusions. Ainsi, l'ÖGB regroupe 7 fédérations syndicales en 2014 :

- le Syndicat des salariés privés de l'imprimerie, du journalisme et papier (*Gewerkschaft der Privatangestellten, Druck, Journalismus, Papier* / GPA-DJP) [Livre, papier]
- le Syndicat du service public (*Gewerkschaft Öffentlicher Dienst* / GÖD)
- le Syndicat des employés communaux, arts, médias, sport, indépendants (*Gewerkschaft der Gemeindebediensteten – Kunst, Medien, Sport, freie Berufe* / GdG-KMSfB)
- le Syndicat bâtiment-bois (*Gewerkschaft Bau-Holz* / GBH)
- le Syndicat des transports et services (*Gewerkschaft vida – vida*)
- le Syndicat des salariés de la poste et des télécommunications (*Gewerkschaft der Post- und Fernmeldebediensteten* / GFP)
- le Syndicat des travailleurs de la production (*Produktionsgewerkschaft* / PRO-GE).

---

[8] Voir en ligne : Grundsatzprogramm der ÖGB. 2013-2018 ; en ligne : http://www.oegb. at/cms/S06/S06_2.3/ueber-uns/wir-fordern.

[9] Sur sa biographie, voir en ligne : http://www.oegb.at/cms/S06/S06_2.2.g.a/1342537098532/ ueber-uns/wir-sind/vorstand/erich-foglar.

Les adhérents des fédérations de l'ÖGB

Syndicats	Syndiqués au 31 déc. 2014	Syndiqués au 31 déc. 2013	Syndiqués au 31 déc. 2012	Évolution 2014 / 2013 (en nombre)	Évolution 2013 / 2014 (en %)
GPA-DJP (Livre, Papier)	277 792	275 455	273 970	2 337	0,8
GÖD (Service public)	236 891	235 566	234 346	1 325	0,6
GdG-KMSfB (Employés communaux)	150 394	150 905	152 592	-511	-0,3
GBH (bâtiment, bois)	116 657	116 620	116 376	37	0
Vida (transports)	137 553	139 919	144 492	-2 366	-1,7
GPF (poste, télécommunications)	49 008	49 698	50 787	-690	-1,4
PRO-GE (production)	229 776	230 486	230 878	-710	-0,3

NB : Stabilité des effectifs en évolution moyenne.

Source : ÖGB

L'ÖGB signe chaque année, après accord avec les employeurs, les conventions valables pour tous les salariés d'un même secteur. La couverture des salariés par les conventions collectives s'élève à 95 % en Autriche.

L'ÖGB pour obtenir satisfaction sur ses revendications procède habituellement par campagne. Ainsi, la durée hebdomadaire du travail a été réduite à 38 heures et demie. Ces campagnes sont pacifiques. Le recours à l'action collective reste exceptionnel. Tel fut le cas, notamment, en 2003. Ainsi, le 3 juin 2003, l'ÖGB a mobilisé environ un million de personnes contre le projet du gouvernement de réforme du régime des retraites. Le gouvernement a préféré céder et réviser son projet.

Les modules spécialisés

L'analyse des adhésions syndicales montre que les femmes sont plus faiblement syndiquées que les hommes. Pour compenser ce déficit, l'ÖGB a créé un module organisationnel spécifique pour les femmes et introduit dans son programme de nombreuses revendications en leur faveur. Les femmes se voient offrir – de façon préférentielle – une formation syndicale, une protection juridique et la possibilité d'occuper au sein de l'ÖGB des postes de responsabilité. Un module identique existe pour les jeunes, également peu syndiqués. Les jeunes sont membres de la Jeunesse syndicale autrichienne (*Österreichische Gewerkschaftsjugend*), dont le nombre d'adhérents est inconnu. Les thèmes d'activité et d'action sont classiques, à l'exception d'un volet de formation et d'action antifasciste (et antiraciste), d'ailleurs plus dirigé vers l'histoire autrichienne que contre le FPÖ. Les retraités constituent un groupe très important pour l'ÖGB qui, comme l'Autriche dans son ensemble, connait un vieillissement important. Les syndicats autrichiens se posent en défenseur des intérêts économiques des retraités autrichiens et européens. L'ÖGB est membre de la FERPA (Fédération européenne des retraités et personnes âgées).

Pour l'ensemble de ses membres, l'ÖGB s'est dotée d'une très importante et très active structure éducative, l'Association pour la formation syndicale autrichienne (*Verband österreichischer gewerkschaftlicher Bildung* / VÖGB). L'analyse des séminaires et activités diverses souligne la volonté de l'ÖGB d'offrir à ses membres une formation syndicale allant des principes de base à l'action juridique, de l'information internationale à la recherche.

L'action internationale

L'ÖGB a toujours eu conscience que la petite taille du pays impliquait une dépendance internationale forte vis-à-vis de ses voisins. Les syndicats ont donc développé des relations internationales intenses.

En 1945, l'ÖGB adhérait à la Fédération Syndicale Mondiale, sous influence communiste, dont le siège se trouvait à Prague. En 1949, l'ÖGB quitta la FSM et devenait membre de la Confédération internationale des syndicats libres (CISL) installée à Bruxelles. Cependant, la proclamation de la « neutralité perpétuelle » par l'Autriche en 1955, appuyée par l'ÖGB, permettait à l'ÖGB d'entretenir jusqu'en 1989 des contacts avec les organisations syndicales d'Europe orientale. C'est ainsi que le mouvement syndical autrichien contribua à la politique de détente du continent européen. La fraction des syndicats chrétiens de l'ÖGB appartenait à la fois à la CSIL et à la Confédération Mondiale du Travail (CMT).

L'ÖGB allait être au-delà de l'effondrement du communisme un acteur de la fondation d'une nouvelle « Internationale » syndicale, la Confédération syndicale internationale (CSI) en novembre 2006 à Vienne. L'ÖGB a également été membre fondateur de la Confédération européenne des syndicats créée en 1973 et s'est engagée en 2015 dans le processus de relance de l'activisme de celle-ci. Les syndicats autrichiens sont aussi engagés dans quatre structures transnationales : le *Pan-Europäischer Regionalrat* (PERR)[10], le *Trade Union Advisory Committee* (TUAC)[11], l'*Internationale Arbeitsorganisation* (IAO) et le *Bureau for Workers' Activities* (ACTRAV)[12].

L'analyse sur le long terme des activités internationales de l'ÖGB montre des changements de priorités liés au contexte politique et écono-

---

[10] Voir en ligne : http://www.ituc-csi.org/?lang=en.

[11] Voir en ligne : http://www.tuac.org/en/public/index.phtml.

[12] Voir en ligne : http://www.ilo.org/global/lang--en/index.htm.

mique mondial. Dans les années 1960, les syndicats autrichiens intensifièrent leurs contacts avec les mouvements syndicaux des pays d'Afrique qui venaient d'obtenir leur indépendance. Dans les années 1960-1970, la priorité fut donnée à la lutte contre les régimes autoritaires du Chili, du Portugal, de l'Espagne, de l'Argentine… L'opposition à la guerre du Vietnam et à la politique d'apartheid en Afrique du Sud constitua un autre champ d'action important des syndicalistes autrichiens. À la fin des années 1970, l'engagement porta essentiellement sur la lutte contre l'approfondissement des clivages entre les pays industrialisés et les pays en développement.

L'effondrement du communisme allait ouvrir de nouvelles opportunités à l'ÖGB. Dès 1990, il développait une étroite coopération avec les mouvements syndicaux des pays en transition d'Europe centrale et orientale, en particulier la République tchèque, la Slovaquie, la Hongrie et la Slovénie. Cette coopération se basait sur une concertation entre les organes syndicaux centraux respectifs, les syndicats sectoriels ainsi que les organisations territoriales le long des frontières. En 2004, l'ÖGB et les six confédérations hongroises concluaient par exemple un accord de protection juridique prévoyant dans le pays d'accueil respectif la consultation et l'entraide juridique pour les travailleurs migrants syndicalisés. Sur la base des statuts de la CES, plusieurs conseils syndicaux interrégionaux furent créés dans les régions frontalières de l'Autriche. Les organisations régionales de l'ÖGB participent également à des activités transfrontalières avec des syndicats des différents pays limitrophes.

En 2015, l'ÖGB s'est vigoureusement engagée dans le soutien à la Grèce et dans la lutte contre le projet d'accord TTIP (Partenariat transatlantique de commerce et d'investissement), présenté comme une menace pour l'emploi, la justice et l'indépendance en Europe. Ces prises de positions sont relayées à Bruxelles par un Bureau très actif dans sa politique de lobbying.

Le programme de l'ÖGB

Le programme de l'ÖGB a été fixé lors de son 18e congrès national du 20 juin 2013[13]. Il s'intitule « Notre mission : la justice ».

L'objectif premier de l'ÖGB est un retour au plein emploi accompagné d'une politique de salaires équitables. Au-delà de la lutte contre le chômage, l'ÖGB exige que les travailleurs reçoivent un salaire leur assurant la possibilité de subvenir à leurs besoins propre et familial. Ce renforcement du pouvoir d'achat doit être couplé avec une politique d'investissement étatique et privé en Autriche. Les syndicats rejettent les programmes de

---

[13] Voir : Grundsatzprogramm des ÖGB 2013-2018 ; en ligne : http://www.oegb.at/cms/S06/S06_2.3/ueber-uns/wir-fordern.

rigueur et le déficit zéro qui aboutissent – selon eux – à une diminution du pouvoir d'achat de la population et découragent les investissements des entreprises. Les mesures prises au niveau de l'administration fédérale autrichienne pour relancer la conjoncture ont pour l'ÖGB à ce jour échoué. Une sortie de crise passe par une relance de l'économie. Parmi les mesures avancées, des investissements massifs dans les infrastructures, une réduction des impôts sur les salaires, une augmentation des budgets publics consacrés à la défense de l'emploi.

La faible syndicalisation des travailleurs « atypiques » conduit l'ÖGB à vouloir contrôler l'« informalisation » de l'économie et de la société. Les syndicats remarquent qu'un nombre grandissant de salariés ne disposent pas d'une protection sociale suffisante, ne sont pas intégrés dans le système des conventions collectives et n'ont ni assurance chômage, ni protection contre le licenciement. L'ÖGB constate que de nombreux chômeurs n'ont le choix qu'entre un chômage permanent ou la création (forcée) d'une activité indépendante. Cela est vu comme la conséquence d'une stratégie patronale, qualifiée d'exploitation moderne, qui doit être contrecarrée par la syndicalisation, l'intégration de ces salariés dans les régimes de protection sociale et dans le droit des conventions collectives. Ce qui implique une profonde modernisation du droit du travail et l'abolition des contrats de travail jugés inéquitables.

Sur le plan européen et international, l'ÖGB réclame le respect des principes du droit international et de la Charte de l'ONU, ainsi que le renforcement de la compétence de l'ONU en matière de maintien de la paix en cas d'éventuelles actions unilatérales de grandes puissances ou d'alliances militaires. L'Europe doit se débarrasser de ses armes nucléaires. L'Union européenne doit être réformée pour devenir une « Union pour la paix » et rejeter toute volonté de militariser la politique étrangère et de sécurité commune. Essentielle pour l'ÖGB est la protection des « biens publics globaux » comme la santé, l'éducation, l'environnement intact, la justice sociale. La politique de privatisation doit être stoppée. La réforme des institutions internationales (Banque Mondiale, FMI, OMC) est réclamée pour parvenir à une transparence et à une légitimation démocratique. Les marchés financiers doivent être mieux contrôlés par l'instauration d'une taxe mondiale sur les transactions de devises (taxe Tobin), dont les recettes seraient à utiliser à des fins sociales. Enfin, l'ÖGB réclame une réglementation efficace contre la concurrence économique entre *Länder* ; il s'agit d'éliminer le dumping social et les mesures d'exonérations fiscales. Les subventions agraires jugées responsables des distorsions du marché, doivent être supprimées et le commerce équitable favorisé.

Ce court aperçu des mesures défendues par l'ÖGB montre, d'une part, l'orientation antilibérale des syndicats autrichiens, mais aussi l'absence –

et cela n'est pas une surprise si l'on tient compte de la politique de consensus qui est en vigueur depuis les années 1950 – de toute radicalité politique. L'ÖGB est critique du capitalisme néo-libéral, alter-européiste (« une autre Europe est possible ») et le défenseur d'une politique de justice sociale inspirée par des « idéogèmes » traditionnels de la gauche des années 1950 (égalité, justice, redistribution). Ces choix expliquent les relations parfois difficiles des syndicats avec la Grande Coalition et son acteur social-démocrate, qui s'est éloigné de l'idéologie de gauche traditionnelle.

L'ÖGB face à la crise

L'Autriche reste en 2016 un pays prospère économiquement et ne connait qu'un chômage limité. Néanmoins, la situation se dégrade comme le montrent les statistiques de l'emploi. En 2011, l'Autriche comptait 263 000 chômeurs ; en juillet 2015 : 377 000. Le taux de chômage national s'élevait à 8,1 % en juillet 2015. L'Institut autrichien de recherche économique WIFO prévoit pour l'Autriche jusqu'en 2020 une stagnation économique, une augmentation du taux de chômage aux alentours de 10 % et l'arrivée d'environ 150 000 non-Autrichiens sur le marché du travail[14]. Les tensions économiques et sociales vont donc grandir alors que le pouvoir politique ne dispose que de faibles marges de manœuvre.

La question de l'immigration gagne dans ce contexte en centralité. L'Autriche connait depuis les années 1960 une immigration forte, mais qui est restée jusqu'en 2014 partiellement contrôlée. La concentration des immigrés dans les grandes villes – et surtout dans la capitale –, comme l'apparition de zones de ghettos, nourrit depuis longtemps la campagne xénophobe du FPÖ. L'ÖGB a longtemps insisté sur le fait que cette immigration n'avait en rien pesé sur l'emploi et que l'économie autrichienne avait besoin, vu la crise démographique et le vieillissement de la population, de sang neuf.

L'augmentation très rapide du nombre des réfugiés, demandeurs d'asile et migrants économiques venus en 2015 par la route des Balkans (plus de 80 000 en octobre 2015) et souhaitant, pour une part d'entre eux, rester en Autriche place le pays devant une situation inédite. Mal préparées, les institutions autrichiennes n'ont pas de stratégie claire, si ce n'est de voir partir vers l'Allemagne et le nord de l'Europe un maximum des nouveaux venus. Les syndicats eux aussi semblent désemparés. À côté d'un discours humanitaire classique très discret, l'ÖGB reste quasiment muette sur le sujet. Nombre de salariés s'attendent en effet à des répercussions négatives sur l'emploi, une concurrence entre les travailleurs nationaux et les réfugiés, une crise financière de l'Autriche et une remise en cause des

---

[14]   Voir en ligne : http://www.wifo.ac.at/jart/prj3/wifo/main.jart?rel=de&reserve-mode=active&content-id=1298017551022&publikation_id=58436&detail-view=yes.

acquis sociaux. L'extrême droite, qui a fait du problème des réfugiés son cheval de bataille, nourrit ces craintes et l'ÖGB connait les risques d'une association au pouvoir du FPÖ à l'automne 2018.

La crise du système politique vient peser elle aussi sur l'activité et la nature des syndicats. L'Autriche est depuis les années 1950 pratiquement toujours dirigée par une grande coalition unissant tant bien que mal sociaux-démocrates du SPÖ et chrétiens conservateurs de l'ÖVP. Cette situation a conduit à l'établissement d'un système de gestion du pouvoir et de redistribution de ce dernier qualifié de *Proporz*. Ce système est perçu par une large frange des électeurs comme un blocage et la source d'un immobilisme politique pesant. Ce dernier est une conséquence de la force de l'extrême droite autrichienne, avant tout représentée par le FPÖ. Ce parti qui avait été entre 1999 et 2002 associé au pouvoir avec les conservateurs de l'ÖVP connait en 2015 une popularité exceptionnelle dans les sondages (il est le premier parti politique autrichien), et remporte des succès régionaux impressionnants (comme à Vienne, en octobre 2015, où il recueille 30,8 % des voix).

Malgré l'existence de syndicats proches du FPÖ et représentés dans l'ÖGB, ce parti, et en particulier son chef actuel Heinz-Christian Strache, ne cache pas son hostilité aux syndicats autrichiens décrits comme des vassaux de l'Union européenne et un biotope « social-démocrate ». De son côté, l'ÖGB n'a jamais caché son antipathie vis-à-vis du FPÖ et a été acteur de nombreuses manifestations antifascistes. En soi rien de surprenant. Le problème est que le FPÖ est en 2015 le premier parti ouvrier d'Autriche, très populaire chez les jeunes et nourrit ses succès électoraux de l'absorption d'électeurs SPÖ et à un moindre niveau ÖVP. Ce que montre l'élection nationale de 2013. Le FPÖ rassemblait, en 2013, 34 % des votes ouvriers (53 % à l'élection de Vienne d'octobre 2015). Il est également très influent dans les catégories dont le niveau d'éducation est celui de l'apprentissage (35 % des voix dans cette catégorie en 2013)[15]. L'élection de 2013 (confirmée par l'élection de Vienne d'octobre 2015) montre la force du FPÖ qui a acquis un profil « prolétarien ». Son électorat se compose de jeunes, d'apprentis et d'ouvriers (ouvriers spécialisés ou qualifiés), à faibles revenus et à un relativement faible niveau d'éducation. Sur ces bases, il est en état de concurrencer le SPÖ dans son électorat traditionnel et neutralise la réémergence de formations de gauche anticapitalistes ou communistes.

Devant cette situation, l'ÖGB est silencieuse. De toute évidence, elle ne trouve pas de contre-stratégie à l'offensive du FPÖ en direction des « oubliés » du bien-être autrichien, vers les chômeurs, vers les électeurs inquiets pour leur statut économique et hostiles à l'immigration.

---

[15]   Voir : SORA Wahltagsbefragung Nationalratswahl 2013 im Auftrag des ORF.

4. Deux institutions-clé : les chambres des salariés et les comités d'entreprise

Les chambres de travail

Les Chambres du travail (*Arbeitskammer* / AK) ont été établies en 1920 à la suite de l'effondrement de la monarchie austro-hongroise. Durant la période austrofasciste, entre 1934 et 1938, les Chambres du travail ont été autoritairement intégrées dans les organes syndicaux unitaires fascistes. Supprimées en 1938, elles ont été rétablies à l'été 1945 et leur statut juridique actuel a été fixé en 1992[16].

Conformément à l'organisation fédérale de l'Autriche, chacun des neuf *Länder* possède une Chambre du travail distincte. La Chambre du travail de Vienne assure également la gestion administrative de la Chambre Fédérale du travail, organisation qui coiffe les neuf Chambres fédérées. Tous ces organismes sont des collectivités de droit public fonctionnant de façon autonome.

Les salariés et les apprentis, les personnes en congé de maternité (ou de paternité) sont, d'après la loi, membres de droit des Chambres du travail. Leur adhésion est dite obligatoire. Les fonctionnaires et les travailleurs agricoles sont dispensés d'appartenance aux Chambres.

Dans chaque région, les membres des chambres sont élus au suffrage universel direct, ce qui fait de ces organismes des sortes de « parlement des travailleurs ». Le mandat dure 5 ans. Les membres des chambres se regroupent par affinité politique. Les groupes politiques les plus importants sont constitués des syndicalistes sociaux-démocrates, de la Confédération conservatrice des travailleurs autrichiens, les salariés « Freiheitliche » (libéraux) et des Verts. Les chambres du travail représentent les intérêts des salariés et des consommateurs autrichiens. Leurs activités sont très variées.

Elles participent à l'élaboration des lois. C'est en effet par le biais des chambres du travail que les salariés participent au processus législatif. Les chambres évaluent les projets de lois en fonction des intérêts des salariés et des consommateurs, soumettent des propositions d'amendements et sont ensuite impliquées dans la mise en application de ces lois. Cette intervention dans l'application des lois résulte de leur participation et coopération au sein de plusieurs organes et conseils consultatifs. En outre, les chambres du travail – avec l'aide des enquêtes menées par leurs experts – sont à l'origine de nombreuses initiatives législatives. Ces chambres financent en effet de nombreux travaux de recherche au profit des salariés et des consommateurs. Elles agissent également au sein d'organes de réflexion chargés des

---

[16]   Voir : *Bundesgesetz über die Kammern für Arbeiter und Angestellte (Arbeiterkammergesetz 1992 – AKG).*

intérêts des salariés et conduisent des études sur un grand nombre de sujets touchant à la politique économique et sociale. Les résultats de ces études jouent régulièrement un rôle important dans la vie politique autrichienne[17].

Ces chambres sont aussi des prestataires gratuits de service. Elles informent les « adhérents » et les conseillent en matière de législation du travail, d'assurance chômage, de sécurité sociale, de fiscalité, de politique familiale, de protection des salariés et des apprentis. Elles sont également actives dans le domaine de l'information et de la protection des consommateurs. Dans les conflits relevant de la législation du travail et opposant les salariés et les employeurs, les chambres procurent une assistance légale allant d'interventions orales ou écrites auprès des employeurs à la représentation gratuite des salariés devant les tribunaux. Chaque année, les chambres du travail sont consultées par plus de deux millions de personnes. Les chambres du travail contribuent enfin de manière importante au financement de l'enseignement, de la formation professionnelle mais aussi à la formation des « cadres » du mouvement ouvrier[18].

Lors des élections des chambres des *Länder* de 2014, le taux de participation s'est élevé à 39,9 % des inscrits, soit 1 117 028 votants sur 2 808 862 inscrits. Les socio-démocrates dominent nettement les résultats.

Les élections aux Chambres du Travail (2009 et 2014)

	2014 (en %)	2009 (en %)
Sozialdemokratische GewerkschafterInnen (FSG) [socio-démocrates, proches du SPO]	57,2	55,8
Christliche Gewerkschafter (ÖAAB-FCG) [chrétiens, proches de l'OVP]	21,0	24,9
Freiheitliche Arbeitnehmer (FA) [Travailleurs libres, proches du FPO]	9,7	8,7
Alternative und Grüne [Alternatifs, Verts] GewerkschafterInnen / Unabhängige GewerkschafterInnen (AUGE/UG)	6,0	4,7
Gewerkschaftlicher Linksblock (GLB) [extrême gauche]	1,3	0,9
Listes régionales	4,8	5,0

Au sein de la chambre nationale, les 67 sièges se répartissaient, en 2014, entre 49 sièges (+ 2 par rapport à 2009) pour le FSG, 13 sièges (- 3) pour l'ÖAAB-FCG, 4 sièges (+ 1) pour le FA et 1 siège (inchangé) pour l'AUGE/UG.

---

[17] Voir : *Arbeitskammer, Die Kammern für Arbeiter und Angestellte, op. cit.*, p. 22 à 27.
[18] *Ibid.*

À la tête de chaque chambre se trouve un président qui est élu par l'assemblée générale[19]. Il représente les chambres du travail dans tous les domaines. Il est assisté d'un bureau. Au total, les chambres du travail emploient environ 2 500 personnes, 600 d'entre elles travaillant pour la Chambre de Vienne et la Chambre fédérale. Le président de la Chambre de Vienne est Rudolf Kaske, membre du SPÖ ; il est aussi celui de la chambre fédérale[20].

Les chambres sont financées par une « contribution » spécifique représentant 0,5 % des salaires bruts (environ 400 millions d'euros au total, en 2013). Les trois-quarts des fonds recueillis sont consacrés aux services offerts directement aux membres ressortissants des chambres.

Les comités d'entreprise

Au sein des entreprises, des délégués élus (ou représentants du personnel dans les services publics) sont chargés de représenter les intérêts des salariés. Dans les entreprises de plus de cinq salariés, la loi sur l'organisation du travail prévoit l'élection (tous les quatre ans) d'un comité d'entreprise ou d'une représentation du personnel[21]. Tous les salariés, même ceux non syndiqués, participent au vote. Les membres des comités d'entreprise bénéficient d'une protection accrue contre les licenciements. Ils disposent de droits clairement définis de participation, d'information, d'intervention et de contrôle au niveau de l'entreprise. Sur la base des conventions collectives négociées chaque année par les syndicats sectoriels, ils signent des accords d'entreprise pouvant être plus avantageux, mais en aucun cas moins favorables que les standards collectifs. Les délégués d'entreprise ont le droit de faire participer des représentants des syndicats compétents à leurs réunions. Actuellement, plus de 80 % des membres des comités d'entreprise sont syndiqués.

Conclusion

L'Autriche offre à l'observateur un système de relations professionnelles et de protection des salariés complexe mais *a priori* efficace. Celui-ci tend néanmoins à s'essouffler en raison de pesanteurs bureaucratiques et politiques. En outre, l'ÖGB se trouve confronté à un blocage du système politique qui laisse une place grandissante à l'extrême-droite représentée par le FPÖ, ceci même dans le milieu syndical (Moreau, 2012). Les difficultés économiques, qui se sont accentuées depuis 2008, l'augmentation

---

[19] Voir en ligne : http://www.arbeiterkammer.at/ueberuns/gremien/index.html.

[20] Voir en ligne : http://wien.arbeiterkammer.at/ueberuns/gremien/praesidium/Rudi_Kaske.html.

[21] Voir en ligne : http://www.betriebsraete.at/cms/S06/S06_303.1/vertretungen/betriebsrat.

du chômage, les flux migratoires mettent également à mal un système bien régulé jusque-là. La force de l'ÖGB en 2016 reste sa capacité à rechercher et à trouver depuis les années 1950 le consensus dans un processus constant de concertation entre les partenaires sociaux et le gouvernement. Ce que la population autrichienne dans une large majorité soutient.

Bibliographie

Droz J., 1978, « Le syndicalisme autrichien », *Austriaca*, n° 3, p. 83-97.

Fink M., 2006, « Unternehmerverbände », in Gerlich P., Gottweis H., Kramer H., Lauber V., Müller W. C., Tálos E., *Politik in Österreich*, Vienne, Manz, p. 443-462.

Flagmeyer M., 2009, *Die Architekturen der Deutschen Arbeitsfront. Eine nationalsozialistische Kontrollorganisation als Planungsinstrument*, thèse de doctorat de l'université technique de Brunswick.

Karlhofer F., 1997, « Arbeitnehmerverbände im politischen system Österreich », in Dachs H., Gerlich P., Gottweiss H., *Handbuch des politischen System Österreichs*, Vienne, Manz, Verlag, p. 389-405.

Moreau P., 2012, *De Jörg Haider à Heinz-Christian Strache. L'extrême droite autrichienne à l'assaut du pouvoir*, Paris, Cerf.

ÖGB, 2010, *Engagement für soziale Gerechtigkeit*, Vienne, ÖGB-Verlag.

Pasteur P., 2000, « Les syndicats et la culture politique », *Austriaca*, n° 51, p. 135-150.

Pelinka A., 1980, *Gewerkschaften im Parteienstaat. Ein Vergleich zwischen dem Deutschen und dem Österreichischen Gewerkschaftsbund*, Berlin, Duncker & Humblot.

Stolwitzer G., 1978, « Les chambres, clé de voûte du système économique autrichien », *Austriaca*, n° 3, p. 129-141.

CHAPITRE 3

Belgique : l'adaptation d'un « modèle » de concertation sociale

Évelyne Léonard et François Pichault[1]

C'est à l'issue de la Seconde Guerre mondiale que le « modèle belge de concertation sociale » a reçu les caractéristiques formelles qui l'organisent encore aujourd'hui. Même si les acteurs patronaux et syndicaux avaient commencé à structurer leur action dès la deuxième moitié du 19ᵉ siècle, au sortir de la guerre les interlocuteurs sociaux sont avant tout soucieux d'améliorer les conditions d'existence de la population en participant ensemble à la prospérité économique au bénéfice, à la fois, des intérêts des employeurs et des travailleurs. Les interlocuteurs sociaux établissent alors les bases formelles du système de relations professionnelles en Belgique.

Ces caractéristiques formelles sont restées relativement stables à travers le temps et elles ont connu peu de changements majeurs depuis leur mise en forme dans l'immédiat après-guerre. Et pourtant, le fonctionnement même des relations professionnelles a fortement évolué au cours des vingt dernières années, modifiant les rapports de force et les équilibres internes qui organisent le système.

Pour analyser ces transformations, il est utile de passer en revue les grands traits du système belge et des acteurs qui le composent. À partir de là, il est alors possible de montrer quels changements ont affecté ces derniers au cours des vingt dernières années. Cela permettra de mettre en lumière les enjeux actuels auxquels sont confrontés les acteurs du « modèle belge » de relations professionnelles. Aux transformations du contexte d'action et des acteurs eux-mêmes répondent ainsi trois grands enjeux, en matière de formes de participation, de financement de la Sécurité sociale et de reconfiguration des lieux de négociation. Si les transformations à l'œuvre et les défis actuels ne mettent pas foncièrement en cause l'architecture du système, ils ébauchent pourtant bel et bien une nouvelle donne pour ses acteurs.

---

[1] E. Léonard est professeur à l'Université catholique de Louvain (Louvain School of Management) ; F. Pichault est professeur à l'Université de Liège (HEC) et à l'ESCP-Europe (Paris).

1. Acteurs et structures d'un modèle néo-corporatiste

Le système belge de relations professionnelles s'est constitué autour d'un petit nombre d'acteurs qui organisent la représentation à la fois « de haut en bas », de l'échelon interprofessionnel jusqu'à l'entreprise, et « en largeur », sur l'ensemble des secteurs et des activités de l'économie, dans le champ social comme dans le champ économique. Ils s'appuient pour cela sur leurs propres capacités, mais aussi sur une architecture instituée à tous les échelons et fortement coordonnée, où la conflictualité est relativement faible.

Les acteurs des relations professionnelles

En vertu d'une loi du 5 décembre 1968 revue par une loi du 30 décembre 2009, les organisations syndicales sont considérées comme représentatives lorsqu'elles répondent à quatre critères : être organisées au plan national et interprofessionnel, « représenter la majorité absolue des secteurs et des catégories de personnel dans le secteur privé et le secteur public, pour autant que la majorité des travailleurs soit également représentée », compter « au moins 125 000 membres cotisants », et « avoir pour objet statutaire la défense des intérêts des travailleurs ». Ces critères aboutissent, de fait, à cadenasser la représentativité en la limitant aux organisations déjà en place.

Du côté syndical, trois organisations sont considérées comme représentatives et disposent, dès lors, du monopole de la représentation des travailleurs dans les entreprises, les secteurs et au plan interprofessionnel. D'autres syndicats existent, essentiellement dans le secteur public, mais ils ne disposent pas des mêmes prérogatives que les trois principales confédérations.

La confédération la plus importante en nombre depuis plus de cinquante ans est la Confédération des syndicats chrétiens de Belgique (CSC). Elle comptait 1 607 000 adhérents en 2010 (Faniel, Vandaele, 2012). La CSC est suivie de la Fédération générale du travail de Belgique (FGTB) qui comptabilisait 1 536 000 adhérents en 2010 et la Confédération générale des syndicats libéraux de Belgique, avec 274 000 membres (mêmes sources). En tant qu'organisation de travailleurs s'affichant comme libérale, la CGSLB est, selon J. Faniel (2010), sinon unique au monde, tout au moins exceptionnelle[2].

La Belgique a connu une croissance pratiquement continue des effectifs syndicaux, mesurés en chiffres absolus, depuis la fin de la Seconde Guerre mondiale, croissance qui s'est poursuivie au cours des dix dernières années. Même si le calcul des taux de syndicalisation présente de grandes

---

[2] De sources syndicales, les derniers effectifs disponibles en 2015 confèrent 1 661 800 adhérents à la CSC, 1 503 700 à la FGTB et 289 700 adhérents à la CGSLB.

difficultés méthodologiques, notamment parce que les organisations syndicales sont les seules à même de proposer des chiffres, et parce que les méthodes de calcul ont changé dans le temps, J. Faniel et K. Vandaele (2012) proposent les estimations suivantes : entre 2001 et 2010, le taux de syndicalisation total est passé de 71,6 % à 74,7 %, ce qui s'explique en partie par une augmentation nette du nombre d'affiliés par rapport à la « population syndicable ». Il faut toutefois rappeler, autre particularité du syndicalisme belge, que ces chiffres incluent des membres « non actifs », c'est-à-dire des étudiants, des chômeurs, et des personnes retraitées. Si l'on ne tient compte que de la population des travailleurs, le taux de syndicalisation oscille autour de 52 %, restant stable au cours des dernières décennies, de même que la répartition des affiliations entre les trois grandes organisations syndicales.

Au sein de l'Union européenne, la Belgique vient ainsi en cinquième place dans un groupe de pays dont la syndicalisation dépasse 50 %, après la Suède, le Danemark, la Finlande et Chypre (European Commission, 2013). Les chiffres de la Commission européenne confirment en outre qu'il s'agit du seul pays de l'Union dont le taux de syndicalisation a augmenté, bien que légèrement, entre 2000 et 2008-2009 (European Commission, 2013).

Pour comprendre ces chiffres, il faut souligner le rôle joué par les organisations syndicales en Belgique, et qui va largement au-delà de la défense des intérêts des travailleurs. Elles remplissent en effet un rôle de service et, en particulier, interviennent dans le paiement des allocations de chômage pour leurs affiliés. La Belgique se singularise aussi par une forte implantation syndicale dans les entreprises, un rôle majeur dans la gestion de la Sécurité sociale et un rôle institutionnel important.

Dans le triangle des identités syndicales tel que défini par R. Hyman (2001), où les idéologies et l'identité oscillent entre la société, le marché et la lutte des classes, les trois grandes organisations syndicales belges trouvent ainsi leur place entre les pôles « société » et « marché ». Elles jouent en effet un rôle actif dans de grandes fonctions au côté de l'État, et en particulier en matière de sécurité sociale et de chômage, comme au sein du Conseil économique et social. En outre, elles participent à de nombreuses négociations bilatérales avec les représentants des employeurs aux niveaux interprofessionnel, sectoriel et d'entreprise.

Parallèlement, la typologie de G. Donnadieu et J. Dubois (1995) distingue, sur un premier axe, défense de valeurs et défense d'intérêts et, sur un second axe, participation et opposition. Ils dégagent de la combinaison des deux axes quatre types doctrinaux : dans un rôle orienté vers la participation se trouvent le « partenariat » (axé vers la défense des valeurs) et la « fourniture de services » (axée sur la défense des intérêts) ; dans un rôle d'opposition se trouvent un modèle « masse et classe » (guidé par la défense des valeurs) et un modèle « corporatiste » (guidé par la défense des intérêts). Même s'ils ne l'affichent pas clairement, sur le plan doctrinal les syndicats belges se trouvent plutôt en position de participation et, dès lors, entre le modèle de services et celui de partenariat. Toutefois, des différences s'expriment entre les trois organisations syndicales : la FGTB, classiquement alliée du parti socialiste, adopte une posture doctrinaire plus marquée par l'opposition, alors que la CSC se positionne davantage du côté de la participation. Quant à la CGSLB, syndicat libéral, elle est très nettement positionnée vers la participation, avec une orientation favorable à la défense des intérêts. Cela étant, au sein de chacune des organisations, les positions ne sont pas nécessairement homogènes et le positionnement doctrinal est susceptible de faire débat.

Du côté patronal, peu de données sont disponibles sur les organisations et leurs membres, à l'exception des informations fournies par les organisations patronales elles-mêmes (Arcq, 2010). On peut toutefois souligner que les organisations d'employeurs en Belgique concilient un rôle de défense des intérêts des membres, de groupe de pression et de participation institutionnalisée à la concertation sociale mais aussi, plus largement, à la décision politique. Elles sont structurées non pas en fonction d'une appartenance idéologique mais selon des critères de taille d'entreprise.

La Fédération des entreprises de Belgique (FEB) est la seule qui représente les employeurs du secteur marchand à l'échelon interprofessionnel national. D'après l'organisation elle-même, « La FEB est la seule organisation interprofessionnelle d'employeurs représentant les entreprises des trois régions du pays. En tant qu'organisation interprofessionnelle d'employeurs unique, la FEB représente plus de 50 000 entreprises. Cette représentativité peut être évaluée à quelque 80 % de l'emploi dans le secteur privé » (FEB, 2013). L'organisation regroupe depuis plus de quarante ans aussi bien les employeurs des secteurs industriels que ceux des services. Ses membres sont en réalité les fédérations sectorielles, au nombre d'une trentaine dans une variété de secteurs qui vont de l'assurance à la chimie en passant par la banque, la sidérurgie, les industries technologiques, le transport et d'autres encore. Ce sont ces fédérations sectorielles qui organisent, à leur niveau, les employeurs eux-mêmes.

En parallèle agissent des organisations patronales qui se chargent de représenter ce que l'on appelle en Belgique « les classes moyennes », qui recouvrent une nébuleuse de petites et moyennes entreprises et qui sont, pour la plupart, organisées au plan régional, couvrant alors spécifiquement la Flandre, la Wallonie ou Bruxelles.

Les données de la Commission européenne confirment la solide représentativité des organisations patronales : la Belgique se classe en cinquième place dans un groupe de pays où le taux d'affiliation des employeurs à une organisation patronale est supérieur à 70 %, après l'Autriche, la Suède, les Pays-Bas, le Luxembourg, et juste devant la France (European Commission, 2013). Pour ce qui concerne la Belgique, 76 % des employeurs sont représentés par une organisation d'employeurs, après une légère augmentation entre 2002 et 2008-2009.

Enfin, dans l'analyse des relations professionnelles en Belgique, on ne peut oublier l'État. La Belgique présente en effet de nombreuses caractéristiques d'un néo-corporatisme tel que le définissent W. Streeck et P. Schmitter (1985) : les organisations représentant les intérêts des travailleurs et des employeurs se voient investies, en collaboration avec l'État lui-même, d'un rôle important dans l'organisation économique et sociale, dont une participation à l'élaboration des politiques publiques.

En Belgique, cela se traduit en deux caractéristiques majeures du système de relations professionnelles : d'une part, en lien direct avec l'État, les interlocuteurs sociaux participent aux instances de gestion de la Sécurité sociale ainsi qu'au Conseil économique et social ; d'autre part, ils bénéficient d'une large autonomie de négociation collective et ce sont des conventions collectives qui définissent de nombreuses règles organisant les relations d'emploi, du salaire jusqu'au temps de travail, en passant par les conditions de travail.

Instances des relations professionnelles

Les acteurs des relations professionnelles en Belgique ont mis sur pied et institutionnalisé un système de concertation sociale pyramidal, dans lequel une hiérarchie des normes fait en sorte que l'échelon interprofessionnel détermine largement la négociation à l'échelon sectoriel qui, lui-même, coiffe la négociation d'entreprise. Chacun des échelons peut négocier ses propres accords, mais il ne peut établir de normes moins favorables pour les travailleurs que celles qui sont définies à l'échelon supérieur.

Cela conduit à un degré élevé de coordination au sein du système. Les données fournies par J. Visser (2013) indiquent ainsi que la négociation est fortement coordonnée par les accords interprofessionnels et, à défaut, par les conventions collectives de secteur.

La prédominance des négociations à l'échelon interprofessionnel et à l'échelon sectoriel au sein d'un système hiérarchisé se traduit notamment par un taux de couverture très élevé de la négociation collective, qui indique quelle est la proportion de salariés couverts par des accords collectifs parmi l'ensemble des salariés : la Belgique vient ici à la deuxième place des pays européens, directement après l'Autriche, avec un taux de 96 % (European Commission, 2011 ; Visser, 2013).

Les acteurs ont créé, aux trois niveaux que constituent l'interprofessionnel, le secteur et l'entreprise, des instances spécifiques qui organisent leurs relations et qui interviennent respectivement dans trois grands domaines : les questions sociales, les matières économiques et les sujets relatifs au bien-être au travail (Blaise, 2010).

Au plan interprofessionnel national se trouvent le Conseil national du travail (CNT), le Conseil central de l'économie (CCE) et « le Groupe des dix », dont les rôles sont à la fois distincts et complémentaires. S'y ajoute le Conseil supérieur pour la prévention et la protection au travail, dont le rôle est moindre car purement consultatif sur les questions relatives au bien-être au travail.

Le Conseil national du travail, de nature paritaire, assure une double mission : il constitue un organe d'avis auprès de l'État sur les questions d'ordre social et ses membres négocient des conventions collectives de portée nationale et interprofessionnelle.

Le Conseil central de l'économie, également paritaire, a un rôle avant tout consultatif sur des questions économiques. Celui-ci s'est toutefois progressivement élargi, en particulier parce que c'est lui qui établit, depuis la loi de 1996 « relative à la promotion de l'emploi et à la sauvegarde préventive de la compétitivité », la « norme salariale » qui fixe la marge d'augmentation des salaires à l'intérieur de laquelle les interlocuteurs sociaux négocient leur accord interprofessionnel bisannuel (Van den Broeck, 2010).

Au pays du surréalisme, il n'est peut-être pas étonnant que l'une des plus importantes instances de négociation collective n'ait pas d'existence formelle. En effet, « le groupe des dix », qui de surcroît compte onze membres représentent les trois grandes organisations syndicales et les principales organisations patronales interprofessionnelles, ne repose pas sur des bases légales. Pourtant, il négocie tous les deux ans en principe un accord interprofessionnel qui couvre de nombreuses matières, dont les hausses de salaires pour les deux années à venir. La négociation de tels accords est apparue en 1960, dans la double perspective de favoriser le développement économique et le partage des fruits de la croissance. La négociation couvre de nombreuses dimensions des relations de travail : salaires, temps de travail, congés, formation… Les accords qui en résultent s'imposent à l'ensemble du secteur privé, bien qu'ils n'aient pas de force juridique ni le statut de conventions collectives en tant que telles (Palsterman, 2010). Il s'agit ainsi d'une clé de voûte qui organise de nombreuses dimensions des relations d'emploi et assure une certaine paix sociale, tout au moins lorsqu'un accord est signé.

À l'échelon des secteurs d'activité se trouvent différentes instances dont les plus importantes sont les commissions paritaires qui ont pour mission principale de conclure des conventions collectives de travail. Une commission paritaire donnée, comme celles de l'industrie sidérurgique, de l'industrie chimique ou des banques, couvre l'ensemble des employeurs et des travailleurs qui relèvent de sa compétence, qu'ils soient ou non affiliés à une organisation qui les représente. Le secteur ne peut déroger aux règles fixées au plan interprofessionnel, mais il assure néanmoins « une fonction régulatrice déterminante » (Verly, Martinez, 2010) car s'il doit traduire les accords interprofessionnels au sein de chaque secteur et, lorsqu'il n'y a pas d'accord interprofessionnel, il devient le principal niveau de négociation.

Enfin, au sein des entreprises, la négociation collective se déroule entre l'employeur et la délégation syndicale, tandis que le conseil d'entreprise et le comité pour la prévention et la protection au travail ont un rôle d'information et de consultation.

S'ajoutent à toutes ces instances une série d'organes de consultation et de concertation mises en place au plan régional ou communautaire et qui ont étoffé leur rôle à mesure que les structures de l'État belge devenaient fédérales. En font partie, par exemple, le Conseil économique et social de Wallonie (CESW) et son équivalent pour la Flandre, le *Sociaal-economische raad van Vlaanderen* (SERV), dont la mission est essentiellement consultative.

Le tout constitue un maillage aussi étoffé que précis où les interlocuteurs sociaux se rencontrent régulièrement à tous niveaux et exercent leurs rôles de défense des intérêts des membres, de participation à la négociation collective et de consultation ou d'expertise dans la décision politique. Ce sont les accords interprofessionnels qui assurent la coordination du système, en déterminant largement le contenu et le calendrier des négociations aux échelons inférieurs.

Conflictualité

Dans ce contexte s'exprime un degré de conflictualité relativement faible. Le nombre de journées de grève a d'ailleurs légèrement reculé au cours des vingt dernières années (Capron, 2010 ; Vandaele, 2010). Il faut toutefois souligner que certaines années affichent un pic important du nombre de journées perdues pour cause de grève en raison d'actions liées à la politique du gouvernement : ce fut notamment le cas en 1993 et 2005 (Vandaele, 2012) et, en 2014 et 2015, lorsque d'importants mouvements de protestation ont été menés par les organisations syndicales contre des mesures décidées par le gouvernement de droite en matière de recul de l'âge de la retraite et de modération salariale. De même, des difficultés à négocier un accord interprofessionnel, ou l'échec de ces négociations, engendrent également des « montées de fièvre » sur le terrain social lorsque la négociation se déplace, dans un climat tendu, vers les secteurs et les entreprises. En corollaire, la signature d'un accord interprofessionnel favorise une plus grande paix sociale établie pour l'ensemble des secteurs concernés et celle-ci est assez largement respectée aux échelons inférieurs (Vandaele, 2012).

Dans l'ensemble, la conflictualité reflète les caractéristiques centrales du modèle belge de relations professionnelles. L'échelon interprofessionnel y joue le rôle de clé de voûte qui détermine ce qui se passe aux échelons inférieurs. Le lien étroit au politique apparaît également dans les journées de grève générale contre des projets du gouvernement.

2. Trois transformations de fond : régionalisation et internationalisation, modèles productifs, relations professionnelles

Trois grandes transformations ont affecté les relations professionnelles en Belgique au cours des deux dernières décennies : un double déplacement de la sphère d'action de l'État s'est produit, simultanément vers l'internationalisation et vers une régionalisation ; la transformation des modes de production a touché aussi bien le monde des employeurs que celui des travailleurs ; les acteurs eux-mêmes, ainsi que leurs relations, connaissent des mutations.

Régionalisation, internationalisation et influences européennes

On observe en Europe que les espaces de la négociation collective se recomposent en se déplaçant dans trois directions simultanément : décentralisation vers l'entreprise, « territorialisation » liée à l'émergence de processus de négociation à l'échelon de territoires, européanisation avec le dialogue social européen et, en particulier, les comités d'entreprise européens (Béthoux, Jobert *et al.*, 2008). Les deux dernières évolutions caractérisent le cas belge : régionalisation d'un côté, européanisation de l'autre, laquelle prend place dans un mouvement plus large d'internationalisation.

La « territorialisation » se traduit en Belgique par un renforcement du rôle des instances régionales et communautaires. Depuis les années 1970, l'évolution vers le fédéralisme de l'État belge s'est accompagnée d'un rôle plus important pour les associations patronales et les organisations syndicales régionales (Arcq, 2010). Leur champ d'intervention s'est élargi à toutes les matières économiques et sociales dont la responsabilité s'est trouvé confiée aux instances régionales et communautaires. La sixième réforme de l'État, qui a débuté en décembre 2011, accentue le mouvement en régionalisant des matières dans lesquelles les interlocuteurs sociaux jouent un rôle important, telles que, notamment, la santé et le marché du travail.

En sens inverse, l'internationalisation constitue un phénomène diffus bien que concret. Y participent notamment les entreprises multinationales, dont l'influence augmente non seulement en Belgique mais partout dans le monde. En Belgique, celles-ci représenteraient plus de 12 % de l'emploi salarié (Marginson, Meardi, 2009).

Les entreprises transnationales influent fortement sur les relations collectives du travail : elles favorisent la diffusion de pratiques de gestion similaires d'un pays à l'autre, notamment en matière de réduction des coûts et de flexibilité ; elles formulent des objectifs de gestion, utilisent des outils de mesure et de contrôle similaires conduisant à des «comparaisons coercitives » et tout cela pèse sur les négociations locales (Léonard, Erne *et al.*, 2007).

Dans les pays de l'Union européenne, les entreprises multinationales favorisent également la décentralisation de la négociation collective vers l'entreprise, influencent les agendas de négociation, font largement usage de comparaisons des coûts et des performances lorsque les représentants de l'employeur négocient localement, ce qui participe à la diffusion de mesures de flexibilité (Marginson, Meardi, 2009). Enfin, la délocalisation, ou la menace de délocalisation, est utilisée comme moyen de pression sur les interlocuteurs syndicaux.

Deux autres dimensions de l'internationalisation doivent être soulignées : la montée en puissance des « chaînes de valeur globales » qui structurent des activités interdépendantes au sein de réseaux d'entreprises transnationaux et la « financialisation » au sein de « chaînes de valeur financières globales » (Morgan, 2014). Dans ces dernières, les objectifs des réseaux transnationaux sont de plus en plus définis en termes de maximisation de la valeur pour l'actionnaire et il s'y joue une désagrégation des structures concrètes d'entreprises au profit de flux monétaires sur lesquels les interlocuteurs sociaux n'ont pas de prise, en particulier parce que les organisations syndicales n'ont aucune influence sur les échanges financiers internationaux. Il en résulte une modification du rapport de force entre le capital et le travail : alors que les capitaux circulent très rapidement sans égard pour les frontières nationales, et que les centres de décision d'un certain nombre de grandes entreprises opèrent à l'étranger, l'action des organisations syndicales se trouve en majeure partie limitée au sein du contexte national (Morgan, 2014).

Ce déséquilibre se traduit notamment par des conflits collectifs caractérisés par une négociation tendue et difficile au sein de grandes entreprises multinationales. En 2011, par exemple, des conflits ont éclaté chez AB Inbev, ArcelorMittal, Duferco et Novolipetsk Steel, ou encore Ryanair (Gracos [pseudonyme collectif], 2012). Dans tous les cas, la contrainte internationale cadre fortement les possibilités de négociation et limite les capacités d'action syndicale.

L'internationalisation prend aussi la forme particulière de l'européanisation. En fait, l'intégration européenne ne génère pas un système supranational de relations professionnelles et ne modifie pas en substance les systèmes nationaux de relations collectives (Marginson, Sisson, 2004). Toutefois, bien que les caractéristiques de modèles nationaux subsistent, l'intégration européenne induit des phénomènes de convergence ou à tout le moins de « similitude directionnelle », en particulier en matière de modération salariale dans le cadre des contraintes macroéconomiques de l'Union européenne en général, et de la zone euro en particulier (Mayrhofer *et al.*, 2011 ; Keune, Margisson, 2013).

Définissant un cadre politique et économique commun, l'intégration européenne, se traduit par une réduction de la marge de manœuvre des interlocuteurs sociaux nationaux en matière de salaires du fait des contraintes budgétaires sur l'État, mais aussi par un agenda politique qui pèse sur les termes de la négociation : c'est ainsi que des notions telles que « l'activation des chômeurs » (soit encourager ces derniers à accroître leurs efforts pour trouver un emploi ou améliorer leur « employabilité ») ou le « vieillissement actif » (« aider les personnes âgées à rester aussi longtemps que possible les acteurs de leur propre vie et à contribuer à l'économie » selon la Commission européenne) sont devenus des sujets de préoccupation à la fois pour le gouvernement et pour les interlocuteurs sociaux belges.

En revanche, le terrain européen ouvre des opportunités d'action pour les organisations syndicales et patronales belges, qui s'y investissent quand elles y voient la possibilité de faire progresser des sujets qui les intéressent ou lorsque les structures du dialogue social européen leur fournissent une plateforme où elles peuvent tenter d'orienter les choix au plan européen, ou encore, qui leur procure des moyens d'agir au plan national (Perin, 2013). Ainsi, dans l'agriculture, les syndicats belges ont utilisé un accord conclu au sein du comité de dialogue social sectoriel européen pour mettre en place un observatoire des risques professionnels dans le secteur.

Transformation des modèles productifs

Les commissions paritaires, maillon clé entre l'échelon interprofessionnel et celui des entreprises, se sont construites sur des bases sectorielles qui se trouvent mises en cause par des transformations de fond des modèles productifs. Ces dernières touchent au périmètre des secteurs eux-mêmes, dont les activités se recomposent, ainsi qu'aux pratiques de gestion et d'organisation qui contribuent à diversifier les conditions d'emploi. Cela renvoie aussi à la tertiarisation de l'économie.

On peut citer le cas du secteur de la construction (Pichault, Xhauflair, 2010). Dans celui-ci, la négociation collective instituée se voit mise en difficulté par le recours croissant, de la part des employeurs, à des dispositifs de sous-traitance de plus en plus complexes et internationalisés. Les acteurs y répondent en mettant en œuvre des pratiques nouvelles qui échappent aux modes traditionnels de régulation sociale du secteur et, plus encore, les mettent en cause : recours accru à la sous-traitance, à des travailleurs d'origine étrangère, ce qui réduit la part des contributions alimentant les ressources financières du secteur, tant du côté patronal où le nombre de membres diminue, que pour les fonds sectoriels contribuant à la régulation des relations d'emploi. La flexibilité accrue se traduit également par une diversité croissante de la main-d'œuvre, qui rend elle-même plus difficile l'élaboration de compromis couvrant l'ensemble des entreprises et des travailleurs. Les organisations patronales et syndicales du secteur se trouvent dès lors confrontées à des questions concernant non seulement l'objet des négociations mais aussi les interlocuteurs qu'il faut associer : entrepreneurs traditionnels, donneurs d'ordre ou gestionnaires de projets qui agissent dans les chaînes complexes de sous-traitance.

La grande distribution offre de même une illustration intéressante de l'évolution des conditions d'emploi et des enjeux qu'elle représente pour la négociation collective (Coupain, 2010). Le secteur a été affecté par une plus grande rationalisation, l'automatisation, la flexibilité, la filialisation. Comme dans la construction, les conditions d'emploi se sont diversifiées, ce qui représente un défi auquel les acteurs du secteur, surtout du côté syndical, peinent à faire face.

En parallèle, ce que l'on appelle « le secteur non marchand », qui comprend de nombreuses organisations très diversifiées, s'est fortement développé depuis une quarantaine d'années. Les acteurs de ce vaste secteur doivent s'inscrire dans les institutions traditionnelles de la concertation sociale qui s'appliquent aux travailleurs salariés, tout en faisant émerger progressivement de nouvelles instances, et en particulier des commissions paritaires spécifiques créées au cours des deux dernières décennies (Arcq, Krzeslo, 2010).

Ces quelques cas montrent en quoi des secteurs traditionnels se voient confrontés à une mise en cause de leur périmètre et de leur mode d'action, face à laquelle ils cherchent de nouveaux modes d'intervention, tandis que des secteurs « nouveaux » créent leurs propres pratiques, dans le cadre de l'architecture générale du système. Cela témoigne d'un dynamisme des relations professionnelles sectorielles, « d'une forte capacité d'adaptation aux nouvelles configurations de l'emploi et d'une volonté de construire des solidarités à un niveau centralisé » (Verly, Martinez, 2010).

En Belgique comme ailleurs, la tertiarisation de l'économie a produit une dématérialisation du travail et une augmentation de la proportion d'employés par rapport à la population ouvrière. C'est dans ce contexte que s'est invitée à l'agenda des relations professionnelles la difficile question de l'harmonisation du statut des ouvriers et des employés. La distinction entre les deux catégories a longtemps été très structurante de l'organisation des relations collectives, comme individuelles, du travail en Belgique : ouvriers et employés disposent notamment de commissions paritaires sectorielles distinctes dans la plupart des secteurs où les deux catégories sont présentes, et ces commissions paritaires ont développé au cours du temps des corps de normes différenciés. Cette démarcation reflète « le processus historique de la formation du salariat : essentiellement ouvrières dans le contexte d'une économie industrielle, les [commissions paritaires] s'ouvrent aux employés après la Seconde Guerre mondiale » (Verly, Martinez, 2010). Au 1er janvier 2014 est entrée en vigueur une loi destinée à introduire un « statut unique » qui harmonise certaines règles essentielles distinguant les deux catégories et, en particulier, le délai de préavis et le traitement du premier jour de maladie. Cette loi intervient après de nombreuses et laborieuses négociations, qui ont échoué, avant que ne soit trouvé un compris entre les acteurs sociaux et la ministre de l'Emploi. La justification du texte de loi rappelle que la distinction, historique en droit du travail belge, entre travail « manuel » et « intellectuel » est devenue de moins en moins visible du fait de l'évolution des postes de travail et, dès lors, de moins en moins pertinente.

Cette harmonisation des statuts des salariés ouvriers et employés résulte d'une contrainte imposée par la Cour constitutionnelle opposée à toute forme de discrimination mais, plus largement, elle traduit aussi un aboutissement de l'évolution des modèles productifs, caractérisée par une montée en puissance des services alors que les secteurs industriels refluent. Cette même affirmation des services se manifeste au sein des confédérations syndicales où, de manière croissante, les fédérations d'employés prennent des positions déterminantes. Les centrales [fédérations] syndicales pour employés ont notamment joué un rôle décisif dans le rejet du projet d'accord interprofessionnel pour 2011-2012, tendant notamment à bloquer les salaires et à harmoniser les statuts des ouvriers et des employés (Gracos, 2012).

Transformations des modèles productifs et diversification des conditions d'emploi, d'une part, tertiarisation de l'économie d'autre part, modifient ainsi les rapports de force au sein même des organisations syndicales et au sein des organisations patronales et cela, en retour, affecte les relations entre elles. Dès les années 1970, les bases industrielles du syndicalisme se sont affaiblies, ce qui a réduit les capacités de lutte des organisations syndicales, même si le nombre de leurs affiliés restait élevé par comparaison aux autres pays européens. Selon J. Faniel (2010), la physionomie des conflits sociaux s'en est trouvée modifiée, avec de moins en moins des conflits offensifs au profit, de plus en plus souvent, de grèves défensives. Cela reflète le fait que, du côté syndical, le profil des travailleurs a changé, comprenant de façon croissante des salariés sous contrat temporaire voire précaire, alors que du côté patronal les petites et moyennes entreprises gagnaient en importance, et que les marchés étaient touchés par la globalisation et la financiarisation, dans un contexte idéologique général dominé par le néolibéralisme.

Acteurs et négociations sous contrainte

Depuis l'immédiat après-guerre, il n'y a pas eu, comme le constate P. Reman (2013) de changement de paradigme dans l'organisation de la concertation sociale en Belgique. Celle-ci reste caractérisée par la présence d'acteurs très intégrés, puissants, actifs aussi bien dans leurs négociations bilatérales que dans leurs relations avec l'État, au sein d'un système hiérarchisé et coordonné. Pourtant, si les structures néo-corporatistes sont restées globalement inchangées, les processus de décision ont, eux, foncièrement évolué alors que les acteurs connaissaient eux-mêmes une évolution (Molina, Rhodes, 2002).

En ce qui concerne les organisations syndicales belges, tout d'abord, celles-ci se sont développées comme dans d'autres pays en phase avec un modèle d'économie fordiste où prédominaient de grandes entreprises industrielles et des entités de services publics. Par contraste avec d'autres pays, en Belgique, les missions qu'assurent les organisations syndicales leur confèrent des moyens d'action et des structures qui résistent à l'érosion du modèle fordiste. En revanche, la tertiarisation de l'économie modifie peu à peu la base syndicale traditionnelle. En effet, ce sont surtout les affiliations dans le monde des employés et dans les services publics, ainsi que des chômeurs, qui ont contribué à l'augmentation du nombre de syndiqués au cours de la dernière décennie (Faniel, Vandaele, 2012). Sur le long terme, l'érosion relative des effectifs ouvriers au sein des trois grandes organisations a été constante depuis 1945 : alors que les ouvriers représentaient plus des deux tiers des affiliés à la fin de la guerre, ils n'en composent plus qu'une petite moitié en 2010 (mêmes sources). Cette évolution et cette diversification compliquent l'élaboration de solutions communes au sein même des confédérations.

Du côté patronal, le changement se traduit par une plus grande diversité des membres, avec un rôle croissant des entreprises multinationales qui interviennent avec des règles du jeu fixées en dehors du contexte national établi. Les employeurs utilisent aussi des stratégies de gestion de la main-d'œuvre qui contribuent à une diversité croissante des statuts et des situations. Les organisations patronales font également face à la pression croissante d'organisations à caractère régional ou communautaire. Le tout rend plus ardue la négociation de compromis interprofessionnels nationaux.

Enfin, l'État lui-même se transforme dans un double mouvement : ses structures sont devenues fédérales, avec un rôle croissant des entités régionales et communautaires au détriment du rôle du gouvernement national ; en parallèle, son programme et son champ d'action s'inscrivent fortement dans l'Union européenne qui cadre et délimite ses orientations. Il joue un rôle accru dans la concertation sociale, qui prend plusieurs formes : interventionnisme direct ; décisions politiques, notamment en matière de contrôle des finances publiques et de maîtrise de l'inflation, pesant sur la négociation collective ; aide à la négociation par le biais de subventions. Le néo-corporatisme initial consistant à faire participer les associations patronales et syndicales à l'organisation économique et sociale de l'État laisse alors la place à des relations tripartites dans lesquelles l'autonomie de la négociation collective se voit restreinte tout en étant également – sinon paradoxalement – soutenue, par l'intervention du gouvernement (Capron *et al.*, 2013 ; Reman, 2013).

Au cours de son existence depuis 1960, la négociation des accords interprofessionnels nationaux avait connu quelques périodes de blocage, mais elle avait repris sur une base bisannuelle depuis 1986. Cependant, à la fin du 20ᵉ siècle, deux glissements importants sont intervenus dans les négociations : d'une part, l'emploi et la compétitivité y prennent une part grandissante ; d'autre part, des contraintes de plus en plus forte affectent la négociation salariale (Capron *et al.*, 2013). La loi de 1996 « relative à la promotion de l'emploi et à la sauvegarde préventive de la compétitivité » représente à cet égard un tournant en établissant, *a priori*, un mécanisme de fixation de la marge salariale avant le début des négociations, par lequel la marge d'augmentation maximale est définie par une estimation de l'évolution des salaires attendue en Allemagne, en France et aux Pays-Bas. Plus récemment, depuis la crise économique de 2008, la négociation en vue de conclure un accord interprofessionnel national s'est « grippée » : un accord pour 2009-2010 n'a pu voir le jour qu'à la suite d'une intervention financière du gouvernement ; le projet d'accord pour 2011-2012 n'a pas été approuvé par les bases syndicales et, enfin, les organisations syndicales ont refusé d'entrer en négociation pour un accord pour 2013-2014 car elles n'acceptaient pas le cadre salarial strict fixé par le gouvernement (Capron *et al.*, 2013).

Ce type de mutation n'est pas spécifique à la Belgique. À la fin des années 1990, P. Schmitter et J. Grote (1997) constataient déjà que la marge de manœuvre des acteurs sociaux dans leurs négociations bilatérales avait été fortement réduite par une intervention de l'État en vue de limiter les augmentations salariales, pour favoriser la compétitivité et l'emploi. Toutefois, en dépit des mouvements de protestation syndicale qui ont suivi dans les différents pays, les acteurs ont répondu en élargissant le champ de leurs négociations et en acceptant de fait de jouer un rôle dans les réformes socioéconomiques, que ce soit en Belgique ou dans d'autres pays. C'est ainsi que, dans certains pays comme l'Irlande ou la Finlande, les interlocuteurs sociaux se sont investis ponctuellement dans des pactes sociaux touchant à des questions de sécurité sociale, de chômage, de retraite ou de politiques économiques.

3. Enjeux et perspectives

Les transformations de fond qui affectent le système belge de relations professionnelles s'inscrivent dans ce cadre général mais soulèvent de nombreuses questions quant à son avenir. S'il n'est pas menacé de front, le système néo-corporatiste en vigueur semble pourtant se trouver à un tournant de son histoire, face aux mutations du système économique contemporain. À cet égard, plusieurs défis de taille sont posés.

Bien que les taux de syndicalisation restent élevés, un premier défi touche à la représentation et à l'expression des salariés. Depuis plusieurs décennies, des formes moins institutionnelles et plus flexibles de participation se sont multipliées, particulièrement dans les entreprises à caractère international très implantées en Belgique. Elles font désormais de plus en plus appel à l'expression directe des salariés, selon la nature des problèmes à résoudre (amélioration des dispositifs techniques, modification des conditions de travail, réduction du nombre de plaintes de la clientèle…). Comme le notait déjà P.-E. Tixier (1986), une vive opposition se développe ainsi entre la logique de mobilisation des masses, caractéristique de l'action syndicale traditionnelle, et une nouvelle logique participative, qui ne concerne plus que des micro-collectifs « dociles », intériorisant les contraintes de la production. Il n'est pas étonnant que les syndicats se montrent extrêmement réticents face à ce qu'ils perçoivent comme un contournement de leur rôle et de leur fonction dans l'entreprise (De Coster, Pichault, 1994). De nouvelles formes d'organisation du travail, basées sur la flexibilité du rapport salarial (temps partiel, travail intérimaire, contrats à durée déterminée, sous-traitance, travail à distance…) et sur l'individualisation de la gestion des ressources humaines se sont largement développées. Dans un tel contexte, la participation institutionnelle est mise en question par les partisans d'une dérégulation sociale : il s'agirait à leurs yeux de supprimer les médiations inutiles, sources de rigidité et d'inadaptation à l'économie globalisée. Les choix restent à cet égard largement ouverts pour le monde syndical : s'agit-il de se convertir à la logique co-gestionnaire ou de pratiquer la contre-gestion en s'appuyant sur les structures participatives mises en place pour faire passer ses propres objectifs ?

Un deuxième enjeu important réside dans les débats portant sur l'avenir de la Sécurité sociale, dont le financement est menacé par une inversion du ratio entre travailleurs actifs et inactifs, liée notamment à un taux de chômage important des jeunes et un taux d'emploi des seniors parmi les plus faibles d'Europe. À cet égard, la régionalisation accrue du marché du travail pourrait bien se traduire par la définition de politiques fondamentalement différentes au nord et au sud du pays, accentuant des clivages observés depuis longtemps : du côté flamand, des politiques d'activation centrées sur l'individualisation des parcours professionnels, directement inspirée des réformes du marché du travail en vigueur aux Pays-Bas et au Danemark ; du côté wallon et bruxellois, des politiques d'insertion professionnelle gérées paritairement sous l'égide d'organes publics (FOREM[3], Actiris[4]) dotés de moyens de plus en plus importants à la suite du transfert de compétences de l'échelon fédéral vers l'échelon régional et communautaire (Claus, Pichault, Vloeberghs, 2002). Cela pourrait donc conduire à une évolution duale du régime de relations professionnelles : une redéfinition radicale au nord du pays et une prolongation du système néo-corporatiste au sud.

En troisième lieu, les négociations d'accord interprofessionnel ont longtemps, malgré les difficultés, constitué la clé de voute du système de relations professionnelles en Belgique car c'est à ce niveau que s'établissent les normes centrales qui régulent ensuite une large partie des relations d'emploi dans les secteurs et les entreprises. Or, on l'a vu, la clé de voute se fissure. En l'absence d'accords interprofessionnels, on risque d'assister à une segmentation croissante entre secteurs, avec d'un côté, des secteurs où de grandes entreprises et des firmes multinationales jouent un rôle important, comme dans l'aéronautique ou la pharmacie, et d'un autre côté, des secteurs plus éclatés, composés de nombreuses entreprises petites et moyennes tels que la coiffure ou l'« horeca » (hôtels, cafés et restaurants). Dans ce cadre, un troisième défi réside dans les mutations que connaissent certains secteurs d'activité soumis à des mouvements d'internationalisation, de délocalisation et de sous-traitance exacerbée, comme on l'a vu plus haut dans le secteur de la construction. Au sein des réseaux de sous-traitance, les rapports de force et les responsabilités sont distribués de manière complexe et ne permettent plus de recourir aux formes classiques de la négociation collective. L'imbrication des donneurs d'ordres et la prolifération des nouvelles formes d'organisation du travail rendent la situation particulièrement confuse. Comme le montrent les exemples des *project managers* et des pourvoyeurs de main-d'œuvre dans la construction, de nombreuses parties prenantes ont aujourd'hui une influence grandissante sur le mode de fonctionnement du marché du travail. Ne pas les inclure « officiellement » à la table des négociations reviendrait à nier leur influence économique et à les maintenir dans un état « d'irresponsabilité sociale ». Il reste évidemment à définir dans quelle mesure et selon

---

[3] Service de l'emploi et de la formation en Wallonie.
[4] Office régional bruxellois de l'emploi.

quelles modalités ils doivent être invités à y participer. Par ailleurs, de plus en plus de PME se trouvent désormais en position de sous-traitance, face à un nombre restreint de grands donneurs d'ordres multinationaux, ce qui pose toute la question du dialogue social dans les PME. Comment faire en sorte que des secteurs entiers restent régis par des conventions collectives négociées entre des acteurs désormais non représentatifs de la diversité qui y règne ? Et ceci est d'autant plus crucial que la constitution de réseaux de sous-traitance et de partenariats inter-organisationnels transfère de plus en plus le lieu concret de la négociation collective au niveau de l'entreprise, voire vers des lieux d'activité conjointe comme le projet ou le chantier. C'est donc désormais à un niveau plus « micro » que pourraient bien se jouer les négociations entre partenaires sociaux, réunis sur un lieu précis et pour un temps plus ou moins long.

Dans le contexte belge, le système néo-corporatiste a sans doute encore de belles heures devant lui. Dès lors qu'il n'y a pas de mise en cause frontale du système de concertation, auquel les différents acteurs se disent attachés, on peut considérer que les organisations patronales et syndicales se trouvent à la recherche d'un nouveau « consensus social » dans un cadre d'action redéfini. L'un des scénarios les plus probables, à court terme, est sa prolongation, sous une forme plus ou moins aménagée. Toutefois, les défis posés par le développement de formes alternatives de participation, par la régionalisation des structures de l'État et, en corollaire, du marché du travail, ainsi que la divergence croissante des politiques de régulation de ce marché, par le développement des partenariats inter-entreprises et le déplacement des lieux et niveaux de négociation, montrent la voie dans laquelle ces aménagements auront à s'engager.

Quelles que soient les transformations en cours, on peut supposer que les relations entre interlocuteurs sociaux, conduisant selon les cas à des négociations effectives, se poursuivront sur les matières qui sont en lien avec les enjeux politiques de demain : âge et conditions de la retraite et de la retraite anticipée, chômage et emploi, sécurité sociale, enseignement et formation, fiscalité sur le travail. Etant donné le champ d'action des interlocuteurs sociaux en Belgique, il semble en effet probable qu'ils investissent ces terrains dans l'avenir, que ce soit dans des relations bilatérales, entre eux, ou en relations tripartites avec l'État. À l'échelon des secteurs et des entreprises, il y aura place pour que se renforce le rôle de la négociation alors qu'émergent des thèmes innovants liés à la transformation des métiers, à la reconnaissance des qualifications et de l'expérience, à la gestion des travailleurs âgés, à l'organisation et aux restructurations, au bien-être au travail. Se renforcerait ainsi une négociation plus qualitative, orientée vers une amélioration des conditions d'emploi et de production plutôt que centrée sur le contrôle des coûts, ou encore, selon les termes utilisés par G. Van Gyes (2014) : « mieux, pas moins cher ».

Pour autant, la négociation collective au sens strict ne constitue qu'une partie des activités des acteurs sociaux, qui se consacrent largement à d'autres tâches telles que les échanges d'information ou les discussions diverses (Van Gyes, 2014). Il s'agit donc bien d'une recomposition, et non d'une crise car, même si les relations entre les acteurs peuvent être tendues, il est probable que l'on n'observera pas de remise en cause frontale du fonctionnement du système.

Des marges étroites dans un vaste jeu

Les acteurs sociaux belges avaient construit l'architecture de leurs relations collectives à la fin de la Seconde Guerre mondiale sur la base d'une volonté partagée d'assurer la prospérité et d'en répartir les gains. Dans cette perspective, ils s'étaient dotés de nombreuses instances permettant de réguler conjointement les relations de travail, d'une manière qui soit largement autonome, hors de l'intervention de l'État, de l'échelon de l'entreprise jusqu'au niveau interprofessionnel national. En parallèle, ils s'assuraient d'une présence forte, garantie par les règles de représentativité qui permettaient, et permettent encore aujourd'hui, aux grandes organisations patronales et syndicales d'occuper l'ensemble du terrain socioéconomique. Depuis la mise en forme de ce système, au sortir de la guerre, leur rôle de régulation conjointe des questions sociales s'est couplé d'un rôle consultatif important dans le cadre d'un modèle néo-corporatiste.

En a découlé un modèle de relations professionnelles fortement institutionnalisé et doté d'un maillage très étoffé couvrant largement la population des salariés comme celle des employeurs, architecture de surcroît soutenue par des mécanismes qui assurent une coordination verticale, entre tous les niveaux, de l'entreprise jusqu'à l'échelon interprofessionnel, et une coordination horizontale, entre tous les secteurs.

Au cours des dernières décennies, le système s'est trouvé confronté à des transformations profondes synthétisées en trois grands axes : un double mouvement simultané vers une régionalisation liée au changement des structures de l'État belge et vers l'internationalisation dans le cadre de l'Union européenne ; une transformation des modes de production qui affecte les relations professionnelles dans les secteurs et les entreprises ; une évolution des acteurs et de leurs relations.

Toutefois, aucune de ces transformations, pas plus que les crises économiques, dont celle des années 1970 et 1980 ainsi que les crises institutionnelles qui ont donné sa structure fédérale à l'État belge, n'ont conduit à une mise en cause majeure de l'architecture même du système. Au contraire, à l'intérieur de cette architecture, les acteurs ont fait preuve de grandes capacités d'adaptation pour prendre en compte la régionalisation du pays, l'évolution des modèles productifs et la nouvelle donne de l'intégration européenne couplée à l'Union économique et monétaire.

Les différents acteurs se sont dotés d'une capacité d'action fondée sur une grande représentativité et des moyens importants qui amènent chacun d'eux à devoir prendre en compte le point de vue des interlocuteurs qu'il a en face de lui. Ces capacités respectives, alliées à une volonté commune de préserver le dialogue social, expliquent sans doute l'adaptation dont ils font preuve pour assurer la continuité des relations collectives tout en les renouvelant autour des nouveaux enjeux qui émergent aujourd'hui : le développement de formes alternatives de participation, la dualisation possible des modes de régulation sociale en Belgique, le déplacement des lieux et niveaux de négociation en raison de la multiplication des partenariats inter-entreprises. Cette adaptabilité du modèle belge de relations professionnelles en constitue probablement la principale spécificité.

Bibliographie

Arcq E., 2010, « Les organisations patronales », in Arcq E., Capron M., Léonard E., Reman P., *Dynamiques de la concertation sociale*, Bruxelles, CRISP, p. 121-146.

Arcq E., Krzeslo E., 2010, « Le secteur non marchand », in Arcq E., Capron M., Léonard E., Reman P., *Dynamiques de la concertation sociale*, Bruxelles, CRISP, p. 367-383.

Béthoux E., Jobert A. *et al.*, 2008, « Introduction. Le dialogue social dans l'espace européen : branches, entreprises, territoires », in Jobert A. (dir.), *Les nouveaux cadres du dialogue social : Europe et territoires*, Bruxelles, P.I.E. Peter Lang, p. 13-23.

Blaise P., 2010, « Le cadre institutionnel de la concertation sociale », in Arcq E., Capron M., Léonard E., Reman P., 2010, *Dynamiques de la concertation sociale*, Bruxelles, CRISP, p. 44-74.

Capron M., 2010, « L'évolution de la conflictualité dans les relations collectives de travail en Wallonie », in Arcq E., Capron M., Léonard E., Reman P., *Dynamiques de la concertation sociale*, Bruxelles, CRISP, p. 147-166.

Capron M., Conter B. *et al.*, 2013, « Belgique. La concertation sociale interprofessionnelle grippée », *Chronique internationale de l'IRES*, n° 141, p. 3-11.

Cassiers I., Denayer L., 2010, « Concertation sociale et transformations socio-économiques depuis 1944 », in Arcq E., Capron M., Léonard E., Reman P., *Dynamiques de la concertation sociale*, Bruxelles, CRISP, p. 75-92.

Claus L., Pichault F. *et al.*, 2002, « Belgian-style Human Resource Management: A Case of Mistaken Identity », *European Management Journal*, n° 20/4, p. 438-446.

Coupain N., 2010, « Les relations collectives du travail dans la grande distribution », in Arcq E., Capron M., Léonard E., Reman P., *Dynamiques de la concertation sociale*, Bruxelles, CRISP, p. 347-366.

Donnadieu G., Dubois J., 1995, *Réguler le social dans l'entreprise*, Paris, Éditions Liaisons.

European Commission, 2011 (et 2013), *Industrial Relations in Europe 2010 (et 2012)*, Luxembourg, Publications Office of the European Union.

Faniel J., 2010, « Caractéristiques et spécificités des syndicats belges », in Arcq E., Capron M., Léonard E., Reman P., *Dynamiques de la concertation sociale*, Bruxelles, CRISP, p. 91-119.

Faniel J., Vandaele K., 2012, « Implantations syndicales et taux de syndicalisation », *Courrier hebdomadaire du CRISP*, n° 21-22/2146-2147, p. 5-63.

FEB, 2013, « Qui nous sommes ». En ligne : http://vbo-feb.be/fr-be/Qui-nous-sommes/

Gracos I., 2012, « Grèves et conflictualité sociale en 2011 », *Courrier hebdomadaire du CRISP*, n° 10-11/2135-2136, p. 5-121.

Hyman R., 2001, *Understanding European Trade Unionims: Between Market, Class and Society*, Londres, Sage.

Hyman R., 2007, « How can Trade Unions Act Strategically? », *Transfer: European Review of Labour and Research*, n° 13/2, p. 193-210.

Keune M., Marginson P., 2013, « Transnational Industrial Relations as Multi-Level Governance: Interdependencies in European Social Dialogue », *British Journal of Industrial Relations*, n° 51/3, p. 473-497.

Léonard E., Erne R. *et al.*, 2007, *New Structures, Forms and Processes of Governance in European Industrial Relations*, Luxembourg, Office des publications de l'Union européenne.

Marginson P., Meardi G., 2009, *Multinational Companies and Collective Bargaining*, Dublin, European Foundation for the Improvement of Living and Working Conditions.

Marginson P., Sisson K., 2004, *European Integration and Industrial Relations. Multi-Level Governance in the Making*, Basingstoke, Palgrave Macmillan.

Molina O., Rhodes M., 2002, « Corporatism: the Pas, Present and Future of a Concept », *Annual Review of Political Science*, n° 5/1, p. 305-331.

Morgan G., 2014, « Financialization and the Muktinational Corporation », *Transfer: European Review of Labour and Research*, n° 20/2, p. 199-215.

Palsterman P., 2010, « Le Conseil national du travail », in Arcq E., Capron M., Léonard E., Reman P., *Dynamiques de la concertation sociale*, Bruxelles, CRISP, p. 211-223.

Perin E., 2013, « Europeanization of Industrial Relations: National Impacts of European Sectoral Dialogue, Amsterdam », *10th European Conference of the International Labour and Employment Relations Association (ILERA)*.

Reman P., 2013, « Transformations du système belge de concertation sociale : histoire et faits marquants », *Charleroi, 20ᵉ congrès des économistes belges de langue française.*

Schmitter P., Grote J., 1997, « The Corporatist Sisyphus: Past, Present and Future », *EUI working paper SPS*, n° 97/4, p. 1-22.

Streeck W., Schmitter P., 1985, « Community, Market, State and Associations? The Prospective Contribution of Interest Governance to Social Order », *European Sociological Review*, n° 1/2, p. 119-138.

Tixier P.-E., 1986, « Management participatif et syndicalisme », *Sociologie du travail*, n° 3, p. 353-372.

Van den Broeck M., 2010, « Le Conseil central de l'économie », in Arcq E., Capron M., Léonard E., Reman P., *Dynamiques de la concertation sociale*, Bruxelles, CRISP, p. 193-209.

Van Gyes G., 2014, « Het Belgisch systeem van sociaal overleg (op bedrijfsniveau): op weg naar een nieuwe productiviteitscoalitie? », Université catholique de Louvain, Journée d'étude « Dialogue social » / chaire labo RH.

Vandaele K., 2010, « Les grèves en Flandre depuis 1966 : une région docile en "colère blanche" ? », in Arcq E., Capron M., Léonard E., Reman P., *Dynamiques de la concertation sociale*, Bruxelles, CRISP, p. 167-187.

Vandaele K., 2012, « Les jours de grève durant la période 1991-2011 », in Gracos I., « Grèves et conflictualité sociale en 2011 », *Courrier hebdomadaire du CRISP*, n° 10-11/2135-2136, p. 111-121.

Verly J., Martinez E., 2010, « La négociation sectorielle », in Arcq E., Capron M., Léonard E., Reman P., *Dynamiques de la concertation sociale*, Bruxelles, CRISP, p. 257-274.

Visser J., 2013, *ICTWSS: Database on Institutional Characteristics of Trade Unions, Wage Setting, State Intervention and Social Pacts in 34 countries between 1960 and 2007*, Amsterdam, Institute for Advanced Labour Studies.

CHAPITRE 4

Bulgarie : syndicalisme et tripartisme après la chute du communisme

Vassil Kirov[1]

Si la transformation du système de relations professionnelles après la chute du communisme en 1989 n'a évidemment pas été sans conséquence pour le syndicalisme bulgare, celui-ci a ses origines à la fin du 19ᵉ siècle. En Bulgarie, les syndicats ont été longtemps sous la tutelle de régimes totalitaires, d'abord de 1934 à 1944 (dictature puis monarchie autoritaire) puis de 1944 à 1989 (régime communiste). Ils sont devenus des acteurs importants de la transformation après 1989, qui marque leur émancipation de l'acteur politique.

Les deux grandes centrales syndicales bulgares, la Confédération des syndicats indépendants de Bulgarie (CSIB) et la Confédération du travail *Podkrepa*, d'abord en conflit, ont su coopérer à partir de 1995 pour devenir garantes de la paix sociale et promouvoir les droits des salariés au moyen du dialogue social tripartite, du lobbying législatif, de la négociation collective et de campagnes en direction de l'opinion publique. Toutefois, depuis les années 1990, les effectifs syndiqués, l'action syndicale dans les entreprises, et même les capacités d'expertise syndicale ont décliné. Cependant les syndicats bulgares paraissent plus dynamiques que la plupart des syndicats d'Europe centrale et orientale, avec environ 20 % de densité syndicale dans le salariat et 30 % de couverture conventionnelle de ce dernier. De même, les syndicats bulgares restent forts au niveau national et dans certains secteurs, même s'ils sont absents d'une partie de l'économie et bien que le « bipartisme » et le « tripartisme » aient été parfois des façades pour légitimer des décisions gouvernementales ou des politiques néo-libérales.

1. Les syndicats bulgares avant 1989

Les syndicats bulgares ont été établis à la fin du 19ᵉ siècle. C'est en juillet 1904 qu'à lieu, à Plovdiv, le premier congrès du Syndicat général des travailleurs (*Obsht Rabotnichestki Sindikalen Saiuz*). Au début du

---

[1] Professeur associé à l'Institut pour l'étude des sociétés et la connaissance (Académie bulgare des sciences, Sofia) et chargé de cours à l'Institut d'études politiques de Paris.

20ᵉ siècle, le mouvement syndical se divise suivant la scission du parti social-démocrate. Ainsi une partie de ce mouvement s'est orientée vers les communistes, tandis que l'autre s'est tournée vers les sociaux-démocrates. Après le coup d'État de 1934, l'État bulgare a établi un syndicat unique, le Syndicats des travailleurs bulgares (*Balgarski rabotnitcheski saiuz*), qui comptait environ 200 000 membres en 1940 (Pekov, Atanassov, 2000). Après la Seconde Guerre mondiale, pendant les années de l'économie planifiée en Bulgarie, ainsi que dans tous les autres pays ex-socialistes, des syndicats officiels uniques ont été établis. Dès 1944, sous la direction du Syndicat des travailleurs bulgares communistes a commencé la mise en place du Syndicat bulgare (*Balgarski profesionalni saiuzi* / BPS). Cette organisation a reçu l'attribution de nouvelles fonctions liées à la réalisation des plans, au « nettoyage » des éléments ennemis dans les entreprises, à la formation (à la fois professionnelle et idéologique) et à la participation à la gestion des entreprises, notamment avec l'intégration du responsable de syndicat au sein de « troïkas » (le directeur, le leader de la section du Parti communiste et le leader de la section syndicale). Après la nationalisation de l'économie à la fin des années 1940, le modèle d'organisation soviétique a été transposé en Bulgarie et les syndicats ont été structurés en tant que courroie de transmission entre le Parti communiste et les travailleurs. Les conventions collectives sont devenues un instrument de mobilisation du personnel. Pourtant, au cours des années 1950, le rôle des syndicats dans la gestion a été limité (Pekov, 2000). Puis, les syndicats ont été invités par le Parti communiste à mettre en œuvre des activités de communication et d'information entre les ouvriers et les employés. Le rôle des syndicats a retrouvé de l'importance et une certaine autonomie – au moins théorique – lorsque des pratiques d'autogestion ont été introduites à la fin des années 1980, notamment après l'adoption du code du travail de 1986 (Petkov, Thirkell, 1990 ; Jones, 1992).

2. La transition bulgare

La Bulgarie est le membre le plus pauvre de l'Union européenne, avec des défis démographiques importants et une transformation économique et politique difficile. En novembre 1989, après un coup d'État interne, le secrétaire général du Parti communiste bulgare (PCB) a été remplacé par un groupe de réformateurs de ce parti. Peu après, des manifestations de rues ont été organisées par les nouveaux mouvements d'opposition et les anciens partis politiques désormais rétablis. Ces changements ont offert un espace pour la démocratie et le pluralisme politique. La « table ronde » qui a eu lieu, en décembre 1989, a fixé les conditions de la transition (Frison-Roche, 2000). Malgré l'enthousiasme de l'opposition anti-communiste, les premières élections libres en juin 1990 ont été remportées par le Parti socialiste bulgare (ex-Parti communiste).

Les premières années de la transition post-communiste en Bulgarie ont été caractérisées par l'instabilité politique et économique. Les réformes économiques de 1991 ont démantelé et privatisé les anciens monopoles d'État, libéré les prix et conduit à une restructuration massive. Le chômage a augmenté rapidement, l'émigration massive a commencé et une partie importante de la population est tombée dans la pauvreté. À l'hiver 1996-1997, le pays était en faillite financière et les manifestations de rues ont forcé le gouvernement néo-communiste à démissionner. Depuis lors, les efforts de stabilisation ont abouti à créer un conseil de la monnaie (Avramov, 2000), à fixer des accords avec les institutions financières internationales (Fonds monétaire international et Banque mondiale) et à mettre en œuvre des mesures pour assurer la stabilisation économique. Les réformes comprenaient également une privatisation massive, utilisant différentes méthodes (vente aux capitaux privés, rachat par les salariés), ainsi que la fermeture des entreprises ayant des difficultés financières. Cette politique économique a progressivement produit des résultats positifs en termes de croissance et de confiance pour les investisseurs, mais à un prix social élevé.

La croissance économique a repris en 1998 et a continué jusqu'en 2008. La courbe du chômage s'est inversée. La décennie 2000 a connu un afflux massif d'investissements directs depuis l'étranger dans l'industrie et les services.

En 2007, le pays a intégré l'Union européenne, cette adhésion représentant l'un des objectifs à long terme pour les acteurs politiques et la société bulgare. Cependant, dès le début de la crise financière de 2008, la situation économique en Bulgarie s'est détériorée. Les investissements directs depuis l'étranger ont considérablement diminué. Beaucoup d'entreprises bulgares ont été contraintes de réduire leurs effectifs et de se restructurer en raison de la perte de marchés, les commandes des entreprises occidentales ayant diminué et l'expansion du marché intérieur s'étant réduite. Le taux de chômage va s'accroître, passant de 7 % (2007) à 13 % (2013), avant de diminuer de nouveau (9,7 % en août 2015). Ces difficultés économiques ont engendré des protestations de différents groupes sociaux, insatisfaits de l'envolée du coût élevé de la vie et de la corruption massive.

L'économie du pays est toujours dominée par l'industrie, dont les secteurs importants sont la métallurgie, la construction mécanique, le textile et l'habillement, l'industrie alimentaire, la chimie. Le secteur des services, et notamment le tourisme, sont en croissance. L'agriculture connaît aussi une reprise, notamment en raison des aides européennes. Au cours des dernières années, les secteurs des technologies de l'information et de la communication, des services aux entreprises et les centres d'appel se sont beaucoup développés (Kirov, 2009).

3. L'européanisation du système de relations professionnelles

Le système de relations professionnelles bulgare s'est émancipé de la tutelle du parti communiste en 1990. Il s'est renouvelé à partir des structures existantes, mais aussi de la création de nouvelles organisations et du développement du tripartisme, d'abord sous l'impulsion de l'Organisation internationale du Travail et ensuite par l'européanisation et, plus précisément, le processus de l'intégration européenne et l'adhésion à l'Union européenne depuis 2007. Trois aspects fondent ce système de relations professionnelles : le dialogue social national, réalisé au sein des institutions tripartites ; la négociation collective aux niveaux des secteurs et des entreprises ; les mécanismes de représentation des salariés. Reste à présenter aussi ses acteurs syndicaux et patronaux.

Les acteurs syndicaux

En 2016, la Confédération des syndicats indépendants de Bulgarie (CSIB) est la plus grande confédération syndicale nationale. Elle a été créée au début de 1990, sur la base de l'ancien syndicat unique qui existait pendant la période communiste (*Balgarski Profesionalni Sauzi* / BPS). La CSIB prétend être l'héritière d'une tradition syndicale centenaire. De fait, l'organisation a hérité d'importantes ressources en termes de membres, de structures, d'experts issus de l'ancienne organisation communiste, même si elle a été confrontée au défi de la réforme interne et à la nécessité de prouver son indépendance à l'égard du Parti communiste. Contrainte de changer, la CSIB a opté pour une réorganisation interne douloureuse, tout en essayant de participer activement à la mise en place d'un nouveau système de relations professionnelles et à la conception des réformes. La CSIB apparaît aujourd'hui comme l'une des organisations qui a le mieux réussi à se transformer dans cette partie de l'Europe de l'Est (Dimitrova, 2005 ; Kirov, 2005).

En 1989, le BPS comptait près de 4 millions de membres, du fait de l'adhésion quasi-obligatoire (Gradev, 2001), ce qui correspondait à une affiliation syndicale d'environ 98 % de la population active. Au cours de la transition démocratique, les effectifs syndiqués ont diminué mais il faut en partie relativiser cette tendance à la lumière du recul de l'emploi et de sa précarisation (développement du travail saisonnier et du travail non déclaré dans plusieurs secteurs comme le tourisme, l'agriculture, la construction et le commerce en détail). Les politiques antisyndicales d'une partie des employeurs ont également contribué au déclin de la syndicalisation.

En 1990, la CSIB, nouvellement créée, ne retrouve pas les effectifs du BPS ; ils sont au plus trois millions (Kirov, 1995). En 1993, lors de son troisième congrès, la CSIB affiche officiellement 1 426 057 adhérents (éparpillés dans 79 fédérations de branche). Ses effectifs passent sous la barre du million d'adhérents dès 1995. Ils sont inférieurs à 400 000 adhérents au début des années 2000. La baisse des effectifs s'est ensuite ralentie et, selon le recensement de représentativité de 2012, la CSIB comptait 275 762 membres et, même moins (exactement 250 470), selon le rapport du 7ᵉ congrès de la CSIB (toujours en 2012)[2].

La Confédération du travail *Podkrepa*[3] est la seconde organisation syndicale bulgare. Elle a été fondée le 8 février 1989 par un petit groupe de dissidents politiques. Selon les leaders de *Podkrepa*, ce groupe a pu facilement s'établir en confédération car les lois étaient alors très « libérales » concernant la structuration de syndicats (Kirov, 2005). C'était même la seule façon pour l'organisation d'être légalisée et de devenir officielle. Au cours de la période initiale de *Podkrepa* (1989-1991), il était très difficile de distinguer entre activités syndicales et autres activités militantes ; l'organisation fonctionnait plutôt comme un mouvement politique. Ses premières revendications portaient, par exemple, sur la libre circulation des personnes dans le pays. Cependant *Podkrepa* est rapidement devenu la deuxième confédération syndicale en Bulgarie, avec une forte présence dans tous les secteurs et dans toutes les régions.

En 1992, *Podkrepa* revendiquait quelque 250 000 adhérents. Puis un lent déclin s'est amorcé, coïncidant selon les dirigeants de l'organisation avec son recentrage sur des activités purement syndicales. En 1998, selon le recensement de représentativité, *Podkrepa* compte encore 154 894 adhérents. Mais leur régression se poursuit jusqu'à moins de 90 000 adhérents selon les dernières données disponibles (relatives à 2012)[4]. Au total, le taux de syndicalisation bulgare serait encore de 17 %.

En plus de ces deux confédérations principales, il existe d'autres syndicats et, à différentes périodes depuis 1990, ils ont été reconnus comme représentatifs à l'échelle nationale. C'est le cas de l'Union professionnelle nationale (*Natzionalen profsaiuz* / NPS), de l'Association des syndicats démocratiques (*Assotziatziata na demokratichnite sindikati* / ADS), de la Communauté de syndicats libres en Bulgarie (*Obshnostta na svobodnite sindikalni organisatzii v Balgaria* / OSSOB), du Quartier général des syndicats de branche (*Generalna tzentrala na branchovite sindikati* / GTBS), du Syndicat indépendant *Edinstvo* (*Nezavisimiat sindikat Edinstvo*). Cependant, depuis les derniers recensements de représentativité des organisations syndicales, les deux seuls syndicats représentatifs au plan national sont la CSIB et *Podkrepa*.

---

[2]   Il n'existe pas des données postérieures à 2012 mais on peut estimer que le nombre d'adhérents de la CSIB n'a pas changé significativement depuis lors.

[3]   Le terme signifie « soutien » en bulgare.

[4]   Voir en ligne : http://www.eurofound.europa.eu/eiro/country/bulgaria_3.htm.

On dispose de peu d'informations sur le profil sociologique des adhérents. L'âge moyen des adhérents des deux confédérations principales a augmenté, tendance qui n'est pas typique de la seule Bulgarie. La structure par âge est toutefois différente selon les organisations. *Podkrepa* apparaît plus attrayante pour les jeunes au début des années 1990 (Kirov, 2005). Mais, avec le temps, une certaine homogénéisation paraît intervenir. Les adhérents sont principalement des hommes (sauf dans les industries légères, la santé et l'éducation où les femmes dominent), quadragénaires, diplômés de l'enseignement secondaire.

L'organisation des employeurs

Du côté des employeurs, le pluralisme est encore plus important. Quatre organisations sont représentatives à l'échelle nationale, depuis le recensement de 2012 (elles étaient six antérieurement). Les héritiers de l'ancienne structure patronale, l'Association industrielle bulgare (BIA) et la Chambre de commerce et d'industrie bulgare (BCCI) co-existent avec les organisations établies plus récemment, comme la Confédération des employeurs et industriels en Bulgarie (CEIB), qui déclare représenter une partie importante du PIB et de l'emploi du pays, ou l'Association de la capitale industrielle en Bulgarie (AICB) représentant les anciens fonds de privatisation. De 1990 à 2012, il fallait compter aussi avec deux organisations de petites entreprises, l'Union pour l'initiative économique et le *Vazrajdane*. Comme dans d'autres pays, il arrive fréquemment que des entreprises soient membres de plus d'une organisation.

Ces organisations représentent les intérêts des entreprises concernant les relations professionnelles mais également leurs intérêts commerciaux. Leur composition mélange des entreprises membres directs à d'autres affiliées aux structures de branche. Selon le dernier recensement (2012), les organisations d'employeurs couvrent environ 14 % des entreprises dans le pays. Selon ces données (avant le prochain recensement fixé courant 2016), BIA est constituée de 120 organisations régionales et territoriales, représentant tous les secteurs de l'économie bulgare et 13 082 entreprises. Le taux d'adhésion des entreprises est estimé à 3,6 %. La BCCI compte 21 977 entreprises membres, soit 665 714 employés, 103 organisations sectorielles et 28 structures territoriales. Le taux d'adhésion à la BCCI s'élève à 6 %. L'AICB (BICA) compte 38 fédérations sectorielles et structures régionales. Le taux d'adhésion représente 1,8 %. Enfin, la CEIB recense 5 336 membres, employant 504 984 travailleurs, groupés en 70 fédérations sectorielles et 101 structures territoriales. Le taux d'adhésion des entreprises est de 1,5 %.

Ces organisations d'employeurs dites représentatives participent au Conseil national pour la coopération tripartite (CNCT) et à tous les organes tripartites permanents. La négociation collective est une prérogative des associations de branche ainsi que des entreprises individuelles.

Le système des relations professionnelles

Ce système inclut des structures de négociation collective au niveau des branches et au niveau des entreprises (ainsi que, dans certains cas, au niveau territorial même si ce dernier reste faiblement développé). Il faut tenir compte en outre de différentes structures de dialogue social national et sectoriel. Cela dit, la densité syndicale et l'impact de la négociation collective sont à la baisse lors des dernières années. Pour autant, la couverture de la négociation collective est encore importante pour nombre de secteurs et d'entreprises (Eurofound, 2013 ; Dimitrov, 2013), même si le contenu des conventions collectives n'est pas toujours significatif (Kirov, 2003).

Depuis 1993, le dialogue social est placé sous l'égide de l'État au sein d'un Conseil national de coopération tripartite (CNCT), dont les membres représentent le gouvernement et les partenaires sociaux, reconnus par le Conseil des ministres sur la base des recensements de représentativité et de critères établis par le Code du travail. En outre, il existe des conseils sectoriels pour le dialogue tripartite auxquels peuvent être appelés à participer quelque 80 organisations d'employeurs et fédérations syndicales de branche. Créés sous l'égide du ministère de l'Économie ou d'autres ministères, ces organismes ont une activité cyclothymique.

En outre, un Conseil national économique et social, créé en 2001, rassemble des représentants des organisations gouvernementales, les syndicats, les associations d'employeurs et les organisations non-gouvernementales. Il a un rôle consultatif sur les questions économiques et sociales. Un Conseil national pour la promotion de l'emploi, créé en 2002, assure une consultation tripartite dans l'élaboration de la politique de l'emploi. Enfin, depuis 2003, un Institut national d'arbitrage et de conciliation est chargé du règlement amiable des litiges de travail. Il comble une lacune car aucun mécanisme de prévention et de règlement des conflits n'existait jusque-là en Bulgarie.

Les partenaires sociaux sont encore chargés d'autres tâches institutionnelles. Ils font partie des conseils d'administration ou de surveillance de diverses institutions de la Sécurité sociale, de la formation professionnelle continue, du système de santé…

La négociation collective au niveau de l'entreprise a recommencé au début des années 1990. Elle couvre un large éventail de questions, notamment les conditions d'emploi, les niveaux de rémunération, la sécurité et la santé au travail, la formation et l'exercice des activités syndicales. Les syndicats ont ainsi acquis des compétences de négociation auparavant inexistantes et, dès le milieu des années 1990, ils ont accumulé une expérience importante dans ce domaine (Aro, Repo, 1997).

Modifié en 2001, le code du travail accorde une plus grande autonomie au dialogue social bipartite en reconnaissant l'importance des conventions collectives, conclues au niveau des branches. À la demande des partenaires sociaux, ces conventions (ou au moins certaines de leurs clauses) peuvent être étendues par le ministère des Politiques sociales et du Travail à l'ensemble d'un secteur. Mais ce n'est qu'en 2010 que les premières extensions ont eu lieu et cela ne concerne encore qu'un nombre limité de secteurs (Kirov, 2010). Ces extensions, malgré les difficultés de l'emploi, surtout non qualifié et non syndiqué, depuis le début de la crise, ont permis une hausse de la couverture conventionnelle[5] (voir le tableau ci-dessous).

Couverture par des conventions collectives de travail (en % du salariat)

2007	2008	2009	2010	2011	2012
33	30	32	35	38	38

Source : Dimitrov, 2013.

Enfin, la représentation des salariés dans les entreprises prend appui sur les sections syndicales même si, depuis 2006, l'harmonisation européenne a conduit aussi et notamment à la reconnaissance de délégués pour l'information et la consultation. Mais ceux-ci n'existent que dans une minorité d'entreprises (environ 10 % d'entre elles) (Informia, 2010 ; Mihaylova, Mikova, 2011).

4. Dialogue social : entre paix sociale et conflictualité

L'ère post-communiste se caractérise par de nombreuses négociations tripartites. Dès 1990, le gouvernement, la CSIB et l'Association nationale de dirigeants d'entreprises ont entamé des négociations et abouti à différents accords, notamment pour la résolution de problèmes sociaux urgents puis, en 1991, à la veille des réformes dites de la « thérapie de choc », un accord pour la paix sociale a été signé puis un accord pour favoriser la stabilisation, l'emploi et la rénovation de l'État social. Mais cette commission tripartite est supprimée dès fin 1991, le gouvernement estimant alors que les syndicats tiennent un rôle trop important dans la définition et la mise

---

[5]   Les données sur la densité syndicale et la couverture conventionnelle diffèrent selon les sources utilisées. Selon le site de l'ETUI, la couverture conventionnelle est de 30-32 % du salariat et la densité syndicale inférieure à 20 %. Voir en ligne : http://www.worker-participation.eu/National-Industrial-Relations/Countries/Bulgaria/Collective-Bargaining.

en œuvre des réformes. Les partenaires sociaux vont tenter de continuer à influencer les réformes sans être associés à celles-ci. Puis, dès 1993, le gouvernement Berov renoue avec le tripartisme. Cela le conduit à définir les principes et procédures pour la reconnaissance de la représentativité des organisations syndicales et patronales au niveau national. En 1994, les partenaires sociaux s'entendent également sur un accord-cadre pour la négociation collective puis, en 1995, sur un accord sur l'arbitrage.

Après des tensions en 1996-1997, les partenaires sociaux se sont accordés sur l'application des normes et des principes du dialogue social européen. Cela a abouti à l'adoption d'une charte de coopération sociale (1997). L'agenda a été dominé ensuite par les réformes de la sécurité sociale et du code du travail puis, pendant la période 2003-2008, par l'harmonisation de la législation du travail avec le droit européen et l'adoption d'un « pacte social », compte tenu de la perspective de l'adhésion à l'Union européenne. La « gestion » des conséquences de la crise de 2008 a dominé les débats tripartites qui ont suivi. Dans ce même contexte ont été encouragées des négociations bipartites. Ainsi, pour la première fois dans l'histoire du dialogue social bulgare, des accords bipartites ont permis d'intégrer la réglementation européenne du télétravail et du travail à distance dans la législation bulgare (Kirov, 2010).

Au total, les négociations tripartites ont connu des vicissitudes en raison des changements gouvernementaux. Mais trois types de périodes se sont succédés : des périodes de « partenariat », des périodes de « formalisme » et les périodes de conflits ouverts. La charte de coopération sociale adoptée en 1997, laquelle a contribué à la stabilisation après une crise économique et sociale aiguë ou, en 2001, la réforme du code du travail, *a priori* équilibrée entre les exigences en matière de flexibilité du travail et de sécurité des travailleurs, sont deux fruits du partenariat. Mais des conflits et celle des grèves se sont également produits. Ils ont pour cause les privatisations, les politiques de libéralisation, la réforme de la sécurité sociale. De même certains secteurs, tels que les mines, la métallurgie, l'éducation et les transports (notamment les chemins de fer), ont été particulièrement touchés.

Le mouvement syndical bulgare se trouve désormais face à plusieurs défis majeurs. D'abord un besoin de renouveau et d'une stratégie de relance de la syndicalisation. De sérieux efforts sont également nécessaires pour faire face aux défis de la négociation collective sectorielle. Un besoin de résultats significatifs est urgent. La question du respect des accords se pose également, en particulier dans les entreprises. Mais le contenu des accords apparaît souvent pauvre, se bornant à paraphraser des dispositions du code du travail. Autrement dit, le dialogue social tourne un peu à vide et cela ne permet guère de régénérer les organisations syndicales, sans parler des conditions et droits des travailleurs qui évoluent de façon négligeable.

Les questions d'information et de consultation requièrent également davantage d'attention de la part des syndicats. La question est de savoir comment les syndicats peuvent étendre leur présence et gagner de nouveaux membres en utilisant les mécanismes d'information et de consultation en vigueur depuis 2007. La formation des membres bulgares des comités d'entreprise européens (CEE) est également un enjeu pour que les représentants bulgares dans ces structures puissent faire un meilleur usage de ces mécanismes.

En outre, la présence des syndicats bulgares au sein de différents syndicats ou de structures consultatives au niveau européen exige aussi des efforts de formation de leurs représentants afin notamment qu'ils soient mieux à même de défendre des enjeux spécifiques pour la Bulgarie et son économie.

Plus globalement, au long des années 1990 et au début des années 2000, la politique de la Bulgarie a été soumise à son intégration au sein de l'Union européenne, un objectif largement consensuel, si l'on en croit les sondages d'opinion. Les attentes concernant les relations professionnelles ont été également très fortes, dans la perspective d'une mise en place du modèle social européen. Mais selon des auteurs comme Grigor Gradev (2005), ce processus d'intégration dans l'Union européenne a été longtemps « le seul domaine » d'un petit groupe d'experts gouvernementaux, et le mot-clé dans ce processus a été la « vitesse » au détriment du contenu des accords. En outre, selon G. Gradev, « les questions sociales [n'ont pas été paradoxalement] une priorité dans le processus de négociations ». Pour le dire autrement, les syndicats ont eu un rôle très limité dans ce processus d'intégration européenne (ou n'ont pas voulu véritablement s'impliquer). Ils n'ont pas pu (ou n'ont pas voulu) essayer d'influencer la négociation d'adhésion du pays. Cependant, fervents partisans de l'Europe, ils se sont saisis des opportunités du partenariat social pour trouver une ressource nouvelle de légitimation dans un contexte marqué par un recul de leur influence. Depuis que la Bulgarie est devenue membre à part entière de l'Union européenne, le 1ᵉʳ janvier 2007, les espérances, un peu naïves, selon lesquelles l'Europe va automatiquement régler les questions sociales ont commencé à changer. En fait, G. Meardi (2012) a montré les limites de l'européanisation sociale de l'Europe centrale et orientale, évoquant même un échec. Ce constat peut être appliqué à la Bulgarie, où le salaire minimal continue d'être le plus bas dans l'Europe des 28, où les salariés bulgares sont rarement impliqués dans des formations professionnelles, où très peu d'entreprises recourent aux mécanismes d'information et de consultation du personnel, prévus dans les directives européennes, où des conflits du travail perdurent. Toutefois, comment expliquer que pour les syndicats bulgares, l'Union européenne reste très valorisée et ses effets vus comme positifs ? D'abord, comme l'a montré une recherche récente

(Kirov, 2015), le niveau européen et l'Union européenne semblent fournir des arguments importants et des soutiens aux syndicats bulgares, qui sont largement utilisés dans le débat politique national. Ceci fait que l'Europe est considérée comme un levier pour appliquer les règles et la législation, y compris dans la sphère du travail et des politiques sociales. De ce point de vue, une majorité des leaders syndicaux bulgares accordent même plus d'importance à l'Union Européenne qu'à l'État national. En parallèle, l'adhésion a ouvert l'accès aux fonds structurels européens qui sont importants comme ressource pour les syndicats bulgares même si cet instrument favorise davantage le partenariat social, souvent sur des thématiques consensuelles, telles que la lutte contre les discriminations ou celle contre l'emploi informel.

Conclusion

Le syndicalisme bulgare s'est dégagé de la tutelle du Parti communiste en 1989 et s'est développé lors de la transition démocratique pour prendre part à la mise en place d'un nouveau système de relations professionnelles. Celui-ci comprend des structures de coopération tripartite et met l'accent sur la négociation collective, structures rapidement mises en place et développées au cours du dernier quart de siècle, afin de se conformer aux exigences de l'OIT dans un premier temps et de l'Union européenne depuis la fin des années 1990. Cependant, l'européanisation du pays et celle des syndicats eux-mêmes n'ont pas toujours été suffisantes pour produire des résultats significatifs, pour mettre en œuvre le modèle social européen, pour lutter contre l'économie informelle. Même si le tripartisme bulgare a contribué à préserver la paix sociale dans des moments de crise, comme en 1991 ou encore en 1997 et à mettre en place un pacte social en 2006 ou encore des mesures anti-crise en 2010, cet instrument du dialogue social apparaît fortement dépendant du volontarisme gouvernemental, y compris pour légitimer des réformes difficiles.

Depuis les années 1990, le mouvement syndical a perdu beaucoup d'adhérents, notamment après les restructurations massives qui ont suivi les privatisations. Cependant, dans les années 2000, ce déclin du taux de syndicalisation s'est ralenti et les syndicats bulgares résistent assez bien dans plusieurs secteurs. Des stratégies visant la syndicalisation ont été mises en œuvre au cours des dernières années et même si leurs résultats ne sont pas connus précisément, elles peuvent être à l'origine de cette relative stabilisation.

Européens convaincus, les syndicats bulgares semblent tout de même manquer de mordant face à l'Union européenne. Ils adoptent trop souvent un comportement de « consommateurs » passifs (Kirov, 2015). Trop peu de leurs responsables syndicaux sont bien intégrés dans les organismes européens de gouvernance syndicale et, plus largement, sociale et dans les réseaux afférents pour essayer d'influencer effectivement les agendas euro-péens et non pas seulement d'être les récepteurs de formations et de fonds.

Finalement, un quart de siècle après le début de la transition, le syndica-lisme bulgare semble se trouver de nouveau dans un piège (Petkov, 2015). Comment, notamment, prendre part à un dialogue social fortement coo-pératif dans un contexte de réformes néo-libérales avec des conséquences douloureuses pour les membres des syndicats ? À ceci il faut ajouter le besoin de répondre aux défis de la société civile qui a été à l'origine des protestations de masse en 2013. Existe-t-il des possibilités d'alliances entre les syndicats et les ONG ? Certains exemples récents montrent que ceci peut être possible pour remettre en cause les recommandations de l'Union Européenne[6], mais ce n'est pas encore le cas sur d'autres thèmes sociétaux comme l'écologie ou la lutte contre la corruption.

Bibliographie

Aro P., Repo P., 1997, *Trade union experiences in collective bargaining in Central Europe. A report of an ILO Survey in Bulgaria, Czech Republic, Hungary, Poland and Slovakia*, Genève, ILO.

Avramov R., 2000, « Currency board et stabilité macroéconomique : le cas de la Bulgarie », *Revue de l'OFCE*, n° 72, p. 71-98.

Daskalova N., Mikhailova T., 2001, « Industrial disputes and strikes in Bulgaria – legislation and trends », *South East European Review*, n° 1, p. 113-126.

Dimitrova D., 1999, « Tripartism and industrial relations in Bulgaria », in Casale G. (ed.), *Social dialogue in Central and Eastern Europe*, Budapest, ILO.

Dimitrova D., Vilrokx J. (eds.), 2005, *Trade union strategies in Central and Eastern Europe. Towards decent work*, Budapest, ILO, 2005.

Dimitrov P., 2013. Données en ligne : http://www.social-europe.eu/2013/07/a-social-dimension-for-a-changing-european-union-the-bulgarian-perspective/

Frison-Roche F., 2000, « La Table ronde bulgare », *Communisme*, n° 64, p. 123-141.

Gradev G., 2001, « Bulgarian trade unions in transition. The taming of the hedgehog », in Crowly S., Ost D. (eds.), *Workers after workers' states. Labor and politics in postcommunist Eastern Europe*, Lanham, Rowman & Littlefield Publishers, p. 121-140.

Gradev G., 2005, « Social dialogue and trade unions in enlarging Europe: losers among winners? », in Dimitrova D., Vilrokx J. (eds.), *Trade union strategies in Central and Eastern Europe. Towards decent work*, Budapest, ILO, p. 229-264.

---

[6]   Voir en ligne : http://www.eurofound.europa.eu/observatories/eurwork/articles/labour-market-industrial-relations-social-policies/bulgaria-new-alliance-rejects-european-commission-recommendations.

Informia, 2010, *National Report Bulgaria*. En ligne : http://www.informiaproject.org.

Jones D. C., 1992, « The transformation of labor unions in Eastern Europe: the case of Bulgaria », *Industrial and Labor Relations Review*, n° 45, p. 452-470.

Kirov V., 2005, « Facing EU accession. Bulgarian trade unions at the crossroads », in Dimitrova D., Vilrokx J. (eds.), *Trade union strategies in Central and Eastern Europe. Towards decent work*, Budapest, ILO, p. 111-151.

Kirov V., 2007, « Labour Relations, Collective Bargaining and Employee Voice in SMEs in Central and Eastern Europe », *Transfer*, n° 1, p. 95-113.

Kirov V., 2015, « The Europeanisation of the Bulgarian trade union movement: achievements and challenges », in Landgraf C., Pleines H. (eds.), *Europeanization of Trade Unions in EU member states of the Eastern Enlargement*, Hanovre, Ibidem Verlag, p. 161-180.

Meardi G., 2012, *Social Failures of EU Enlargement*, Londres, Routledge.

Petkov K., Thirkell J. E. M., 1991, *Labor relations in Eastern Europe. Organizational design and dynamics*, Londres, Routledge.

Petkov K., 2015, « Les nouveaux mouvements syndicaux et sociaux en Europe de l'Est », *Les mondes du travail*, n° 15, p. 45-64.

Ribarova E., 2001, « Social dialogue within the context of the preparation of Bulgaria for accession to the European Union », *South East European Review*, n° 4, p. 97-108.

Thirkell J. E. M., Atanassov B., Gradev G., 1992, « Trade unions, political parties and governments in Bulgaria, 1989-92 », *Journal of Communist Studies*, n° 4, p. 98-155.

Chapitre 5

Danemark : un « modèle » en difficulté

Jens Lind[1]

Si, à première vue, les syndicats danois semblent détenir une position très puissante par rapport à celle qu'ils occupent dans la plupart des autres nations d'Europe, un examen un peu moins superficiel montre que ceux-ci ont perdu une grande partie de leur pouvoir et de leur influence sur la réglementation du marché du travail. La baisse des adhésions et la domination de l'idéologie libérale et du paradigme macroéconomique correspondant, qui font des forces du marché et de la concurrence des « vaches sacrées », ont amoindri les possibilités pour les syndicats de jouer un rôle majeur dans la définition de la politique sociale et leur capacité à assurer des conditions de travail décentes, la solidarité et l'égalité dans la vie professionnelle.

Après avoir retracé les grandes lignes des évolutions politiques et socio-économiques, ce chapitre présente l'état actuel de la représentation syndicale et analyse les changements de la réglementation du marché du travail et, donc, du fameux « modèle danois ».

1. Brève histoire des syndicats au Danemark

Le mouvement syndical danois date de la fin du 19ᵉ siècle. À cette époque, le travail salarié, les difficultés matérielles et l'insécurité sociale sont suffisamment courants pour que les premiers syndicats puissent voir le jour. Dans les années 1860, une vague de mouvements sociaux touche le secteur du bâtiment et, en 1871-1872, la lutte des travailleurs s'est étendue dans certaines industries, soutenue par la section danoise de la première Internationale constituée en 1871. La section fonctionne à la fois comme un syndicat intégré et comme une structure politique. Elle est interdite en 1873 et ses dirigeants emprisonnés pour avoir tenté d'« établir un ordre socialiste ». Le processus d'organisation se poursuit toutefois parmi les artisans et, dans les années 1880, parmi les ouvriers et les femmes. En 1898, la majorité des organisations syndicales réunissent leurs forces au sein du DsF (*De samvirkende Fagforbund*), devenu, depuis 1959, LO

---

[1] Professeur de sociologie à l'Université d'Aalborg.

(*Landsorganisationen i Danmark*)[2]. Toujours en 1898, le même processus de centralisation se met en place dans les organisations patronales par la création de *Dansk Mester-og Arbejdsgiverforening*, actuellement DA, *Dansk Arbejdsgiverforening*[3]. Le DsF devait jouer principalement un rôle de coordination, les simples fédérations syndicales conservant le pouvoir d'appeler à la grève et de mener des négociations collectives.

Le DsF revendique son appartenance au mouvement social-démocrate ; le parti est représenté au sein du comité exécutif du DsF, tout comme le DsF est représenté au sein de la direction du parti. Ces liens formels entre le mouvement syndical et le parti ont perduré jusqu'en 1996. Et dans les faits, les syndicats affiliés à LO sont encore étroitement liés au Parti social-démocrate.

En 1899, une grève de peu d'importance des menuisiers engendre une réplique des employeurs : plus de 40 000 travailleurs sont licenciés. Le conflit, qui dure plusieurs mois, se termine par un accord général dénommé le « compromis de septembre » par lequel les syndicats reconnaissent que la direction des entreprises relève du pouvoir des employeurs tandis que, de leur côté, les employeurs reconnaissent les syndicats nationaux comme des partenaires de négociation. Ce « compromis de septembre » devint l'« Accord central » entre les partenaires sociaux danois (Due *et al.*, 1994 ; Jensen, Olsen, 1981, Knudsen *et al.*, 1991).

Un conflit dans l'industrie de l'imprimerie, en 1908, conduit à l'établissement d'un ensemble d'organismes de médiation. Le gouvernement intervient pour mettre fin à une grève dans la presse et faire échec à un appel au lockout qui constituait une menace d'extension du conflit. Un comité tripartite est mis en place dans le but d'élaborer des règles de prévention et de régulation des conflits sociaux. Il aboutit, en 1910, à un accord collectif qui définit des normes pour la résolution des conflits sociaux ainsi qu'une législation qui instaure une juridiction du travail et une instance publique de conciliation. Cet accord établit aussi une obligation générale de paix sociale. Une distinction essentielle entre conflits d'intérêts et conflits de droits est posée. Les conflits relatifs à l'interprétation d'accords et de droits existants ne peuvent pas conduire à des mouvements sociaux, mais doivent être résolus par une médiation ou des décisions émanant des juridictions du travail. Le recours aux mouvements sociaux est limité aux conflits d'intérêt, qui sont essentiellement des conflits liés au renouvellement des accords collectifs ou concernant des domaines non couverts par de tels accords. Est posé aussi le principe que les syndicats et les organisations d'employeurs sont responsables des conflits dont leurs adhérents sont à l'origine. Cela engendre un autre

---

[2]   Confédération des syndicats du Danemark.

[3]   Fédération danoise des employeurs.

principe fondamental de discipline interne à ces organisations et donc de centralisation. La réglementation de 1910 constitue un complément au compromis de 1899 et, malgré quelques amendements ultérieurs, le cadre réglementaire reste *grosso modo* le même aujourd'hui.

En 1924, le premier gouvernement social-démocrate est formé par une coalition avec les libéraux radicaux, un parti centriste. Le gouvernement est majoritaire dans la première mais non dans la seconde chambre du parlement, ce qui limite les possibilités de réforme[4]. À titre d'exemple, la proposition de législation sur les comités d'entreprise qui, dans une certaine mesure, aurait limité le pouvoir de gestion des employeurs, ne peut être adoptée (Dalgaard, 1995). En 1925 éclate un important conflit entre le gouvernement et le syndicat des ouvriers spécialisés. Pendant les négociations, le syndicat appelle à la grève pour appuyer des revendications salariales. Mais la grève n'est pas soutenue par le DsF et le gouvernement envoie la police contre grévistes et apporte un soutien actif aux briseurs de grève. Cela contraint les ouvriers spécialisés à céder. Le conflit laisse un sentiment d'amertume au sein du mouvement pendant de nombreuses années, le syndicat des ouvriers spécialisés quittant le DsF et n'y revenant qu'en 1929.

Ce conflit marque la première expérience significative pour le mouvement des travailleurs du dilemme entre lutte ouvrière et action parlementaire. Cette question, jamais complètement résolue, a été récurrente depuis lors, mais sans donner lieu, toutefois, à un clivage durable au sein du mouvement. D'une manière générale, les syndicats se sont montrés davantage revendicatifs sur le terrain sous des gouvernements de droite, et plus modérés sous les gouvernements sociaux-démocrates, les perspectives d'avancées politiques semblant meilleures.

Au cours des années 1930, les principaux pivots de l'État-providence sont mis en place : l'allocation chômage est augmentée et sa durée allongée ; la sécurité sociale est instaurée ; les pensions vieillesse et pour handicapés sont introduites ; tous les salariés obtiennent un droit à deux semaines de congés payés. Si l'opposition communiste proteste contre le gel des salaires, de médiocres conditions de vie et le fort taux de chômage, les dirigeants des syndicats et la majorité de leurs adhérents voient dans les dispositions de l'État-providence, malgré les faibles niveaux des prestations de celui-ci, des résultats satisfaisants au vu de la conjoncture économique difficile.

Peu de changements institutionnels interviennent entre 1945 et 1960. Un Accord de coopération entre le DsF et le DA est néanmoins signé. Influencé par les revendications pour l'instauration de comités d'entreprise ainsi que de la législation relative à ces comités en Allemagne et en

---

[4]   Le gouvernement deviendra majoritaire dans les deux chambres à compter de 1936.

Norvège (Knudsen, 1995), il impose des procédures d'information et de consultation sur le lieu de travail.

Entre 1958 et 1973, le Danemark connaît un taux de croissance exceptionnellement élevé, conséquence d'une nouvelle vague d'industrialisation, ce qui conduit à une augmentation rapide de la main-d'œuvre, au développement du secteur public et au plein emploi.

Dès le début des années 1970, LO atteint plus d'un million d'adhérents tandis que les deux autres organisations principales, le FTF (*Funktionærernes og Tjenestemændenes Fællesforening*)[5] et l'AC (*Akademikernes Centralorganisation*)[6] regroupent un nombre de salariés de plus en plus important. Le syndicalisme dans le secteur public est favorisé par le développement rapide de l'emploi dans ce secteur et le manque de personnel qualifié.

Au cours de cette période, les salariés connaissent des améliorations réelles de leur qualité de vie ; les salaires (réels) augmentent ainsi que les revenus des ménages, d'autant plus que les femmes affluent sur le marché de l'emploi ; les heures de travail hebdomadaire sont réduites de 48 (en 1958) à 40 (en 1973) ; les congés payés passent de trois à quatre semaines en 1971 ; l'indemnité chômage est considérablement augmentée.

Pendant les années 1960, le mouvement syndical et le Parti social-démocrate développent l'idée d'une « démocratie économique » qui, sur la base d'une proposition de 1973, obligerait les entreprises à verser une part de la masse salariale à des fonds gérés par les représentants des salariés et les syndicats. Mais la proposition rencontre des oppositions de la part de formations de gauche comme de droite. La revendication prioritaire des syndicats n'est plus désormais la « démocratie économique » mais plutôt la possibilité de négocier des fonds de pension comme partie des conventions collectives et voie possible de démocratisation de la propriété.

L'année 1973 marque un tournant économique et politique. C'est la dernière année du plein emploi. Le taux de chômage s'accroît jusqu'à 12 % au début des années 1990. En 1973, le Danemark adhère également à la Communauté européenne, une décision qui fait l'objet de sérieux désaccords au sein du mouvement ouvrier. On assiste enfin à l'émergence de nouveaux partis de droite et du centre, réagissant contre la « révolte » de la jeunesse, le « socialisme » et l'adhésion à la Communauté européenne.

Dans les années 1970, participant à diverses coalitions instables, les sociaux-démocrates, pressés par la gauche radicale, favorisent un certain nombre de réformes favorables aux syndicats. La loi de 1975 sur les conditions de travail met en place les fondements d'une législation concernant

---

[5] Confédération des professionnels [personnels diplômés] des secteurs privé et public.

[6] Organisation centrale des personnels diplômés de l'enseignement supérieur.

l'hygiène et la sécurité au travail et étend l'influence des syndicats dans ce domaine. À partir de 1976, la législation sur la sécurité sociale améliore les conditions de vie des catégories sociales les plus vulnérables. En 1976 et 1978, des lois sur l'égalité des femmes sur le marché du travail sont promulguées. Tout en étant la transposition de directives européennes, elles reflètent aussi les revendications grandissantes d'égalité soulevées par les travailleuses et les féministes au Danemark. En 1978, une loi établit un plan de départ anticipé à la retraite pour les travailleurs âgés entre 60 et 67 ans. Cela permet aux travailleurs d'avoir droit aux indemnités chômage jusqu'à ce qu'ils atteignent l'âge normal de la retraite, fixé à 67 ans. Ce plan est vigoureusement défendu par l'Union des ouvriers spécialisés (SiD), dont les adhérents sont durement frappés par des problèmes de santé ainsi que de chômage (Lind, 1985). En 1979, la cinquième semaine de congés payés est acquise.

Concernant les conventions collectives, les résultats sont plus maigres : à plusieurs reprises, le gouvernement invoque sa politique des revenus pour prévenir les hausses de salaires.

De 1982 à 1993, le Danemark est gouverné par diverses coalitions des partis de droite et du centre. L'objectif général est de combattre l'inflation, d'en finir avec l'important déficit de la balance des paiements et de limiter l'expansion du secteur public qui s'est accru au cours des années 1970. Compte tenu d'un taux de chômage élevé, les syndicats sont sur la défensive ; ils entérinent des coupes dans les indemnités de chômage, le démantèlement de l'indexation des salaires sur le coût de la vie. À l'inverse, le temps de travail hebdomadaire est réduit à 37 heures entre 1988 et 1990.

Jusqu'en 2008, l'économie danoise est prospère ; le taux de chômage tombe bien en-dessous de 2 %. Mais, pour éviter l'inflation, les négociations collectives se concluent par des augmentations modestes.

À compter de 2011, le gouvernement est issu d'une coalition socialiste et libérale. Celui-ci est censé revenir sur les restrictions du gouvernement précédent, mais l'augmentation du chômage et la crise économique le conduisent à poursuivre une politique d'austérité, limitant notamment l'accès aux indemnités chômage pour inciter les chômeurs à rechercher un emploi. Lors des négociations collectives pour le secteur public, en 2013, le gouvernement réussit à supprimer certaines dispositions des conventions collectives sur la durée du travail avec le projet d'accroître la productivité du secteur public. La notion d'État-providence est également critiquée et même jugée démodée par le ministre des Finances, pourtant social-démocrate.

Si le cadre de base syndical et la réglementation des relations professionnelles, établis depuis plus de cent ans, fonctionnent encore, l'hostilité à l'égard de la représentation syndicale tend à s'accroître depuis les années 1980, mettant en cause le « modèle danois ».

2. Dynamiques de l'adhésion syndicale

La plupart des syndicats au Danemark sont affiliés à trois organisations principales : la *Landsorganisationen i Danmark* (LO), le *Funktionærernes og Tjenestemændenes Fællesråd* (FTF) ou l'*Akademikernes Centralorganisation* (AC). LO regroupe les cols bleus et les cols blancs des secteurs privé et public, le FTF presque exclusivement des cols blancs, notamment des cadres du secteur public, l'AC des personnels diplômés de l'enseignement supérieur des secteurs privé et public. LO demeure très lié au Parti social-démocrate, tandis que le FTF et l'AC n'ont pas de liens officiels avec des partis. Il existe enfin quelques syndicats minoritaires, le plus important d'entre eux étant le Syndicat chrétien (*Kristelig Fagforening*), opposé historiquement à LO socialiste. Il a convaincu de nouveaux adhérents de le rejoindre ces dernières années, notamment des salariés qui ne souhaitaient pas en réalité se syndiquer mais recherchaient seulement une affiliation à un fonds de chômage. Le *Ledernes Hovedorganisation* (LH) rassemble des cadres qui ont une attitude décomplexée vis-à-vis du patronat (Voxted, Lind, 2012).

Au Danemark, le déclin des adhésions est principalement marqué pour les syndicats affiliés à LO. Depuis le milieu des années 1990, ils ont perdu 500 000 adhérents tandis que les autres ont accru leurs effectifs. L'évolution de la structure de l'industrie et, plus largement, de l'emploi est la raison principale du déclin de LO, qui regroupe des cols bleus et des cols blancs ayant peu ou pas de formation, notamment des ouvriers de l'industrie et de la construction et des travailleurs peu qualifiés du commerce et des services.

Évolution des effectifs syndicaux au Danemark

	1970	1980	1990	1995	2000	2002	2004	2006	2008	2010	2012	2013
Population salariée	2027	2384	2669	2648	2659	2672	2656	2667	2723	2704	2591	2588
LO	894	1250	1423	1510	1459	1433	1386	1339	1251	1201	1123	1095
FTF	156	277	325	332	350	356	359	363	359	358	353	349
LH	-	-	71	75	80	76	76	74	76	83	91	94
AC	-	70	103	132	150	161	165	166	174	137	142	145
Autres	111	197	130	114	123	125	140	172	202	271	344	359
Toutes organisations	1162	1794	2051	2163	2162	2151	2127	2114	2062	2050	2053	2042
Taux de syndicalisation (%)	57	75	77	81	81	81	80	79	76	76	79	79

Source : Danmarks Statistik

Le partage des effectifs syndicaux entre organisation (en %)

	1970	1980	1990	1995	2000	2002	2004	2006	2008	2010	2012	2013
LO	77	70	69	70	68	66	65	63	61	59	54	53
FTF	13	15	16	15	16	17	17	17	17	17	17	17
LH	-	-	3	3	4	4	4	4	4	4	4	5
AC	-	4	5	6	7	7	8	8	8	7	7	7
Autres	10	11	6	5	5	6	6	8	10	13	18	18

Déclin des effectifs et changements économiques et idéologiques

La chute des adhésions syndicales est le plus souvent expliquée par les évolutions dans la structure de l'industrie et de l'emploi, plus visibles dans les branches de production où le nombre des travailleurs est en déclin, tandis que le secteur des services et de « l'économie de la connaissance » gagne des emplois. Combiné à cette évolution économique, il y a aussi l'affaiblissement de la démocratie sociale et des notions fondant un État-providence collectiviste et solidaire associées à un renouveau des idées libérales, qui n'ont pas seulement abandonné la vision keynésienne et revitalisé les stratégies moins interventionniste du monétarisme, mais qui comportent aussi une réorientation idéologique mettant l'individu en point de mire. Dans le monde du travail, « la fin de la production de masse » liée aux théories de restructuration de l'organisation du lieu de travail en termes de « nouveaux concepts de production », le post-fordisme et la spécialisation flexible ont été accompagnés d'un recentrage sur l'individu, son potentiel et ses capacités. La gestion des ressources humaines est devenue le *modus vivendi* en termes de politique du personnel au lieu des relations entre partenaires sociaux.

Les syndicats ont souffert de ces évolutions. Dans la plupart des pays, le pic du nombre d'adhésions s'est situé entre 1975 et 1990. Tout au long des années 1980 et 1990 les syndicats ont cherché des nouvelles formules pour attirer des adhérents en introduisant de nouveaux services et en trouvant de nouvelles stratégies, mais sans pouvoir inverser la tendance.

La raison principale qui amène les travailleurs à adhérer à un syndicat est une meilleure protection contre la concurrence existante sur le marché du travail : savoir vendre leur main d'œuvre au meilleur prix et obtenir les meilleures conditions de travail possibles. Comme Waddington et Whitston (1997) le démontrent, ceci constitue toujours la raison principale pour l'adhésion à un syndicat et non la multitude d'assurances, voyages et autres services liés à la consommation et censés attirer des membres dans les années 1980 et 1990.

Le mode de régulation du marché du travail affecte aussi la propension à adhérer à un syndicat. Dans les pays où les conditions d'emploi sont régies principalement par les conventions collectives, les syndicats doivent avoir un levier solide pour recruter des adhérents, tandis que dans les pays où c'est l'État qui fixe les conditions de rémunération et les autres conditions de travail, l'adhésion à un syndicat doit être fondée sur d'autres raisons telles que l'influence sur les politiques étatiques (la législation), les orientations idéologiques et autres caractéristiques.

La variation de taux d'adhésion syndicale dans les pays d'Europe, cependant, ne dépend pas entièrement du mode de régulation (convention collective ou législation) mais aussi des caractéristiques du système de négociation. Les systèmes de convention collective multipartite ou de branche peuvent promouvoir l'adhésion syndicale (Visser, 1991) mais résultent souvent des problèmes croissants que pose le « *free riding* ». Le faible niveau des négociations multi-employeurs, par exemple, peut expliquer en partie la raison pour laquelle le volontarisme est accompagné au Royaume-Uni par un faible taux d'adhésion alors qu'il est bien plus élevé dans les pays nordiques. Les systèmes fondés sur un fort interventionnisme de l'État semblent aussi afficher des variations par rapport à l'adhésion syndicale. Alors que l'adhésion syndicale est particulièrement faible en France et en Espagne, elle est moyenne au Portugal et en Italie. Donc, bien que cette dimension puisse expliquer en partie le taux d'adhésion, il faut se pencher sur d'autres éléments pour expliquer la variation.

La remise en cause du « *système de Gand* »

La différence entre le Royaume-Uni et les pays nordiques n'est pas seulement que les conventions collectives et la structure organisationnelle sont bien plus décentralisées au Royaume-Uni que dans l'Europe du Nord, mais aussi que les trois pays présentent les plus hauts taux d'adhésion syndicale – Danemark, Finlande, Suède – disposent d'un « système de Gand » (les syndicats gèrent l'État social ou en assurent certains services), alors que ce n'est pas le cas de la Norvège. Depuis les années 1970, le taux d'adhésion a été plus élevé dans les pays du « système de Gand » qu'en Norvège ; au milieu des années 1990, environ 80 % pour les trois premiers pays contre à peu près 60 % pour la Norvège.

Il semble qu'un accord particulier entre l'État et les syndicats ait un impact majeur sur l'adhésion syndicale. Les travailleurs ont tendance à adhérer plus massivement dans les pays possédant le « système de Gand » que dans les autres ne disposant pas d'un système volontaire d'assurance chômage organisé et géré par les syndicats. Bien qu'il y ait des différences parmi les pays du Nord de l'Europe concernant la règlementation du marché du travail, ces pays partagent des systèmes et des traditions très semblables, donc une des principales raisons justifiant le taux plus faible d'adhésion en Norvège pourrait très bien être que l'assurance chômage est obligatoire et relève uniquement de l'État-providence, tandis que les syndicats sont très investis dans l'assurance chômage dans les pays du « système de Gand ».

Un changement s'est produit dans les années récentes : la relation entre les syndicats et l'assurance chômage évolue dans un sens susceptible de diminuer la capacité des syndicats à recruter des adhérents en lien avec le système d'assurance chômage.

Au Danemark, le système d'assurance chômage a été instauré en 1907 après un long débat sur la question de l'assistance sociale aux chômeurs (Lind, 1985). Les motifs à l'appui du choix du « système de Gand » reposent principalement sur le fait qu'il était plus économique pour l'État car, à l'origine, il faisait peser la plus grande charge financière sur les assurés. Dès ses débuts, c'était le système d'assurance chômage le plus libéral et le moins solidaire puisque le risque du chômage était inégalement réparti entre les différents métiers et le financement du système était principalement supporté par les cotisations sans subventions publiques significatives. La situation s'est modifiée radicalement au cours des années 1960 quand l'État a supporté l'intégralité du risque marginal des dépenses liées à l'augmentation du chômage. Depuis lors, l'État a supporté la majeure partie des dépenses (entre 50 et 70 %), même si les cotisations (et la contribution employeur jusqu'au milieu des années 1990) continuaient d'augmenter.

Afin d'ouvrir le droit à l'assurance chômage, il faut remplir un certain nombre de conditions. Ces conditions ont été renforcées progressivement depuis 1979 et les principales conditions sont désormais l'adhésion à un fonds d'assurance chômage depuis au moins 12 mois, avoir détenu un emploi à plein temps pendant une période totale de 52 semaines au cours des trois dernières années, et la personne au chômage doit être en capacité de travailler et être enregistrée comme un demandeur d'emploi actif auprès du service public pour l'emploi. La prestation chômage peut être versée pendant une période de quatre années et le niveau est de 90 % du dernier salaire, sous réserve, toutefois, d'un plafonnement d'environ 500 euros par semaine. Cela signifie que le taux de prestation chômage pour les bas salaires est de 90 % tandis que les hauts salaires perçoivent un taux de prestation bien plus faible.

Comparé aux salaires, le taux maximal de prestation chômage n'a cessé de baisser depuis 1980. L'accès à l'indemnisation chômage a été rendue de plus en plus difficile (conditions d'éligibilité plus strictes, durée de droit au chômage plus courte, périodes de qualification plus longues et plus restrictives, restrictions sur les conditions d'adhésion…). Depuis 1994, les plans dits d'« activation » ont été de plus en plus élaborés comme des moyens coercitifs pour rendre le recours au chômage de moins en moins attractif (Møller *et al.*, 2008). De surcroît, les plans de départ à la retraite

anticipée, qui jusqu'en 1999 faisait partie intégrante de l'assurance chômage, ont été rendus de moins en moins attractifs.

Au début des années 2000, le processus a été combiné avec des mesures
visant à desserrer les liens entre les syndicats et l'assurance chômage.
Le gouvernement libéral-conservateur a voulu établir un fonds chômage
indépendant des syndicats et incluant des salariés de toutes les industries et professions. Cela aurait porté un coup grave au système existant,
mais le gouvernement n'est pas parvenu à trouver la majorité suffisante au
Parlement. Toutefois, il est arrivé à faire passer une législation permettant
aux fonds d'assurance chômage de recruter des adhérents dans différents
secteurs et industries. Jusqu'en 2002, le seul fonds de chômage, mis à part
le fonds de chômage pour les indépendants, qui ne couvrait pas un champ
spécifique était le fonds chrétien qui avait l'autorisation de recruter des
membres sur l'ensemble du marché de l'emploi. Au début de 2004, cinq
autres fonds chômage (sur un total de 33) et, en 2008, 12 (sur un total
de 29) étaient des fonds interprofessionnels (Arbejdsdirektoratet, 2004 ;
Arbejdsdirektoratet, 2008).

De tels fonds interprofessionnels finiront par avoir le même effet qu'un
fonds général de chômage étatique. Lorsque les lignes de démarcation pour
les adhérents des différents syndicats ne suivent pas des divisions similaires parmi les fonds de chômage, la relation étroite entre les adhésions
syndicales et l'adhésion à un fonds de chômage finit par s'étioler. Les fonds
de chômage sont désormais conçus pour entrer en concurrence entre eux
pour la recherche d'adhérents.

Le déclin de l'adhésion à des fonds de chômage, ces dernières années,
s'est produit principalement pour les fonds affiliés à LO tandis que les
fonds multi-secteurs indépendants ont vu leurs effectifs augmenter. De
2002 à 2008, les fonds affiliés à l'AC ont connu une hausse de 18 %, les
fonds de chômage affiliés au FTF sont restés stables, ceux affiliés à LO ont
perdu 19 %, et les fonds de chômage affiliés à des syndicats n'appartenant
pas aux principales organisations ont gagné 15 %. Parmi ces gagnants,
le record absolu est détenu par le fonds de chômage interprofessionnel,
« les salariés danois » (*Danske Lønmodtagere*), fondée en 2002 grâce à la
nouvelle législation.

Une autre explication importante du déclin des fonds de chômage affiliés à LO est la capacité des syndicats, hors organisations principales, à
attirer de nouveaux membres. Il s'agit majoritairement des syndicats dits
« jaunes » qui ne souscrivent pas au modèle syndical classique fondé sur
le collectif. Le syndicat chrétien (*Kristelig Fagforening*) et les « syndicats » appartenant à l'organisation phare dénommée *Det Faglige Hus* (La
maison syndicale) sont devenus populaires. *Det Faglige Hus* a connu une
augmentation de ses adhésions allant jusqu'à 60 000 adhérents ces dix

dernières années, tandis que le *Kristelig Fagforening* a attiré quelques 30 000 nouveaux « clients » (selon leur propre dénomination). Certains de ses nouveaux adhérents choisissent les syndicats « jaunes » pour des raisons idéologiques (politiques et religieuses) mais les motifs économiques jouent aussi un rôle majeur puisque l'adhésion à ces syndicats est relativement bon marché, les syndicats relevant du *Det Faglige Hus* n'ont pas de conventions collectives et n'offrent qu'un soutien juridique à leurs adhérents (donnant souvent lieu à des cotisations supplémentaires) s'ils connaissent des difficultés sur leur lieu de travail ou des conflits avec leur employeur.

3. Tensions autour du « modèle danois » : flexicurité, décentralisation, immigration

Le « modèle danois » met l'accent sur l'auto-détermination des employeurs et des syndicats, la négociation collective, l'élaboration de conventions collectives. Si l'État tient également un rôle actif dans le développement de mesures sociales (y compris la redistribution des revenus par l'impôt), l'éducation et la formation ainsi que des grands projets d'infrastructure, l'intervention sur le marché de l'emploi reste limitée. Sa régulation est assurée par des actions collectives des partenaires sociaux. Les relations du travail sont aussi influencées par différentes modalités de participation des salariés sur le lieu de travail (Knudsen, 1995).

La flexicurité

Concernant le marché du travail, il est caractérisé par la « flexicurité ». Un filet de sécurité protège les salariés à bas salaires et ne lie pas leurs droits à un emploi stable. Ceci favorise la mobilité de la main d'œuvre. Mais des mesures d'activation (obligations de recherche d'emploi ou de formation assorties de sanctions financières) les incitent à retrouver rapidement un emploi. Pour les hauts revenus, c'est le plafonnement des indemnités qui constitue une incitation à trouver un emploi. La crise économique se prolongeant, le débat sur la pérennité de la « flexicurité » s'est toutefois intensifié. Même l'un de ses plus ardents défenseurs, Peter Auer, n'écarte pas sa remise en cause (Auer, 2009). Pour autant, le modèle paraît bien résister.

Ceci n'exclut pas, plus récemment, une approche plus punitive envers les personnes privées d'emploi et ceci a eu une répercussion considérable sur l'égalité. L'intention principale ne paraît plus d'indemniser les travailleurs qui ont perdu leur emploi, mais de renforcer les incitations à la reprise de travail et d'augmenter la concurrence sur le marché du travail afin de réduire le niveau salarial. La flexibilité du marché de l'emploi n'est donc plus réalisée par une sécurité sociale fondée sur des indemnisations relativement élevées et des possibilités de formation et d'éducation pour un travail à venir, mais plutôt sur la crainte du chômage et de la pauvreté. En outre, depuis le milieu des années 1990, la politique du marché de l'emploi a cherché à augmenter l'offre de travail à cause des changements démographiques (vieillissement de la main d'œuvre) et de la perspective d'un nombre trop important de personnes recourant à des prestations publiques. Les incitations à augmenter la participation au marché du travail ont eu pour conséquence des coupes substantielles pour les chômeurs.

Une autre façon de stimuler les incitations à la recherche d'emploi aurait pu consister en une meilleure rémunération des emplois faiblement rémunérés (afin d'établir un écart plus important entre les bas salaires et les allocations chômage et prestations sociales). Cette hypothèse n'a eu que peu d'écho dans le débat sur les politiques publiques puisque cela pouvait nuire à la compétitivité danoise. En fait, les augmentations de salaires ont été relativement modestes, même durant le rebond antérieur à 2008, puisque les entreprises danoises ont dû faire face à des problèmes de compétitivité et qu'une délocalisation importante de l'emploi est intervenue. La compétitivité internationale a pris encore plus d'importance à partir de la crise financière et, depuis 2008, les négociations collectives ont abouti à une baisse des salaires réels avec des augmentations de l'ordre de 0 à 1 %.

Décentralisation des négociations

La décentralisation des négociations collectives a commencé au début des années 1980 quand les négociations clés n'ont plus été conduites par les organisations principales (LO du côté syndical, DA du côté patronal). À la place, des syndicats isolés ou des cartels de négociation collective (les associant) sont devenus les principales forces de négociation. Depuis les années 1990, les négociations couvrant le secteur privé ont été réparties entre grands secteurs industriels et celles du secteur public en trois secteurs : État, régions et municipalités.

Le changement le plus radical en termes de décentralisation s'est imposé, toujours dans les années 1990, lorsque le système des salaires nationaux a été transformé en un système de salaires dits « flexibles » négociés sur le lieu de travail. Ce système de salaires flexibles couvre désormais près de 85 % des accords, ce qui signifie que le niveau de salaire négocié au niveau national ne fait que fixer un plancher pour la négociation par établissement. Dans le secteur public, en lien avec un programme de « modernisation », a été introduit en 1998 un système de salaires « localisés » et basés sur la performance individuelle.

Pour autant, cette décentralisation n'a pas été complètement mise en œuvre en raison de l'opposition tant des syndicats que des organisations patronales qui cherchent à contrôler le niveau général des salaires en réponse à la concurrence imposée par la globalisation. On pourrait donc parler d'une « décentralisation centralisée » (Due *et al*., 2006) ou de « fragmentation cohérente » (Lind, 2004).

L'Union européenne et les travailleurs migrants

Au Danemark, la règlementation européenne est perçue avec un grand scepticisme. En premier lieu par les employeurs qui préfèrent avoir un marché totalement libre où la concurrence peut se développer, mais aussi par les syndicats qui sont très sensibles à la protection du système de négociation collective (Knudsen, Lind, 2012). Le fameux « modèle danois » a pendant des années été perçu comme une « vache sacrée » et considéré comme intouchable. Il s'agit en effet d'un système fondé sur la négociation et celle-ci constitue la raison d'être des syndicats. Un affaiblissement de la négociation au profit de la législation ne peut qu'affaiblir le mouvement syndical.

Un autre sujet de préoccupation renvoie à la libre circulation des marchandises, du capital, des services et du travail. Dès les premiers jours de l'adhésion à la Communauté européenne, la question des travailleurs émigrés issus des États membres les plus pauvres et vendant leur travail au Danemark fut perçue comme du « dumping social » et cette préoccupation s'est accentuée ces dernières années.

En effet, les ressortissants de l'Union européenne peuvent légalement travailler au Danemark comme salariés d'une entreprise danoise ou comme salariés d'une entreprise étrangère installée au Danemark. Dans le premier cas, les travailleurs étrangers sont soumis exactement à la même règlementation que les travailleurs danois. Dans le second cas, la relation de travail est réglementée par la directive sur les travailleurs détachés transposée dans la législation danoise. Conformément à cette législation, une société étrangère doit suivre la législation et les accords qui règlementent le domaine du travail concerné. Dans les deux cas, ceci est très clair si la législation concerne la sécurité au travail, les congés payés, la législation sur les cols blancs, l'égalité entre les hommes et les femmes…

Le « dumping social » concerne les questions non couvertes par la législation, qu'elles soient prévues par des conventions collectives ou non. Dans le cas d'un travailleur étranger employé au Danemark par une entreprise qui est couverte par une convention collective, cet accord sera respecté et, bien que le travailleur étranger soit payé à un moindre coût que le collègue danois, parce que cet accord prévoit un salaire local et individualisé, cela ne signifie pas qu'il y ait du dumping social. Si l'entreprise n'est pas couverte par une convention collective, des éléments clés tels que les salaires et le temps de travail ne seront pas réglementés (sauf pour quelques éléments issus des directives de l'Union européenne sur le temps de travail) et seront négociés directement entre l'employeur et le salarié. En d'autres termes, de tels cas sont la porte ouverte au « dumping social ». Un syndicat peut intervenir pour revendiquer une convention collective et, au cas où il ne puisse pas l'obtenir, poursuivre par une action collective qui peut conduire à du « piquetage » impliquant d'autres syndicats.

Une entreprise étrangère fournissant des prestations au Danemark avec ses salariés employés de façon régulière est soumise à la législation fondée sur la directive concernant le détachement des travailleurs. En principe, le travailleur sera rémunéré comme les travailleurs danois du même secteur. Le problème est que cette directive ne garantit pas un salaire minimum. Bien que de telles entreprises doivent être immatriculées et se conformer à la réglementation, un paiement de salaires plus faible que ce qui est prévu peut facilement se produire. L'État a formellement la responsabilité du contrôle du respect de la règlementation, mais en réalité les syndicats en sont les principaux inspecteurs.

Ici aussi, en suivant la procédure normale, les syndicats peuvent revendiquer un accord collectif. Les jurisprudences (de la CJUE) Laval et Viking (2005) ont néanmoins obscurci le fait de savoir s'il était légal de prendre des mesures collectives à l'encontre d'une entreprise étrangère avec des travailleurs en détachement. Mais une loi a été promulguée au Danemark en 2008 légalisant une telle action, à condition toutefois que l'employeur étranger soit tenu informé du niveau normal du salaire.

Si relativement peu de rapports sont disponibles sur les salaires et les conditions de travail des travailleurs migrants, ils montrent que la plus grande différence entre les Danois et les autres travailleurs apparaît pour les sociétés étrangères ayant des travailleurs en détachement. Les travailleurs migrants sont généralement moins bien rémunérés que les Danois, leur environnement de travail est plus fruste, le nombre d'heures travaillées plus élevé, le travail plus intense, certaines conditions de vie plus difficiles et ces travailleurs sont beaucoup moins souvent syndiqués et couverts par des conventions collectives (Arnholtz, Hansen, 2011, Pedersen et Thomsen, 2011).

Conclusion

L'affaiblissement des syndicats et sa corrélation le changement de modèle en matière d'allocation chômage, la décentralisation de la négociation collective, la règlementation de l'Union européenne sur les travailleurs migrants, les moindres ambitions en matière de bien-être sont des facteurs importants de progression des inégalités et d'extension de la pauvreté. Mais ce sont aussi des indications claires quant à la modification des relations entre l'État, le capital et le travail.

Certes, le taux de syndicalisation paraît avoir assez bien résisté. Pour autant, il existe des signes clairs que les syndicats traditionnels sont en difficulté alors que les syndicats indépendants, qui prônent une idéologie plus individuelle, prospèrent. Il y a eu aussi des changements contextuels majeurs à mesure que la conception des politiques publiques, des aides sociales et des mesures actives d'emploi s'est lentement éloignée de la pensée sociale-démocrate classique. Ces pierres angulaires de la démocratie sociale ont été rabotées et ont fait l'objet d'attaques répétées depuis les années 1980 lorsque la démocratie sociale a commencé à perdre du poids politique et que les thèses néo-libérales et la nouvelle approche de la gestion publique sont devenues un idéal à poursuivre.

Ces dernières années, les principaux ministres prétendent publiquement que les coupes dans les allocations chômage ont un impact large et positif en limitant l'augmentation des salaires et que cet élément est crucial pour le rétablissement de l'économie. Cette position semble très éloignée de la thèse selon laquelle la représentation syndicale est non seulement légitime mais est aussi un vecteur de prospérité économique en luttant pour la solidarité au niveau des salaires et pour une juste indemnisation en cas de chômage.

Il ne semble pas surfait de dire avec Hamlet dans la célèbre pièce de Shakespeare « qu'il y a quelque chose de pourri au Royaume du Danemark » puisque certaines valeurs fondamentales sont en train de disparaître.

Bibliographie

Arbejdsdirektoratet, 2004, *Benchmarking af arbejdsløshedskasserne* 2004, Copenhague.

Arbejdsdirektoratet, 2008, *Benchmarking af arbejdsløshedskasserne* 2008, Copenhague.

Arnholtz J., Hansen N. W., 2011, « Nye arbejdsmigranter på det danske arbejdsmarked », p. 109-132, in Larsen T. P. (ed.), *Insidere og outsidere*, Copenhague, Jurist- og Økonomforbundets Forlag.

Auer P., 2009, « Efficiency and equity: Is Australia the new economic and social model for the world? », *Australian Review of Public Affairs*, nov.

Dalgaard N., 1995, *Ved demokratiets grænse*, Ringkøbing, SFAH.

Due J., Madsen J. S., Jensen C. S., Petersen L. K., 1994, *The survival of the Danish model*, Copenhague, Jurist- og Økonomforbundets Forlag.

Due J., Madsen J. S., 2006, *Fra storkonflikt til barselsfond*, Copenhague, Jurist- og Økonomforbundets Forlag.

Jensen J., Olsen C. M., 1981, *Oversigt over Fagforeningsbevægelsen i Danmark i tiden fra 1871 til 1900*, Esbjerg, Sydjysk Universitetsforlag.

Knudsen H., 1995, *Employee Participation in Europe*, Londres, Sage.

Knudsen K., Caspersen H., Nielsen V. O., 1991, *Kampen for en bedre tilværelse. Arbejdernes historie i Danmark fra 1800 til 1990*, Copenhague, SFAH.

Knudsen H., Lind J., 2012, « Is the Danish model still a sacred cow? Danish trade unions and European integration », *Transfer*, n° 18 (4), p. 381-396.

Kristiansen J., 2004, *Den kollektive arbejdsret*, Copenhague, Jurist- Og Økonomforbundets Forlag.

Kristensen P. H., Lilja K. (eds.), 2011, *Nordic Capitalisms and Globalisation*, Oxford, Oxford University Press.

Lind J., 1985, *Arbejdsløshed og velfærdsstat*, Aalborg, Aalborg Universitetsforlag.

Lind J., 2004, « Das dänische Tarifvertragssystem zwischen Kohärenz und Fragmentierung », in *WSI-Mitteilungen Ausgabe*, Düsseldorf, p. 367-373.

Lind J., 2009, « The end of the Ghent system as trade union recruitment machinery? », *Industrial Relations Journal*, n° 40 (6), p. 510-523.

LO, 2006, *Dagpengesystemet. En analyse af dagpengesystemets dækning*, Copenhague.

Mølgaard J., 2013, « Giv agt, ret ind til højre! » *Kritisk Debat*, n° 8.

Møller I. H., Lind J., Hansen H., 2008, *Aktivering. Disciplinering til arbejde*, Copenhague-Aalborg, CASA og LEO.

Pedersen L. M., Thomsen T. L., 2011, « Arbejdsmigration fra de nye EU-lande », *Tidsskrift for Arbejdsliv* », 13. årgang n° 3, p. 45-63.

Visser J., 1991, « Trends in trade union membership », *OECD Employment Outlook*, Paris, OCDE, p. 97-134.

Voxted S., Lind J., 2012, « Too few indians and too many chiefs », *Nordic Journal of Working Life Studies*, n° 2, p. 35-49

Waddington J., Whitston C., 1997, « Why Do People Join Unions in a Period of Membership Decline? », *British Journal of Industrial Relations*, n° 4, p. 515-546.

CHAPITRE 6

Espagne : le « modèle ibérique » face à la crise et aux Indignés

Marina CASULA[1]

L'Espagne contemporaine compte deux organisations syndicales principales : la CCOO (*Confederación Sindical de Comisiones Obreras* / Confédération syndicale des commissions ouvrières) et l'UGT (*Union General de Trabajadores* / Confédération générale des travailleurs). Compte tenu de leur audience électorale, elles sont les deux seules habilitées à participer aux différentes négociations collectives engagées au plan national.

Il existe d'autres syndicats à l'audience plus limitée : l'USO (*Union Sindical Obrera* / Union syndicale ouvrière), la CGT (*Confederación General del Trabajo* / Confédération générale du Travail) et la CNT (*Confederación Nacional del Trabajo* / Confédération Nationale du Travail). Certains secteurs d'activités ont des syndicats qui leur sont propres : l'enseignement, la police, les pilotes de ligne, l'administration judiciaire…

Enfin, certaines communautés (régions) autonomes ont des organisations syndicales spécifiques, dont le développement est lié aux luttes nationalistes, comme au Pays Basque (LAB : *Langile Abertzalen Batzordeak* / Comité national des employés ; ELA : *Euskal Langileen Alkartasuna-Solidaridad de Trabajadores Vascos* / Solidarité des ouvriers basques), en Galice (CUT : *Central Unitaria de Trabajadores*), en Catalogne (CSC : *Confederación Sindical Catalana*) ou dans l'archipel des Canaries (*Intersindical Canaria*).

Le syndicalisme ibérique renvoie d'abord à une histoire singulière. On observe également une résistance de la syndicalisation tandis que les principaux aspects de la négociation collective font écho à ceux d'autres pays européens.

---

[1] Maîtresse de conférences en sociologie à l'Université de Toulouse 1 – Capitole.

1. Repères historiques

Le syndicalisme en Espagne a connu une histoire mouvementée, liée notamment à l'histoire politique du pays.

L'essor des syndicats espagnols (1888-1936) : syndicalisme socialiste et syndicalisme anarchiste.

Le syndicalisme espagnol apparaît dans la seconde moitié du 19ᵉ siècle, sur une base fortement régionalisée : le mouvement ouvrier se développe en Catalogne, dans les Asturies, au Pays basque et dans la région de Madrid, notamment dans les activités industrielles et sur un mode largement insurrectionnel.

Dans les années 1880, deux types de syndicalisme bien distincts fondent le paysage social espagnol. D'un côté, un syndicalisme socialiste représenté par l'UGT, avec pour fondateur, en 1888, Pablo Iglesias, qui est également secrétaire général du Parti Socialiste Ouvrier Espagnol (PSOE) créé la même année. Les deux organisations vont évoluer de concert pendant des dizaines d'années. Leur implantation est nationale. En 1912, l'UGT compte près de 130 000 adhérents (Sagnes, 1994, p. 52). De l'autre, un syndicalisme anarchiste, représenté par la CNT, constituée en 1911, qui met l'accent sur la lutte des classes et dont l'implantation est, au départ, circonscrite à la Catalogne.

De 1923 à 1930, l'Espagne subit la dictature de Primo de Rivera. Les deux organisations vont suivre des chemins différents : la CNT se place d'emblée dans l'opposition politique et en subit les conséquences (fermeture de ses locaux, interdiction de son journal, arrestation de ses dirigeants). L'UGT, dans un premier temps, collabore avec le nouveau régime, mais en 1929, elle se lance dans une lutte républicaine, avec le PSOE. En 1931, la seconde République espagnole est instaurée. Les syndicats tirent bénéfice des espoirs qu'elle suscite dans les couches populaires. Fin 1931, l'UGT compte 958 000 adhérents et la CNT est la première force syndicale avec 1,2 millions d'adhérents. En novembre 1931, une loi est promulguée qui réglemente les conventions collectives et, en décembre 1931, la Constitution instaure le droit syndical. Mais la CNT s'engage dans un processus révolutionnaire qui va conduire à sa répression par l'armée ; l'UGT va à son tour s'engager dans ce combat, du fait d'un rapprochement entre socialistes et communistes. Il s'agit, pour ces mouvements, d'écarter les droites espagnoles du pouvoir. Les socialistes prennent le pouvoir dans les Asturies, en 1934. Puis, socialistes, communistes, syndicalistes et républicains participent au Front Populaire qui gagne les élections de février 1936.

La période franquiste : syndicalisme vertical et syndicats clandestins

À compter de juillet 1936, après un soulèvement militaire, commence la guerre civile. Le pays est coupé en deux. D'une part, une zone républicaine, où les ouvriers s'emparent des bastions industriels et où les syndicats étendent leur influence (avec des collectivisations et expropriations) : la CNT, qui compte plus de 500 000 adhérents, est alors majoritaire en Aragon tandis que l'UGT, qui progresse de 1,3 à 1,9 million d'adhérents, de 1936 à 1938, domine en Catalogne et dans le centre. D'autre part, une zone nationaliste où les partis du Front Populaire et les syndicats (même catholiques) sont interdits.

En 1937, le régime franquiste crée des syndicats officiels, dits « verticaux », organisés par branche d'activités, auxquels l'adhésion est obligatoire (pour les salariés mais aussi pour les entreprises). En outre, ces organisations sont réunies dans une centrale unique : la *Central Nacional Sindical* (la CNS). La logique mise en œuvre est corporatiste et fortement teintée de dirigisme économique. Des comités d'entreprises vont être créés, ce qui permet l'organisation d'élections de délégués. Ce sera l'occasion pour les syndicats qui vivent dans la clandestinité depuis leur interdiction, comme l'UGT, la CNT ou encore le syndicat basque ELA, de maintenir une activité syndicale en présentant des candidats, même si leurs délégués sont régulièrement emprisonnés. Ce double système syndical – l'un officiel, l'autre clandestin – perdure jusqu'à la mort du général Franco en 1975. La période de transition démocratique, qui s'ouvre, permet aux syndicats historiques de ré-émerger au grand jour.

Du pluralisme politique à l'unité syndicale

En juillet 1977, la liberté syndicale est rétablie. Mais les rapports de force entre syndicats ont évolué : la CNT a perdu de son influence au profit de l'UGT et de la CCOO. L'UGT est restée proche du PSOE et la CCOO du Parti communiste espagnol (PCE).

La constitution de 1978 garantit la pluralité politique et syndicale et les droits sociaux des Espagnols. La même année ont lieu les premières élections des comités d'entreprises de l'après-franquisme. Elles sont désormais bisannuelles. Pour être considérées comme représentatives au plan national, les organisations syndicales doivent atteindre un seuil de 10 % des suffrages exprimés, ce qui leur permet de participer aux négociations collectives (mises en place à la fin des années 1950). Ce seuil s'élève à 15 % au niveau des communautés autonomes. En 1978, les CCOO obtiennent 34,6 % des voix et l'UGT 21,7 % puis leurs audiences se rapprochent. L'UGT profite pour un temps des effets d'entraînement de la présence au pouvoir du PSOE, prenant la première place lors des élections des années

1980. Mais elle pâtit ensuite de l'essoufflement du pouvoir socialiste et de ses choix politiques orientés vers l'intégration européenne. À compter de 1995, la CCOO devance de nouveau l'UGT.

La chute de la dictature franquiste, si elle a permis la reconnaissance de la liberté syndicale, a cependant eu des conséquences sur les règles de la négociation collective, en plaçant les organisations syndicales « dans un dilemme de très long terme » (Dufour, Hege, 2010, p. 66). En effet la libéralisation politique s'accompagne d'une libéralisation du marché du travail, par exemple en rendant les licenciements plus faciles que durant la période franquiste. Cependant, les deux centrales vont adopter une attitude différente : la CCOO va, dans un premier temps, protester contre ces évolutions des relations professionnelles, tandis que l'UGT va privilégier la négociation avec le patronat sur le futur statut des travailleurs et signer un premier accord interconfédéral (ABI, *Acuerdo Básico Interconfederal*) en 1979, qui constitue une des premières pierres du système de négociation collective de l'après-franquisme. Mais ce n'est qu'en 1981 que la CCOO avalise partiellement un premier accord national sur l'emploi (*Acuerdo Nacional sobre Empleo* / ANE) avec l'UGT (voir *infra*).

Peu à peu, les deux grandes centrales syndicales ont opéré un rapprochement et travaillé de concert. Cela conduit à l'élaboration de compromis nationaux, qui renforcent la place des syndicats dans le jeu démocratique, comme le montre le taux de syndicalisation qui reste plutôt constant, malgré la crise économique qui a fortement touché le pays depuis 2008.

2. État des lieux de la syndicalisation

Depuis 1999, le ministère de l'emploi espagnol réalise une grande enquête appelée « *Encuesta de Calidad de vida en el trabajo* » (ECVT) (Enquête sur la qualité de vie au travail)[2], présentée comme « un instrument qui permet d'obtenir une information statistique continue sur les relations sociales »[3]. Cette enquête prend en compte la situation de la population active espagnole de plus de 16 ans (hors les enclaves de Ceuta et Melilla). Ce n'est qu'à partir de 2006 qu'elle intègre des questions liées à la syndicalisation.

---

[2] Sur le site du Ministère de l'emploi espagnol à compter de l'année 2001 jusqu'en 2010 (sauf pour l'année 2005). En ligne : http://www.empleo.gob.es/estadisticas/ecvt/welcome.htm.

[3] Voir en ligne : http://www.empleo.gob.es/estadisticas/ecvt/Ecvt2001/ANE/PRESEN.htm.

Les principales données sur la syndicalisation en Espagne

En 2000, le taux de syndicalisation en Espagne était de 16,7 %[4]. L'enquête « qualité de vie au travail » montre que, de 2006 à 2010[5], le taux de syndicalisation reste plutôt stable, oscillant autour de 17 % de la population salariée.

Globalement, les hommes sont plus syndiqués (18,6 % en 2006 ; 17,8 % en 2010) que les femmes (15,7 % en 2006 ; 14,8 % en 2010). L'écart reste donc à peu près stable sur la période.

En 2006, les personnes de plus de 55 ans avaient le taux de syndicalisation le plus élevé (23,3 %). Cette situation s'est infléchie dès 2007, les 45-54 ans représentant désormais le plus fort contingent d'actifs syndiqués. Les plus jeunes restent faiblement syndiqués, même si on assiste à une légère augmentation de leur taux de syndicalisation qui atteint 7,1 % en 2010.

Les personnes ayant un diplôme de niveau universitaire sont plus syndiquées que la moyenne des actifs (18,8 %, en 2006 ; 17,7 % en 2010). Réciproquement, les personnes ayant arrêté leurs études avant la fin du cycle primaire étaient moins syndiquées que la moyenne en 2007 ; mais en 2010, leur taux de syndicalisation a évolué très favorablement pour atteindre 17,7 %, se situant désormais dans la moyenne.

La répartition des effectifs syndicaux par catégorie socio-professionnelle indique une forte adhésion des ouvriers (25,2 % en 2007), qui s'infléchit légèrement (23,7 % en 2010). Suivent les « professions scientifiques et intellectuelles », avec un taux de syndicalisation de 24,6 % en 2006, puis 20 % en 2010. Les « cadres dirigeants d'entreprises ou de l'administration publique » restent peu syndiqués : 6,3 % en 2006, 5,4 % en 2010.

Le taux de syndicalisation est fortement corrélé avec la taille des entreprises (sur toute la période de référence de l'enquête ECVT). Plus cette taille augmente et plus le taux de syndicalisation s'élève. En 2006, il était de 30,4 % pour les entreprises de plus de 250 employés contre seulement 6,9 % pour celles de moins de 11 employés. En 2010, ces taux sont respectivement de 29,2 % et 6,6 %.

Par grand secteur, les taux sont les plus importants dans l'administration publique (34,7 % en 2006 ; 33 % en 2010) et l'éducation (29 % en 2006, 24,8 % en 2010). La syndicalisation est la plus faible dans la construction

---

[4]   Voir en ligne : http://stats.oecd.org/Index.aspx?DataSetCode=UN_DEN&Lang=fr.

[5]   Il n'existe pas à ce jour – fin 2015 – de statistiques officielles sur la syndicalisation en Espagne, après 2010.

(6,9 % en 2006 mais en progression à 9,5 % en 2010) et les services et emplois à domicile (3,6 % de syndiqués en 2006 ; 1,5 % en 2010)[6].

Enfin, les différentes régions espagnoles connaissent des situations contrastées. Dans certaines, des organisations syndicales se sont développées, le plus souvent en lien avec les revendications identitaires locales (notamment au Pays basque ou encore en Catalogne, en Galice, aux Canaries ou aux Baléares). La région des Asturies, de tradition minière et industrielle, reste la plus syndiquée.

Les résultats des élections des comités d'entreprises : instrument de mesure la représentativité syndicale

Les élections aux comités d'entreprises constituent un bon indicateur pour mesurer le poids des syndicats dans le système des relations professionnelles en Espagne. Elles ont désormais lieu tous les quatre ans (depuis 1982), mais sur une période de 15 mois, entre les mois de septembre à décembre. Elles concernent les entreprises de plus de 6 salariés, qui représentent les trois quarts des entreprises espagnoles.

Résultats des élections aux comités d'entreprises en 2007 et 2011

	Résultats au 31 déc. 2007			Résultats au 31 déc. 2011		
	Inscrits	Votants	Abstentions	Inscrits	Votants	Abstentions
Participation aux élections en %	7 145 429	4 762 477 66,6	2 382 952 33,3	7 252 120	4 696 340 en % 64,8	2 555 780 en % 35,2
Répartition des votes en %	CCOO 35,4	UGT 31,9	Autres syndicats 32,7	CCOO 33,5	UGT 31,3	Autres syndicats 35,2
Nombre de délégués Élus	CCOO 121 801 39,0 %	UGT 114 985 36,8 %	Autres 75 253 24,1 %	CCOO 117 016 37,8 %	UGT 110 759 35,7 %	Autres 82 071 26,5 %

Source : *Memoria de Actividad*, 10e congresso confederal, CCOO, 31 janvier 2013.

Les deux principales audiences demeurent celles des CCOO et de l'UGT. Elles tendent à s'émousser au profit d'autres organisations, plus minoritaires et éclatée (voir le tableau ci-dessous).

---

[6]   C'est d'ailleurs le secteur où les travailleurs ont le niveau de connaissance le plus faible quant à l'activité syndicale : en 2010, 77,6 % d'entre eux déclarent n'avoir aucune connaissance sur ce sujet.

Les délégués de la CCOO sont majoritairement des hommes âgés de plus de 30 ans (92 % ont plus de 30 ans). Au total 65 % des délégués sont des hommes, 89,5 % avaient été élus comme délégués aux comités d'entreprises en 2007.

3. Regard sur trois organisations : UGT, CCOO, ELA

L'UGT et la CCOO sont les deux syndicats représentatifs au niveau national en Espagne. En termes d'effectifs, comme d'audience électorale, leurs positions sont proches. D'autres organisations dominent dans certaines régions, notamment ELA au Pays basque.

Évolution des effectifs de l'UGT et des CCOO (2008-2012)

	2008	2009	2010	2011	2012
UGT[7]	1 152 451	1 205 463	1 209 651	1 206 987	1 169 000
CCOO[8]	1 201 520	1 203 309	1 171 860	1 139 591	Pas de données

L'UGT

L'UGT se définit aujourd'hui comme un syndicat « indépendant », « progressiste », « engagé » et « démocratique » (41ᵉ congrès, 2013). De 1944 à 1973, l'UGT a tenu ses congrès en exil à Toulouse. Puis son 30ᵉ congrès a eu lieu en Espagne, en 1976, même si cela le fut encore, et pour la dernière fois, dans l'illégalité. Lors de son centenaire, en 1988, l'UGT apparaît comme la première confédération syndicale espagnole. Le syndicat cherche à affirmer alors son autonomie politique. Lors de son 41ᵉ congrès, en 2013, quelques changements organisationnels ont été introduits, notamment la limitation à 12 ans du mandat du secrétaire général (3 mandats de quatre ans). Mais cette décision n'étant pas rétroactive, le secrétaire général sortant, Cándido Méndez Rodríguez[9], a été reconduit à la tête du syndicat, poste qu'il occupe depuis 1994. Le nombre des membres de la commission exécutive a été également réduit à 10 (5 hommes et 5 femmes). Les services publics fournissent le plus grand nombre d'adhérents à l'UGT, suivis par la métallurgie, la construction et les services marchands.

---

[7] Voir en ligne : portal.ugt.org/41_Congreso_Confederal_UGT/documentos/cuadrohistorico_Afiliacion_UGT.pdf.

[8] *Memoria de Actividad*, CCOO, *op. cit.*

[9] Ancien secrétaire général de l'UGT-Andalousie, député socialiste de 1980 à 1986. Il a également été président de la CES (d'avril 2003 à avril 2007).

Le 41e congrès a été l'occasion de faire le point sur l'action du syndicat et sur son programme. Dénonçant le risque de fracture sociale et politique que connaît l'Espagne depuis 2008, en raison d'un déficit de légitimité démocratique, l'UGT met en avant sa capacité à faire des propositions, à dialoguer et à mobiliser. Elle met en œuvre ces principes d'action dans le cadre de l'unité d'action avec la CCOO et dans la recherche d'accords avec les autres syndicats. Il s'agit de construire des « espaces revendicatifs communs » tout en cherchant à valoriser les objectifs de l'UGT déclinés dans un programme d'action en 5 points : 1. « Un développement global plus juste et durable et une Europe sociale et solidaire » ; 2. « Un nouveau modèle économique » ; 3. La défense de l'emploi et des droits ; 4. La cohésion économique, sociale et territoriale ; 5. Le dialogue social (résolutions du 41e congrès, 2013).

Cependant, cette recherche d'unité fera l'objet de fortes critiques de la part du mouvement des Indignés, qui dénoncent un éloignement avec la démocratie « réelle » (cf. *infra*).

Cotisants à l'UGT (moyenne 2010-2011).

Fédérations	Cotisants
Métal, construction et assimilés	189 547
Fédération de l'industrie et des travailleurs agricoles	128 451
Fédération des transports, des communications et de la mer	82 858
Fédération du commerce, Hôtellerie-tourisme	88 064
Fédération des services	135 015
Fédération des services publics	236 470
Fédération des travailleurs de l'enseignement	65 151
Union des travailleurs indépendants	38 937
Union des retraités et pensionnés	Pas de données
Total	964 493

Source : Données du 41e congrès, 2013.

La CCOO

La CCOO annonce 1 139 591 adhérents au 31 décembre 2011 (692 256 hommes et 447 335 femmes). Ceux-ci sont majoritairement âgés de plus de 45 ans (572 058 personnes soit 50 % des effectifs), 84 993 ont moins de 30 ans (soit moins de 8 % des effectifs). Le syndicat revendique également une certaine stabilité de ses effectifs mettant en avant le fait que 62 % de ses adhérents le seraient depuis plus de cinq ans. La tendance de l'évolution de ses effectifs est ascendante, depuis 1995, mais un léger fléchissement caractériserait la période plus récente.

Nombre moyen de cotisants à la CCOO
(par période entre chaque congrès confédéral)

1995-1998 (7e congrès)	688 305
1999-2002 (8e congrès)	807 789
2004-2007 (9e congrès)	1 005 290
2008-2011 (10e congrès)	1 142 038

Source : CCOO.

La CCOO trouve son origine dans les mobilisations et résistances ouvrières des années 1950. En 1957 apparaît dans les Asturies l'une des premières *Comision Obrera*, structure locale, temporaire, illégale sans lien avec les syndicats clandestins ni avec les syndicats corporatistes officiels, mais destinée à négocier avec les entreprises et ayant vocation à être dissoute après la négociation. Certaines de ces structures temporaires sont appuyées par des groupes catholiques et, le plus souvent, par le PCE, qui y voit à la fois un moyen de mieux s'implanter au sein de la classe ouvrière et une façon d'échapper à la « traque policière ». En effet, la répression contre les militants syndicalistes, si elle est forte, l'est moins que contre les militants communistes (Sagnes, 1994, p. 307). Ces *Comisiones* vont se développer et réussir à entrer dans les comités d'entreprises, en présentant des candidats aux élections des délégués, en 1966. En 1967, elles vont se réunir en une structure confédérale, dans laquelle l'influence du PCE reste forte. Mais la CCOO demeure une organisation clandestine, réprimée par le régime, même si elle tente une « prise d'influence au sein de la CNS [le syndicat obligatoire de l'ère franquiste], en particulier via les élections régulières au sein des entreprises » (Dufour, Hege, 2010, p. 62). Les progrès économiques (augmentation de la production industrielle, chômage faible, abandon progressif de l'autarcie) que connaît l'Espagne au tournant des années 1960-1970 vont favoriser l'émergence de revendications politiques et sociales, notamment lors de grèves locales, qui ne trouveront pas encore leurs aboutissements.

Au moment où disparaît le franquisme, la CCOO dispose de militants implantés dans les entreprises ; elle est toujours influencée par le PCE (qui ne sera légalisé qu'en juin 1977) même si nombre de ses militants rejoindront le PSOE lors du retour de la démocratie. Elle réunit en 1976 une assemblée générale qui sera interdite. Sa légalisation, en 1977, lui permettra ensuite de trouver sa place dans le système politique et social : de mouvement socio-politique, elle devient un syndicat à part entière.

Aujourd'hui, la CCOO se présente comme un syndicat politiquement autonome. Son congrès, réuni tous les quatre ans, désigne le secrétaire général, qui ne peut exercer plus de deux mandats ordinaires (plus un extraordinaire, si le congrès l'approuve).

La CCOO s'appuie au plan local sur les sections syndicales au niveau de l'entreprise et sur des syndicats qui sont réunis au sein de fédérations régionales ou sectorielles. On compte actuellement 11 fédérations. Ici aussi, les services publics constituent la principale ressource en termes de recrutement d'adhérents, suivis par l'industrie et les services.

Adhérents de la CCOO par fédération

Fédération	Adhérents au 31 déc. 2011
Activités diverses	86 379
Agro-alimentaire	55 758
Commerce, hôtellerie, tourisme (FECOHT)	107 379
Construction, bois et produits dérivés (FECOMA)	88 784
Enseignement	88 298
Industrie	162 806
Santé et sanitaire et social	91 454
Services	249 403
Services financiers et administratifs (COMFIA)	116 833
Textile peau, chimie et dérivés (FITEQA)	61 750
Titulaires de pensions et retraités	30 616
Total :	1 139 460

Source : CCOO (congrès de 2013)

Le 10ᵉ congrès de la CCOO a eu lieu en 2013. Il a introduit certains changements dans l'organisation du comité exécutif qui a été réduit de 43 à 14 membres. Cette modification s'est accompagnée d'un rajeunissement et d'une féminisation des cadres : 42 % des élus ne siégeaient pas auparavant, ils sont en moyenne plus jeunes de cinq ans et 43 % des sièges sont occupés par des femmes. À cette occasion, Ignacio Fernandez Toxo (également président de la Confédération Européenne des syndicats, de 2011 jusqu'en 2015) a été réélu secrétaire général. La liste confédérale a recueilli 90,6 % des suffrages. Pour la première fois depuis le 5ᵉ congrès (1992), une seule liste sollicitait le vote des délégués, témoignant d'un dépassement du clivage entre communistes et autonomes qui a longtemps marqué l'organisation. Ignacio Fernandez Toxo a également souligné cette unité en raison de « la grave situation économique et sociale que traverse le pays »[10].

Les objectifs adoptés lors du congrès de 2013 visent à « renforcer le rôle du syndicat dans l'entreprise, être plus efficaces dans l'utilisation

---

[10] Résumé de la Résolution générale adoptée lors du 10ᵉ congrès de la CCOO dans le *Bulletin électronique de la CCOO*, 5 mars 2013. En ligne : http://www.ccoo.es/csccoo/ Conoce_CCOO:Nous_Connaitre.

[des] ressources et être plus présents dans la société »[11]. L'emploi – et les individus – doivent également être remis au centre des revendications, ce qui – indirectement – peut interroger sur l'institutionnalisation du syndicalisme. La question de dialogue social et de la négociation collective, présentée comme en panne, demeure également essentielle au fonctionnement démocratique, pour la CCOO.

Si l'UGT et la CCOO dominent le paysage syndical national en Espagne, il faut compter aussi avec d'importantes organisations « régionales », tel ELA au Pays basque.

ELA (Solidarité des ouvriers basques)

ELA est un syndicat de classe et de lutte nationale, qui se pose comme contre-pouvoir face au gouvernement espagnol et comme ouvertement critique du dialogue social institutionnalisé auquel participent l'UGT et la CCOO. ELA a été créée en 1911, à l'initiative de militants du Parti National Basque (EAJ-PNV)[12], lui-même créé en 1895, pour répondre aux aspirations socio-économiques des travailleurs basques. Cette organisation se nourrit également d'un fort sentiment d'appartenance nationale. Elle prend une ampleur certaine jusqu'en 1936. L'avènement du franquisme contraint la direction du syndicat à l'exil (comme pour d'autres syndicats qu'ils soient de classe ou nationalistes). ELA va donc développer des liens avec le mouvement syndical international, en adhérant à la Confédération mondiale du travail (CMT), qui regroupe principalement des syndicats chrétiens. ELA participe à la création de la Confédération internationale des syndicats libres (CISL), en 1949. En 1973, l'organisation rejoint également la Confédération Européenne de Syndicats (CES).

Avec 35,1 % d'audience aux élections professionnelles (en 2014), ELA est la première organisation syndicale du Pays basque [du sud][13], devant la CCOO (20,7 % contre 21,3 % en 2010) et l'UGT (15,9 % contre 17,4 % en 2010). Elle regroupe quelque 110 000 adhérents. La progression des effectifs est constante depuis les années 1970 (44 000 adhérents en 1977)[14]. Ceux-ci sont organisés en 12 « unions régionales » et 4 fédérations professionnelles (concentrant chacune environ un quart des effectifs) : métallurgie ; autres industries, bâtiment, transports ; services publics ; services marchands. À sa tête, on trouve un comité exécutif dirigé par un secrétaire général (Adolfo Muñoz Sanz, depuis 2008, réélu en 2013) avec

---

[11]   *Ibid.*

[12]   EAJ-PNV : Euzko Alderdi Jeltzalea-Partido Nacionalista Vasco.

[13]   Soit « espagnol ».

[14]   Voir *Alda !* : bulletin hebdomadaire de la Fondation Manu Robles-Arangiz Institutua, 11 juin 2011. En ligne : http://alda.over-blog.com/article-100-ans-du-syndicat-basque-ela-75961575.html.

89,8 % des suffrages des 707 délégués présents) et une secrétaire générale adjointe, également trésorière et responsable pour le Pays basque Nord[15]. Environ 10,5 % des salariés basques sont syndiqués à ELA. L'organisation se distingue des autres organisations par le fait que près de 90 % de ses ressources seraient constituées des seules cotisations syndicales. ELA gère également un important fonds de grève qui lui permet de soutenir les salariés grévistes.

4. Le système de négociation collective

Le système de la négociation collective s'est construit progressivement en Espagne. Sans revenir sur la période franquiste, une première période – après la fin de celle-ci – a été marquée par un dialogue entre les syndicats de salariés, les organisations d'employeurs (CEOE et CEPYME)[16] et l'État et a permis de fonder la démocratie politique et sociale. Aujourd'hui, la recherche du compromis se heurte à plus de difficultés, les syndicats se montrant particulièrement préoccupés par la précarisation qui mine la société espagnole depuis la fin des années 2000. Ainsi, en 2009, pour la première fois, il n'y a pas eu d'accord national, faute de compromis entre les partenaires sociaux. En effet, un désaccord profond oppose les organisations salariales et le patronat, autour du refus de celui-ci d'augmenter les salaires au-delà de 1 %, alors que la Banque Centrale Européenne prévoyait une inflation à 2 %. Le patronat est accusé également de bloquer des accords au sein des entreprises. Diverses tentatives de conciliation sont mises en place à l'échelle nationale, sans succès, malgré la proposition de l'UGT et de la CCOO de se montrer disposées à aborder la question de la réforme du travail, en échange de cette signature[17].

Le système de négociation collective espagnol est complexe, dans sa structuration, mais également dans les rapports de force qu'il peut engendrer. La négociation collective intervient à trois niveaux : national, par branche et dans les entreprises. Les accords signés peuvent être tripartites (gouvernement, organisations de salariés et patronales) ou bipartites (salariés et patronats). Les premiers accords nationaux signés en 1979 (*Acuerdo Básico Interconfederal*, ABI) et 1980 (*Acuerdo Marco Interconfederal*, AMI), signés entre l'UGT et la CEOE, ont posé les fondements du droit

---

[15]   Soit en France, où ELA s'appuie sur la Fondation Manu Robles-Arangiz Institutua, pour mener des actions de formation et d'animation sociale et culturelle. Amaia Muñoa Capron-Manieux est la secrétaire générale adjointe (en 2015).

[16]   CEOE : Confederación Española de Organizaciones Empresariales / Confédération Espagnole des Organisations Entrepreneuriales) ; CEPYME : Confederación Española de la Pequeña / Confédération Espagnole des petites et moyennes entreprises.

[17]   Voir en ligne : http://economia.elpais.com/economia/2009/11/06/actualidad/1257496378_850215.html.

des travailleurs et des règles de la négociation collective. En 1981, le gouvernement, l'UGT, la CEOE puis, également, la CCOO ont signé un accord national sur l'emploi (*Acuerdo Nacional de Empleo* / ANE) qui, en échange d'une promesse (déçue) de création d'emplois, va flexibiliser le marché de l'emploi et limiter les augmentations de salaires sous le niveau de l'inflation. Par la suite, les accords porteront sur des questions non salariales comme, entre autres, les retraites, la formation professionnelle, la sécurité sociale ou encore la place des structures régionales dans le système de négociation, laissant ainsi plus de place aux organisations autonomistes (*Acuerdo Interconfederal sobre Negociación Colectiva* / AINC, 1997). Les accords conclus au niveau national s'imposent généralement aux niveaux inférieurs. Toutefois, en matière salariale, les choses sont plus complexes.

Depuis 2002, les accords nationaux peuvent fixer les orientations qui vont s'appliquer aux niveaux inférieurs concernant les augmentations de salaires. Mais ceux-ci sont encore largement définis au niveau des branches ou des entreprises, parfois par des accords provinciaux, dans le cadre de la décentralisation, voire, dans certains cas, au niveau individuel (Dufour, Hege, 2010).

La complexité du système de négociation repose en grande partie sur le fait que les accords sont nombreux (environ 5 000 en moyenne[18], concernant 10 à 11 millions de salariés, dont près des trois quarts d'accords d'entreprises concernent moins de 10 % des salariés) et sans réelle hiérarchie entre eux, sauf en ce qui concerne les accords interprofessionnels AINC qui assurent une forme de coordination, malgré leur caractère non contraignant (Vincent, 2011).

Avec la forte augmentation du chômage en Espagne, c'est la question de l'emploi qui devient un enjeu prioritaire de négociation, à travers des accords de type AENC (*Acuerdo para el Empleo y la Negociación Colectiva*). Après de nombreuses difficultés, l'UGT, la CCOO, la CEOE et la CEPYME ont finalement signé un accord de ce type pour 2010-2012, puis pour 2012-2014. En mai 2015 a été signé un nouvel accord entre ces mêmes partenaires[19], pour la période 2015-2017, tourné vers la création d'emplois. Il a fait l'objet d'une polémique entre ces syndicats, en particulier la CCOO et le syndicat nationaliste basque ELA[20], qui dénonce des mesures contraires aux intérêts des salariés (par exemple sur le temps

---

[18] Avec un pic de 6 016 en 2007, concernant 11,6 millions de salariés. Puis on tombe à 4 167 en 2012, 2 547 en 2013 (concernant près de 7 millions de salariés) et 1 432 au 30 octobre 2014 (données provisoires). Voir en ligne : http://www.empleo.gob.es/estadisticas/cct/welcome.htm.

[19] Voir en ligne : http://www.empleo.gob.es/es/sec_trabajo/ccncc/descargas/Acuerdo_Negociacion_Colectiva_2015_III_AENC_firmado.pdf.

[20] Voir en ligne : http://ccaa.elpais.com/ccaa/2015/06/01/paisvasco/1433180768_030478.html.

partiel), un plafonnement des augmentations de salaires à 1 % en 2015 et 1,5 % en 2016. Mais surtout ELA pointe le fait que cet accord ne serait qu'une suite de recommandations, et qu'il n'a pas force obligatoire dans la négociation. De plus, le secrétaire général d'ELA, Adolfo Muñoz « Txiki » lie la signature de cet accord à la demande formulée par le représentant du patronat d'un financement public pour les organisations salariales et patronales et d'une « centralisation accrue de la négociation »[21].

La participation des syndicats à la négociation collective et au dialogue social a longtemps été présentée comme un gage du bon fonctionnement de la démocratie sociale et politique espagnole. Mais la crise de 2008 et les politiques d'austérité qui en ont découlé ont fragilisé le modèle ibérique de dialogue social, avec un tournant en 2010 quand le gouvernement de José Luis Zapatero a introduit une réforme des retraites non négociée avec les organisations syndicales. Cette rupture va remettre en cause le soutien de celles-ci au gouvernement et à ces choix face à la crise (Vincent, 2013).

5. Mouvement social alternatif et renouveau syndical

C'est dans ce contexte que l'institutionnalisation des syndicats historiques est aujourd'hui dénoncée par le mouvement social alternatif en Espagne, comme le mouvement des Indignés au printemps 2011 (mouvement du 15M[22]), le syndicalisme alternatif (par exemple, l'Intersyndicale alternative de Catalogne, IAC) ou certains syndicats autonomistes (ELA, LAB) qui leur reprochent de préférer la négociation à la contestation sociale, alors que les pressions sont de plus en fortes dans la rue contre l'austérité imposée par le gouvernement. La question de la représentativité des centrales syndicales nationales a été notamment posée par les « alternatifs » lors de la grève générale, que l'UGT et la CCOO ont pourtant organisée, et qui a connu un grand succès avec plus de 10 millions de grévistes, le 29 mars 2012, contre la réforme du travail souhaitée par le gouvernement Rajoy.

Mais contrairement aux apparences, la coupure n'est pas si nette. En effet, à titre individuel, certains syndicalistes de l'UGT ou de la CCOO ont participé aux différentes assemblées publiques ou de quartiers organisées par le « mouvement du 15M ». Celui-ci s'est emparé de la question du travail : à Madrid, les assemblées populaires ont régulièrement pour thème la défense du droit du travail ou encore celle des services publics.

---

[21] Voir en ligne : http://www.ela.eus/fr/nouvelles/laccord-de-madrid-poursuit-la-centralisation-de-la-negociation-collective-et-la-demobilisation-des-travailleurs-euses.

[22] Mouvement né le 15 mai 2011 sur la Puerta del Sol, à Madrid, à l'occasion de la journée mondiale des Indignés, nom qu'il lui sera ensuite également attribué en Espagne (*Indignados*). Il rassemble diverses organisations et individus se rejoignant dans une critique du système politique, économique, social, et réclame la mise en œuvre d'une « vraie » démocratie, en Espagne et ailleurs.

On rencontre également cette influence des Indignés dans la manière dont certains secteurs d'activités, dont l'Éducation, vont modifier leurs répertoires d'action, comme l'illustre, en 2013, la « Marée Verte », qui renvoie à la forte mobilisation, rassemblant syndicats, parents d'élèves et assemblées de quartiers, à Madrid, contre la suppression de postes d'enseignants et une détérioration des conditions de travail. Ces mouvements prennent des formes diverses : marches, occupations d'établissement, grèves, fêtes populaires (Béroud, 2014b).

Au sein de la CCOO, un mouvement a également émergé sous le nom de « *Ganemos CCOO* » (Gagnons CCOO), à l'initiative de militants qui prônent une révolution interne engendrant « un syndicat de classe combattif, démocratique et d'assemblée »[23], avec pour objectif de peser sur les orientations stratégiques de la CCOO lors du prochain congrès fixé en 2017.

Les récentes victoires du parti *Podemos*, issu du mouvement du 15-M (ou mouvement des Indignés, qui démarra à compter du 15 mai 2011), lors des élections municipales de mai 2015 à Madrid et à Barcelone puis lors des élections générales de décembre 2015, d'une part, et la création par certains militants de ce même mouvement d'un nouveau syndicat *Somos sindicalistas* (« Nous sommes syndicalistes »)[24], se revendiquant au plus proche des travailleurs, d'autre part, constituent un horizon nouveau qui ne manquera pas de peser sur (sinon de reconfigurer) le système des relations professionnelles en Espagne (Thibaud, 2015). Cette nouvelle organisation syndicale a participé pour la première fois, en 2015, aux élections syndicales et connu ses premiers succès dans l'administration publique, notamment dans le très symbolique ministère de l'Économie, obtenant 10 représentants et devançant ainsi l'UGT et la CCOO, qui ont obtenu chacune 9 délégués. « *Somos* » arrive également deuxième, derrière l'UGT, à l'Agence fiscale de Madrid.

Conclusion

Si on a pu penser, il y a encore quelques années, que les politiques d'austérité avaient affaibli le mouvement syndical espagnol, en alimentant le sentiment d'un éloignement avec les aspirations des travailleurs, les mouvements de contestation récents ambitionnent de fonder une véritable reconstruction syndicale, en quelque sorte post-crise. La question se posera cependant à terme, en cas de succès électoral du syndicalisme alternatif, de son inté-

---

[23] Voir en ligne : http://www.ganemosccoo.org/.

[24] L'organisation s'est structurée à l'issue d'une assemblée extraordinaire, le 7 mars 2015, tenue à Madrid. Les statuts du syndicat sont réunis dans un document intitulé « *Juntos somos todos* » (Tous ensemble). L'accent y est mis, entres autres, sur la transparence, l'éthique syndicale et une plus grande proximité avec les travailleurs, à travers une approche plus participative, en lien avec le renouvellement démocratique revendiqué par le mouvement du 15-M. Voir en ligne : http://www.somossindicalista.es/.

gration ou non dans le dispositif de la négociation collective. Tout au plus peut-on émettre l'hypothèse que ce sera d'abord au niveau local qu'elle pourrait prendre forme, en particulier dans le cadre des accords d'entreprises, voire dans les régions qui ont connu le succès des coalitions de gauche au printemps 2015, en raison du caractère « basiste » de ces organisations nouvelles. Mais les résultats des élections générales de décembre 2015 peuvent également laisser augurer de changements plus globaux.

Bibliographie

Béroud S., 2014a, « Crise économique et contestation sociale en Espagne : des syndicats percutés par les mouvements sociaux ? », *Critique internationale*, n° 65, p. 27-42.

Béroud S., 2014b, « Une mobilisation syndicale traversée par les souffle des Indignés ? La "marée verte" dans le secteur de l'éducation à Madrid », *Savoir/ Agir*, n° 27, mars 2014, p. 49-54.

Dufour C., Hege A., 2010, *Évolutions et perspectives des systèmes de négociation collective et de leurs acteurs : six cas européens. Allemagne, Espagne, France, Grande-Bretagne, Italie, Suède*, Paris, IRES.

Encuesta de Calidad de Vida en el Trabajo, Año 2006-2010. En ligne : http:// www.empleo.gob.es/estadisticas/ecvt/welcome.htm

Estadística de Convenios Colectivos de Trabajo (CCT). En ligne : http://www. empleo.gob.es/estadisticas/cct/welcome.htm

Fulton L., 2013, *La représentation des travailleurs en Europe*, Labour Bruxelles, Research Department-ETUI. En ligne : http://fr.worker-participation.eu/ Systemes-nationaux

Millot M., Roulleau J.-P., 2005, *Les relations sociales en Europe. Acteurs et enjeux*, Rueil-Malmaison, Éditions Liaisons.

Sagnes J. (dir.), *Histoire du syndicalisme dans le monde. Des origines à nos jours*, Toulouse, Éditions Privat, 1994.

Thibaud C., 2015, « Vent de rébellion sur les syndicats espagnols », *Liaisons Sociales Magazine*, mars.

Trillo F., Guamán A., 2014, « Le syndicalisme en (dans la) crise. Quelques réflexions à partir des réformes du marché du travail en Espagne », *Savoir/ Agir*, n° 27, p. 39-47.

Vincent C., 2011, « Une réforme de la négociation collective malgré l'opposition patronale », *Chronique internationale de l'IRES*, n° 132, p. 3-11.

Vincent C., 2013, « Entre conflits et négociations : les syndicats espagnols face à la défense de l'emploi », *Chronique internationale de l'IRES*, n° 140, p. 30-40.

Vincent C., 2013, « Espagne. Une tradition de concertation brisée par les politiques d'austérité espagnole », in Lerais F. *et al.*, *La démocratie sociale à l'épreuve de la crise. Un essai de comparaison internationale*, Rapport IRES, n° 4.

CHAPITRE 7

États-Unis : crise du syndicalisme et de la négociation collective

Mathieu Dupuis et Claude Rioux[1]

Le syndicalisme aux États-Unis, depuis les années 1930, a été caractérisé par des périodes de croissance et de ruptures. Les relations professionnelles sont fortement marquées par ce que l'on convient d'appeler « l'exceptionnalisme américain ». Alors que les pays d'Europe continentale ont développé – pour beaucoup – un système de négociations centralisé, celui des États-Unis est essentiellement décentralisé au niveau de l'entreprise. La chute du taux de couverture des salariés américains par le syndicalisme a été, par ailleurs, prononcée : de près de 35 % au début des années 1950, seulement 12,3 % des salariés étaient représentés par un syndicat en 2014 (BLS, 2015).

Pourcentage des employés représentés par un syndicat aux États-Unis

Années	2003	2008	2013
Secteur public	41,5	40,7	38,7
Secteur privé	9,0	8,4	7,5

Source : Bureau of Labor Statistics, Séries LUU0204906700, LUU0204922900.

Comment peut-on expliquer cette crise du modèle américain de la représentation collective ? Il importera ici de mettre en relief les conditions, tant conjoncturelles qu'institutionnelles, qui ont marqué l'évolution du syndicalisme américain. Deux sections se succéderont concernant le secteur privé et, ensuite, le secteur public.

---

[1] M. Dupuis est doctorant à l'École de relations industrielles (Université de Montréal) et C. Rioux est chercheur associé au Centre de recherche interuniversitaire sur la mondialisation et le travail (CRIMT, Montréal) et consultant pour le Bureau international du travail (BIT).

1. Le syndicalisme dans le secteur privé : essor, repli et pistes de renouveau

Comment a évolué le syndicalisme américain dans le secteur privé depuis les années 1930 ? Peut-on esquisser des pistes de renouveau après la crise sévère des années 1970 qui l'affecte durement ?

Le régime général de la représentation collective dans le secteur privé américain : le NLRA et ses suites

Depuis 1935, le *National Labor Relations Act* (NLRA) régit les rapports collectifs dans le secteur privé. Cette loi vise à promouvoir la « paix industrielle » en encadrant tant la reconnaissance syndicale, source historique de conflit, que la négociation collective. La loi offre donc aux employeurs et aux syndicats le cadre institutionnel leur permettant de résoudre leurs divergences, notamment par des dispositions légales régissant la reconnaissance des syndicats au moyen d'un mécanisme d'accréditation et assurant la stabilité du processus de la négociation collective.

Ce système d'accréditation confère au syndicat représentatif le « monopole de la représentation » des salariés dans un établissement (Murray, Verge, 1999). Ce modèle de représentation a comme principale conséquence de situer au niveau de l'établissement la négociation collective. Il revient donc aux employeurs et aux syndicats d'aménager de manière autonome tout autre niveau de négociation, que ce soit la branche ou encore le regroupement des différents établissements syndiqués d'une même entreprise. Il faut préciser que, *a contrario* de plusieurs législations européennes, les cadres et les agents de maîtrise sont nommément exclus de la représentation collective.

La reconnaissance syndicale est le fait d'un tribunal administratif, le *National Labor Relations Board* (NLRB). Les travailleurs qui souhaitent se syndiquer confient à un syndicat la responsabilité de préparer une requête auprès du NLRB. Le syndicat, dès qu'il recueille le nombre minimal d'adhérents (30 %) prévu au NLRA, soumet sa requête. Le NLRB convoque à une audience le syndicat et l'employeur aux fins de définir l'unité d'accréditation, à savoir quels sont les salariés de l'établissement qui ont le droit d'être représentés et il procède à l'examen du caractère représentatif du syndicat. Dans la définition de l'accréditation, ce tribunal tient compte, notamment, de l'intérêt professionnel des salariés. Par exemple, il définira une unité d'accréditation pour les salariés de production ou, encore, une unité formée des employés des services de l'administration. Finalement, il ordonne un vote auprès des salariés d'un établissement et si le syndicat recueille la majorité absolue, il est accrédité et devient l'agent exclusif de représentation et de négociation.

Dès que le syndicat obtient la reconnaissance, l'employeur est tenu de négocier de bonne foi avec ses représentants. Le NLRA stipule, notamment, que la négociation collective porte sur les salaires et les conditions de travail et il ne prescrit pas une obligation de résultat. Toutefois, la loi prévoit que les parties peuvent recourir aux services de médiation et de conciliation du ministère du Travail des États-Unis. Les négociations se concluent par une convention collective, considérée comme une véritable source de droit autonome résultat de la volonté des parties. Étant donné le principe de monopole de représentation collective, cette convention s'applique à tous les salariés de l'établissement syndiqué. Le NLRA, et la jurisprudence qui en découle, interdisent aux parties de recourir à un certain nombre de pratiques déloyales (*Unfair Labor Practices*). En effet, la loi prévoit que l'employeur ne peut refuser de négocier avec les représentants du syndicat, qu'il ne peut s'immiscer dans les affaires internes du syndicat, ni dominer l'organisation et que les deux parties se doivent de négocier de bonne foi.

L'économie générale de cette loi cherche à rétablir un équilibre dans les rapports collectifs du travail par la liberté d'association et par la négociation collective. L'exercice de la grève est balisé en fonction de ce qui précède et son recours n'est autorisé qu'à l'échéance de la convention collective.

En 1947, le NLRA va subir d'importantes modifications introduites au Congrès par la majorité républicaine. Le *Taft-Hartley Act*, adopté cette même année, interdit, entre autres, les grèves spontanées ou de solidarité ainsi que les clauses dites « d'atelier syndical » obligeant l'employeur à embaucher strictement des membres d'un syndicat. Elle garantit aussi à l'employeur de s'exprimer à l'encontre de la syndicalisation, disposition fondée sur le principe de la liberté d'expression affirmé dans la Constitution. Sur fond de maccarthysme, cette loi interdit aussi aux dirigeants syndicaux de faire partie d'organisations communistes.

Encore plus lourd de conséquences, l'amendement *Taft-Hartley* permet aux États fédérés de se soustraire aux principes du NLRA en les autorisant à adopter une législation connue sous le nom de « droit au travail » (*Right to Work*). Ce type de lois permet aux travailleurs dans les établissements syndiqués de refuser d'adhérer et de verser la cotisation au syndicat. Elles constituent autant d'embuches qui visent à miner la représentativité d'un syndicat et son effectivité dans l'établissement. Dans cette veine, plusieurs États, majoritairement ceux du sud et de l'ouest du pays, vont rapidement promulguer de telles dispositions. Ces dernières ont eu comme conséquence de limiter la syndicalisation aux États du nord-est et du *Midwest*[2] (Moody, 2007).

---

[2] Cette situation perdure jusqu'à aujourd'hui, les États du sud ayant des taux de syndicalisation très faible.

L'évolution du syndicalisme et de la négociation collective durant « l'âge d'or »

Avant l'adoption du NLRA, le syndicalisme américain était limité à quelques secteurs spécifiques[3] où les travailleurs, organisés selon le métier, sont en mesure de rétablir l'équilibre sans l'appui de la législation du travail. La principale organisation ouvrière est l'*American Federation of Labor* (AFL), regroupant les travailleurs sur la base de leur métier. Elle est décentralisée et apolitique, se limitant à la revendication économique (Brody, 1993). La principale force de changement va venir de la fondation du *Congress of Industrial Organizations* (CIO)[4] en 1935 qui, conscient des limites du modèle de l'AFL, pratique une forme de syndicalisme différente. La conception de l'organisation des syndicats de métier exclut les travailleurs non-qualifiés, les africains-américains et les femmes. La fondation du CIO et de fédérations industrielles comme les *Steelworkers*, les UAW (les Travailleurs unis de l'automobile) ou l'*International Longshore and Warehouse Union* (les dockers), fondées sur l'interprofessionnalisme, changent radicalement tant la composition que les stratégies du syndicalisme américain. Le CIO vise d'abord les grandes firmes industrielles qui, à l'époque, dominent l'industrie américaine dans les secteurs de l'automobile, de l'acier ou du caoutchouc. Il utilise des tactiques novatrices comme les grèves spontanées, de solidarité et les occupations d'usines. Cela transforme le syndicalisme américain : en effet, en l'espace d'une décennie, soit de 1933 à la fin du second conflit mondial, le mouvement syndical croit de 2 millions à 14 millions de membres et pénètre l'ensemble des secteurs industriels jusqu'alors négligés par l'AFL (Aronowitz, 2014).

En 1950, au terme d'une intense activité syndicale par les UAW, la General Motors (GM) convient d'une convention collective, nommée « Traité de Détroit », qui change profondément les rapports collectifs du travail (Lichtenstein, 1997). Destinée à garantir la paix industrielle et à maintenir le pouvoir managérial dans les usines, GM propose au syndicat un modèle de gestion des relations professionnelles précisant les droits et les responsabilités tant du management que du syndicat. Par exemple, le modèle inclut une procédure obligatoire de règlement des griefs pour traiter des litiges entre les salariés et la direction. La convention prévoit que la rémunération des travailleurs se fonde, d'une part, sur des critères économiques prévisibles concernant la détermination des salaires et leur

---

[3] Les travailleurs de la construction, les typographes ou les dockers, pour ne nommer que ceux-ci.

[4] L'AFL et le CIO fusionnent en 1955 pour former l'AFL-CIO, la principale centrale américaine à ce jour. Elle regroupe des affiliés (les *Unions*) de la plupart des secteurs de l'économie américaine et représente 12,5 millions de travailleurs en 2015 (voir http://www.aflcio.org/About).

offre, d'autre part, un programme de protection sociale en cas de maladie, de chômage technique et pour la retraite. Ce « pacte » va finalement s'étendre par la négociation coordonnée à Ford et à Chrysler, ce qui donne un modèle typiquement américain où l'entreprise privée prend la responsabilité de la protection sociale. Le tableau suivant présente les principaux éléments du « Traité de Détroit ».

Le « Traité de Détroit » (1950)

Clauses	Description
Étendue du contrat	Ford, GM et Chrysler
Durée du contrat	3 ans à partir de 1950
Détermination des salaires	« COLA » : *Cost of Living Adjustment*, ajustement au coût de la vie (échelle mobile)
Retraite	« AIF » : *Annual Improvment Factor*, augmentation basée sur la productivité au plan national
Assurance-santé	Financée par l'employeur. Versement d'un montant mensuel pour les employés ayant plus de 30 ans de service
Mises à pied	« SUB » : *Supplemental Unemployment Benefits*, garantie de recevoir lors de chômage technique 95 % du salaire (1960)
Contrôle du travail	La durée du service (ancienneté) est le critère de détermination du droit au travail et des conditions d'exercice du travail (*Job Control Unionism*)

Source : Lichtenstein (1997)

Dans le secteur de l'acier, les *Steelworkers* portent le niveau de la négociation aux grands groupes industriels, notamment US Steel, de sorte que les accords collectifs s'appliquent à la majorité des salariés de l'industrie. Dans le transport routier, le syndicat des *Teamsters* et les entreprises conviennent d'une convention de branche nationale, le *National Master Freight Agreement*. Cette convention se complète par des dispositions particulières aux entreprises dans certaines régions. Dans l'industrie du papier, les syndicats et les entreprises fixent des conventions types applicables à plusieurs entreprises.

La couverture syndicale atteint 35 % dans les années 1950, son niveau le plus haut dans l'histoire. Combinés à la croissance économique, à la puissance de l'industrie américaine et aux modèles sectoriels de négociation, ces accords permettent à la majorité des travailleurs américains de voir leur niveau de vie augmenter (Sauviat, Lizé, 2010).

Crise du syndicalisme industriel et remise en cause du pacte d'après-guerre

C'est à partir des années 1970 que l'on observe les signes précurseurs d'une crise du modèle syndical américain (Brenner, 2010). La faillite technique de la ville de New York en 1975 en est une première manifestation (Harvey, 2007). En effet, la réorganisation de l'administration municipale et la renégociation, sur fond de concessions, des conventions collectives dans ce château-fort syndical marquent une première rupture dans la constance du modèle de relations professionnelles aux États-Unis. La faillite de Chrysler en 1979 est une deuxième manifestation de cette rupture. Pour éviter le démembrement de la société, l'administration Carter impose la négociation d'un compromis qui se traduit par de sévères concessions en échange d'une aide publique d'urgence. Ces concessions se répètent dans les conventions en vigueur chez Ford et GM, ces sociétés demandant et imposant aux syndicats de l'UAW des modifications similaires afin de maintenir des conditions de travail et de salaires uniformes. Un des principaux éléments de ces concessions touche essentiellement la rémunération qui, dorénavant, est basée sur le retour à la rentabilité des entreprises et non pas à l'échelle mobile, ce qui constitue une première brèche dans le « Traité de Détroit ».

Dans plusieurs autres secteurs, notamment en raison de la concurrence étrangère, de nombreuses entreprises exigent des concessions dans un contexte de diminution de l'emploi. En outre, le gouvernement américain s'engage, sous l'administration Carter, dans un processus de déréglementations des transports qui fragilise le secteur aérien et exacerbe la concurrence dans le transport routier. Ainsi, entre 1983 et 1985, dans ce secteur, le syndicat des *Teamsters* accorde des concessions dans les conventions collectives offrant une plus grande flexibilité et une réduction des coûts salariaux aux entreprises. Cette tendance se prolonge jusqu'au début des années 2000 (Belzer, 2002). Dans l'industrie de l'acier, l'année 1985 correspond à la fin de la négociation de branche, désormais remplacée par des négociations au niveau des entreprises, sur fond de réorganisation, entre autres, des entreprises à la suite de faillites. L'industrie du papier profite de ce contexte pour décentraliser la négociation au niveau de l'entreprise quand ce n'est pas à celui de l'établissement (Bourque, Rioux, 2001 ; Walton, Cutcher-Gershenfeld, Mckersie, 1994). Outre les facteurs déjà mentionnés, on observe la montée en puissance du développement des économies dans les États du sud (*Sunbelt*), région historiquement conservatrice et socialement hostile au syndicalisme.

Selon le secteur, les syndicats ont adopté différentes stratégies pour répondre à cette crise et à ses manifestations (Kochan, Katz, Mckersie, 1986). Un nouveau paradigme se dégage : les relations professionnelles américaines doivent prendre une direction stratégique à l'aune de la coopération patronale-syndicale. Antérieurement, ces relations se caractérisaient par leur nature conflictuelle, marquées par la division hiérarchique entre management et travailleurs et par le contrôle strict de l'organisation tayloriste du travail et de son exécution, soumise aux droits de la direction et aux clauses très détaillées dans les conventions collectives qui limitaient les prérogatives managériales. Celles-ci touchaient notamment le système de classification et les règles d'attribution des tâches, la promotion et la mise à pied du personnel soumis à des règles d'ancienneté de sorte que la convention collective reflétait cette organisation du travail (Katz, 1985).

Les syndicats américains s'engagent, dans ce contexte, dans un modèle axé sur la promotion de la coopération patronale-syndicale, d'une part, pour défendre l'emploi de leurs membres et, d'autre part, pour influencer les entreprises dans la mise en œuvre, voire la conception, de la réorganisation du travail. L'un des exemples phares de cette stratégie se traduit par la réalisation du projet de l'usine de montage automobile *Saturn* au Tennessee (Rubenstein, Bennett, Kochan, 1993). En résulte une entente symbolisant la coopération entre GM et les UAW. Axée sur la flexibilité de l'organisation de travail et de l'implication des salariés au sein d'équipes de travail multifonctionnelles, cette entente ne réussit pas à pénétrer sensiblement le secteur. Par contre, les entreprises vont s'inspirer largement du modèle de la *lean production*, implanté dans les usines japonaises aux États-Unis (Kumar, Holmes, 1993). Dans le secteur de l'acier, on retrouve un pareil accord chez National Steel, lequel est complété par un accord de sécurité d'emploi (Arthur, Smith, 1994 ; Williams, 2011). Un ambitieux accord est aussi négocié chez le géant des télécommunications AT&T prévoyant des comités consultatifs à plusieurs niveaux et des dispositions coopératives pour les enjeux d'investissements, de mises à pied ou de changements technologiques (Moody, 1997).

Ces concessions et la diffusion de ce modèle ne freinent pas la crise du syndicalisme. De 1983 à 1995, les effectifs syndiqués passent d'environ 17 % à 10 % de la population employée (Sauviat, Lizé, 2010). Ce déclin s'explique en partie par le rétrécissement du secteur manufacturier alors que la croissance de l'emploi se concentre dans les activités de vente et de services, secteurs traditionnellement non syndiqués. À cela s'ajoute la résistance des employeurs qui manifestent davantage d'hostilité à l'égard de la reconnaissance syndicale, attitude qui, progressivement, devient la norme aux États-Unis (Bronfenbrenner, 2009).

Des pistes de renouveau de l'action syndicale dans le secteur privé ?

Les explications théoriques et empiriques pour comprendre la crise et le déclin du syndicalisme dans le secteur privé abondent. Un courant de pensée soutient que le système de la NLRA n'est plus adapté aux réalités contemporaines du marché du travail, notamment caractérisées par la demande d'emplois qualifiés et une grande autonomie professionnelle (Hecksher, 1996 ; Kochan, Katz, McKersie, 1986). D'autres ont plutôt avancé que le syndicalisme américain, fortement bureaucratisé et hiérarchisé et dépendant des conditions de l'économie politique de l'après-guerre, a été incapable de répondre de manière autonome aux transformations de ce modèle dans les années 1980 (Rosenfeld, 2014 ; Moody, 2007 ; Aranowitz, 2014). Finalement, le mouvement syndical américain, dont l'action s'est centrée sur la négociation collective, n'a pas su développer une stratégie cohérente pour l'organisation des travailleurs dans les secteurs économiques non traditionnels, ce qui explique en partie la baisse de la densité syndicale (Bronfenbrenner *et al.*, 1998).

Toutefois, au début des années 1990, l'AFL-CIO crée l'*Organizing Institute* dans le but de doter la fédération des ressources nécessaires au recrutement de nouveaux travailleurs concernant les secteurs d'activité économique en émergence, tels que les services à la personne, les services commerciaux, l'hôtellerie… Par ailleurs, le *Service Employees International Union* (SEIU) lance la campagne *Justice for Janitors*, phare du nouveau modèle « d'organisation » qui entend incarner la revitalisation du syndicalisme (Fantasia, Voss, 2003). Adoptant une stratégie de recrutement des travailleurs migrants et des femmes, le SEIU vise à syndiquer le personnel d'entretien ménager de la région de Los Angeles. Recourant à un répertoire d'action novateur, comme par exemple la participation des églises, des associations hispanophones, le recrutement de jeunes organisateurs formés dans les collèges et l'utilisation de stratégies d'action directe, la campagne inspire plusieurs organisations de l'AFL-CIO qui portent en 1995 à sa direction le président du SEIU, John Sweeney[5]. Outre la campagne *J for J*, de nombreux *Workers Centers* sont créés, tantôt indépendants des organisations syndicales ou parfois en partenariat avec ces dernières ; les centres ont pour mission d'offrir des services juridiques aux travailleurs non syndiqués. Ils visent particulièrement les travailleurs immigrants ou les travailleurs avec des emplois précaires (Fine, 2006).

---

[5] Le slogan « *Organizing for Change, Changing to Organize* » devient le nouveau *mantra* de l'administration Sweeney qui veut inciter les affiliés de l'AFL-CIO à investir des sommes importantes dans le recrutement syndical.

Quel avenir pour le syndicalisme dans le secteur privé ?

Personne ne pourrait nier le déclin exceptionnel du syndicalisme américain (Godard, 2009 ; Rosenfeld, 2014). Limités aux États du nord, dans l'industrie manufacturière et dans des firmes de propriété américaine, cet état de fait est lourd de conséquence, car la négociation collective est directement arrimée à la présence syndicale dans l'entreprise et qu'il n'existe pas d'alternative institutionnelle comme, par exemple, l'extension juridique des accords collectifs aux entreprises sans syndicats ou l'obligation de mettre en place des conseils d'entreprises.

Au chapitre de la négociation collective, les transformations du modèle se sont poursuivies. Dans le secteur automobile, depuis 2007, les UAW ont négocié des conventions collectives qui sont en complète rupture avec le « Traité de Détroit ». Ainsi, les conventions collectives autorisent l'embauche de nouveaux travailleurs à une grille prévoyant des salaires nettement inférieurs, alignés sur ceux payés dans les nouvelles usines japonaises ou allemandes. De plus, les augmentations de salaires sont désormais déterminées par des critères de rentabilité et de productivité propres à chaque entreprise. Au plan de la prévoyance sociale, de nouvelles dispositions sur la retraite et l'assurance-santé transfèrent le fardeau du risque financier aux travailleurs (Katz, MacDuffie, Pil, 2013). Toutefois, les UAW ont convenu avec les trois grands de l'automobile de rapatrier un certain nombre d'emplois à la suite des délocalisations de nombreuses unités de production. Enfin, dans certains secteurs de l'industrie lourde, comme dans la métallurgie et les produits forestiers, le syndicat des *Steelworkers* a réussi à négocier, depuis quelques années, des accords au niveau de l'entreprise et à coordonner ces négociations de manière à uniformiser la rémunération de base entre les groupes d'entreprise.

2. Le syndicalisme dans le secteur public et dans le secteur de santé

Comment – en parallèle – a évolué le syndicalisme et la négociation collective dans le secteur public étatique mais aussi dans les services de santé ? Certes, aux États-Unis, l'organisation des soins de santé est essentiellement de nature privée, quoique largement financée par des programmes publics. Ce dernier secteur est observé à travers l'une des principales entreprises du secteur (*Kaiser Permanente*), d'origine californienne, afin d'illustrer un modèle de relations professionnelles favorable à la reconnaissance syndicale et à la négociation collective.

Le syndicalisme dans le secteur public : les importantes réformes législatives des années 1960 et 1970

C'est au tournant des années 1960 que le syndicalisme s'implante solidement dans le secteur public. D'entrée de jeu, il est nécessaire de préciser que c'est à chaque État que revient la compétence de légiférer en matière de relations professionnelles quant à ses salariés, soit par l'adoption d'une loi à cet égard ou, encore, selon un décret (*executive order*), prérogative réservée au gouverneur d'un État. L'État du Wisconsin, faisant figure de pionnier, octroie en 1959 le droit à la négociation collective à ses fonctionnaires. S'en est suivi, entre 1960 et 1975, un mouvement d'adoption de lois autorisant, dans la majorité des cinquante États, le droit à la négociation collective. Au niveau fédéral, l'administration Kennedy octroie en 1962, en vertu d'un décret du président, un droit limité à la négociation collective des conditions de travail, excluant toute négociation sur les conditions de la rémunération puisque cette dernière est une prérogative du Congrès des États-Unis (Freeman, Han, 2012).

À l'origine, un influent courant d'opinion conservateur s'oppose à la négociation collective dans les services publics. Trois considérations sont invoquées. La première, d'ordre économique, veut que la demande de travail dans les services publics soit « inélastique » par rapport au niveau de l'emploi et à la rémunération afférente, parce que dans le secteur public les gouvernements ne peuvent « fermer » ou délocaliser les services. Ainsi, les syndicats seraient en mesure de bénéficier d'une sorte de rente de situation, à savoir négocier une rémunération supérieure à celle versée dans le secteur privé, sans affecter l'emploi dans le secteur public. Un deuxième argument veut que la négociation collective soit incompatible avec les principes d'un gouvernement démocratique, car elle confère aux salariés de l'État le pouvoir d'influencer les décisions des représentants élus. Autrement dit, le droit à la négociation collective, avec son corollaire, le droit à la grève, perturberait l'offre de services, particulièrement ceux reconnus comme essentiels, ce qui apparaît en contradiction avec l'intérêt public. Dans l'élaboration de leurs législations, les États ont ainsi adopté des dispositions pour s'assurer que la rémunération soit bien alignée sur celle observée dans le secteur privé. Par ailleurs, les législations prévoient que certaines catégories professionnelles, particulièrement celles des responsables de l'ordre et de la protection du public, ne puissent recourir à la grève ; les législations prévoient en conséquence que les différends soient soumis à un arbitrage final et sans appel. À l'égard de la plupart des autres salariés ayant le droit à la grève, elles obligent les syndicats à maintenir un service minimum (Lewin, Keefe, Kochan, 2012).

En 2013, 40 % des quelques 16,9 millions de salariés employés par les États et municipalités étaient syndiqués. La syndicalisation est particuliè-

rement élevée chez les pompiers (67 %), les policiers (60 %) et les enseignants (55 %). En 2012, 27 États, représentant 58,2 % de la population
américaine, accordent le droit à la négociation collective à l'ensemble des
salariés des administrations publiques. Ces États comptent parmi ceux où
la densité syndicale est la plus élevée. Dans 5 États du sud, les policiers
n'ont pas le droit à la négociation collective contrairement aux 36 autres
États qui l'autorisent. La limitation du droit à la grève est fréquente. Par
exemple, seulement 12 États autorisent les professeurs à faire grève et uniquement 2 États pour les policiers et les pompiers (Sanes, Schmitt, 2014).

**Droit à la négociation collective dans les États américains
et dans le District of Columbia**
(années 2000, par catégorie professionnelle de salariés)

	Toutes catégories	Certaines catégories	Interdiction
Nombre d'États (dont le District of Columbia)	27	19	5
Densité syndicale (%)	32,9	20,6	12,5
Pourcentage de la population (totale)	58,2	22,1	19,7

Source : Freeman et Han (2012)

La négociation dans le secteur public : un repli

Ce régime de négociation est mis à mal depuis le milieu des années
2000. Les élections récentes de conservateurs en Indiana, au Missouri,
au Wisconsin, en Ohio et au Michigan se sont traduites par la révocation,
en tout ou en partie, du droit à la négociation collective. Symptômes de
ce mouvement, pas moins de 733 projets de loi (*bills*, dans le langage
parlementaire américain) ont été soumis dans 42 États pour modifier la
législation encadrant les droits syndicaux des salariés des administrations.
En appui à ces projets de lois, sont invoquées les obligations faites aux
États de se conformer aux lois imposant l'équilibre budgétaire. Selon cet
argument, la négociation dans le secteur public peut conférer aux travailleurs une « prime » salariale par rapport à la rémunération observée au
niveau de l'État, ce qui peut occasionner un déséquilibre structurel dans
les dépenses publiques, être source de déficit et, éventuellement, dicter la
politique fiscale de l'État. Cependant, de nombreuses études comparant
les rémunérations dans les secteurs public et privé démontrent plusieurs
imperfections qui en biaisent les résultats. Par exemple, nombre de ces
études s'en remettent à des agrégats macro-économiques et sont en fait
réductrices parce qu'elles ne tiennent pas compte, notamment, du niveau

d'éducation généralement plus élevé des salariés du secteur public (Keefe, 2012 ; Lewin, Keefe, Kochan, 2012). Ces législations reflètent aussi la volonté des élus politiques de réduire ou, à la limite, de neutraliser l'influence des syndicats du secteur public dans le débat politique.

Or, l'analyse de la détérioration de la situation financière des États démontre que, depuis 2008, les déséquilibres budgétaires s'expliquent essentiellement par la diminution des recettes fiscales, fortement dépendantes de la valeur des biens fonciers, en raison de la sévérité de la crise immobilière tout autant dans les États autorisant la négociation que ceux qui l'interdisent (Freeman, Han, 2012). Malgré cela, entre 2008 et 2011, plusieurs des principaux syndicats[6] du secteur public ont convenu de mesures allégeant la rémunération globale des personnels des administrations en échange de la protection de l'emploi et du maintien des services publics. À titre d'exemple, cette stratégie a été adoptée dans les États de New York et du Massachusetts, lesquels ont maintenu leurs législations en matière de syndicalisation et de négociation collective (Freeman, Han, 2012 ; Keefe, 2012).

Cette stratégie n'a pas permis d'empêcher certains États de modifier radicalement la législation. Malgré une mobilisation syndicale importante au Wisconsin – État phare dans l'élaboration de la législation favorable au syndicalisme –, les syndicats n'ont cependant pu empêcher le gouverneur Scott Walker d'amputer les droits acquis depuis 1959 (Cantin, 2012). Cette mobilisation, tant syndicale que citoyenne, visait à faire pression sur le législateur pour empêcher cette réforme et, en dernier recours, pour entreprendre une procédure de destitution du gouverneur. Mais ces initiatives n'ont pas permis d'atteindre ces objectifs. Bien au contraire, la législature contrôlée par le Parti républicain a, en 2015, adopté une législation de type « droit au travail » (cf. *supra*). Cette législation affecte directement le droit à la syndicalisation des travailleurs dans le secteur privé.

Un modèle atypique : l'exemple de la négociation coordonnée chez Kaiser Permanente

Bien que le système de santé américain soit très largement privé, il n'en demeure pas moins qu'une bonne partie de son financement dépend des fonds publics, essentiellement au titre des programmes *Medicare*, *Medicaid* à hauteur de 39,4 % (Kaiser Family Foundation, 2012) et, plus récemment, d'*Obamacare*. Il s'agit d'un secteur en expansion au niveau de l'emploi. Régies par la NLRA, les organisations de soins de santé sont un terrain plus ou moins favorable à la syndicalisation. Par exemple, on estime qu'environ

---

[6] Par exemple : *Public Employees Federation* (État de New York, affiliée à l'AFL-CIO), *American Federation of State, County and Municipal Employees* (1,6 millions de membres en 2010, affiliée à l'AFL-CIO), *National Éducation Association* (non affiliée).

20 % des infirmières sont membres d'un syndicat (AFL-CIO, 2012). Par ailleurs, la syndicalisation et la négociation collective ont fait des percées au cours des quinze dernières années. L'exemple type est celui de l'organisation de santé appelée *Kaiser Permanente*. Cette entreprise, présente dans dix États américains, est engagée depuis le début des années 2000 dans un processus de négociation basée sur les intérêts (Mckersie, Eaton, Kochan, 2004). Ce processus se veut comme une alternative au modèle traditionnel conflictuel largement dominant dans les relations professionnelles aux États-Unis. Il repose sur l'idée que les parties à une négociation ont des intérêts qui peuvent converger. Pour ce faire, les parties s'appuient sur une approche de résolution de problèmes, partageant l'information, ouvrant différentes alternatives pour en arriver à un accord à partir de critères mutuellement acceptés. Il s'agit d'un processus qui nécessite un degré élevé d'ouverture de part et d'autre (Fisher, Ury, 1981 ; Hunter, Mckersie, 2000).

Cette négociation se déroule entre *Kaiser Permanente* et une coalition de syndicats au sein d'une structure de type partenarial, le *Labor Management Partnership*. Ce modèle en est à sa troisième convention collective qui prévoit aussi bien des augmentations de salaires que les principales conditions d'emploi des quelques 90 000 salariés couverts par cette convention (LMP, 2012). De plus, la société convient de conventions régionales avec les grands syndicats d'infirmières. Dans un contexte où la négociation coordonnée a été durement mise à l'épreuve, tant dans le secteur privé que public, cet exemple démontre que les évolutions ne sont pas inéluctables en raison de son impact dans plusieurs États et dans un secteur en croissance (Kochan, Eaton, Mckersie, Adler, 2009). Alors que le syndicalisme dans le secteur public s'était détaché des tendances lourdes que l'on observait dans le secteur privé, force est de constater qu'il fait face à des défis considérables quant à sa capacité d'influer sur le modèle des relations professionnelles aux États-Unis. L'expérience de *Kaiser* illustre qu'il est possible, sous certaines conditions, dont l'acceptation du droit à la syndicalisation par l'entreprise n'est pas la moindre, d'en arriver à établir des rapports collectifs favorisant l'exercice de la négociation collective. La principale question qui demeure est celle de savoir si ce modèle est exportable à d'autres grandes entreprises du même domaine. À l'évidence, l'expérience de *Kaiser* n'a pas jusqu'ici fait exemple.

Conclusion

Il s'agissait ici de traiter succinctement des principales caractéristiques du modèle américain de négociation et de représentation syndicale. Ce système est décentralisé au niveau de l'entreprise et la couverture par des accords collectifs est dépendante de la présence syndicale au sein d'un établissement. Deux constats s'imposent. D'abord, la représentativité syndicale est à son plus bas niveau depuis 1935. Ensuite, le modèle de négociation collective est l'objet d'intenses pressions depuis le début des années 1980 (et dans certains cas rompu) au point tel que son impact sur les relations professionnelles est en net repli autant dans le secteur privé que dans le secteur public. Ceci pose avec acuité la nécessité de repenser autant les stratégies syndicales dans les deux secteurs que le socle institutionnel construit en 1935 lors de l'adoption du NLRA (Rosenfeld, 2014 ; Aronowitz, 2014).

Bibliographie

AFL-CIO, 2012, *Nursing: A Profile of the Profession*, Washington, Department for Professional Employees.

Aronowitz S., 2014, *The Death and Life of American Labor: Toward a New Workers' Movement*, Londres, Verso.

Arthur J., Smith S. K., 1994, « The Transformation of Industrial Relations in the American Steel Industry », in Voos P. B. (ed.), *Contemporary Collective Bargaining in the Private Sector*, Madison, IRRA, p. 135-180.

Belzer M., 2002, « Trucking: Collective Bargaining Takes a Rocky Road », in Clark P., Delaney J., Frost A. (eds.), *Collective Bargaining in the Private Sector*, Champaing, IRRA, p. 311-342.

Bourque R., Rioux C., 2001, « Restructuration industrielle et action syndicale locale. Le cas de l'industrie du papier au Québec », *Relations Industrielles/ Industrial Relations*, n° 2, p. 336-364.

Brenner R., 2010, « The Political Econony of the Rank-and-File Rebellion », in Brenner A., Brenner R., Winslow C. (eds.), *Rebel Rank and File*, Londres, Verso, p. 47-74.

Brody D., 1993, *Workers in Industrial America. Essays on the 20th Century Struggle*, Oxford, Oxford University Press.

Bronfenbrenner K., 2009, *No Holds Barred: The Intensification of Employer Opposition to Organizing*, Washington, American Rights at Work Education Fund & Economic Policy Institute, Briefing Paper, n° 235.

Bronfenbrenner K., Friedman S., Hurd R. W., Oswald R. A., Seeber R. L., 1998, « Introduction », in Bronfenbrenner K. *et al.*, *Organizing to Win. New Research on Union Strategies*, Ithaca, Cornell University Press, p. 1-16.

Bureau of labor statistics, 2015, « Union members summary ». En ligne : http://www.bls.gov/news.release/union2.nr0.htm

Cantin E., 2012, « The Politics of Austerity and the Conservative Offensive against US Public Sector Unions, 2008-2012 », *Relations Industrielles/Industrial Relations*, n° 4, p. 612-632.

Fantasia R., Voss K., 2003, *Des syndicats domestiqués. Répression patronale et résistance syndicale aux États-Unis*, Paris, Raisons d'agir.

Fine J., 2006, *Worker Centers. Organizing Communities at the Edge of the Dream*, Ithaca, Cornell University Press.

Fisher R., Ury W. L., 1981, *Getting to Yes: Negotiating Agreement without Giving In*, Boston, Houghton-Mifflin.

Freeman R., Han E., 2012, « The War Against Public Sector Collective Bargaining in the US », *Journal of Industrial Relations*, n° 3, p. 386-408.

Godard J., 2009, « The Exceptional Decline of the American Labor Movement », *Industrial and Labor Relations Review*, n° 1, p. 82-108.

Harvey D., 2007, *A Brief History of Neoliberalism*, Oxford, Oxford University Press.

Hecksher C., 1996, *The New Unionism. Employee Involvement in the Changing Corporation*, Ithaca, Cornell University Press.

Hunter L. W., Mckersie R. B., 2000, « Can Mutual Gains Training Change Labor-Management Relationships? », in Wheeler M. (ed.), *Teaching Negotiation: Ideas and Innovations*, Cambridge MA, PON Books, p. 131-142.

Kaiser Family Foundation, 2012, *Health Care Costs: A Primer*. En ligne : http://www.kff.org/report-section/health-care-costs-a-primer-2012-report/

Katz H., 1985, *Shifting Gears: Changing Labor Relations in the U.S. Automobile Industry*, Cambridge, MIT Press.

Katz H., Macduffie J. P., Pil F. K., 2013, « Crisis and Recovery in the U.S. Auto Industry: Tumultuous Times for a Collective Bargaining Pacesetter », in Stanger H. R., Clark P. F., Frost A. (eds.), *Collective Bargaining under Duress. Case Studies of Major North American Industries*, Champaing, Labor and Employment Relations Association Series, p. 45-78.

Keefe J., 2012, « Public Employee Compensation and the Efficacy of Privatization Alternatives in US State and Local Governments », *British Journal of Industrial Relations*, n° 4, p. 782-809.

Kochan T., Katz H., Mckersie R., 1986, *The Transformation of American Industrial Relations*, Ithaca, ILR Press.

Kochan T., Eaton A., Mckersie R., Adler P. S., 2009, *Healing Together: The Labor-Management Partnership at Kaiser Permanente*, Ithaca, ILR Press.

Kumar P., Holmes J., 1993, « Change, But in What Direction? Divergent Union Responses to Work Restructuring in the Integrated North American Auto Industry », *Queen's Papers in Industrial Relations*, n° 12, p. 1-43.

Lewin D., Keefe J., Kochan T., 2012, « The New Great Debate about Unionism and Collective Bargaining in U.S. State and Local Governments », *Industrial and Labor Relations Review*, n° 4, p. 749-778.

Lichtenstein N., 1997, *Walther Reuther. The Most Dangerous Man in Detroit*, Urbana, University of Illinois Press.

LMP, 2012, *National Agreement: An overview*, Labor Management Partnership.

Mckersie R., Eaton S., Kochan T., 2004, « Kaiser Permanente: Using Interest-Based Negotiations to Craft a New Collective Bargaining Agreement », *Negotiation Journal*, n° 1, p. 13-35.

Moody K., 1997, *Workers in a Lean World. Unions in the International Economy*, Londres, Verso.

Moody K., 2007, *US Labour in Trouble and Transition. The Failure of Reform from Above, The Promise of Revival from Below*, Londres, Verso.

Murray G., Verge P., 1999, *La représentation syndicale. Visage juridique actuel et futur*, Québec, Les Presses de l'Université Laval.

Rosenfeld J., 2014, *What Unions No Longer Do*, Cambridge, Harvard University Press.

Rubenstein S., Bennett M., Kochan T., 1993, « The Saturn Partnership: Co-Management and the Reinvention of the Local Union », in Kaufman B., Kleiner M. (eds.), *Employee Representation: Alternatives and Future Directions*, Madison, IRRA, p. 339-370.

Sanes M., Schmitt J., 2014, *Regulation of Public Sector Collective Bargaining in the States*, Washington, Center for Economic and Policy Research.

Sauviat C., Lizé L., 2010, *La crise du modèle social américain*, Rennes, Presses universitaires de Rennes.

Walton R. E., Cutcher-Gershenfeld J. E., McKersie R. B., 1994, *Strategic Negotiations. A Theory of Change in Labor-Management Relations*, Boston, Harvard Business School Press.

Williams L., 2011, *One Day Longer. A Memoir*, Toronto, University of Toronto Press.

CHAPITRE 8

France : la cartellisation des relations professionnelles

Dominique ANDOLFATTO et Dominique LABBÉ[1]

On ne parle pas en France de système de relations professionnelles (ou industrielles)[2]. Cela dit, les relations du travail – individuelles ou collectives – sont extrêmement réglementées à telle enseigne que le code du travail, par son ampleur (et malgré une recodification dans un souci de « cohérence » et de « clarté » en 2008), fait l'objet de débats récurrents. Mais ces débats portent moins sur une régulation d'ensemble entre des acteurs collectifs – syndicats, patronats (les « partenaires sociaux ») et État – que sur les détails innombrables d'une réglementation devenue l'affaire de juristes spécialisés[3]. Certes, depuis les années 2000, les expressions « dialogue social », voire « démocratie sociale », sont souvent invoquées et qualifieraient un « modèle français » hérité des droits sociaux inscrits dans le préambule de la constitution de 1946 (et partie intégrante du « bloc de constitutionnalité » actuel). Cependant ces expressions demeurent vagues. Pour leurs utilisateurs, elles semblent relever de l'évidence s'agissant des relations entre les salariés, leurs représentants et les employeurs, sinon s'apparenter à une sorte de *mantra*, autrement dit à une maxime sacrée. Pourtant, les relations professionnelles « à la française » paraissent problématiques ou artificielles.

Cette « démocratie sociale » confère naturellement un rôle-clé aux syndicats de salariés et aux organisations d'employeurs, combinant bipartisme et tripartisme car l'État, notamment le ministère du Travail, n'est jamais très

---

[1] Respectivement professeur de science politique à l'Université de Bourgogne (Faculté de droit et sciences économique et politique, Credespo) et chercheur associé à l'Institut d'études politiques de Grenoble (Pacte).

[2] Sauf rares exceptions. Voir par exemple Didry, 2007.

[3] En fait la réforme et la simplification du code du travail semblent perpétuellement à l'agenda gouvernemental depuis plusieurs années, sans jamais aboutir. Sur la base de nouvelles préconisations formulées par Robert Badinter (ancien président du Conseil constitutionnel et figure du pouvoir socialiste) et Antoine Lyon-Caen (spécialiste de droit du travail), de nouvelles évolutions ont été formulées en 2015 puis 2016 (Badinter, Lyon-Cahen 2015 ; Badinter, 2016) et une nouvelle réforme lancée.

éloigné des partenaires sociaux et, bien plus, le plus souvent, c'est lui qui initie, encadre et sanctionne les négociations ou autres modes de relations.

En 2008, les partenaires sociaux et le gouvernement se sont entendus pour procéder à un *aggiornamento* des règles de représentativité syndicale puis, en 2014, des mêmes règles concernant les organisations d'employeurs[4]. La représentation des salariés (ou des entreprises), la participation à la négociation collective, la signature d'accords, sont désormais soumises à des seuils d'audience lors des élections professionnelles (10 % dans les entreprises, 8 % dans les branches pour les syndicats pour obtenir la « représentativité », 30 % pour signer des accords, 50 % pour les dénoncer) ou des seuils d'effectifs (dans le cas des organisations d'employeurs). Par contre, la tentative du chef de l'État d'instituer, à compter de 2012, des sommets sociaux annuels qui fixeraient un agenda social et de projets partagés a fait long feu. Une gestion planifiée et à froid des sujets sociaux ne paraît pas suffisamment ancrée encore dans la tradition française. Surtout, l'éclatement des paysages syndicaux et patronaux ne facilite pas les choses.

Cela étant dit, quelles sont les spécificités du syndicalisme « à la française » et quelle analyse faire des négociations collectives mais aussi de la conflictualité sociale qui apparaît une autre caractéristique d'un système de relations industrielles qui ne dit pas son nom ?

1. Le syndicalisme « à la française »

La singularité du syndicalisme français renvoie d'abord à la diversité de ses organisations : au moins huit composent un « paysage » très morcelé qui s'explique par des raisons historiques, des clivages idéologiques et surtout, plus récemment, la professionnalisation des « fonctionnaires » syndicaux.

Huit organisations et quelques autres

Au contraire de nombreux pays du nord, de l'Allemagne, du Royaume-Uni où domine une grande confédération syndicale, mais aussi d'autres, tels la Belgique, les Pays-Bas, l'Espagne ou l'Italie caractérisés par une concurrence limitée entre organisations, le paysage syndical français est beaucoup plus morcelé[5]. Le tableau ci-dessous résume les principales étapes qui ont conduit à l'éclatement actuel.

---

[4]   Lois du 20 août 2008 « portant rénovation de la démocratie sociale et réforme du temps de travail » et du 5 mars 2014 « relative à la formation professionnelle, à l'emploi et à la démocratie sociale ».

[5]   La France est avec la Hongrie le pays qui compte le plus grand nombre d'organisations syndicales représentées au sein de la Confédération européenne des syndicats.

Évolution historique du syndicalisme français
(en gras : les organisations existant en 2016)

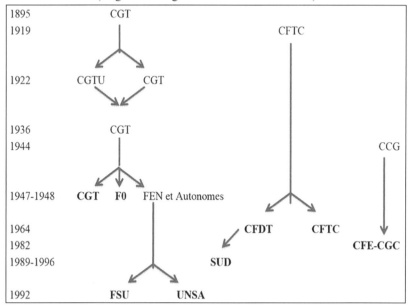

Comme dans d'autres pays européens, cette diversité découle d'une structuration du syndicalisme français autour de deux traditions principales : d'une part, celle du mouvement ouvrier (ou mouvement socialiste) avec la CGT (Confédération Générale du Travail) et FO (Force Ouvrière issue d'une scission de la première lors de l'éclatement de la Guerre froide), d'autre part, celle du catholicisme social avec la CFTC (Confédération Française des Travailleurs Chrétiens) et la CFDT (Confédération Française Démocratique du Travail), transformation laïque de la précédente au début des années 1960, la CFTC étant l'héritière d'organisations qui refusent cette transformation (Georgi, 1995 ; Andolfatto, Labbé, 2010). Il faut compter aussi avec l'existence et l'affirmation de syndicats catégoriels, notamment des organisations de cadres qui émergent dans les années 1930 et se fédèrent après-guerre dans la CGC (Confédération Générale des Cadres), devenue en 1981 la CFE-CGC (Confédération Française de l'Encadrement).

Puis, dans les années 1990, l'évolution stratégique des deux principales confédérations (CGT et CFDT) se trouve à l'origine de dissidences qui se regroupent dans une nouvelle « union syndicale », l'USS (Union Syndicale Solidaires), fidèle à un syndicalisme « de base » et proche des nouveaux mouvements sociaux (Béroud *et al.*, 2011). On assiste simultanément à une recomposition du syndicalisme des fonctionnaires entre la FSU

(Fédération Syndicale Unitaire), qui fédère principalement des syndicats d'enseignants longtemps proches du PCF, et l'UNSA (Union Nationale des Syndicats Autonomes), regroupement disparate de syndicats catégoriels d'agents publics et, partiellement, du secteur privé.

Compte tenu de cet émiettement du syndicalisme français, le thème de sa recomposition est récurrent depuis une trentaine d'années. C'est dans cet objectif qu'ont été réformées les règles de représentativité syndicale (en 2008), dispositions qui légitiment le syndicat dans son rôle d'acteur des négociations collectives. Cette réforme entend être plus globalement « le point de départ d'une refondation (…) ambitieuse du "modèle social français" » (Béroud, Le Crom, Yon, 2012). En termes plus tactiques, il importe aussi d'endiguer l'affaiblissement relatif mais continu des organisations historiques confrontées à l'émergence de nouvelles organisations, plus radicales, notamment dans certaines branches ou « niches » professionnelles (Andolfatto, Labbé, 2009). Cependant, contrairement aux attentes, aucun regroupement significatif n'est intervenu. Quelques organisations catégorielles ont formellement rejoint des confédérations à l'exemple de la FGAAC (Fédération Générale Autonome des Agents de Conduite) qui s'est affiliée à la CFDT tout en conservant sa pleine autonomie. En fin de compte, les cinq organisations représentatives d'avant la réforme (CGT, CFDT, FO, CFTC, CGC) ont toutes conservé leur label représentatif. Trois autres bénéficient aussi de la représentativité dans certaines branches, grandes entreprises ou dans la fonction publique : FSU, UNSA, USS… sans compter des organisations spécifiques à certaines professions comme les enseignants, les journalistes, les conducteurs de train ou les pilotes de ligne.

Le chamboulement des règles qui est intervenu paraît obéir finalement à la fameuse maxime de don Fabrizio Salina (dans le célèbre roman *Le Guépard*) : « si nous voulons que tout demeure, il faut que tout change ». D'autant plus que des verrous ont été introduits pour rendre plus difficiles, sinon impossibles, les dissidences d'organisations existantes ou l'émergence d'organisations nouvelles (un délai de deux ans d'existence leur est notamment imposé avant de pouvoir accéder à la représentativité).

Nouvelle donne syndicale ?

La CGT, longtemps proche sinon dépendante du Parti communiste même s'il n'existait pas de liens statutaires (Andolfatto, Labbé, 1997), a entamé un « grand virage » à compter des années 1990 et, surtout, après son congrès confédéral de 1999. Un journaliste avait écrit significativement, en 2009, « la CGT s'adoucit en douce » (Peillon, 2009). En effet, elle ne fait plus des « luttes » une valeur cardinale ni ne récuse, *a contrario*, le syndicalisme de « propositions ». De même, en 2001, la direction de la CGT a procédé à une « réévaluation » et une « clarification » de ses liens avec le PCF. Enfin, la CGT a adhéré au projet européen, longtemps rejeté pour des raisons géopolitiques, et rejoint la Confédération européenne des syndicats. Ces évolutions se sont produites progressivement. Cela dit, la ligne de la CGT n'exclut pas des ambiguïtés sinon la confusion. Les diverses fédérations demeurent divisées. La gestion et le partage des ressources sont source de tensions, les rivalités entre dirigeants engendrent la paralysie et l'indécision. Ce contexte explique la démission contrainte du secrétaire général, Thierry Lepaon, en 2015, et les difficultés de son successeur, Philippe Martinez, ancien dirigeant de la fédération de la métallurgie.

Dès la fin des années 1970, la CFDT a entamé un « recentrage ». Il s'agit alors de clore une période d'« illusions politiques que la CFDT avait elle-même nourries » et de remettre la négociation collective à l'honneur (Bevort, 2013, p. 61). La CFDT privilégie désormais un « syndicalisme pratique », l'emploi, la réduction du temps de travail, l'édification de l'Europe sociale. La grève est dénoncée comme un mythe en tant que mode d'action syndicale. N. Notat, secrétaire général au tournant des années 1990-2000, résume l'évolution avec la courte formule « Ni Marx, ni Jésus » – qu'elle a empruntée à Jean-François Revel (1970) – la CFDT devant rompre avec les débats politiques qui l'ont animé après une première rupture liée à sa « déconfessionnalisation » (Hamon, Notat, 1997).

Devenue un partenaire privilégié des gouvernements, la CFDT est confrontée à une importante crise interne après son soutien à la réforme des retraites en 2003. Cela conduit à une nouvelle introspection avec le rapport *Le syndicalisme à un tournant... oser le changement* (CFDT, 2009). Dans la postérité du premier « recentrage », ce rapport « reconnaît l'obsolescence des pratiques syndicales, le manque d'attention aux préoccupations des salariés et préconise un mode de fonctionnement plus horizontal » (Bevort, 2013, p. 73). Mais, il n'imagine pas de changements profonds de ces pratiques et, de fait, ne conduit pas à une remise en cause de la professionnalisation du syndicalisme qui a gagné de larges pans de la CFDT (comme des autres organisations).

La CFTC, la CGC, l'UNSA ont un positionnement proche de celui de la CFDT et sont signataires, à ses côtés, de nombreux accords. Cela dit, ces organisations sont tournées vers des publics spécifiques : certaines entreprises, catégories, branches ou régions. En 2009-2010, la CGC et l'UNSA ont été également tentés par un rapprochement et l'affirmation d'un syndicalisme de troisième force, face à la CGT et à la CFDT. Mais celui-ci a échoué, la CGC privilégiant définitivement le public des cadres, sa représentativité étant protégée dans cette catégorie depuis la loi du 20 août 2008[6] tandis que la stratégie d'élargissement de sa base apparaît plus risquée.

---

[6] Loi du 20 août 2008 « portant rénovation de la démocratie sociale ».

FO, fruit de la scission des anticommunistes de la CGT en 1947, a été pendant longtemps, et logiquement, l'antithèse de cette dernière : aux luttes, elle oppose la négociation collective ; au rejet du capitalisme la « politique contractuelle » et le paritarisme ; au communisme international l'atlantisme et l'Europe communautaire… FO s'affirme alors comme un syndicat réformiste, un « meunier du social » dans les branches d'activité, au niveau interprofessionnel et dans la consolidation de l'État-providence. Pour autant, elle ne néglige pas la dimension revendicative vis à vis des employeurs et de l'État (Bergounioux, 1975 ; Dreyfus *et al.*, 2011).

Dans les années 1990, FO perd sa position d'interlocuteur privilégié de l'État et du patronat au profit de la CFDT et semble tentée par la contestation. Depuis les années 2000, elle ressoude ses diverses composantes en prenant notamment position contre les réformes du « dialogue social » ou de la « démocratie sociale » (Andolfatto, 2015). FO considère en particulier que les différentes lois sur la représentativité syndicale depuis 2008 portent « atteinte à la liberté syndicale et de négociation »[7]. Elle dénonce également la mise en cause de la hiérarchie des normes et ne souhaite pas que le contrat ou l'accord puisse se substituer à la loi. FO continue simultanément à se réclamer comme « le syndicat de la fiche de paie », manifestant à travers ce slogan son attention aux situations concrètes et aux résultats effectifs de l'action syndicale.

Il faut compter enfin le néo-radicalisme et le « mouvementisme » qui caractérisent certains syndicats de base, notamment les syndicats SUD (Solidaires, Unitaires, Démocratiques) fédérés dans l'USS (Union syndicale Solidaires), fidèle à un militantisme à l'ancienne, proches de la gauche radicale, voire acteurs de mouvements sociaux dépassant le strict cadre syndical : mouvements de chômeurs, de sans-papiers, pour le droit au logement ou anti-libéraux… Issus de dissidences des grandes confédérations, ces syndicats peinent toutefois à essaimer dans le secteur privé. Ils sont surtout implantés à La Poste, France-Telecom (ou Orange), à la SNCF ou dans la fonction publique d'État.

Plus largement, les confédérations semblent de plus en plus confrontées à une certaine atomisation de l'action syndicale. Des tensions apparaissent parfois entre bases et appareils centraux dans la gestion de conflits, notamment lors de fermetures de sites industriels comme en l'ont illustré, dans la dernière période, les conflits de Continental (2009) puis de PSA-Aulnay ou Arcelor-Florange (2011-2013). On peut y voir une conséquence du déclin syndical et des mutations du syndicalisme depuis les dernières décennies du 20ᵉ siècle.

---

[7]   Résolution générale adoptée lors du 23ᵉ congrès confédéral de FO, Tours, 2-6 février 2015.

Pourquoi le déclin syndical ?

Pendant longtemps, le syndicalisme a composé une myriade de petites cellules sur le lieu de travail, autour de militants et élus du personnel. L'essentiel de la vie syndicale se situait au niveau des entreprises tandis que les appareils syndicaux étaient relativement faibles. Ces syndicats ou sections syndicales présentaient une forte dimension corporative et contribuaient largement aux identités professionnelles des salariés. Les militants consacraient l'essentiel de leur temps au contact avec les salariés. Ils étaient les vecteurs d'une négociation informelle, mais permanente, avec les directions (notamment la maîtrise), ce qui débouchait sur de nombreux arrangements touchant aux conditions de travail, aux salaires, à la reconnaissance des qualifications… Au total, les syndicats, compte tenu de leur présence et visibilité sociales, ainsi que des résultats qu'ils obtenaient (même si ceux-ci n'étaient pas transcrits dans des accords en bonne et due forme), attiraient de nombreux adhérents et composaient un réseau efficace et vivant.

Plus largement, jusqu'aux années 1980, l'action collective recevait le concours d'un nombre significatif de salariés sans qu'il soit besoin d'exercer une pression explicite sur eux. Cette pression résultait du tissu social et d'une ambiance propice au syndicalisme (Andolfatto, Labbé, 2011). Au passage, cela permet de corriger – ou d'adapter dans le cas français – le célèbre « paradoxe de l'action collective » de M. Olson (1978). Dans un groupe d'individus, il importe habituellement de mettre en œuvre des « incitations sélectives » (avantages particuliers, services, contraintes…) pour pousser les individus à agir collectivement car chacun n'a pas – en termes de rationalité économique – intérêt à prendre part à l'action collective mais à faire « cavalier seul » puisqu'il bénéficiera automatiquement des biens collectifs, en principe indivisibles (tels des gains de salaire), obtenus par l'action collective. Dans le cas français, c'est donc un certain contexte et une ambiance qui poussaient à l'engagement.

En trente ans, sauf exceptions, cette situation a profondément changé. Le taux de syndicalisation s'est effondré. Il a été réduit par trois, passant de 25 % des salariés adhérant à un syndicat à moins de 8 % et même moins de 5 % dans le secteur privé (Labbé, 1996 ; Andolfatto, Labbé, 2007 ; Visser, 2013)[8], de sorte que le syndicalisme « vivant » qui existait dans

---

[8] Selon la Commission européenne (2015), la France a le taux de syndicalisation le plus faible des 28 pays de l'Union européenne, après l'Estonie. Comme pour relativiser ce constat, il est toutefois précisé : « *While trade union density provides an indication of the strength of trade unions, it could be misleading to focus exclusively on this variable. Trade unions' influence relies on their role in the institutional framework. France is an example of a Member State with low trade union density but where trade unions are nonetheless influential* » (p. 20).

de nombreuses entreprises a disparu ou ne présente plus qu'une dimension purement institutionnelle (expliquant au passage et paradoxalement pourquoi le taux de présence syndicale sur les lieux du travail – à ne pas confondre avec le taux de syndicalisation – aurait augmenté au moins jusqu'au début des années 2000 ; il s'agit en l'occurrence de l'implantation de sections ou d'institutions syndicales mais, le plus souvent, réduites aux élus et mandatés) (Wolf, 2008).

Ainsi, les équipes syndicales sont désormais réduites aux permanents et élus du personnel, qui ont avant tout le souci de leur maintien, voire de recrutements sélectifs lorsqu'il est nécessaire de pourvoir à leur remplacement. Le plus souvent, il n'existe plus de vie de section et les simples adhérents sont devenus invisibles.

En 2007, en prenant appui sur les audiences respectives aux élections professionnelles, les effectifs respectifs ont été estimés à 540 000 adhérents pour la CGT, 450 000 pour la CFDT, 300 000 pour FO, 135 000 pour l'UNSA, 120 000 pour la FSU, 100 000 pour la CGC, 90 000 pour la CGC, 80 000 pour l'USS[9].

L'analyse du déclin de la syndicalisation met habituellement l'accent sur les facteurs exogènes aux organisations concernées, le contexte socio-économique, voire idéologique. Ainsi, les restructurations économiques, le chômage, mais aussi les discriminations syndicales ou la montée de l'individualisme, sont le plus souvent invoqués, comme s'ils étaient spécifiques de la période ouverte depuis la fin des trente glorieuses. Or, si une relation de causalité apparaît bien exister entre la crise de l'emploi et la désyndicalisation, celle-ci doit être nuancée. On observera d'abord que le calcul du taux de syndicalisation neutralise les effets de la variable « emploi ». Cela signifie que si le nombre de salariés décline, il est normal qu'il y ait moins de syndiqués en valeur absolue, mais pas en valeur relative. Or, si depuis 1974 le chômage a augmenté, la population salariée s'est également accrue – et même de façon spectaculaire à la fin des années 1990 –, tandis que le taux de syndicalisation a chuté fortement. La relation entre l'emploi et la syndicalisation n'est donc pas simplement mécanique. Elle doit être replacée dans des contextes précis. Certes, là où des entreprises ont fermé – notamment dans l'industrie –, les sections syndicales qui existaient ont disparu. Il reste que les syndicats éprouvent parallèlement des difficultés pour se redéployer dans le tertiaire. Ils ont également reculé dans la fonction publique où, pourtant, l'emploi s'est accru. La confrontation de données sectorielles relatives à l'emploi et à la syndicalisation suggère en réalité que celle-ci dépend plutôt du statut – privé ou public – des salariés ainsi que des pratiques syndicales.

---

[9]   Voir Andolfatto, Labbé, 2007. Depuis lors, cette série n'a pas été actualisée mais de nombreux indices laissent penser que le recul se poursuit de manière ralentie.

De même, les discriminations syndicales, souvent mises en avant par la CGT comme clé de la sous-syndicalisation et objets d'études récentes (Pénissat, 2013 ; Breda, 2014), n'est pas apparue dans les années 1970. On pourrait dire qu'elle est consubstantielle au fait syndical. En outre, au cours des dernières années, bien des entreprises, à travers des accords, ont cherché à normaliser leurs relations avec les équipes syndicales en place et à leur garantir des moyens de fonctionnement pour perpétuer le dialogue social – d'abord pour des raisons juridiques –, mais aussi à apporter des garanties aux « carrières » des élus du personnel ou des représentants syndicaux. Par ailleurs, le « débauchage » (soit la promotion) de militants par certaines directions du personnel constitue une autre pratique, plus ancienne, qu'on ne peut ignorer. Tous ces éléments montrent bien que la question de la répression syndicale est loin d'être univoque et, parfois, n'exclut pas des relations de connivence.

Enfin, l'individualisme, qui serait par définition antinomique de l'engagement collectif, ne semble pas non plus aussi déterminant qu'on pourrait le croire. Par exemple, prenant appui sur une enquête de terrain en région parisienne, S. Contrepois (2003, p. 181) observe que l'expression d'aspirations individuelles est le ressort d'une « stratégie d'émancipation qui passe tout autant par la pleine maîtrise que les individus peuvent avoir de leur destin que par les conquêtes collectives ». Dans un autre registre, S. Paugam (2000, p. 273-275) souligne que la participation syndicale des salariés ne dépend pas d'un environnement social nécessairement idéal. Il distingue différents types d'intégration professionnelle et observe que cette participation est plus élevée, non pas lorsque l'intégration des salariés est « assurée » (satisfaction dans le travail et stabilité de l'emploi), mais là où elle est « laborieuse » (insatisfaction dans le travail) ou même « disqualifiante » (insatisfaction et instabilité de l'emploi). Des facteurs individuels sont donc bien l'une des clés de l'engagement.

On rappellera encore que l'action collective – et singulièrement l'action syndicale – ne doit pas s'envisager comme un pôle opposé à l'autonomie individuelle. Autrement dit, il n'y a pas nécessairement de contradiction entre l'une et l'autre. Sur un plan théorique, J. Leca a développé en particulier que la dichotomie entre « l'individu privé, calculateur optimisant sur un marché […] et l'individu participant à une communauté de droits, égal aux autres, échangeant droits et obligations pour le bien public et investissant dans le loyalisme de la cité » constitue en fin de compte « le ressort non logique des sociétés contemporaines » (Birnbaum, Leca, 1991, p. 207). L'individualisme, si souvent décrié, est donc loin de constituer une explication cardinale du désengagement collectif et, singulièrement, syndical. La notion doit être maniée avec prudence.

Aux interprétations exogènes de la crise syndicale, trop globalisantes ou se heurtant à des contradictions, il convient d'opposer des facteurs endogènes, c'est-à-dire des caractéristiques internes aux organisations : extinction des équipes de base du syndicalisme, évolution vers l'institutionnalisation – soit un syndicalisme officiel mais désincarné –, prévalence du modèle du « syndicalisme général d'industrie ». Celui-ci prétend constituer de vastes solidarités qui ne correspondent guère aux réalités du travail telles qu'elles sont vécues par les salariés et qui sont opposées aux intérêts professionnels, pourtant au fondement de l'action syndicale. Or, cette vision économique et politique des relations professionnelles qui a conduit à dissoudre les syndicats de métier, voire les syndicats locaux, n'est pas sans lien avec un renouveau de l'action catégorielle et, accessoirement, de coordinations à laquelle on a assisté depuis la fin du 20e siècle.

La « politisation » est une autre critique traditionnellement adressée aux syndicats, particulièrement français. Plus que la confusion des rôles syndicaux et politiques, les déceptions qui ont suivi l'alternance politique de 1981 (puis d'autres), l'effondrement du communisme, une défiance généralisée (Algan *et al.*, 2012) sont en cause. La « politisation » est également à l'origine de concurrences exacerbées entre organisations mais aussi de luttes intestines pour le contrôle des appareils respectifs, ce qui a découragé une partie des adhérents, guidés par un certain idéalisme ou la quête de l'efficacité de l'action syndicale, et engendré une méfiance plus générale de la part des salariés. Enfin, l'émiettement du paysage syndical français est une autre cause de faiblesse : la plupart des salariés français, notamment les plus jeunes, restent interdits devant la diversité des organisations syndicales et ils préfèrent souvent ne pas s'engager (Andolfatto *et al.*, 2008).

Affaiblis en termes d'effectifs, également en reflux – mais dans une moindre mesure – en termes d'audiences électorales, les syndicats n'en sont pas moins des acteurs importants de la négociation collective. Quel bilan en dresser et comment, en parallèle, a évolué la conflictualité sociale ?

2. L'action syndicale : affirmation de la négociation et déclin du conflit

Contrairement à l'image du militant traditionnel, à tous les niveaux des organisations syndicales, les responsables passent de plus en plus de temps en négociation. Cela traduit une normalisation de la situation française puisque, à l'exemple de la plupart des pays industriels comparables, la négociation est devenue l'activité essentielle des syndicats. On ne peut donc parler d'une faiblesse du dialogue social en France. D'autant plus que celui-ci a produit un des taux de couverture conventionnelle des salariés parmi les plus élevées au monde (93 %), comparable aux taux caractérisant la Suède, la Belgique ou l'Autriche (Chevreux, Darmaillacq, 2014). Pour autant, la pratique de ce dialogue et ses résultats ne sont pas sans poser de questions.

La négociation interprofessionnelle et sectorielle

En France, la négociation collective a été le plus souvent un « sous-produit » de conflit : 1936 ou 1968 ont été suivis de courtes périodes marquées par une intense activité négociatrice et une certaine inventivité. Entre ces courts moments, la négociation s'est plus ou moins maintenue de manière routinière et sans véritable portée, sauf lorsqu'il fallait se mettre autour de la table pour trouver une issue à un conflit dans une entreprise, une branche ou une région… Cette impuissance a conduit l'administration et les juges à se substituer aux partenaires sociaux pour édicter les règles correspondantes, parfois de manière très précise. D'où l'importance primordiale, en France, du droit du travail et de la jurisprudence, importance sans équivalent ailleurs dans le monde. Mais cela explique aussi la revendication – de la part des partenaires sociaux et notamment des employeurs – d'une révision de la constitution qui reconnaîtrait l'autonomie de la négociation collective. En 2013, une telle réforme a été mise en chantier. Mais, compte tenu de difficultés juridiques, de divisions entre partenaires sociaux, et des conditions de majorité nécessaires à l'aboutissement de cette révision qui ne sont pas réunies, ce projet est resté en suspens et a peu de chance d'aboutir.

L'importance de la réglementation du travail en France explique également le désintérêt de la majorité des syndicalistes – jusqu'aux années 1990 – pour la négociation et le scepticisme des salariés envers cette activité. La faiblesse et la division des syndicats aggravent les choses : les salariés ne se sentent pas vraiment engagés par ce que les syndicats signent en leur nom. Cela rend inimaginable les clauses de « paix sociale », comme cela existe dans d'autres pays et explique que des grèves éclatent même dans des entreprises où existe pourtant une négociation collective débouchant formellement sur la signature d'accords. Cela dit, partout la conflictualité décline si bien qu'on pourrait parler de clauses implicites de paix sociale en contrepartie de la pleine reconnaissance et du financement du syndicat par l'entreprise.

La revendication continue des employeurs pour plus de flexibilité, compte tenu des changements économiques, comme celle de plus d'autonomie de certains syndicats – au premier rang desquels la CFDT – vis-à-vis de l'État a remis au premier plan la nécessité d'un dialogue social plus actif et explique également les nouvelles règles qui encadrent celui-ci depuis 2008. Il s'agit de favoriser l'engagement et la responsabilisation des partenaires sociaux.

Au niveau interprofessionnel, les négociations les plus importantes concernent les organismes dits « paritaires », créés par voie convention-nelle : assurance chômage, formation professionnelle, retraites complé-mentaires… Des accords sur la « modernisation du marché du travail » et sur la « sécurisation de l'emploi » sont également intervenus en 2008 et 2013. Ils introduisent une « flexisécurité » à la française, encore timide, voire aux retombées extrêmement réduites comme dans le cas de l'accord de 2013 qui, deux ans après sa signature, n'avait été décliné que dans dix accords d'entreprise, en raison de la complexité des mécanismes prévus[10]. De même, en 2015, les partenaires sociaux n'ont pas réussi à se mettre d'accord sur une réforme des modalités du « dialogue social », qui enche-vêtrent les seuils (tailles des entreprises impliquant certains types de négo-ciation) et les sujets obligatoires. Les compromis – malgré une inventivité lexicale avec des expressions telles « position commune », « délibération sociale », « concertation sociale », « relevé de conclusions »… (Basilien, Rescourio-Gilabert, 2014, p. 16) –, puis leur « déploiement », restent donc difficiles sinon purement théoriques. Les partenaires sociaux n'en parti-cipent pas moins, de plus en plus étroitement et au plus haut niveau, à l'élaboration de la législation sociale.

Pour l'État, l'avantage de ce système de négociations collectives est évident : il peut déléguer la création et la gestion de véritables services publics (assurance chômage, retraites complémentaires…) ou encore l'éla-boration et la mise en œuvre de politiques sociales. Il escompte également une adaptation plus facile des entreprises – et notamment de leurs normes sociales – aux mutations économiques. Il n'en reste pas moins très présent, à travers la diffusion d'une réglementation très pointue ou des contrôles étroits. De leur côté, les syndicats, comme les organisations d'employeurs, tirent une part importante de leurs ressources de subventions versées par les organismes paritaires et de mises à disposition de personnel. En France, l'essentiel des ressources syndicales ne provient pas en effet des cotisations syndicales mais des employeurs, de l'État et du paritarisme (Chevreux, Darmaillacq, 2014, p. 5).

Au niveau des branches, le dirigisme pendant la guerre puis la période de la reconstruction a permis de mettre sur pied une négociation per-manente sous l'égide de l'administration. Quelques branches comme la métallurgie, la chimie, les banques ou la grande distribution jouent un rôle pilote. Dans ces branches, les discussions sont continues, les syndicats disposent d'experts nombreux, l'administration du Travail les suit particulièrement. Les résultats sont souvent incitatifs pour les autres

---

[10] Au bilan du ministère du Travail (3 avril 2015), on peut opposer l'analyse de l'Ifrap : B. Nouel, « Les accords de maintien de l'emploi : les dures leçons d'un échec prévi-sible », 15 janvier 2015.

branches. Pour autant, le dialogue est souvent routinier et l'actualisation ou l'adaptation des textes lente.

Depuis 1936, les accords obtenus prennent véritablement effet grâce à leur extension à laquelle procède le ministère du Travail. Cela les rend obligatoires dans l'ensemble des entreprises du secteur (voire dans tout le salariat), qu'elles soient adhérentes ou non aux organisations patronales signataires et qu'elles aient ou non un syndicat signataire dans leurs murs.

Cette particularité rend bien compte de la singularité du système français. La convention collective n'est pas une loi ordinaire – les négociateurs peuvent difficilement être considérés comme des « mandataires » – mais une loi déguisée. C'est ce caractère obligatoire qui explique largement l'attachement des syndicats à ce niveau de discussion. Les règles s'appliquent à tous les salariés du secteur, même s'ils n'ont pas de syndicat dans leur entreprise (ou si leur syndicat est opposé à l'accord), comme on a pu le voir récemment lors de la renégociation des horaires de grands magasins : les salariés, syndicats et employeurs qui acceptaient plus de souplesse ont été déboutés en justice. Les conventions collectives assurent donc à tous les salariés d'un secteur une certaine égalité de traitement et limitent la tentation du dumping social. Cela explique aussi l'attachement des organisations d'employeurs à ce niveau de négociation.

Pour autant, dans la quasi-totalité des négociations de branche, les syndicats jouent un rôle relativement effacé ; l'administration et le patronat fixent l'agenda, les thèmes à discuter et avancent l'essentiel des propositions. De même, ce sont les services du ministère du Travail et les organisations patronales qui assurent l'information et le suivi de l'application des textes. Pour leur part, les syndicats, du fait de leur faible implantation, ne connaissent pas toujours la situation réelle des salariés, leurs aspirations ou ne peuvent intervenir en leur faveur. Leurs divisions aggravent cette impuissance et la tentation de l'irresponsabilité.

Cette faiblesse syndicale est sans doute la raison pour laquelle, depuis une vingtaine d'années, les inégalités se creusent entre salariés des différentes branches et, au sein d'une même branche, entre ceux qui sont employés dans les TPE-PME et ceux des grandes entreprises (couvertes par des négociations spécifiques).

La mise en œuvre et l'effectivité des textes adoptés, l'ampleur des dérogations désormais possibles, constituent d'autres questions récurrentes. Cela ne fait guère l'objet d'études sauf sous l'angle réducteur du contentieux. Le bilan de la négociation apparaît donc mitigé, ce qui renvoie aux faiblesses du syndicalisme, à la mauvaise information des salariés, à des thèmes trop nombreux, à des postures qui n'évoluent pas, aux contraintes et urgences imposées par l'administration du Travail… (Basilien, Rescourio-Gilabert, 2014).

La négociation d'entreprise

Depuis les années 1980, la négociation d'entreprise s'est également beaucoup développée. L'intégration européenne, la complexification de l'économie de marché, la déréglementation progressive ont ouvert, au bénéfice des entreprises, un champ plus large à des arrangements particuliers entre patrons et salariés. Cette évolution a été encouragée par les lois Auroux de 1982, puis par l'accord interprofessionnel de 1995 relatif à la politique contractuelle qui permet à l'employeur, en l'absence d'une section syndicale, de négocier avec les élus du personnel, voire avec un salarié « mandaté » par une organisation syndicale extérieure à l'entreprise. Plus récemment, il est question de développer des référendums d'entreprise, ce qui heurte naturellement les syndicats. D'une certaine façon, il s'agit ici de favoriser des inflexions de la réglementation auxquels ces derniers, comme au demeurant le parlement, répugnent.

La première version de la loi Aubry sur la réduction du temps de travail à 35 heures (1998) a fait considérablement augmenter le nombre des accords d'entreprise, car elle suspendait l'octroi d'aides à la signature d'un accord avec un syndicat représentatif. Il est passé de quelques centaines à plusieurs milliers. Ainsi, le bilan annuel de la négociation collective de 2014 (publiée par le ministère du Travail en 2015) indique que 84 000 textes ont été déposés auprès de l'administration du Travail. Ce chiffre se décompose en 36 500 accords d'entreprise signés par des délégués syndicaux, élus du personnel ou salariés mandatés. Le reste est constitué de décisions unilatérales des employeurs ou de textes ratifiés par référendum par les salariés. Le nombre des accords est en léger recul par rapport à 2013[11]. Il avait sensiblement augmenté depuis 2011, en raison notamment d'un renforcement des obligations des entreprises concernant la prévention de la pénibilité, l'égalité professionnelle entre les femmes et les hommes et un « intérêt croissant des entreprises pour des plans épargne retraite collectifs » (*Bilan de la négociation collective*, 2012, p. 514).

Les données du ministère du Travail ne fournissent plus le nombre d'entreprises affectées par des négociations, ni celui des salariés qu'elles couvrent. On sait seulement – concernant 2012 – que « 16,2 % des entreprises de 10 salariés ou plus du secteur marchand non agricole, employant 63,6 % des salariés du champ, ont engagé au moins une négociation collective » (Desage, Rosankis, 2014). On sait également – selon des informations antérieures – que la négociation collective avait concerné quelque 15 000 entreprises en 2011 employant 8 millions de salariés (contre 4 millions en 1999) (Labbé, Nezosi, 2013, p. 163).

---

[11] Le nombre de 36 500 accords correspond en réalité à des données provisoires. Ce chiffre est généralement corrigé à la hausse l'année suivante (Desage, Rosankis, 2014).

Les salaires et les primes ainsi que le temps de travail demeurent les deux thèmes dominant des négociations (respectivement 33 % et 21 % des accords signés en 2014). La participation, l'intéressement, l'épargne salariale résistent également avec un cinquième des accords. Le bilan 2013 connaît par ailleurs une remontée des accords sur l'emploi (17 %), en lien avec le dispositif gouvernemental (loi du 1er mars 2013) des « contrats de génération » (aides à l'embauche de jeunes salariés). Mais ces résultats semblent moindre qu'espérés et en recul en 2014 (13 % seulement des accords). Enfin, 8 % des accords (en 2014) portent sur le droit syndical (il s'agit notamment de ressources nouvelles pour les syndicats qui peuvent constituer la contrepartie de leur signature).

Les bilans de la négociation collective portent également sur les taux de signature des accords par les syndicats. Au niveau national, ces taux traduisent le clivage traditionnel entre organisations. La CFDT signe plus de 8 accords sur 10 (auxquels elle est partie prenante), suivie d'assez près par la CFTC, FO et la CGC (signature de plus de 7 accords sur 10)[12]. En revanche, la CGT signe moins d'un tiers des accords (proportion de surcroît en recul par rapport aux années 2000, la CGT ayant signé alors jusqu'à 40 % des accords).

Au niveau des entreprises, on ne retrouve pas ce clivage. La CGT signe pratiquement autant d'accords que les autres organisations (en l'occurrence, elle a signé 84 % de ceux auxquels elle était partie prenante en 2014). Les autres organisations endossent de l'ordre de 89 % (pour FO) à 94 % (pour la CFDT) des accords à la négociation desquels ils ont participé. Ces chiffres sont relativement stables depuis plusieurs années. Autrement dit, il est rare qu'un syndicat ne signe pas un accord d'entreprise auquel il est partie prenante. On peut y voir un signe de dépendance à l'égard des directions d'entreprises (dont ces négociateurs sont des subordonnés), d'autant plus que les ressources syndicales sont largement dépendantes de ces directions (sans parler du contexte économique qui contraint également souvent à la signature). On peut y voir aussi un signe de plus grande implication ou responsabilisation des syndicalistes qu'au niveau national[13], voire l'indicateur d'un dialogue social dynamique, mais les critiques – déjà évoquées – d'une négociation sous contrôle étroit de l'État et des juges, voire d'une négociation sans qualité (il importe avant

---

[12]   Chiffres constants depuis plusieurs années.

[13]   Les statistiques du ministère du Travail permettent également de calculer un « taux de présence » syndicale lors des négociations et, à travers celui-ci, de mesurer l'implantation réelle des syndicats dans le tissu des entreprises. En 2013, la CFDT a le « taux de présence » le plus élevé : un délégué syndical de la CFDT était présent lors de 61 % des accords signés. La CGT arrive en seconde position avec un « taux de présence » de 58 %. Suivent FO (38 %), la CGC (34 %) et la CFTC (23 %). Enfin, des représentants d'autres syndicats sont présents lors de 17 % des accords.

tout pour les « partenaires sociaux » de se conformer au droit) tendent à relativiser cette vision positive.

« *Le conflit en grève ?* »[14]

La statistique des journées de grève est l'une des plus anciennes, ce qui permet des comparaisons historiques. Mais depuis 2006, le ministère du Travail a substitué au comptage traditionnel des journées de grève un nouvel indicateur par sondage : le nombre de jours de grève par tranche de 1 000 salariés (dans les entreprises de 10 salariés et plus).

La statistique traditionnelle indiquait une nette tendance à la baisse de la grève classique, le volume de celle-ci passant de quelque 4 à 5 millions de journée de grève au début des années 1970 à moins d'un million dans les années 1990 et 2000[15]. Certes, cette tendance a été interrompue à quelques reprises : 1982 et 1999-2000 dans le secteur privé autour de la réduction du temps de travail puis, plus nettement, à l'occasion de réformes des retraites (voire, plus largement, de la protection sociale), en 1995 et 2003, dans le secteur public.

La nouvelle série statistique montre que la conflictualité demeure relativement importante, mais en net repli depuis 2011, après un nouveau « pic » de conflictualité en 2010, en raison de nombreux arrêts de travail contre une nouvelle réforme des retraites affectant salariés du secteur privé et fonctionnaires. En 2013, 79 jours de grèves pour 1 000 salariés étaient recensés (contre 318 en 2010 et 61 en 2012, chiffre le plus bas enregistré depuis 2006 et l'introduction de cette nouvelle mesure statistique), avec d'importants écarts selon les secteurs d'activité : 96 jours de grève dans l'industrie, 407 dans les transports, 36 dans les services, 8 dans la construction (Desage, Rosankis, 2014). Cette même année, les grèves ont affecté 1,3 % des entreprises mais 29 % de celles de 500 salariés et plus. Rapportés à la statistique traditionnelle des grèves, les chiffres de 2013 représenteraient environ 800 000 journées non travaillées. À celles-ci, il faut ajouter les jours de grève dans la fonction publique : quelque 427 000 journées dans la fonction publique d'État (il n'existe pas de données pour les fonctions publiques hospitalière et territoriale)[16]. C'est là l'un des niveaux historiquement le plus bas depuis de nombreuses années. Pour autant, en termes de comparaison, la France conserverait un niveau de conflictualité

---

[14]   Pour faire allusion au titre d'un livre de Denis et Béroud (2005).

[15]   Ces chiffres ne tiennent pas compte des grèves dans la fonction publique, qui font l'objet d'une statistique spécifique seulement depuis les années 1980.

[16]   Le ministère de la Fonction publique ne publie pas de données pas tranche de 1 000 fonctionnaires. Mais, en 2012, on peut évaluer le nombre de jours de grève dans la fonction publique à 150 pour 1 000 fonctionnaires, soit 2,5 fois plus que dans le secteur privé.

sociale élevé en Europe : rapporté à la population salariée, cet indicateur placerait la France en seconde position, derrière le Danemark, pour la période 2005-2008 (en raison d'une grève générale dans ce dernier pays en 2008), mais, pour la période 2009-2013, la France retrouve la première place (étant tout de même doublée par Chypre en 2013)[17].

Pour rendre plus parlante ces données, on peut les convertir en probabilité, pour un salarié, de faire x jours de grève au cours de sa vie professionnelle. Sur la base des statistiques moyennes pour la période 2006-2013, on obtient un jour de grève par salarié – tout secteur d'activité confondu – tous les 7 ans. Au rythme de la seule année 2013, qui marque un reflux de la conflictualité par rapport à la moyenne depuis 2006, on obtient un jour de grève par salarié tous les 13 ans. Cela indique combien la grève, en tant que forme d'action collective classique, doit être relativisée. Elle constitue ainsi une cause d'absentéisme beaucoup plus faible que d'autres, telle que la maladie, par exemple. Cela dit, elle touche de préférence certains secteurs – industries, transport, comme déjà indiqué – et les entreprises de taille importante. Diverses enquêtes tendent à souligner que si la grève classique régresse, de nouvelles formes d'actions collectives se développeraient et que certains mouvements se radicaliseraient. Cela reste toutefois discutable faute de recul historique suffisant mais n'exclut pas que la violence caractérise certaines formes d'action « coup de poing » comme dans le cas d'Air France, en septembre 2015, qui a vu le quasi-lynchage de deux cadres de l'entreprise. Mais ce retour à une sorte de rite primitif traduit d'abord les faiblesses du syndicalisme et certains blocages du dialogue social. Très ponctuellement, il existe aussi des actions de *bossnapping* (prise en otage de cadres ou de dirigeants)[18].

On ajoutera encore que les syndicats ne sont pas nécessairement à l'origine des grèves ou des autres formes d'action collective. Tous, sauf exception, ne font d'ailleurs plus des « luttes » le cœur de l'action syndicale. Le conflit social est plus souvent le produit de collectifs liés par une même situation professionnelle ou catégorielle, voire par des identités extra-professionnelles (mêmes origines, même socialisation, mêmes quartiers de résidence….). Il intervient souvent après un choc émotionnel ou en réaction à un événement tragique (accident, agression, réduction d'effectifs

---

[17] D'après les données de l'OIT (jusqu'en 2008) et de l'ETUI (pour la période 2009-2013). Voir notamment en ligne : https://www.etui.org/fr/Topics/Trade-union-renewal-and-mobilisation/Strikes-in-Europe-version-2.1-January-2015#visual.

[18] Ces formes d'action restent exceptionnelles et ont donné lieu à une condamnation sévère par la justice en 2016 (voir la dépêche AFP du 12 janvier 2016 : « Séquestration à Goodyear Amiens-Nord : sanction inédite pour 8 ex-salariés condamnés à 9 mois ferme ». En ligne : http://www.liberation.fr/societe/2016/01/12/sequestration-a-goodyear-amiens-nord-sanction-inedite-pour-8-ex-salaries-condamnes-a-9-mois-ferme_1425832.

ou fermeture annoncée de l'entreprise). Enfin, les modes d'échanges transversaux d'opinions, d'informations (par des mails ou les réseaux sociaux) tendent à court-circuiter les acteurs institutionnels, et notamment les syndicats, dans la gestion du conflit (Basilien, Rescourio-Gilabert, 2012).

Conclusion

Depuis 2008, des réformes sont en cours pour régénérer syndicats et patronat. Celles-ci peinent toutefois à engendrer des résultats probants tant en matière sociale que pour ce qui concerne la compétitivité des entreprises. Manifestement, la « démocratie sociale » souffre de nombreux blocages. Elle ne dispose pas des acteurs « pour la faire vivre de façon efficace » (Hairault, 2015, p. 160). L'un des problèmes de fond reste celui d'organisations syndicales dites « représentatives » comptant en réalité trop peu d'adhérents et, financièrement, pouvant se dispenser de ceux-ci pour assurer leur fonctionnement. La problématique est assez comparable du côté des employeurs (Offerlé, 2013). Les tentatives de « modernisation » ont actuellement échoué, sauf à juridiciser toujours plus les relations professionnelles.

Plus au fond, l'action syndicale a pour objectif la production de biens collectifs : meilleurs salaires, reconnaissance des qualifications, protection de la santé au travail, garanties collectives et services aux adhérents, notamment défense individuelle.

Cette action collective est considérée comme un droit fondamental et un élément positif pour l'économie et la société s'agissant notamment de la lutte contre le dumping social et la déflation. Elle est donc protégée – mais aussi financée – par l'État. Mais les adhérents demeuraient la principale ressource des organisations jusqu'aux années 1970. Depuis lors, une élite syndicale, essentiellement les élus et mandatés, a privatisé ces biens et protections. Elle forme avec son homologue patronal un cartel dont les accords collectifs et même les règles législatives sont la principale production. Cet oligopole élève des barrières à l'entrée suffisamment hautes pour exclure tout nouveau concurrent. Chaque participant dispose donc d'un champ d'action privilégié même si la concurrence subsiste aux marges et se manifeste notamment lors des élections professionnelles.

Quels sont les principaux produits de ce cartel ? La paix sociale ou, du moins, le contrôle des conflits notamment ceux liés aux restructurations, la remise en cause du droit du travail, l'augmentation de la durée d'utilisation du capital, la réduction des coûts salariaux…

Du fait de la forte demande, le cartel a obtenu sans difficulté une légalisation de son financement par les entreprises et les institutions publiques (2008) puis un financement fiscal (2014) qui le met à l'abri des demandes de baisse des coûts du dialogue social exprimées par les entreprises (Andolfatto,

Labbé, 2015). La privatisation des biens collectifs et la constitution d'un oligopole en paix permettent de comprendre la logique sous-jacente aux événements qui ont jalonné la scène sociale française depuis vingt ans.

Bibliographie

Algan Y., Cahuc P., Zylberberg A., 2012, *La fabrique de la défiance*, Paris, Albin Michel.

Andolfatto D., 2013, « La CGT change-t-elle ? Un bilan des années Thibault (1999-2013) », *Commentaire*, n° 143, p. 613-622.

Andolfatto D., 2015, « FO *vs* démocratie sociale », *Revue socialiste*, n° 58, p. 77-87.

Andolfatto D. (dir.), 2013, *Les syndicats en France*, Paris, La documentation française.

Andolfatto D., Labbé D., 1997, *La CGT. Organisation et audience depuis 1945*, Paris, La découverte, coll. « Recherches ».

Andolfatto D., Labbé D., 2007, *Les syndiqués en France. Qui ? Combien ? Où ?*, Rueil-Malmaison, Éditions Liaisons.

Andolfatto D., Labbé D., 2009, *Toujours moins ! Déclin du syndicalisme à la française*, Paris, Gallimard.

Andolfatto D., Labbé D., 2010, *Histoire de syndicats (1906-2010)*, Paris, Seuil.

Andolfatto D., Labbé D., 2011, *Sociologie des syndicats*, Paris, La découverte, « Repères ».

Andolfatto D., Labbé D., 2015, « L'impôt syndical et patronal », *Droit social*, n° 7-8, juillet-août, p. 616-623.

Andolfatto D., Lénel P., Thobois P., 2008, *L'engagement syndical des jeunes postiers : déclin ou mutation ? Conséquences sur les relations professionnelles à La Poste*, rapport pour La Poste.

Badinter R., 2016, « Rapport au premier ministre [du] comité chargé de définir les principes essentiels du droit du travail », Premier ministre.

Badinter R., Lyon-Caen A., 2015, *Le travail et la loi*, Paris, Fayard.

Barthélémy M. Dargent C., Groux G., Rey H., 2012, *CFDT : le réformisme assumé*, Paris, Sciences Po-Les Presses.

Basilien J.-P., Rescourio-Gilabert M., 2012, « L'austérité aujourd'hui, l'emploi demain ? », *Note de conjoncture sociale*, Entreprise & Personnel, n° 307.

Basilien J.-P., Rescourio-Gilabert M., 2014, « Confusion(s) sociale(s) : le télescopage des crises », *Note de conjoncture sociale*, Entreprise & Personnel, n° 325.

Bergounioux A., 1975, *Force ouvrière*, Paris, Seuil, coll. Politique.

Béroud S., Denis J.-M., Desage G., Thibault M., 2011, *L'Union syndicale Solidaires. Une organisation au miroir de ses militants. Profils, pratiques, valeurs*, rapport de recherches, Triangle, Université Lyon 2.

Béroud S., Le Crom J.-P., Yon K., 2012, « Représentativités syndicales, représentativités patronales. Règles juridiques et pratiques sociales. Introduction », *Travail et emploi*, n° 131, p. 5-22.

Bevort A., 2013, « Du catholicisme social au réformisme : CFTC et CFDT », in Andolfatto D., *Les syndicats en France, op. cit.*, p. 49-79.

Birnbaum P., Leca J. (dir.), 1991, *Sur l'individualisme*, Paris, Presses de la Fondation nationale des sciences politiques.

Breda T., 2014, « Les délégués syndicaux sont-ils discriminés », *Revue économique*, n° 6, p. 841-880.

Cahuc P., Zylberberg A., 2009, *Les réformes ratées du président Sarkozy*, Paris, Flammarion.

CFDT [Grignard M.], 2009, *Le syndicalisme à un tournant… oser le changement*, rapport du bureau national de la CFDT, 19-20 mai.

Chevreux M., Darmaillacq C., 2014, « La syndicalisation en France : paradoxes, enjeux, perspectives », *Trésor-Eco*, Direction générale du Trésor, n° 129.

Commission européenne, 2015, *Industrial relations in Europe 2014*, Luxembourg.

Contrepois S., 2003, *Syndicats, la nouvelle donne. Enquête au cœur d'un bassin industriel*, Paris, Syllepse.

Denis J.-M., Béroud S., 2005, *Le conflit en grève ? Tendances et perspective de la conflictualité contemporaine*, Paris, La dispute.

Desage G., Rosankis E., 2014, « Négociations collectives et grèves en 2012 », *Dares Analyses*, n° 089.

Didry C., 2007, « Thougts on France's Industrial Relations System. From Strike Action to Representative Democracy », in Davids K., Devos G., Pasture P. (eds.), *Changing Liaisons. The Dynamics of Social Partnership in 20th Century West-Europe Democracies*, Bern, P.I.E. Peter Lang.

Dreyfus M., Pigenet M. (dir.), 2011, *Les meuniers du social. Force ouvrière, acteur de la vie contractuelle et du paritarisme*, Paris, Publications de la Sorbonne.

Georgi F., 1995, *L'invention de la CFDT, 1957-1970. Syndicalisme, catholicisme et politique dans la France de l'expansion*, Paris, Éd. de l'Atelier.

Hadas-Lebel R., 2006, *Pour un dialogue social efficace et légitime : représentativité et financement des organisations professionnelles et syndicales*, rapport au Premier ministre, Paris, La documentation française.

Hairault J.-O., 2015, *Ce modèle social que le monde ne nous envie plus*, Paris, Albin Michel.

Hamon H., Notat N., 1997, *Je voudrais vous dire*, Paris, Seuil / Calmann-Lévy.

Labbé D., 1996, *Syndicats et syndiqués en France depuis 1945*, Paris, L'Harmattan.

Labbé D., Nezosi G., 2013, « Négociation collective et paritarisme : regard sur les relations professionnelles et la protection sociale », in Andolfatto D., *Les syndicats en France, op. cit.*, p. 149-186.

Ministère du Travail, *Bilan de la négociation collective*, Bilans et rapports [rapports annuels : 2011, 2012, 2013, 2014].

Noblecourt M., 2015, « La CGT recule dans la plupart de ses bastions », *Le Monde*, 16 mars.

Noblecourt M., 2015, « Martinez tente de s'imposer dans une CGT toujours en crise », *Le Monde*, 27 mai.

Offerlé M., 2013, *Les patrons des patrons. Histoire du MEDEF*, Paris, Odile Jacob.

Olson M., 1978, *Logique de l'action collective*, Paris, PUF (1re éd. en 1966).

Paugam S., 2000, *Le salarié de la précarité*, Paris, PUF.

Peillon L., 2009, « La CGT s'adoucit en douce », *Libération*, 7 décembre.

Pénissat E., 2013, « À l'ombre du dialogue social » [introduction au dossier « Réprimer et domestiquer. Stratégies patronales »], *Agone*, n° 50, p. 7-18.

Piotet F. (dir.), 2009, *La CGT et la recomposition syndicale*, Paris, PUF.

Revel J.-F., 1970, *Ni Marx ni Jésus*, Paris, Robert Lafont.

Visser J., 2013, « ICTWSS: Database on Institutional Characteristics of Trade Unions, Wage Setting, State Intervention and Social Pacts in 34 countries between 1960 and 2012 », Amsterdam Institute for Advanced Labour Studies. En ligne : http://www.uva-aias.net/208

Wolf L., 2008, « Le paradoxe du syndicalisme français : un faible nombre d'adhérents mais des syndicats bien implantés », *Premières synthèses*, Dares, n° 16.1.

CHAPITRE 9

Grèce : les relations du travail au prisme des politiques d'austérité et de dérèglementation

Lefteris KRETSOS[1]

Selon bon nombre de chercheurs, la rigueur de la politique d'austérité imposée à la Grèce aurait conduit à une transformation radicale du dialogue social et du droit du travail (Kapsalis, 2010 ; Koukiadaki, Kretsos, 2011a et 2011b ; Voskeritsian, Kornelakis, 2011). Toutefois, il est difficile de faire le récit complet des réformes drastiques du marché du travail et des expérimentations que connaît la Grèce depuis 2010 en matière de droit du travail tant elles sont rapides, diffuses, inachevées et imprévisibles.

Ces réformes ont été imposées à la Grèce par les accords convenus avec la « Troïka », composée de la Commission européenne (intervenant pour l'Union européenne), le Fonds monétaire international (FMI) et la Banque centrale européenne (BCE). Mais on pourrait voir en ces réformes autant de « pistolets chargés », pour reprendre l'expression de Jean-Paul Sartre, puisque, derrière les courbes économiques et les graphiques du chômage, ce sont des vies ordinaires qui ont été bouleversées en l'espace de quelques mois à cause de la mise en œuvre de mesures d'austérité draconiennes et autres initiatives relatives au marché du travail.

Des efforts pour stabiliser le système bancaire en 2009 ont conduit à un nouveau projet de gouvernance économique dans l'ensemble de l'Union européenne où la stabilité financière prime le droit du travail. La politique d'austérité et les réformes structurelles imposées à la Grèce ont affaibli le rôle des syndicats et des institutions sociales conduisant à une marchandisation quasi-totale du travail.

1. L'« accumulation par dépossession » dans la Grèce moderne

Selon plusieurs chercheurs, les fondements de l'Europe socio-démocrate d'après-guerre (une famille nucléaire stable, un État-Providence fort, des emplois corrects à plein temps) connaissent une crise profonde et

---

[1] Maître de conférences à l'Université de Greenwich (Londres).

n'assurent plus aux particuliers et aux foyers le même sentiment de sécurité que par le passé (Greer, Doelgast, 2011 ; Ranci, 2014 ; Standing, 2011). De plus en plus de travailleurs et de communautés partout en Europe se voient confrontés à la précarité du travail, à l'insécurité économique et à la limitation de l'accès aux prestations sociales. La brusque arrivée de la crise économique en 2008-2009 a servi de catalyseur à la détérioration des conditions de vie et de l'emploi ainsi qu'à l'érosion du dialogue social et des systèmes de négociation collective. Ce phénomène s'est montré particulièrement aigu dans les économies endettées des pays du sud de l'Europe (Busch *et al.*, 2013 ; Koukiadaki, Kretsos, 2012). La Grèce a eu le malheur de jouer un rôle de pionnier dans ce processus.

À la suite d'une demande urgente du gouvernement Papandreou en avril 2010, la Commission européenne, la BCE et le FMI ont négocié un programme d'ajustement économique avec les autorités grecques. Cet ensemble de mesures a été approuvé par le Conseil européen le 2 mai 2010 et s'échelonnait sur la période 2010 à 2013. Dès le début de 2012, un second programme d'ajustement économique a été négocié entre la Troïka et les autorités grecques. Ce programme, approuvé par le Conseil européen en mars 2012, portait initialement sur la période 2012 à 2104 avant d'être prorogé de deux ans jusqu'en 2016. Entre-temps, après l'arrivée de Syriza au pouvoir (janvier 2015) et de fortes tensions avec l'UE, un nouvel accord est intervenu le 13 juillet 2015. L'aide financière cumulée dépasse les 300 milliards d'euros, soit 110 milliards pour le premier programme, 130 milliards pour le second, 86 milliards pour le troisième.

Ce faisant, il s'agit de rétablir la crédibilité de la Grèce auprès des investisseurs privés en assurant la pérennité fiscale, en protégeant la stabilité du système financier et en relançant la croissance et la compétitivité. Dans ce but, le programme comporte tout un ensemble de politiques ambitieuses qui s'auto-renforcent. Celles-ci visent à restructurer le secteur bancaire. Elles visent aussi à moderniser le secteur public. Plus largement, il s'agit de mettre en place des règles qui rendent les marchés de produits et le marché du travail plus efficaces et plus souples pour favoriser un environnement d'affaires plus ouvert et plus accessible. Cela passe également par la privatisation des biens publics.

Dans ce contexte et contrairement à des analyses trop simplistes, la Grèce n'est pas simplement un pays de « *junk pigs* » souffrant d'un secteur public surdimensionné, d'évasion fiscale généralisée et d'élites puissantes, mais elle apparaît être également le terreau d'une lutte des classes modernes et un banc d'essai pour le néolibéralisme en Europe. Selon David Harvey (2005, p. 18), « le néolibéralisme, c'est d'abord une théorie de pratiques économiques d'ordre politique qui soutient que le bien-être de l'homme est assuré au mieux par la liberté d'entreprendre et la libération des compétences individuelles d'entrepreneur dans un cadre institutionnel caractérisé par des droits de propriété privée forts, par des marchés libres et par la liberté du commerce ». Ce qui se passe en Grèce depuis ces dernières années doit être considéré comme le résultat tangible d'une politique d'accumulation par dépossession (Harvey, 2010).

Les transformations socio-économiques et les conditions procédurales et matérielles de celles-ci englobent un grand éventail de phénomènes décrits par la thèse de l'accumulation primitive (de Karl Marx) ou de l'accumulation par dépossession (de D. Harvey) : l'envolée de la dette publique ; le détournement des biens et des ressources naturelles dans le cadre colonial, semi-colonial ou néocolonial ; le démantèlement de l'État-Providence et la « marchandisation » du travail. L'État grec joue un rôle essentiel dans le soutien et l'avancement de ces processus en réalisant plus de 500 réformes concernant le droit ou la gestion du pays depuis 2010 visant à dévaloriser les capitaux ou le travail existants (Arrighi, 2004 ; Angelis, 2001 ; Marcellus, 2003 ; Harvey, 2003, 2005, 2006).

À titre d'exemple, la politique d'austérité et les programmes de dérèglementation drastique du marché du travail en Grèce ont conduit à la décomposition institutionnelle et à l'individualisation des relations entre les employeurs et les salariés. Ainsi, la notion de précarité et de risque n'est plus l'« apanage » de l'ouvrier spécialisé, du travailleur immigré ou du chômeur (Krestos, 2014). La pandémie de la précarité touche désormais les jeunes diplômés, les actifs de la classe moyenne, les retraités et plus généralement les salariés dans tous les secteurs qui se trouvent piégés par la pauvreté, le surendettement et la mobilité sociale vers le bas.

De même, l'État grec s'est livré à une répression violente de la contestation, remplaçant par la coercition l'absence de consensus autour de la politique d'austérité, absence de consensus très marquée dans les rues d'Athènes et d'autres villes, notamment en 2011-2012, lorsque le mouvement des Indignés (*Indignados-Occupy Movement*) s'est épanoui. Dans une large mesure, cette situation n'est pas sans faire écho à des propos de Gramsci (1971, p. 275-276) : « Si la classe gouvernante a perdu son consensus, c'est-à-dire qu'au lieu de « diriger » elle ne fait plus que « dominer », en exerçant seule la force de coercition, alors c'est que justement les grandes masses se sont détachées de leurs idéologies traditionnelles et ne croient plus à ce à quoi elles croyaient auparavant… La crise réside justement dans le fait que l'ancien est en train de mourir alors que le neuf ne peut pas encore naître ; au cours de cet interrègne, une grande diversité de symptômes morbides se manifeste ».

2. Les réformes visant le marché du travail : un panachage de politiques néolibérales

Depuis 2010, de nombreuses réformes ont modifié le paysage syndical et social du pays entier. Traditionnellement, le mouvement syndical grec s'articule autour de trois niveaux : le premier correspond au lieu du travail ; le deuxième regroupe les fédérations au niveau des branches ou des professions ainsi que les centrales syndicales au niveau local ; le troisième concerne les confédérations nationales. Il existe deux confédérations, celle des ouvriers et des employés du secteur privé (la GSEE[2] ou Confédération générale des travailleurs grecs) et celle des ouvriers et des employés du secteur public (l'ADEDY[3] ou Confédération des syndicats des fonctionnaires publics). Les organisations patronales en Grèce s'organisent également selon ces trois niveaux. Au niveau national, on dénombre quatre organisations patronales pour l'industrie (SEV), les petites et moyennes entreprises (GSEVEE), les petites et moyennes entreprises dans le secteur du commerce (ESEE) et les entreprises du tourisme (SETE).

En ce qui concerne les syndicats, la Confédération générale du travail de Grèce (GSEE) est l'organisation syndicale la plus importante du pays. Elle représente les ouvriers et les employés du secteur privé, y compris ceux travaillant pour les opérateurs publics et les organismes privés dans lesquels l'État détient une participation majoritaire (par exemple, la Société publique d'électricité et l'Organisation des télécommunications de Grèce). En 2008, la GSEE revendiquait 472 000 adhérents. En 2013, ceux-ci étaient répartis entre 73 fédérations.

La Confédération des syndicats des fonctionnaires publics (ADEDY) s'adresse aux salariés du secteur public (État, collectivités locales, organismes sous contrôle exclusif de l'État ou des collectivités territoriales). En 2008, elle revendiquait 311 000 adhérents. La GSEE et l'ADEDY sont membres de la CES.

Cela dit, même avant la crise, les structures syndicales étaient quasiment inexistantes sur le lieu du travail en Grèce. En effet, les syndicats d'entreprise étaient très peu nombreux puisque la loi n° 1264/1982 exige un effectif de 21 personnes pour la création d'un syndicat alors que les entreprises privées de plus de 20 salariés ne représentent pas plus de 3 % du nombre total d'entreprises. Par ailleurs, les conventions collectives d'entreprise ne pouvaient être conclues qu'au sein d'entreprises d'au moins 50 salariés. De la même manière, les comités d'entreprise restaient étrangers à la grande majorité des salariés et des entreprises, même s'ils peuvent être institués dès le seuil de 20 salariés.

---

[2]   *Genikí Synomospondía Ergatón Elládos.*
[3]   *Anótati Diíkisi Enóseon Dimósion Ypallílon.*

Il n'existe pas de données récentes et fiables concernant l'évolution des taux de syndicalisation (l'OCDE a estimé toutefois celui-ci à 21 % en 2012 – dernière donnée disponible – contre 26 % en 1999) ou d'appartenance aux organisations patronales mais, depuis 2010, les réformes engagées sont défavorables au syndicalisme et à la négociation collective. Les lois n° 3899 et 4024 de 2010 ont rompu en effet une longue tradition de négociation collective. Elles prévoient la création d'« associations de personnes » pour signer des accords d'entreprises. Ces associations ne sont pas soumises aux lois sur la protection des syndiqués. En outre, les accords d'entreprise prévalent en cas de conflit avec un accord de branche. Ils peuvent également contenir de conditions moins favorables aux salariés que celles de la convention générale nationale sur l'emploi ou encore (depuis 2011) des dérogations aux conventions de branche.

Une étude de 2013 a constaté un mouvement de décentralisation rapide de la négociation collective au niveau des entreprises. En 2012, par exemple, le nombre d'accords d'entreprises a bondi à 976 contre 179 en 2011 et 238 en 2010 (Ioannou, Papadimitriou, 2013). Depuis 2012, un recul important du nombre de renouvellements des conventions de branche est également intervenu.

L'évolution de la conflictualité sociale est plus difficile à appréhender. De 2010 à novembre 2013, la Grèce a connu 39 grèves générales en protestation contre les réformes (*L'Humanité*, 6 novembre 2013). D'autres se sont produites depuis lors. Toutefois, les informations concernant le nombre total de grèves, celui des effectifs des grévistes ou des jours de travail perdus sont peu fiables, puisque le ministère du Travail, chargé de recueillir ces informations, n'établit plus de chiffres définitifs en raison des défaillances de ses antennes régionales. D'après les estimations de l'Institut du Travail de la GSEE, quelque 445 grèves et arrêts de travail se sont produits en 2011 dans les secteurs privé et public (dont 240 grèves dans le secteur privé et 91 dans le secteur public) et 439 en 2012 (dont 268 grèves dans le secteur privé et 105 dans le secteur public).

Toutes les mesures prises depuis 2010 sont conformes au discours qui veut que la Grèce soit plus attractive pour les capitaux étrangers et pour les affaires en imposant une plus grande souplesse du marché du travail, une diminution des salaires et du coût de l'unité de travail nominale. Selon ce discours, l'économie grecque deviendra plus souple et plus à même de s'adapter aux évolutions économiques, donc, apte à saisir les occasions permettant la restructuration, les exportations et les investissements. La politique dominante consiste toujours à cibler les droits des salariés et les salaires des simples travailleurs et des jeunes, en les considérant comme une entrave à la croissance économique et à la compétitivité de la Grèce. Plus globalement, il s'agit de faire reculer l'État-Providence. En cela, les mesures mises en œuvre sont cohérentes par rapport aux politiques du FMI inspirées par le consensus de Washington (Lapavitsas *et al.*, 2010, p. 364).

La Troïka, à l'origine de ces politiques, s'est attaquée au droit du travail et aux structures de la négociation par branche en adoptant une analyse purement anhistorique et technocratique. Par exemple, la Grèce avait déjà mis en œuvre certains aspects clés du projet économique néolibéral depuis le milieu des années 1990 et le marché du travail grec n'était pas aussi rigide et encadré par la réglementation qu'il était prétendu. Par ailleurs, la souplesse du marché du travail représentait le point central de l'ordre du jour politique de tous les gouvernements depuis 1990 (Kouzis, 2010 ; Tsakalotos, 2011). Le dialogue social en Grèce avant la crise était certes très structuré, mais pas toujours formel, et de plus en plus de salariés ne bénéficiaient pas de la protection apportée par la négociation collective et la législation du travail. Néanmoins, aux yeux de la Troïka, il fallait une transformation plus approfondie du droit social. Cela a conduit notamment à revoir : la sécurité de l'emploi pour certains salariés (notamment dans le secteur des énergies et le secteur public) ; le coefficient d'ancienneté intégré dans le traitement ; l'évaluation des salariés en fonction des performances ; la question des primes ; le manque de souplesse en matière de mutations du personnel ; le niveau élevé des cotisations sociales ; l'obligation légale de verser un 13ᵉ voire 14ᵉ mois ; le système de recours obligatoire à l'arbitrage imposé à un employeur en cas de demande de la part des syndicats ; la reconduction des conventions collectives ; la durée du temps de travail ; les restrictions sur les embauches et les licenciements (y compris le versement d'indemnités)…

Sans surprise, des modifications significatives sont intervenues, notamment des mesures visant à permettre aux employeurs d'augmenter la durée du travail, à assouplir les règles concernant les licenciements individuels ou collectifs ou à réduire le salaire minimum des jeunes. L'incapacité du droit du travail à favoriser un bon équilibre du marché du travail est patente au vu de l'essor faramineux des emplois précaires et du déclin des contrats à plein temps et à durée indéterminée (Kretsos, 2014).

Parmi les réformes du droit du travail individuel et collectif, les plus significatives, il faut souligner : des réductions répétées de rémunérations dans le secteur public ; l'introduction de la règle selon laquelle les accords d'entreprise concernant les salaires et les autres conditions sociales peuvent déroger aux accords de secteur (sans aucune limitation dans le temps, ni aucun lien entre les réductions de salaire et la situation financière des entreprises) ; l'augmentation du temps de travail (fixé à 40 heures hebdomadaires dans le commerce) ; une réforme des congés payés pour tenir compte de l'activité saisonnière de certaines entreprises ; une plus grande souplesse pour le travail temporaire ; la réduction du préavis de licenciement et du montant des indemnités (d'environ 50 %) ; plus de facilité pour les licenciements collectifs ; la réduction du coût des heures supplémentaires (de 5 à 10 %) ; un salaire minimum minoré pour les moins de 25 ans (de 16 à 30 % selon l'âge) ; des gels (obligatoires) des salaires des fonctionnaires ; la fixation du salaire minimum désormais opéré par le seul gouvernement ; une réduction des dépenses de formation ; plus de facilité pour recourir à l'arbitrage en cas de blocage des négociations ; une diminution des cotisations sociales des entreprises ; un report à 65 ans de l'âge de départ à la retraite ; un allongement de 37 à 40 années de la durée de cotisation pour une retraite à taux plein ; une réduction du montant des pensions (notamment par la mise en place de retraites basées sur la moyenne de la carrière) ; une ouverture des professions réglementées…

3. Les effets de la politique d'austérité et des modifications du droit du travail

Les réformes du marché du travail mises en place en Grèce depuis 2010 sont donc nombreuses, toujours en cours et profondes. Est-ce que l'économie grecque et le peuple ont tiré profit de cette suite de changements drastiques ? Y a-t-il des enseignements à tirer par rapport au rôle de pionnier de la Grèce dans l'assouplissement radical des règles et conditions du travail ?

La performance économique de la Grèce reste catastrophique si effectivement (comme on le prétend) le pays a été sauvé de la faillite de nombreuses fois depuis 2010. L'endettement public s'élevait à 177 % au 31 décembre 2014, nonobstant des réformes du marché du travail en cours et la réduction de l'État-Providence. Le chômage, qui a dépassé 28 % fin 2013, connaît toutefois une légère décrue, à 24 % fin 2015 (mais le chômage de longue durée fait des ravages). Le taux de chômage des jeunes reste très élevé, à plus de 50 % (contre 22 % en 2007) mais également en légère rémission. Cela dit, seuls 12 % des jeunes grecs ont un emploi stabilisé (Mitchell, 2014). Enfin, le taux de croissance qui a fortement reculé depuis 2008 (notamment – 5,4 % en 2010, – 8,9 % en 2011, – 6,6 % en 2012, – 3,9 % en 2013) connaît une très légère remontée depuis 2014 (+ 0,8 %). Au total, de 2007 à 2014, tandis que le déficit public a cru de 70 %, le PIB a reculé de 23 %, la consommation de 26 %, l'investissement privé de 63 %. On estime également que le niveau des salaires a reculé – en moyenne – de 35 %.

Tous ces indicateurs soulignent l'ampleur de la crise : une crise sociale car la population pauvre ou menacée par la pauvreté et l'exclusion sociale a sensiblement augmenté. Mais une crise qui revêt aussi une dimension humanitaire. En effet, des comptes rendus récents de revues médicales font état d'une tragédie en matière de santé publique en raison des réductions des budgets des services de santé imposées par la politique d'austérité (Kentikelenis *et al.*, 2012 ; Kondilis *et al.*, 2013). Selon les données de l'Organisation nationale de la santé (EOPPY), pour 2013, plus de trois millions de personnes, soit 33 % de la population totale (hors enfants), sont privés de soins médicaux. Le nombre de chômeurs sans assurance santé est bien supérieur, puisque les chiffres ne prennent pas en compte le nombre de travailleurs indépendants et petits patrons ayant mis fin à leur activité à cause de la récession.

Selon des estimations récentes de l'Institut des petites et moyennes entreprises (INE/ GSEVEE), au moins 300 000 PME ont mis la clé sous la porte depuis 2010. Les seuls commerces florissants sont ceux qui rachètent de l'or, puisque des milliers de gens ordinaires n'ont d'autre choix que de brader bijoux et biens de famille afin de faire face aux taux d'imposition croissants. Des coupes sombres dans les dépenses publiques ont démantelé les institutions de l'État-Providence et ont conduit à la marginalisation des couches sociales les plus vulnérables.

Le système de santé grec, qui repose sur la tradition bismarckienne, rencontre des difficultés pour continuer à offrir l'accès aux soins universels au vu des coupes budgétaires dans les services de la santé. Le total des dépenses de santé (secteurs public et privé) en Grèce a été ramené à 6,2 % du PIB en 2012 contre 10 % en 2009. En presque trois ans, la Grèce a chuté de sa place parmi les cinq premiers pays pour les dépenses de santé pour rejoindre les cinq derniers de l'OCDE et seulement 2,5 millions de personnes sont assurées. Plusieurs établissements hospitaliers et de nombreux services de médecine générale ont fermé leurs portes.

Les mesures d'ajustement fiscal impopulaires (augmentations des impôts, réductions des salaires et des retraites…) ainsi que les tendances à la hausse du chômage et la récession qui a rogné plus de 25 % du PIB depuis 2008 continuent à alimenter les sentiments de frustration, d'incertitude, de crainte et de colère de la population grecque. Le ressentiment contre la Troïka reste fort. Et un sondage Eurobaromètre indiquait en 2014 que 99 % de la population a perdu confiance dans les cadres politiques du passé, perçus souvent comme incapables de faire face aux problèmes du pays et comme un symbole de corruption, de clientélisme et d'égoïsme. Cela préfigurait les changements politiques intervenus en 2015, avec l'arrivée au pouvoir de Syriza. Mais, en quelques mois, une nouvelle déception va également se produire même si persiste un vent de révolte.

Conclusion

Jürgen Habermas confiait dans une interview en 2013 : « Pour la première fois dans l'histoire de l'Union européenne, nous assistons au démantèlement d'une démocratie » (Diez, 2013). La gestion de la crise grecque fournit un exemple du transfert évident de l'élaboration de la politique d'acteurs nationaux à des acteurs internationaux en violation des présupposés et des fonctions fondamentales du droit du travail en Europe, établis par la Déclaration de Philadelphie de 1944 et exprimés à travers l'histoire par la diffusion progressive de l'État-Providence dans l'Europe de l'après-guerre.

La conjoncture du marché du travail reflète l'envergure des mutations en cours dans l'économie et dans la société grecques. Tous les indicateurs clés du marché du travail se sont détériorés dramatiquement depuis 2010. La Grèce est actuellement un cas exemplaire de la perte d'emplois. Les jeunes particulièrement ne voient se profiler aucun travail et sont confrontés à un avenir peu reluisant, puisqu'il n'y a pas de véritables signes de changement ou d'éclaircies en ce qui concerne la stabilisation du marché du travail et la relance de l'emploi.

Depuis 2010, le pays a perdu environ un million d'emplois alors que les conditions de travail se sont détériorées de manière significative avec l'expansion de modalités de travail précaire. Actuellement, le taux de chômage en Grèce est environ trois fois plus élevé que dans la plupart des États membres de l'Union européenne.

La seule bonne nouvelle macroéconomique en Grèce est la réduction progressive mais marquée du coût unitaire du travail. Le chômage est incontrôlé et le nombre d'emplois reste extrêmement faible. Ni la dérèglementation ni les réductions des salaires, ni les initiatives de la politique de l'embauche n'ont encore porté véritablement leurs fruits et il semble que, sauf changement radical, le problème de l'emploi en Grèce sera amené à perdurer.

Cette analyse critique soulève des inquiétudes puisque la crise grecque a été orchestrée, gérée et contrôlée par des programmes d'austérité au niveau supranational (la Troïka) et étatique, jouant au moyen des leviers traditionnels de la dette publique, des taux d'intérêt et du système de crédit. La protection de l'emploi et les syndicats ont été stigmatisés alors que l'affaiblissement du droit du travail et de l'État-Providence menacent gravement l'ordre juridique et politique de la Grèce et de l'Europe.

Bibliographie

Angelis M., 2001, « Marx and primitive accumulation: The continuous character of capital's enclosures », *The Commoner*, n° 2, p. 1-22. En ligne : http://www.thecommoner.org

Arrighi G., 2004, « Spatial and other fixes of historical capitalism », *Journal of World-Systems Research*, n° 10, p. 527-539.

Busch K., Hermann C., Hirnrichs K., Schulten T., 2013, « Euro Crisis, Austerity Policy and the European Social Model: How Crisis Policies in Southern

Europe Threaten the EU's Social Dimension », Rosa Luxemburg Foundation. En ligne : http://library.fes.de/pdf-files/id/ipa/09656.pdf.

Connolly H., Kretsos L., Phelan G. (eds.), 2014, *Radical Unions in Europe and the Future of Collective Interest Representation*, Oxford, Peter Lang.

Diez G., 2011, « Habermas, the Last European: A Philosopher's Mission to Save the EU », *Spiegel Online International*. En ligne : http://www.spiegel.de/international/europe/habermas-the-last-european-a-philosopher-s-mission-to-save-the-eu-a-799237.html.

Greer I., Doellgast V., 2013, « Marketization, inequality, and institutional change », Londres, University of Greenwich – The Business School, Working paper n° WERU5. En ligne : http://gala.gre.ac.uk/10294/

Gramsci A., 1971, *Selections from the Prison Notebooks*, Londres, Lawrence and Wishart.

Guillén A., Matsaganis M., 2000, « Testing the social dumping hypothesis in Southern Europe: welfare policies in Greece and Spain during the last 20 years », *Journal of European Social Policy*, n° 2, p. 120-145.

Harvey D., 2003, *The New Imperialism*, Oxford, Oxford University Press.

Harvey D., 2005, *A Brief History of Neoliberalism*, Oxford, Oxford University Press.

Harvey D., 2006, « Neo-liberalism as creative destruction », *Geografiska Annaler*, n° 88B, p. 145-158.

Harvey D., 2010, *Le Nouvel impérialisme*, Paris, Les Prairies ordinaires.

Ioannou C., Papadimitriou K., 2013, *Collective bargaining in Greece in the years 2011 and 2012 – trends, breakthroughs and prospects*, Athènes, OMED (Organisation for Mediation and Arbitration).

Kapsalis A., 2010, « Government Adopts Extraordinary Measures to Tackle Economic *Crisis* », Eurofound, 3 mai, En ligne : http://www.eurofound.europa.eu/observatories/eurwork/articles/other/government-adopts-extraordinary-measures-to-tackle-economic-crisis

Kentikelenis A., Karanikolos M., Reeves A., McKee M., Stuckler D., 2014, « Greece's health crisis: from austerity to denialism », *Lancet*, n° 383(9918), p. 748-753.

Kondilis E., Giannakopoulos S., Gavana M., Ierodiakonou I., Waitzkin H., Benos A., 2013, « Economic crisis, restrictive policies, and the population's health and health care: The Greek case », *American Journal of Public Health*, n° 6, p. 973-979. En ligne : http://www.phmovement.org/sites/www.phmovement.org/files/Kondilis%20et%20al%20 %282013%29%20Economic%20crisis%20restrictive%20policies%20and%20health%20Greece%20 %281%29.pdf.

Koukiadaki A., Kretsos L., 2012, « Opening Pandora's box: The sovereign debt crisis and labour market regulation », *Industrial Law Journal*, n° 3, p. 276-304.

Kouzis Y., 2009, « The Panorama of Work Insecurity and Precarious Employment », *Epoxi*, n° 52. En ligne : http://entosepoxhs.wordpress.com/2009/11/ 22/episfaleia-ths-ergasias/.

Kouzis Y., 2010, « The neoliberal restructuring of labour and the crisis alibi » [en grec] in K. Vergopoulos K. (ed.), *The Map of the Crisis, the End of the Illusion*, Athènes, Topos.

Kretsos L., 2011a, « Grassroots unionism in the context of economic crisis in Greece », *Labor History*, n° 3, p. 265-286.

Kretsos L., 2011b, « Union responses to the rise of precarious youth employment in Greece », *Industrial Relations Journal*, n° 5, p. 453-472.

Kretsos L., 2014, « Youth policy in austerity Europe: the case of Greece », *International Journal of Adolescence and Youth*, supplément n° 1, p. 35-47. En ligne : http://www.tandfonline.com/doi/abs/10.1080/02673843.2013.862730.

Lapavitsas C., Kaltenbrunner A., Lindo D., Michell J., Painceir J. P., Pires E., Powell J., Stenfors A., Teles N., 2010, « Eurozone Crisis: Beggar Thyself and Their Neighbour », *Journal of Balkan and Near Eastern Studies*, n° 4, p. 321-373.

Matsaganis M., Levy H., Flevotomou M., 2010, « Non take up of social benefits in Greece and Spain », *Social Policy and Administration*, n° 7, p. 827-844.

Marcellus O., 2003, « Commons, communities and movements: Inside, outside and against capital », *The Commoner*, n° 6, p. 1-15. En ligne : http://www.thecommoner.org

Mason P., 2012, *Why It's Kicking Off Everywhere: The New Global Revolutions*, Londres/New York, Verso.

Mitchell J., 2014, « Youth unemployment figures understate the true impact of the European crisis », Economic policy viewpoint report, n° 5. En ligne : http://www.feps-europe.eu/assets/07d75fae-2f1a-4926992ec9d20552bc0/epv%235_jm_youth_unemployment.pdf

OCDE, 2013, *Étude économique de la Grèce*, Paris.

Ranci C., Brandsen T., Sabatinelli S., 2014, *Social Vulnerability in European Cities: The Role of Local Welfare in Times of Crisis*, Londres, Palgrave.

Standing G., 2011, *The Precariat: The New Dangerous Class*, Londres, Bloomsbury.

Tsakalotos E., 2011, « Contesting Greek Exceptionalism: The Political Economy of the Current Crisis », Department of Economics, University of Athens, working paper, En ligne : http://www.e-history.eu/files/uploads/Paper_-_2011.05.16.pdf.

Tzannatos Z., 2013, « Wrong Facts, Wrong Models and Wronged Employers and Workers: A Case of Fraudulent Conveyance? », BIT, High-Level Conference on « Tackling the jobs crisis in Greece: which ways forward? », Athènes, 25 juin 2013.

Voskeritsian H., Kornelakis A., 2011, « Institutional Change in Greek Industrial Relations in an Era of Fiscal Crisis », London School of Economics and Political Science, Hellenic Observatory Working Paper n° 52.

Chapitre 10

Italie : libéralisation du marché du travail et résistances syndicales

Guillaume Gourgues et Jessica Sainty[1]

Le syndicalisme et les relations industrielles italiennes semblent avoir connu un bouleversement important depuis les années 2000. En effet, alors qu'un leader syndical français s'enthousiasmait, il y a une dizaine d'années, sur les puissants syndicats italiens « intelligents et ouverts, habitués à la pratique des convergences syndicales, capables de « flexibilité » comme de « mobilisations puissantes et durables » », il ne pouvait s'empêcher d'identifier un fractionnement (en cours) de l'unité syndicale, alors même que « le patronat italien s'est radicalisé » (Héritier, 2002, p. 152). Cette analyse est largement confirmée plus récemment : l'Italie a connu, depuis le début des années 2000, un véritable « coup de force patronal », imposant une décentralisation des relations professionnelles, faisant exploser le front syndical (notamment dans la branche métallurgie), instituant un bouleversement des cadres nationaux de la négociation collective (Spieser, 2013, p. 86-89).

Toutefois, le syndicalisme italien ne paraît pas avoir perdu toute influence dans les relations industrielles : les mobilisations massives de 2002 contre la remise en cause par le gouvernement Berlusconi de l'article 18 du *Statuto dei Lavoratori* (loi établissant les principaux droits des travailleurs), article protégeant les travailleurs en cas de licenciement, ont été les plus importantes en Italie depuis la fin de la Seconde Guerre mondiale (Oberti, 2002). En 2012, les syndicats montrent également leur unité contre les réformes annoncées par le gouvernement Monti (sur les licenciements et l'organisation du dialogue social), puisque les trois principales confédérations syndicales (CGIL, CISL, UIL) « appellent à une grève de quatre heures » et que « celle-ci enregistre un taux de participation de 50 % et est renforcée par des manifestations et des actions décentralisées dans une centaine de villes » (Gracos, 2013, p. 54). Dans le même temps, les syndicats suscitent en Italie une confiance assez élevée parmi la population[2]. Le

---

[1] Respectivement maître de conférences en science politique aux Universités de Franche Comté et d'Avignon.

[2] 55 % des Italiens – non syndiqués – jugent les syndicats utiles (Tecné, octobre 2014).

syndicalisme italien apparaît donc osciller entre division et unité au gré des réformes successives des relations professionnelles et du marché du travail.

Le système de relations industrielles italien, tout comme l'action syndicale, se trouvent depuis quelques années à un carrefour historique. Pour comprendre le sens des mutations en cours, il importe de revenir ici sur les principales caractéristiques du syndicalisme et des relations professionnelles en Italie, en rapportant dans un premier temps la trajectoire et les types d'actions syndicales pour ensuite baliser les grandes bifurcations des relations professionnelles en Italie.

1. La configuration syndicale italienne

L'Italie est un pays dans lequel les syndicats se portent, en apparence, plutôt bien, même aujourd'hui et malgré d'indéniables problèmes qu'ils partagent avec leurs homologues européens. Ce constat se traduit essentiellement par des chiffres : la « densité » syndicale italienne se situe à 35 % des actifs (hors retraités), pour un total de 12,5 millions de membres, retraités compris (Namuth, 2013), ce qui place l'Italie dans la moyenne européenne. Comprendre cette configuration implique de remonter le fil de l'histoire syndicale en Italie, largement héritée du contexte de sortie du fascisme et de la Seconde Guerre mondiale, de façon à pouvoir saisir les acteurs dominants et les enjeux de l'action syndicale.

Trois acteurs dominants

Le paysage syndical italien contemporain s'enracine dans le contexte de la Libération et de la Guerre froide naissante, autour de trois grandes confédérations :

- La *Confederazione generale italiana del lavoro* (CGIL)
- La *Confederazione italiana sindacato lavoratori* (CISL)
- L'*Unione italiana del lavoro* (UIL)

En 1944, à la veille de la libération de Rome, est fondée la CGIL, héritière notamment de la *Confederazione generale del lavoro* (CGL) créée en 1906 et dissoute en 1925 par le régime fasciste. Les rapports entre syndicats et sphère politique sont globalement similaire en France et en Italie (Lange *et al.*, 1982 ; Turone, 1992 ; Leonardi, 2013). Leur création reflète les profondes divisions politiques du pays à la fin des années 1940, exacerbées par la Guerre froide et l'exclusion du Parti communiste italien (PCI) du gouvernement en 1948. En effet, la CGIL, bien que créée sur une base unitaire en 1944 (rassemblant communistes, socialistes et chrétiens démocrates), se rapproche rapidement du PCI et lance des grèves politiques contre l'action des gouvernements démocrates-chrétiens. Ce rapprochement est à l'origine de la sécession des syndicalistes chrétiens-démocrates, qui fondent en 1948 les bases de la CISL[3], puis de la scission du courant social-démocrate et réformateur, qui se détache définitivement de la CGIL pour fonder l'UIL en 1950. Ainsi, après une brève unité, chaque syndicat s'affilie durablement à l'un des partis dominants le système politique italien. Le marquage politique du syndicalisme italien permettra notamment à certains responsables syndicaux, tels que Bruno Trentin, leader de la CGIL dans les années 1980, de participer activement au débat animant la gauche italienne et européenne à propos de la lutte ouvrière et des évolutions des modes de production.

Malgré cette politisation explicite, les syndicats atténuent leurs liens à la sphère politique dès les années 1960 : chacune des grandes confédérations renforce ses structures locales et sa présence en entreprise et prend ses distances avec la sphère politique. Ainsi, malgré une proximité explicite avec les partis politiques italiens, l'ensemble du système syndical reste clairement distinct et indépendant du système partisan. Cette indépendance est l'une des explications du maintien du taux de syndicalisation en Italie depuis les années 1980.

Autre caractéristique importante à souligner quant au fonctionnement des syndicats italiens, leur composition démographique. Les trois confédérations syndicales sont marquées, en effet, par une forte présence des retraités tandis que moins d'un quart du total de leurs membres ont moins de 35 ans. Enfin, si l'importance historique de l'engagement des femmes dans l'action syndicale italienne (Cockburn, Beccalli, 1984) ne se reflétait pas dans l'organisation du leadership confédéral, la situation semble changer dans les années 2000 : en 2006, une femme est élue pour la première fois à la tête d'une confédération syndicale italienne[4] ; en 2010 Susanna Camusso devient secrétaire générale de la CGIL et l'encadrement y est paritaire ; en 2014, Annamaria Furlan est élue à la tête de la CISL. Enfin, la part de travailleurs immigrés, même si elle reste difficile à comptabiliser, du fait de la très grande part de travail non déclaré existant dans cette population, s'établit dans des propositions comparables dans les trois confédérations (8,4 % des membres de la CGIL, 6,6 % de la CISL et 9,5 % de l'UIL).

Les grandes centrales syndicales italiennes ont également comme caractéristique commune de participer désormais activement aux organisations européennes. Lié en partie à la multiplication des conseils d'administration européens au sein des firmes italiennes[5], cet activisme européen se matéria-

---

[3] D'abord *Libera CGIL* jusqu'en mars 1950, où elle prend définitivement le nom de CISL.

[4] Renata Polverini devient secrétaire générale de l'UGL (Unione generale del Lavoro), l'une des « petites » structures syndicales italiennes, liée à la droite nationaliste.

[5] En 2014, 82 firmes italiennes disposent d'un conseil d'administration européen (selon ETUI database). En ligne : http://www.ewcdb.eu/index.php.

lise notamment par l'accès de Luca Visentini (UIL) au poste de secrétaire confédéral de la confédération européenne des syndicats en 2011 (puis de secrétaire général de cette organisation en 2015), ou à celui de Valeria Fedelli (CGIL) au poste de vice-présidente de l'IndustriALL European Trade Union, syndicat européen unique de la branche métallurgie créée en 2012.

Les trois principales confédérations syndicales italiennes en 2014

Nom	Date de création	Affiliation partisane historique	Organisations sectorielles	Nombre d'inscrits
CGIL	1944	Parti communiste	– 11 secteurs – 1 organisation de retraité (SPI)	5,6 millions (dont 3 millions de retraités)
CISL	1949	Parti chrétien-démocrate	– 18 secteurs – 1 organisation de retraités (FNP)	4,3 millions (dont 2 millions de retraités)
UIL	1950	Parti socialiste, républicain	– 14 secteurs – 1 organisation de retraités (UIL Pensionati)	2,2 millions (dont 0,6 millions de retraités)

Source : Déclarations des confédérations.

En plus de ces trois confédérations, plusieurs autres organisations de plus faible ampleur composent le paysage syndical italien. Les données disponibles sur ces organisations (Assemblée nationale, 2004 ; Namuth, 2013) insistent sur la difficulté de déterminer avec exactitude leur nombre d'adhérents. Chacune déclare regrouper à peu près 2 millions de membres. Parmi ces « petites » structures syndicales, il faut citer :

– La *Confederazione italiana sindacati autonomi lavoratori* (Cisal) et la *Confederazione generale dei sindacati autonomi dei lavoratori* (Confsal), qui forment deux fédérations de syndicats autonomes, fondées respectivement en 1957 et 1979 ;

– La *Confederazione Italiana dei Sindacati Nazionali dei Lavoratori* (CISNAL), devenue *Unione Generale del Lavoro* (UGL) en 1959, syndicat affilié à la droite nationaliste ;

– Les *Comitati di base* (comités de base) dits *Cobas*, regroupement autonome de travailleurs agissant au niveau de l'entreprise, apparus dans les années 1980, qui sont aujourd'hui plutôt proches de la gauche anticapitaliste.

Du côté patronal, la représentation reste elle aussi hétérogène et fragmentée. La *Confindustria* se présente toutefois comme le cœur de la représentation patronale. Fondée en 1910, l'organisation regroupe le plus gros contingent d'entreprise (et donc de salariés italiens). Elle fonctionne via un système d'affiliation indirecte des entreprises, puisque ce sont les associations locales et sectorielles qui adhérent à la fédération. Elle est donc très largement complétée par d'autres organisations sectorielles qui regroupent d'importants contingents d'entreprises, sans pour autant disposer des mêmes prérogatives nationales (représentations patronales dans les instances paritaires, négociations des accords nationaux).

Les organisations patronales italiennes en 2014

Nom de l'organisation	Branche	Nombre d'entreprises affiliées	Nombre de salariés concernés
Confindustria	toute branche	150 000	5 400 000
Confcommercio	commerce, tourisme, services	700 000	2 700 000
Confapi	PME	94 000	900 000
Confesercenti	commerce, tourisme	350 000	1 000 000
CNA[6]	artisanat et PME	670 000	-
ABI[7]	banque	900	-
Confartigianato	artisanat	1 500 000	3 000 000
Confagricoltura	agriculture	645 000	500 000
Coldiretti	agriculture	1 500 000	-

Source : Déclarations des confédérations.

L'implantation syndicale italienne, à l'image des organisations patronales, diffère aujourd'hui selon les secteurs. On peut identifier trois grands secteurs d'implantation syndicale. Premièrement, l'énergie reste un secteur fortement syndicalisé : les grandes sociétés de productions énergétiques italiennes, électricité (ENEL) ou gaz (ENI), sont encore aujourd'hui fortement investies par des syndicats nationaux et sectoriels.

Deuxièmement, le secteur de la métallurgie, avec une place disproportionnée pour l'entreprise Fiat. Le statut exceptionnel du constructeur automobile dans l'économie italienne confère au secteur métallurgique une importance stratégique cruciale pour les syndicats. Concernant la CGIL notamment, le syndicat sectoriel, nommé *Federazione Impiegati Operai Metallurgici* (FIOM), constitue une sorte « d'aile gauche » de la confédération, au premier plan des oppositions avec le patronat et le gouvernement. Même si l'actuelle secrétaire générale de la CGIL est issue des rangs de la

---

[6] *Confederazione nazionale dell'artigianato e della piccola e media impresa.*
[7] *Associazione bancaria italiana.*

FIOM, d'indéniables tensions apparaissent régulièrement entre la branche métallurgique et le niveau confédéral.

Troisièmement, le secteur public, tout en étant fortement investi par les organisations syndicales, présente des spécificités importantes : la mise en place d'un système de négociation propre, en 1993, nommé *Agenzia per la rappresentanza negoziale delle pubbliche amministrazioni* (ARAN) a entraîné la multiplication des organisations syndicales, affaiblissant l'implantation des trois grandes organisations. La loi sur la représentation syndicale de 1997 a introduit une limite à ce morcellement, en imposant un seuil de 5 % des votants aux élections professionnelles pour participer aux négociations d'entreprise, et 51 % pour prendre part aux négociations de branche.

Ce panorama étant posé, comment analyser les enjeux de l'action syndicale ?

L'action syndicale en Italie : conquêtes et problèmes

L'action syndicale italienne est structurée historiquement autour de trois principaux modes d'action : la négociation (sectorielle et d'entreprise), la mobilisation de masse, la prestation de services. Il paraît important de revenir d'abord sur les principaux jalons de l'histoire des « conquêtes » syndicales et sur les défis posés actuellement à toutes les organisations.

Les années 1960 ont été marquées par une forte union entre confédérations et par la construction d'une stratégie revendicative collective efficace. Cela traduit une spécificité transalpine contrastant par rapport au cas français. Cette stratégie réside dans un renforcement des liens entre action sur les lieux de travail et conduite de négociations collectives, elles-mêmes menées dans un climat d'alliance institutionnalisée, formulant des revendications claires concernant la régulation du marché du travail. Cette stratégie syndicale est rendue possible par plusieurs facteurs : la faiblesse de l'État italien d'après-guerre, un système électoral qui verrouille les alternances politiques, ouvrant ainsi la voie à la protestation syndicale, et la stratégie d'acceptation de l'unité syndicale portée par le PCI (Favre, 1975). Cette unité, initiée dans les années 1960, ouvre une période faste du syndicalisme italien.

Ce syndicalisme unitaire, combattif et revendicatif, connaît une sorte « d'apogée » lors des mouvements de masse des années 1968 et 1969, notamment dans le cadre de « l'automne chaud » de 1969, point d'orgue du mouvement ouvrier italien. À l'occasion du renouvellement des contrats collectifs de travail d'une grande partie des salariés italiens, notamment dans la métallurgie, et dans le contexte d'agitation sociale de 1968, les ouvriers contestent de façon virulente les conséquences du développement industriel : cadences en hausse, hiérarchisation accentuée, mécanisation qui dévalorise les qualifications, alors que les salaires stagnent. Les ouvriers valorisent aussi leur « professionnalisme » (Causarano, 2000) : ils refusent d'être uniquement les serviteurs de l'industrie et veulent participer aussi à l'organisation du travail et à la définition du rôle social de celui-ci, revendiquant à la fois des hausses de salaires, des droits à la formation, ou encore la protection de leur santé. Les syndicats constituent alors les courroies de transmission de ce mouvement, appuyé par le mouvement étudiant. Cela conduit à des avancées notables : indexation des salaires sur l'inflation (« échelle mobile ») et vote par le parlement italien de la loi n° 300 du 20 mai 1970, dite « statut des travailleurs ».

L'unité syndicale italienne et sa capacité à peser dans les relations industrielles s'épuisent toutefois avec la crise économique. Après avoir engagé un véritable « cycle de grèves » dans les années 1970 (Franzoni, 1995), multipliant les foyers de luttes dans tous les secteurs en attachant à chacune des revendications nationales, cette stratégie syndicale connait un coup d'arrêt brutal. La « marche des 40 000 » en 1980 (voir encadré) en est certainement le meilleur exemple, en ce qu'elle affaiblit le nexus « action d'entreprise-revendications nationales » mis en place depuis 1969, en montrant que la mobilisation « de masse » peut changer de camp. Et il faut attendre le début des années 2000, et les réformes du marché du travail impulsées par Silvio Berlusconi, pour que le traumatisme de la « marche des 40 000 » puisse être dépassé et revoir des mobilisations massives de salariés, à l'appel de la CGIL. L'affaiblissement des grandes confédérations italiennes se double de la remise en question de l'unité syndicale et de divisions politiques : le 14 février 1984, l'accord dit de la « Saint-Valentin », portant sur la réduction de l'échelle mobile des salaires, est signé par le gouvernement socialiste Craxi avec la CISL et l'UIL, alors que le refus de la CGIL entraîne de très vives tensions entre le PCI et le Gouvernement (Colarizi, 2005).

La « marche des 40 000 », traumatisme syndical

Le 14 octobre 1980, une manifestation de 40 000 personnes est organisée dans les rues de Turin à l'appel de Gianni Agnelli, alors directeur de Fiat, pour protester contre une grève de 35 jours menée par les syndicalistes de l'usine de Mirafiori. Les manifestants étaient essentiellement des petits et moyens personnels d'encadrement et des employés et, plus secondairement, des ouvriers, s'opposant au radicalisme des syndicats, qui venaient de refuser la proposition de la direction d'échanger les licenciements contre des réductions de temps de travail. Cette mobilisation inattendue et massive, principalement de « cols blancs », a contraint les ouvriers à stopper leur mouvement. Cet épisode marque un tournant dans le syndicalisme italien : « Ainsi s'achève toute une époque et la défaite syndicale a des conséquences immédiates : en quelques années, le nombre de salariés du groupe Fiat chute de 200 000 à 120 000 en Italie, dans le cadre de transformations du travail qui touchent l'ensemble de l'industrie » (Crainz, 2008, p. 111).

Les années 1990 marquent le début d'une nouvelle ère pour les syndicats italiens. L'ouverture de l'économie italienne au marché européen et mondial[8] ainsi que la dislocation du système partisan italien à la suite de l'opération *Mani Pulite*[9] en 1992 engagent une refonte des relations industrielles et révèlent une série de problèmes structurels du syndicalisme italien. Trois grandes problématiques, encore très vives actuellement, sont identifiables.

Premièrement, les syndicats doivent faire face à une tension classique liée à leur institutionnalisation à l'échelle nationale : leur implication dans la conduite des politiques publiques, dans un tripartisme avec l'État et le patronat, fragilise leur activité protestataire et revendicative. La consolidation « à petits pas » du dialogue social italien intègre les syndicats dans une structure de cogestion. La « cogestion » est une solution adoptée dans l'immédiat après-guerre, en 1947, soit encore dans la phase d'unité syndicale, par l'État italien pour pallier sa faiblesse organisationnelle et étendre son action à l'ensemble de la population, en s'appuyant sur le maillage syndical[10]. Par exemple, l'une des structures de prévoyance sociale mises en place à cette époque est la *Cassa Integrazione Guadagni* (CIG), organisation paritaire garantissant une assurance chômage pour des salariés en chômage technique dans les entreprises confrontées à des difficultés financières momentanées. Cette logique paritaire va s'accentuer dans les années 1980 avec, notamment, la mise en place de fonds de protection sociale complémentaire, à la suite de négociations sectorielles (*enti bilaterali*), ou de structures telles l'*Istituto nazionale della previdenza sociale* (INPS)[11] ou du *Consiglio Nazionale dell'Economia e del Lavoro* (CNEL)[12].

---

[8] Cette ouverture a très concrètement bouleversé les règles de fonctionnement d'un secteur comme celui de la métallurgie et l'automobile : Fiat, qui profitait jusqu'alors d'une fermeture douanière du marché italien, a dû intégralement repenser sa stratégie de positionnement au début des années 1990. On retrouve cette logique dans plusieurs secteurs en Italie (Capasso, Dagnino, 2012).

[9] En février 1992, le parquet de Milan lance une série d'enquêtes sur les liens entre plusieurs hommes politiques et entrepreneurs, qui aboutit aux mises en examen et condamnations de dizaines de figures des milieux d'affaires et politiques au cours des années 1990, et lève le voile sur la corruption quasi généralisée de la classe politique italienne, pour des sommes atteignant parfois plusieurs centaines de millions de dollars.

[10] Les syndicats italiens créent chacun, à partir de 1945, leurs propres organismes de prévoyance, chargés d'assister les travailleurs dans leurs démarches vis-à-vis de l'État-providence, qui par conventionnement avec l'État remplissent des missions de service public, tout en constituant pour les syndicats un levier de syndicalisation des travailleurs (Pauvert, 2012).

[11] L'Institut national de la prévoyance sociale est le principal organisme italien de prévoyance pour les travailleurs.

[12] Le Conseil national de l'économie et du travail est une institution consultative chargée de se prononcer sur la législation économique et sociale.

Cette institutionnalisation crée des tensions classiques avec une fonction tribunitienne plus traditionnelle, nécessitant de répartir les énergies et les moyens syndicaux.

Deuxièmement, effet pervers de l'institutionnalisation, les principales confédérations voient leurs actions en entreprise concurrencées par de nouvelles formes syndicales, les *Cobas*, à compter des années 1980. Cela s'explique aussi parce que ces mêmes confédérations peinent à prendre en considération les transformations du salariat, et notamment sa précarisation. Apparus d'abord dans le secteur public (écoles publiques et chemins de fer), les *Cobas* se sont ensuite étendus à la plupart des secteurs d'activité publics et privés, en défendant l'« auto-organisation » des travailleurs et leur indépendance vis-à-vis des confédérations. Leur refus des accords nationaux signés par ces dernières poussent les *Cobas* à développer une vision corporatiste des luttes à mener, secteur par secteur, métier par métier.

Par ailleurs, la réalité du marché du travail questionne également l'action syndicale : en effet, près de 80 % des embauches se font sous forme de contrats temporaires, 50 % des contrats à temps partiels sont subis et seuls 65 % des 25-34 ans occupent un emploi[13]. Ainsi, les « mobilisations » lancées en 2005 par plusieurs militants à l'appel de « San Precario » (Saint protecteur fictif des travailleurs précaires) traduisent cette perte d'influence syndicale : souvent jeunes, les travailleurs précaires, tous secteurs confondus, se tournent vers des modes d'action clairement situés en dehors de l'action syndicale traditionnelle, privilégiant des actions spectaculaires très ancrées dans l'utilisation des réseaux sociaux (Accornero, 2006 ; Mattoni, Vogiatzoglou, 2014). Toutefois, les organisations syndicales ne restent pas inactives face à ce phénomène. Les trois principales centrales syndicales ont ainsi fondé leurs organisations représentatives des travailleurs précaires : la CGIL-Nidil *(Nuove Identità di Lavoro)*, la CISL-ALAI *(Associazione Lavoratori Atipici e Interinali)* et l'UIL-TEMP *(Lavoratori Temporanei Autonomi Atipici)*. Malgré tout, les effectifs de ces structures restent modestes (de 40 à 50 000 travailleurs selon les déclarations syndicales) et le défi de la représentation d'une part toujours plus importante du salariat italien toujours aussi complexe.

Troisièmement, les syndicats ont du mal à renouveler les générations de leurs membres. Comme déjà évoqué, les syndicats sont bien implantés parmi les retraités. Cela découle des nombreuses missions de service public, appelés les *patronati*, accomplies par les syndicats. Mis en place au niveau national, en 1947, ces organismes, administrés par les syndicats, proposent informations, conseils, aides à la constitution de dossiers ou encore assistance juridique, dans de nombreux domaines, et notamment en matière de droits à la retraite, expliquant ainsi la forte présence des retraités dans

---

[13]   Données tirées de Altieri G. *et al.*, 2011, p. 5-9.

les rangs syndicaux[14]. Si les *patronati* ont participé aussi à l'encadrement politique des ouvriers en soutien des gouvernements démocrates-chrétiens d'après-guerre (Allum, 1995), les syndicats de retraités s'autonomisent progressivement au sein des confédérations, créant des tensions au niveau confédéral entre les différents syndicats, notamment dans les négociations des réformes successives du système de retraite. Outre le fléchissement du nombre d'adhérents, ce manque de renouvellement générationnel affecte concrètement l'expertise confédérale en matière de négociations sociales, suspectée de laisser trop de place aux retraités (Anderson, Lynch, 2007).

L'action syndicale reste également tributaire des évolutions du système des relations professionnelles. Ici, des réformes structurelles, engagées depuis le début des années 1990, déstabilisent fortement l'organisation syndicale et accentuent des problèmes déjà soulignés.

2. Les relations professionnelles : la concertation comme principe contesté

L'action syndicale italienne, comme la construction d'un système de relations industrielles, s'est toujours confrontée à une difficulté majeure : la structure fragmentée de l'économie italienne. En effet, le tissu entrepreneurial italien demeure extrêmement morcelé : 90 % des employeurs ont au plus 15 employés, sans compter les particularismes du *Mezzogiorno*. Le corollaire de cette situation est la complexité du système de relations professionnelles. En effet, l'Italie ne dispose pas, à proprement parler, de code du travail ou de loi régissant les relations industrielles : seul le *Statuto dei Lavoratori* constitue, encore aujourd'hui, le socle du droit du travail italien et la base des relations entre employeurs et salariés. Le gouvernement des rapports entre travail et capital s'enracine dans un système complexe de normes, d'accords, de statuts, une complexité soulignée dès les années 1970 (Sellier, 1971) et qui ne cesse de s'épaissir depuis.

Pour autant, il est possible d'identifier un mouvement de fond affectant l'évolution des relations professionnelles : celui du passage d'un système centralisé, reposant sur une forte reconnaissance des syndicats, à un système de plus en plus décentralisé, questionnant l'équilibre des rapports entre gouvernement, patronats et syndicats. Ainsi, l'unité syndicale est restée largement tributaire des réformes du système de relations industrielles : si certaines évolutions suscitent une adhésion ou un rejet unanime des trois grandes fédérations, d'autres sont source de divisions.

---

[14] Il existe aujourd'hui 25 *patronati*, dont les deux plus grands sont affiliés à la CGIL (*Istituto Nazionale Confederale di Assistenza*, fondé en 1945) et à la CISL (*Istituto Nazionale Assistenza Sociale*, fondé en 1949).

Un système de relations industrielles vertical

Jusque dans les années 1990, le système de relations industrielles est essentiellement national et sectoriel. À partir des années 1940, les négociations salariales sont centralisées. Les syndicats réclament, du fait de leur manque d'implantation dans les entreprises, la tenue de négociations « par secteur » concernant la modulation salariale (indexation sur l'inflation), la durée et l'organisation du travail. Ces négociations nationales débouchent sur des conventions collectives sectorielles, dites [au singulier] *Contratto Collettivo Nazionale di Lavoro* (CCNL). On compte aujourd'hui 57 CCNL, valables entre deux et quatre ans.

Toutefois, les syndicats entreprennent, dès les années 1950, d'articuler ces négociations aux actions menées dans les entreprises. Les syndicats, qui cherchent à développer leurs implantations, obtiennent alors la mise en place d'un système à deux niveaux : d'abord conduites par secteur, les négociations se déclinent ensuite par entreprise. Cet équilibre, déterminé à partir des expériences de « conseils d'entreprise », instance de représentation des salariés au niveau de l'usine et ancêtre des RSA (cf. *infra*) de la fin des années 1970, est toujours précaire : il importe de combiner préoccupations locales et stratégies nationales (Mershon, 1989). Ces négociations s'accompagnent d'avancées importantes en matière de démocratie d'entreprise et de protection des salariés, obtenues dans les années 1970 et incarnées par le *Statuto dei Lavoratori*.

Votée en 1970, cette réforme fait figure d'avancée sociale indiscutable : « ce à quoi la loi vise, ce n'est pas seulement de favoriser l'implantation du syndicat dans l'entreprise, mais c'est de faire en sorte que le personnel soit associé à cette implantation, qu'il puisse s'exprimer et déterminer lui-même les structures de l'implantation syndicale » (Aliprantis, 1977, p. 504-505). Sans imposer un modèle exclusif de représentation syndicale dans l'entreprise (les modalités d'application dépendent des accords de chaque CCNL), le *Statuto* énonce des principes communs : présence des syndicats dans l'entreprise (article 14) ; représentation des salariés auprès des directions et en lien avec les syndicats, via les *Rappresentanze Sindacali Aziendali* (RSA) nommés par les syndicats signataires de la convention collective (article 19) ; autorisation pour les salariés de tenir des assemblées (article 20) et d'organiser des référendums (article 21) en complément ; protection du droit de grève (articles 15 et 28) ; dispositions contre les licenciements antisyndicaux (article 15). Toutefois, c'est l'article 18 du *Statuto* qui constitue, depuis son vote jusqu'à aujourd'hui, le cœur de nombreuses tensions entre syndicats, patronats et gouvernement. En effet, cet article prévoit qu'en cas d'annulation d'un licenciement, jugé abusif, par la justice, l'employeur est obligé de réintégrer le salarié ou de le dédommager.

Bien qu'il ne concerne que les entreprises de plus de 15 employés (ou 5 dans le secteur agricole), « l'article 18 » a une valeur symbolique très forte dans l'opinion publique italienne : dénoncé par les gouvernements de centre-droit comme surprotégeant les salariés, la défense de cet article a provoqué des manifestations de plusieurs millions de personnes, comme notamment en 2002 après un appel syndical unitaire. Ces tensions reflètent une tendance de plus en plus explicite à la remise en cause du cadre national ou sectoriel de relations industrielles.

Décentralisation, accords d'entreprise et gouvernement « technique »

Le système des négociations sectorielles, articulées à des formats ouverts de négociations par entreprise, est mis à mal depuis trente ans, mais entre véritablement en crise avec les accords nationaux de 2009. La vague de réforme entamée depuis le début des années 1990 pousse le système de relations industrielles dans un même sens : la primauté progressive des accords d'entreprise sur les cadres nationaux et sectoriels de la négociation.

La première étape de cette vague de réforme survient en 1993. Consécutivement aux secousses qui affectent le système partisan italien, le gouvernement « technique » Ciampi définit les règles d'un nouvel accord avec les organisations syndicales et patronales. Celui-ci est marqué par une première reconnaissance du niveau de l'entreprise comme espace de négociations et d'accords. D'une part, ce « pacte de 1993 » autorise la signature d'accords exceptionnels (dits tripartites) en cas de crise d'une entreprise. D'autre part, ce pacte met un terme à l'indexation des salaires, tout en maintenant une participation syndicale à la fixation du taux d'inflation prévisionnel. Enfin, il substitue définitivement au système des RSA, le principe des *Rappresentanza sindacale unitaria* (RSU) mis en place quelques années auparavant par les syndicats : cet organe de représentation syndicale unique, concernant toutes les entreprises de plus de 15 salariés, permet aux syndicats présents dans une entreprise de siéger dans une instance commune.

Les RSU se distinguent des RSA en ce qu'elles se détachent partiellement de la stricte représentation syndicale : les deux tiers des RSU sont élus par le personnel et un tiers est désigné par les syndicats – exception faite du secteur public, ou tous les membres du RSU sont élus. Ces structures entérinent le fait que l'entreprise est un espace de négociation à part entière : les représentants syndicaux ont un mandat explicite pour négocier, qui leur permet d'établir des normes contraignantes, et les employeurs ont des obligations (information, consultation) vis-à-vis des RSU, sur des thèmes élargis (sécurité, hygiène, mais également restructuration, licenciements). Certains RSU peuvent même aller plus loin dans le dialogue avec les directions d'entreprise, en participant à des structures *ad hoc* relatives à la stratégie de l'entreprise.

La deuxième étape du changement se produit en deux temps, correspondant aux différentes réformes engagées par le second gouvernement Berlusconi, au début des années 2000. Le président du conseil italien enclenche d'abord une vague de concertation préalable à la réforme des relations industrielles et au *Statuto dei Lavoratori* en maintenant à l'écart la CGIL, ce qui entraîne de nombreuses manifestations (près de trois millions de manifestants, par exemple, le 23 mars 2002) dans un climat de forte division syndicale, puisque la CISL et l'UIL participent à la concertation. Toutefois, c'est lors du troisième gouvernement Berlusconi, en 2009, que les réformes se concrétisent. Après la crise financière de 2008, les organisations patronales réclament un assouplissement des cadres nationaux de conventions collectives et obtiennent gain de cause lors de l'accord national de 2009. Celui-ci prévoit différentes dispositions qui marquent un véritable bouleversement dans les relations industrielles : indexation des salaires sur l'index de consommation de l'Union Européenne (*EU's harmonised index of consumer prices for Italy*) et, surtout, possibilité pour les entreprises d'outrepasser les accords sectoriels via des accords d'entreprise. Le niveau de l'entreprise peut alors potentiellement prendre le pas sur celui du secteur. Cet accord engendre une crise sans précédent entre les organisations syndicales : la CGIL refuse de le signer, contrairement à la CISL et à l'UIL. Les dérives de l'accord de 2009 entraînent pourtant un « recadrage » réclamé par les organisations syndicales et patronales.

Les référendums d'entreprise de la Fiat (2010-2011), dérive des accords de 2009

« Coup de force patronal » (Spieser, 2013) ou résultats d'un « chantage à la délocalisation » (Rehfledt, 2012), les accords signés en 2010-2011 dans trois sites de production de Fiat traduisent bien les craintes exprimées par la CGIL. Sans revenir sur le détail de ces accords (Cella, 2011), ni leur mise en œuvre (Gourgues, Sainty, 2015), ils conduisent en effet à une « décentralisation totale » des relations professionnelles italiennes (Carrieri, Leonardi, 2013).

Nommé directeur de Fiat en 2004, Sergio Marchionne « partage avec le gouvernement Berlusconi l'objectif de transformer radicalement le système italien des relations professionnelles, de façon à introduire la centralité de la négociation d'entreprise et de réaffirmer les prérogatives managériales » (Rehfeldt, 2012, p. 30). Profitant des accords de 2009, il impose en 2010 de nouveaux accords dans l'usine de Pomigliano d'Arco (Naples). Toutefois, souhaitant affaiblir la CGIL-FIOM, très implantée dans l'usine et qui ne reconnait pas les accords de 2009, la direction de Fiat décide d'avoir recours à des référendums, dont le statut légal reste ambigu mais dont l'objectif est de faire approuver les termes des nouveaux accords par le personnel. Ceux-ci conduisent à une nette dégradation des conditions de travail en échange du maintien de l'activité. Ils sont signés par Fiat, la FIM, la UILM et l'UGL tandis que la FIOM non signataire est exclue de l'enceinte de l'usine. Les mêmes dispositions sont adoptées sur les sites de Mirafiori et Bertone (Turin) en 2011.

Dans le même temps, S. Marchionne prend ses distances vis-à-vis de la *Confindustria*, que Fiat quitte définitivement en 2012. En sortant ses sites de production du droit du travail italien, allant jusqu'à les placer sous un nouveau statut juridique, Fiat impose « le niveau de l'entreprise comme lieu d'élaboration privilégié des normes conventionnelles » et entend « verrouiller par tout moyen les possibilités de contestation de ces normes » (Pasquier, 2012, p. 113).

Ainsi le 28 juin 2011, profitant de l'extrême impopularité du gouvernement Berlusconi, les trois grandes confédérations syndicales négocient un nouvel accord avec la *Confindustria*. Celui-ci prévoit un renforcement du contrôle sur les négociations d'entreprise et modifie les règles de représentation syndicale : nécessité de ratification des accords par les échelons régionaux et nationaux en cas de dérogation aux CCNL ; possibilité pour les travailleurs de refuser l'accord ; ouverture des RSU à toute organisation syndicale disposant de 5 % de représentation dans un secteur, et obligation pour les syndicats signataires d'un accord d'entreprise de cumuler au moins 50 % de représentation dans le secteur concerné. Toutefois, si la décentralisation engagée en 2009 semble avoir été freinée en 2011, cette même année marque un nouveau bouleversement politique ayant des conséquences encore difficiles à mesurer.

C'est une troisième étape de réforme des relations industrielles qui s'ouvre, là encore par le fait du gouvernement « technique » Monti. Mis en place à la suite de la crise des bons du trésor italiens, sous la pression de la Troïka formée par la Banque Centrale Européenne, le Fond Monétaire International et la Commission Européenne (Bouillaud, 2013), le nouveau président du conseil italien, disciple de l'école ordo-libérale de l'université Bocconi (Blyth, 2013, p. 165-177), relaie les « recommandations » de réformes concernant les négociations collectives et le droit du travail. Ces recommandations suivent une ligne claire : dérégulation et flexibilisation du marché du travail, baisse de la dépense publique, réforme du système de retraites. Les réformes principales du marché du travail passent par la loi du 25 juin 2012 qui introduit un assouplissement de l'article 18 (assouplissement modéré compte tenu de la mobilisation orchestrée par la CGIL)[15], un recours élargi aux formes d'emploi atypiques[16], une refonte de l'assurance-chômage.

Toutefois, cette politique d'austérité ne s'accompagne pas d'une complète déstabilisation syndicale. D'abord, Mario Monti ménage les syndicats en maintenant a minima les structures de négociation classique – réussissant même à obtenir *in fine* la signature de la CGIL sur l'accord interconfédéral tripartite de novembre 2011. Cependant, le rôle des partenaires sociaux se trouve dégradé par la multiplication d'actions unilatérales du gouvernement, qui passe outre la concertation (Carrieri, Leonardi, 2013). La réforme du CNEL, réduit à une assemblée d'experts économiques et marquée par une diminution drastique des représentants syndicaux et patronaux, témoigne, sur un plan plus symbolique, d'une volonté explicite de se défaire du « carcan de l'action concertée ».

Conclusion

Les relations industrielles italiennes ont donc été heurtées de plein fouet par la crise financière de 2008 et ses conséquences politiques, qui ont accéléré des tendances déjà à l'œuvre. Les syndicats et les organisations patronales se retrouvent face à une situation complexe : confrontés, dans le cadre des négociations nationales, à l'enjeu de la déclinaison des conditions d'austérité imposées par l'échelon européen pour stabiliser le budget de l'État, ces dernières font également face à une dégradation très importante de la situation économique avec des taux de chômage et de pauvreté records[17].

Le positionnement actuel de la CGIL résume à lui seul le dilemme : tout en poursuivant une stratégie de rapport de force[18], la CGIL « modère » son opposition au gouvernement Monti, de façon à ménager son partenaire politique, le Parti démocrate (PD), héritier du PCI, et membre de la coalition au pouvoir (Carrieri, Leonardi, 2013).

---

[15] Désormais, l'article 18 spécifie trois cas dans lesquels les licenciements peuvent être déclarés abusifs : pour discrimination, pour faute grave et pour motifs économiques.

[16] L'emploi atypique regroupe dans la terminologie italienne toutes les formes d'emploi ne correspondant pas à l'emploi à temps plein et à durée indéterminée.

[17] Au premier trimestre 2014, le taux de chômage atteint 13 % (soit le record depuis la création des statistiques trimestrielles du chômage en 1977) et l'ISTAT (2013) estime que la pauvreté relative concerne plus de 15 % de la population (environ 9,5 millions d'individus) et que la pauvreté absolue touche 8 % de la population (presque 5 millions d'individus).

[18] La CGIL a notamment obtenu, au terme d'une mobilisation de masse, le maintien d'une grande partie des salariés concernés par l'extension de l'âge de la retraite dans le système par répartition, dans le cadre de l'élaboration de la loi du 27 juin 2012 réformant le code du travail.

Mais à compter de 2014, le gouvernement Renzi, adoptant une ligne so-cial-libérale, a durci le ton vis-à-vis des organisations syndicales. L'annonce de l'abolition du fameux article 18 a provoqué une manifestation romaine, à l'appel de la CGIL, qui a réuni un million de personnes, le 24 octobre 2014, mais qui n'a pas empêché son retrait. Par décret, le gouvernement Renzi a réformé, à marche forcée, le marché du travail italien, notamment en intro-duisant la flexicurité et en entérinant les politiques d'activation de l'emploi avec le « *Jobs Act* » : avantages fiscaux à l'embauche pour les employeurs, création d'un contrat de travail à « protection croissante » – c'est-à-dire dans lequel le licenciement est facilité les trois premières années du contrat –, uniformisation des contrats de travail et réorganisation des centres de pla-cement. Dans le même temps, un salaire minimal légal est introduit pour les branches non réglementées par une convention collective nationale : cette mesure est également source de tensions entre syndicats et gouvernement, les syndicats craignant que leur capacité de négociation des conventions collectives soit dorénavant limitée.

N'ayant pour l'instant jamais cédé à la pression et aux cortèges syndi-caux, confortés par ses récents succès électoraux, le gouvernement Renzi semble aujourd'hui en passe de sonner le glas de la concertation dans les négociations professionnelles italiennes, déjà attaqué par ailleurs[19].

Bibliographie

Accornero A., 2006, *San Precario lavora per noi. Gli impieghi temporanei in Italia*, Milan, Rizzoli.

Aliprantis N., 1977, « L'exercice des libertés syndicales dans l'entreprise en droit italien », *Revue internationale de droit comparé*, n° 3, p. 501-521.

Allum P., 1995, « Le double visage de la Démocratie chrétienne », *Politix*, n° 8-30, p. 24-44.

Altieri G., Birindelli L., Dota F., Ferrucci G., 2011, *Un mercato del lavoro sempre più « atipico » : scenario della crisi*, Rapport de recherche de l'IRES.

Anderson K., Lynch J., 2007, « Reconsidering Seniority Bias: Aging, Internal Institutions, and Union Support for Pension Reform », *Comparative Politics*, n° 2, p. 189-208.

Assemblée Nationale (française), 2004, *Le financement des syndicats : étude d'administration comparée. Le cas de l'Italie*, Rapport présenté par l'inspection générale des affaires sociales.

---

[19] Ainsi, Mario Monti, dans un discours lors de l'assemblée générale de l'Association Bancaire Italienne, le 11 juillet 2012, identifiait la concertation comme source des problèmes du marché du travail italien : « les expériences passées de concertation avec les partenaires sociaux ont créé les maux contre lesquels nous combattons et à cause desquels nos enfants et nos petits-enfants ont des difficultés à trouver du travail ».

Bltyh M., 2013, *Austerity: The History of a Dangerous Idea*, Oxford, Oxford University Press.

Bouillaud C., 2013, « L'Italie (2008-2013) : de la crise à cause de l'euro au miracle à venir grâce à l'euro ? », *Pôle Sud*, n° 2, p. 11-34.

Capasso A., Dagnino G. B., 2012, « Beyond the "Silo View" of Strategic Management and Corporate Governance: Evidence from Fiat, Telecom Italia and Unicredit », *Journal of Management and Governance*, n° 4, p. 929-957.

Carrieri M., Leonardi S., 2013, « Italie. Des turbulences sans atterrissage certain : l'évolution récente des relations professionnelles italiennes », *Chronique internationale de l'IRES*, n° 139, p. 18-34.

Causarano P., 2000, *La Professionalità contesa : cultural del lavoro e conflitto industriale al Nuovo Pignone di Firenze*, Milan, Franco Angeli.

Cella G., 2011, « Italie : L'accord de Fiat Pomigliano et les relations professionnelles italiennes », *Chronique internationale de l'IRES*, n° 128, p. 25-34.

Cockburn C., Beccalli B., 1984, « From Equality to Difference: Women and Trade Unions in Italy », *Feminist Review*, n° 16, p. 47-48.

Colarizi S., 2005, « La trasformazione della leadership. Il PSI di Craxi (1976-1981) », in Colarizi S., Gervasoni M. (dir.), *La cruna dell'ago : Craxi, il Partito socialista e la crisi della Repubblica*, Rome-Bari, Laterza.

Crainz G., 2008, « Les transformations de la société italienne », *Vingtième Siècle*, n° 4, p. 103-113.

Favre P., 1975, « Le modèle léniniste d'articulation parti-syndicats-masses : le Parti communiste italien et l'unité syndicale », *Revue française de science politique*, n° 3, p. 433-466.

Fulton L., 2013, *La représentation des travailleurs en Europe*, Bruxelles, ETUI.

Gourgues G., Sainty J., 2015, « La négociation d'entreprise au piège du référendum. Les enseignements des nouveaux accords d'entreprise des usines italiennes Fiat (2010-2011) », *Sociologie du travail*, n° 3.

Héritier P., 2002, « Italie : des syndicats forts mais une unité en danger », *Mouvements*, n° 23, p. 150-152.

ISTAT, 2013, « La povertà in Italia ». En ligne : http://www.istat.it/it/archivio/95778.

Lange P., Ross G., Vannicelli M., 1982, *Unions, Change and Crisis: French and Italian Union Strategy and the Political Economy*, 1945-1980, Winchester, George Allen & Unwin.

Leonardi S., 2013, « Gli anni della concertazione : un excursus storico-politico », *Alternative per il socialismo*, n° 25.

Mattoni A., VogiatzoglouItaly M., 2014, « Italy and Greece, before and after the crisis: between mobilization and resistance against precarity », *Quaderni*, n° 84, p. 57-71.

Mershon C., 1989, « Between Workers and Union: Factory Councils in Italy », *Comparative Politics*, n° 2, p. 215-235.

Namuth M., 2013, *Trade Unions In Italy*, Berlin, Friedrich-Ebert-Stiftung press.

Oberti M., 2002, « La reconquête de l'espace public : les mobilisations anti-Berlusconi », *Mouvements*, n° 21-22, p. 144-147.

Pasquier T., 2012, « La négociation collective en temps de crise : l'exemple des accords Fiat », *Droit Ouvrier*, n° 2, p. 112-115.

Ranci C., 2001, « Democracy at Work: Social Participation and the "Third Sector" in Italy », *Daedalus*, n° 3, p. 73-84.

Rehfeldt U., 2012, « Italie : Accord sur les règles de la négociation collective et retour à l'unité syndicale », *Chronique internationale de l'IRES*, n° 134, p. 29-37.

Rehfeldt U., 2013, « Italie. Des recommandations européennes à la résistance syndicale », *Chronique internationale de l'IRES*, n° 143-144, p. 93-107.

Schmitter-Heisler B., 1986, « Immigrant Settlement and the Structure of Emergent Immigrant Communities in Western Europe », *Annals of the American Academy of Political and Social Science*, n° 485, p. 76-86.

Sellier F., 1971, « Les transformations de la négociation collective et des organisations syndicales en Italie », *Sociologie du travail*, n° 2, p. 141-158.

Spieser C., 2013, « La fin du modèle de flexicurité face à la résilience des modèles nationaux ? Syndicats et négociations sur l'emploi en Allemagne, en France et en Italie », *Politique européenne*, n° 4, p. 72-95.

Tecnè [agence], 2014, « La fiducia nel sindacato », étude réalisée pour l'Associazione Bruno Trentin et la CGIL.

Trentin B., 2012, *La Cité du travail. Le fordisme et la gauche*, Paris, Fayard.

Turone S. (dir.), 1992, *Storia del sindacalismo in Italia dal 1943 al crollo del comunismo*, Bari, Laterza.

Chapitre 11

Pays-Bas : le syndicalisme des polders

Antoine Bevort[1]

La trajectoire de Wim Kok, successivement dirigeant syndical, premier ministre et enfin administrateur d'entreprise résume bien certaines caractéristiques de la société néerlandaise et du rôle que peut y jouer le syndicalisme. Dans les années 1970, ce militant syndical acquiert ses premières responsabilités dans la principale organisation syndicale néerlandaise d'alors, le NVV, *Nederlands Verbond van Vakverenigingen* (issu du mouvement socialiste). En 1976, il devient le premier président de la nouvelle confédération émergente, résultant de la fusion de son organisation avec le syndicat catholique NKV, *Nederlands Katholieke Vakverbond*. W. Kok restera neuf ans à la tête de la nouvelle confédération, le FNV, *Federatie Nederlandse Vakbeweging*, qui domine le paysage syndical néerlandais. Avec les autres dirigeants syndicaux et patronaux, le leader syndical est un des signataires de l'accord de Wassenaar en 1982, négocié au sein de la Fondation du travail, institution-clé de la démocratie sociale néerlandaise. Cet accord intitulé « Recommandations centrales en matière de politique d'emploi », marque l'avènement de ce qu'on appellera plus tard le « *poldermodel* ». Peu après la fin de son mandat syndical, W. Kok est élu député, devient leader du Parti du Travail, et participe en 1989 à la première grande coalition avec le CDA (*Christen-Democratisch Appèl*). Il devient premier ministre de 1994 à 2002, à la tête d'une coalition dite « violette » réunissant les travaillistes, les chrétiens démocrates et les libéraux. Il termine sa carrière comme administrateur au sein de plusieurs conseils de surveillance de grandes entreprises néerlandaises comme Shell ou KLM.

Wim Kok aura connu la fin de la « piliérisation »[2] syndicale, présidé à la naissance du FNV, signé l'accord fondateur du *poldermodel*, et rempli un rôle politique de premier plan dans une grande coalition gauche droite, autant d'épisodes marquants de la société de concertation que forment les Pays-Bas. La crise profonde qu'a traversé le FNV en 2011 atteste que cette démocratie sociale n'est pas pour autant un long fleuve tranquille. Le rôle

---

[1] Professeur de sociologie au Conservatoire national des arts et métiers (Paris).

[2] Cette notion désigne la segmentation politique et religieuse qui caractérise la société néerlandaise. Elle est explicitée plus bas.

central qu'y joue le syndicalisme dans l'acceptation des pactes sociaux s'accompagne parfois de tensions majeures, mais la façon dont celles-ci sont surmontées, dont le partenariat social est périodiquement réinventé, illustre la prégnance des ressorts coopératifs dans la société néerlandaise.

Le syndicalisme des polders est enraciné dans l'histoire de la société néerlandaise qui a cultivé la concertation comme une pratique sociale cardinale. À la Libération, il s'est affirmé comme un des acteurs majeurs de la « piliérisation » de la société néerlandaise, cette forme sociale particulière qu'a prise aux Pays-Bas ce qu'Arend Lijphart (1977) nomme la société consociative. Sa capacité à renouveler le pacte social après l'effritement des piliers, dans le difficile contexte économique et social des années 1980 jusqu'à aujourd'hui souligne l'importance de l'esprit de concertation dans ce qui est désormais désigné comme le modèle des polders.

1. Les origines du syndicalisme des polders[3]

C'est dans la deuxième moitié du 19e siècle que les premières formes syndicales apparaissent dans l'imprimerie et l'industrie du diamant. Il s'agit de mutuelles, assurances maladie ou accidents du travail, peu sensibles aux idées socialistes et internationalistes, et surtout préoccupées de problèmes locaux.

La première confédération nationale est créée en 1871. Le ANWV, *Algemeen Nederlands WerkliederenVerbond*, est une organisation très modérée, qui revendique l'extension du droit de vote, la démocratisation de l'enseignement, et la journée de 10 h. Hostile à la lutte de classe et aux actions illégales, elle prône la collaboration de classe et le respect de la légalité. Mais elle est rapidement désertée aussi bien par les protestants, à cause de ses prises de position en faveur d'un enseignement public laïc, que par les socialistes, à cause de sa ligne modérée. Dès les années 1880, l'ANWV n'est plus qu'une organisation croupion.

À la fin du 19e siècle, des groupes politiques et des syndicats d'inspiration socialiste se regroupent au sein du NAS, *Nationaal Arbeids Secretariaat*, fondé en 1893. Mais partisans de l'action directe et de l'action parlementaire s'y affrontent durement. Exclusions et départs vont rapidement affaiblir le *Secretariaat* qui ne regroupera finalement que des syndicalistes révolutionnaires très minoritaires dans le mouvement ouvrier hollandais.

Le projet d'une loi antigrève pour les services publics en 1903 souligne les divergences entre les différentes composantes du mouvement

---

[3] Plusieurs passages d'un article publié dans la *Chronique internationale de l'IRES* (Bevort, 1990) sont ici repris. L'histoire a été reconstituée à partir de l'ouvrage de Windmuller J.-P. *et al.*, 1987.

ouvrier. L'échec d'une action de grève exigeant le retrait du projet durcit les clivages au sein du mouvement syndical. Les syndicats non-confessionnels reprochent aux syndicats confessionnels d'avoir accepté, voire soutenu, la loi anti-grève. Mais l'échec a aussi accentué les oppositions entre syndicalistes révolutionnaires et réformistes sur le type d'action et d'organisation syndicale.

Les réformistes sont les premiers à tirer les conclusions de cette défaite. Échaudées par les divisions et l'indiscipline des syndicats, une quinzaine de fédérations nationales socialisantes se réunissent pour former, en 1906, le NVV, *Nederlands Verbond van Vakverenigingen*, sur le modèle du syndicat des diamantaires. Ce dernier, l'ANDB, *Algemene Nederlansche Diamantenbewerkers Bond*, se structure en 1894 à l'occasion d'une grève pour les salaires. C'est l'antithèse des idées syndicalistes révolutionnaires. Cette organisation, sensible aux idées socialistes, mais également convaincue de la nécessité d'un syndicat discipliné et riche, impressionne par son efficacité.

Le NVV lui emprunte son mode d'organisation, c'est-à-dire une direction centralisée et des fédérations fortes, donnant la priorité aux accords collectifs et aux lois sociales par rapport à l'action, se dotant d'une caisse de grève centralisée, de cotisations élevées et utilisant des permanents à plein temps. Le NVV établit une liaison étroite avec le SDAP, le parti politique socialiste hollandais. Il s'affirme rapidement comme la principale force syndicale face aux deux organisations confessionnelles qui s'organisent à peu près au même moment.

Dès le 19ᵉ siècle, protestants et catholiques fondèrent leurs propres organisations en réaction aux syndicats prônant la lutte de classe. En 1909, les protestants regroupent leurs organisations et créent le CNV, *Christelijk Nationaal Vakverbond*. L'histoire des syndicats catholiques est plus complexe. L'Église néerlandaise soumet les organisations catholiques à une tutelle rigoureuse. Ce tutorat aura pour conséquence une double structuration syndicale catholique. De 1909 aux années 1960, coexistent une organisation catholique laïque et une organisation diocésaine. En 1925, les deux organisations catholiques s'unissent pour former le RKWV, *Rooms Katholieke WerkliedenVakverbond*, mais chaque composante conserve ses structures. Ce n'est qu'en 1964 que les évêques acceptent la fusion des deux organisations et l'autonomie du NKV, *Nederlands Katholieke Vakverbond*, par rapport à l'Église catholique.

Le NVV, le NKV, et le CNV dominent largement le syndicalisme néerlandais, dont ils organisent depuis le début du siècle environ 75-80 % des syndiqués (voir tableau *infra*). Leur représentativité fut contestée à la Libération par le *EenheidsVaksbeweging*, syndicat unitaire, proche des communistes. Ce syndicat de « lutte de classe » bénéficia d'une certaine audience dans les années d'après-guerre mais déclina rapidement pour se dissoudre en 1964. Le syndicalisme de cadres connaît depuis les années 1960 un succès qui semble plus durable, sans toutefois parvenir à contester véritablement la suprématie des grandes confédérations.

Les piliers du partenariat social

L'existence de trois confédérations syndicales sociale-démocrate, protestante et catholique est une des illustrations de la « piliérisation » néerlandaise. Cette notion désigne le fait que la vie sociale et politique aux Pays-Bas a été longtemps structurée à partir de « piliers » politico-religieux, qui règlent par des compromis leurs différentes conceptions du monde notamment en matière politique et sociale. Les néerlandais désignent ce phénomène par le terme de « *verzuiling* », littéralement la « piliérisation ». Si l'on naît dans une famille catholique, on fréquente une école catholique, on lit des journaux catholiques, on joue au football dans un club catholique, on est abonné à un magazine de télévision catholique, on adhère à une organisation professionnelle catholique.

Selon J.-P. Windmuller *et al.* (1987, p. 38), « les divisions idéologiques et religieuses dans la société néerlandaise vont verticalement jusqu'à la classe ouvrière et ces clivages sont au moins aussi importants pour l'explication des sentiments de loyauté et l'attitude des ouvriers, que la stratification horizontale en classes ». Autant qu'à une classe sociale, les salariés appartiennent à une famille politique ou religieuse. Les grands partis, comme les principaux syndicats, appartiennent aux trois grandes familles politico-religieuses, catholique, protestante et sociale-démocrate. Ni les communistes, ni les libéraux (du moins dans un premier temps), ne réussissent à devenir une véritable force politique ou syndicale. La structure en piliers de la société hollandaise pèse fortement sur la vie politique et sociale depuis les débuts du 19ᵉ siècle. « La piliérisation a eu un effet de segmentation mais aussi de stabilisation dans le domaine socio-politique. La coopération était inévitable parce qu'aucun parti ne disposait de la majorité absolue et elle était nécessaire pour remettre le pays en selle » (Windmuller *et al.*, p. 391). Cela entraîne notamment la participation des sociaux-démocrates aux gouvernements à partir de 1945, ce qui facilite l'intégration du NVV dans la vie politique et sociale.

La « piliérisation » a profondément marqué les relations professionnelles néerlandaises. L'existence des piliers, traversant toutes les couches sociales, explique la forte légitimité des organisations représentatives, le comportement très coopératif des acteurs sociaux et le rôle central de l'État chargé de réguler et mettre en œuvre les compromis. Jusqu'aux années 1970, les trois principales organisations syndicales, le NVV, social-démocrate, le NKV, catholique et le CNV, protestant, ont fidèlement reproduit ces clivages. Le caractère pluraliste et coopératif des partenaires sociaux, qui fait des Pays-Bas un des exemples les plus achevés du corporatisme dans les années 1950 (Crouch, 1986), se lit notamment dans l'action de la Fondation du travail et du Conseil économique et social.

Les arènes de la concertation

Mises en place à la Libération, les deux institutions s'inspirent fortement de l'entre-deux-guerres. Le *Hoge Raad van de Arbeid*, Haut Conseil du Travail, créé en 1919, a préfiguré ce qui sera systématisé après la Seconde Guerre mondiale. Cette institution tripartite fut un lieu de concertation permanente entre représentants des employeurs, des salariés et de l'État avec la collaboration d'experts indépendants. En reconnaissant les trois syndicats les plus importants, l'État en établissait la représentativité. Plus de 80 % des avis de cet organe consultatif ont été suivis de lois. L'autorité de ce Conseil, le développement de conventions collectives, la reconnaissance du comité d'entreprise ont limité les tensions sociales et favorisé la négociation. Quant à l'État, il se réserva le droit d'apprécier la validité des accords collectifs. Il pouvait notamment annuler des accords salariaux qu'il jugeait trop favorables ou insuffisants. Ce qui se met en place à la Libération est dans la continuation directe de cette période.

Quelques jours seulement après la Libération des Pays-Bas, les organisations patronales et syndicales, réunies pendant la résistance, fondent le 17 mai 1945 le *Stichting van de Arbeid*, la Fondation du Travail, dont ils veulent faire le pivot des relations professionnelles. L'État refusera de se dessaisir de son rôle dirigeant, mais saura intégrer cet organisme dans le système institutionnel qu'il va élaborer en deux temps. La Résolution extraordinaire sur les relations professionnelles, votée en octobre 1945, définit un mode de pilotage de la politique sociale complexe et original. Au centre du dispositif, le Collège de médiateurs de l'État a la responsabilité, sous contrôle ministériel, de juger toutes les questions relatives au travail : salaires, temps de travail, ruptures de contrat. Le gouvernement définit les directives en matière de salaires et de conditions de travail, les « partenaires » sociaux concluent des accords, des conventions collectives. Après consultation de la Fondation du Travail, le Collège des médiateurs approuve ou rejette ces accords. Le Collège, composé de personnalités indépendantes – professeurs d'université, parlementaires, élus locaux – nommées par le ministre des Affaires sociales, bénéficie d'une grande autorité. Il permet aux syndicats comme aux gouvernements de lui faire endosser des décisions impopulaires, notamment en matière salariale.

La Fondation du travail est une institution paritaire, indépendante, autonome des partenaires sociaux qui exerce une grande influence sur le contenu comme sur les procédures des relations de travail. La Fondation réunit aujourd'hui huit représentants des trois organisations patronales et huit représentants des trois organisations syndicales. Elle est dirigée alternativement par un président patronal ou syndical, qui exerce chacun sa fonction pendant un an. La Fondation du travail a pour tâche de stimuler la négociation collective et se prononce sur toutes les questions qu'elle estime relever des relations de travail. Elle émet donc non seulement des avis sur les lois concernant les négociations collectives et les projets d'extension des conventions collectives, mais intervient aussi dans les grands débats sur les projets gouvernementaux en matière économique et sociale. La Fondation est une arène importante dans le débat public, une institution clef dans la procédure de délibération. Ses avis sont difficiles à contourner pour le gouvernement.

Le SER, *Sociaal-Economische-Raad*, Conseil Économique et Social, créé en 1950, complète le système institutionnel. Cet organisme tripartite reprend la fonction d'instance officielle de conseil socio-économique confiée à l'origine à la Fondation du travail. Ses 33 membres se partagent en trois groupes. Les parties syndicales et patronales occupent chacune 11 sièges, le troisième collège est composé d'experts indépendants nommés par la « Couronne ». Les avis et rapports de cette commission jouissent d'un grand crédit, sans comparaison avec l'influence du Conseil économique, social et environnemental français. Ainsi, aucune loi économique ou sociale ne peut être soumise au parlement néerlandais sans un avis positif du SER. Ce dernier a d'ailleurs été cité comme modèle pour une réforme du CESE français dans le rapport Chertier (2006).

Le grand mérite de ces deux institutions est de favoriser une prise de décision largement délibérée par les parties prenantes et ainsi généralement mieux comprise et soutenue. Dans ces institutions, les confédérations ne délèguent le plus souvent pas leurs dirigeants nationaux, mais les permanents confédéraux, les « *topfunctionnarissen* ». Ces responsables montrent une compréhension plus grande pour les préoccupations gouvernementales que des militants plus exposés aux pressions de leur base. Cela fut notamment une des conditions du consensus sur la politique des revenus et plus récemment de l'accord de Wassenaar, conclu en 1982, signé au sein de la Fondation du travail.

2. De la « piliérisation » à la polarisation

Des années 1950 aux débuts des années 1980, deux périodes très contrastées peuvent être distinguées dans l'histoire sociale des Pays-Bas. Les vingt premières années (1945-1965) sont dominées par l'impératif d'une politique dirigiste des revenus, acceptée et endossée par les partenaires sociaux. La fin du consensus sur cette politique coïncide avec l'effritement de la « piliérisation ». Elle ouvre une période de transition marquée par la polarisation croissante de la société néerlandaise, dont les acteurs sont incapables de trouver les compromis nécessaires pour surmonter les divisions sociales et politiques. En 1982, l'accord de Wassenaar, qui jette les bases de ce qu'on appellera plus tard le modèle des polders, met fin à ces tensions.

Le consensus de la politique des revenus

Dans les premières décennies d'après-guerre, la politique des revenus, et surtout des salaires, est au cœur des relations professionnelles hollandaises. Après une période d'austérité salariale acceptée pour cause de reconstruction par tous les partenaires sociaux, le consensus va s'effilocher à partir des années 1960. La « dépiliérisation » partielle de la société néerlandaise et la crise de l'État-providence hollandais vont ébranler les bases du système élaboré à la Libération.

Jusqu'à la fin des années 1950, le consensus sur la priorité à la reconstruction l'emporta sur toute autre considération. Que ce soient les salariés, désirant des hausses de salaires plus importantes, ou les patrons voulant plus de liberté de négociation, tous acceptaient *in fine* les directives salariales gouvernementales et les arbitrages des médiateurs. Les états-majors confédéraux sont particulièrement coopératifs, sans être vraiment contestés par leurs bases. La centralisation des syndicats fut pendant les quinze années d'après-guerre une caractéristique importante du syndicalisme néerlandais (Visser, 1990). Ce fut notamment une des conditions du consensus sur la politique des revenus, dont les syndicats sont un des plus fidèles soutiens. Chaque année les pouvoirs publics fixent un pourcentage uniforme de hausse des salaires suivant les conseils de la Fondation du travail tout d'abord et, plus tard, du SER. Mais avec l'achèvement de la reconstruction et la libéralisation dans les pays voisins, le contrôle assez strict des salaires se heurte à de multiples problèmes.

La croissance économique, le quasi-plein emploi et des écarts croissants de salaires avec les pays voisins créent de vives tensions sur le marché du travail. Les pratiques consistant à contourner les directives gouvernementales par le versement de « sursalaires au noir » pour conserver les salariés, se multiplient. Les salaires réels respectent de moins en moins les directives nationales. En outre, le gouvernement souhaite accentuer la hiérarchie des salaires en fonction de la productivité du travail et mieux contrôler le Collège des médiateurs, au grand dam de ses membres. C'est la fin du consensus sur la politique des salaires.

C'est au sein du SER que se manifestent les divergences. D'un côté, une majorité comprenant les organisations confessionnelles et le NVV estime qu'une politique des salaires ne s'impose plus. Elle préconise la suspension de la résolution de 1945, la suppression du Collège des médiateurs et la libre négociation des salaires entre organisations syndicales et patronales. Une minorité des organisations patronales non confessionnelles et une bonne partie des experts considèrent en revanche que l'économie hollandaise n'est pas assez solide pour se passer de la politique dirigée des salaires.

En fait, l'écart entre les salaires autorisés et les salaires réels continue à grandir. Les gouvernements ne contrôlent plus l'évolution des salaires qui augmentent rapidement. Consulté, le SER ne peut dégager aucun compromis satisfaisant. Dans la deuxième moitié des années 1960, le système s'englue dans les désaccords et des crises gouvernementales de plus en plus fréquentes. Le Collège des médiateurs doit se substituer à la fois aux partenaires sociaux et aux gouvernements. Le système est en panne. En 1967, le gouvernement cesse d'afficher des directives nationales contraignantes pour les salaires. Il se réserve cependant le droit d'intervenir s'il estime qu'une convention collective a un effet trop déséquilibrant pour l'économie. En 1968 on supprime le Collège de médiateurs. C'est la fin formelle de la politique dirigée des salaires.

« Dépiliérisation » et fin du consensus

L'affaiblissement de la piliérisation est concomitant de la fin du consensus social sur la politique des revenus. La « dépiliérisation » produit une recomposition des forces politiques et syndicales, qu'illustrent la fusion du NVV et du NKV, et la création d'un syndicat de cadres, le MHP. Les convergences croissantes entre le NVV, le NKV et le CNV conduisent ces organisations à entamer en 1970 des négociations en vue d'une fusion. Le CNV se retire cependant très rapidement des discussions. Les progrès de la négociation entre le NVV et le NKV provoquent le départ de quelques syndicats de cols blancs du NKV, dont certains rejoignent d'autres organisations de cadres pour former en 1974, le MHP, *Vakcentrale voor Middengroepen en Hoger Personeel*. Cette nouvelle confédération, rebaptisée en 2013, VCP (*Vakcentrale voor Professionals*) se situe hors toute référence à un pilier. Le FNV (*Federatie Nederlandse Vakbeweging*), regroupement des deux confédérations catholique et socialiste, naît en 1976, mais la fusion est formellement et définitivement actée le 1er janvier 1981. Ni la création de cette nouvelle confédération, qui représente près de 60 % des syndiqués, ni celle du MHP n'ont toutefois empêché une baisse significative du taux de syndicalisation dans les années 1980 (voir le tableau relatif à la syndicalisation).

Les relations professionnelles se modifient assez profondément dans les années 1970. La politique dirigée des salaires est remplacée par le principe d'indexation des salaires sur les prix et des négociations décentralisées. Préconisée par le SER, l'indexation se diffuse dans de nombreux accords salariaux. Les syndicats commencent aussi à revendiquer des hausses dégressives de salaires, ce qui favorise la naissance de syndicats d'encadrement. Enfin, la conflictualité s'accroît. De nombreux conflits, grèves sauvages, occupations d'usines traduisent la crise sociale hollandaise. Les syndicats, conscients d'une certaine coupure entre la base et le sommet, revendiquent un élargissement du droit syndical dans l'entreprise. Faute d'accords entre les partenaires sociaux, les gouvernements continuent cependant à jouer un rôle important.

La syndicalisation aux Pays-Bas

	Effectifs syndiqués totaux	NVV	NKV	CNV	MHP	Autres syndicats	Taux de syndicalisation
1910	185	41	12	7		126	
1920	684	248	141	67		228	
1930	625	251	131	71		171	
1940	798	319	186	119		174	
1950	1160	382	296	156		163	*35*
1955	1221	463	361	200		198	*37*
1960	1354	487	400	219		248	*40*
1965	1462	526	407	229		300	*38*
1970	1524	563	400	239		323	*38*
1975	1710	684	360	228	123	314	36
1980	1790	752	326	304	118	289	
		FNV		CNV	MHP	Autres	
1985	1541	899		300	108	234	27
1990	1653	975		302	125	251	
1995	1873	1147		344	159	223	28
2000	1912	1225		357	207	124	25
2005	1899	1194		347	159	199	
2006	1866	1171		342	161	192	23
2007	1878	1182		335	167	194	22
2008	1898	1192		334	169	203	21
2009	1887	1197		336	135	219	22
2010	1870	1198		336	129	207	21
2011	1876	1197		341	130	207	20
2012	1849	1180		341	132	196	
2013	1797	1142		291	65	29	

Sources : CBS et Windmuller, 1987.

La crise économique et le coût croissant des dépenses sociales aggravent les tensions sociales et minent encore davantage le consensus qui fondait les relations professionnelles. La publication d'un rapport préconisant une baisse des dépenses budgétaires et des prestations sociales déclenche de nouveaux conflits à la fin des années 1970. La question des « *Bezuinigingen* » (économies et coupes budgétaires) domine la politique économique et sociale néerlandaise. Les mesures de restrictions budgétaires et sociales suscitent une forte hostilité syndicale et divisent profondément les partenaires sociaux.

3. L'accord de Wassenaar et le modèle des polders

Dans ce contexte économique difficile, une coalition gouvernementale, formée par le parti chrétien-démocrate, le CDA, et le parti libéral, le VVD (*Volkspartij voor Vrijheid en Demokratie*, Parti populaire pour la Liberté et la Démocratie) propose en 1982 un gel des salaires et des prix. Cette politique est vécue comme une menace par les syndicats et les organisations patronales[4] qui craignent le retour d'un dirigisme salarial. C'est notamment pour préserver leur liberté de négociation et, plus fondamentalement, leur rôle dans la régulation économique et sociale, que les partenaires sociaux concluent le fameux accord de Wassenaar. Présenté comme l'échange d'une modération salariale contre une réduction du temps de travail, l'accord définit plus largement les termes d'un nouveau pacte social auquel on donnera quinze ans plus tard le nom du modèle des polders. L'accord de Wassenaar substitue l'emploi aux revenus comme objectif prioritaire de la politique économique et sociale et ses « recommandations centrales » constituent autant de principes fondateurs de cette nouvelle politique économique et sociale tout en sauvegardant une certaine liberté de négociation. Il met fin à la polarisation croissante de la société néerlandaise et signe le retour de la pratique de compromis par la négociation.

---

[4] Les organisations patronales sont également au nombre de trois depuis la fusion en 1996 des confédérations laïque, VNO (*Verbond van Nederlandse Ondernemingen*, fédération des entreprises néerlandaise), et protestante, NCW (*Nederlands Christelijk Werkgeversverbond*, fédération d'employeurs chrétienne, néerlandaise). La principale organisation patronale qui a juxtaposé les deux sigles pour former le VNO-NCW, dit représenter 90 % des salariés du secteur marchand. Elle coexiste avec une fédération des petites et moyennes entreprises, le MKB, *Midden en KleinBedrijf*, qui revendique pour sa part le plus grand nombre d'entreprises adhérentes. Les deux organisations travaillent cependant très étroitement ensemble. La troisième organisation patronale représentative est le LTO (*Land en Tuinbouw Ondernemers*, entrepreneurs agricoles et horticoles), qui représente 50 000 agriculteurs et éleveurs de la puissante agriculture néerlandaise.

L'accord de Wassenaar

Fondation du travail : Recommandations centrales en matière de politique d'emploi (La Haye, 24 novembre 1982).

Les organisations centrales de représentation des employeurs et des salarié(e)s représenté(e)s dans la Fondation du travail :

- considérant que, pour une amélioration structurelle de l'emploi, sont essentiels : le retour de la croissance économique, la stabilité du niveau des prix, le renforcement de la compétitivité des entreprises et corrélativement l'amélioration de leur rentabilité ;

- considérant qu'une politique pluriannuelle ainsi ciblée positivement sur le terrain social et économique à tous les niveaux est nécessaire ;

- considérant que même avec le retour de la croissance économique, il ne sera pas possible à moyen terme de donner dans les années à venir un emploi à toute la population active, ni aux futurs actifs supplémentaires ;

- considérant que pour cela en cohérence avec la politique décrite ci-dessus une approche politique pluriannuelle est nécessaire, visant un meilleur partage des emplois existants, une approche qui envisage plusieurs formes de redistribution des emplois, comme la réduction du temps de travail, le temps partiel et la lutte contre le chômage des jeunes ;

- considérant qu'en relation avec les accords à conclure par les partenaires sociaux dans les conventions collectives sur la forme, le phasage et les effets en matière d'emploi, un des principes devra être, notamment en prenant en compte la faiblesse financière des entreprises, qu'un meilleur partage de l'emploi existant ne doit pas conduire à une hausse des coûts ;

- considérant qu'il faut agir pour qu'une telle politique soit lancée dès 1983, en observant que le réexamen éventuel des accords salariaux déjà conclus dans les conventions collectives, devra se faire exclusivement et de façon volontaire au niveau de ces conventions collectives ;

I. font appel aux partenaires sociaux négociateurs des conventions collectives afin qu'ils créent les conditions pour mettre en œuvre le plus rapidement possible une telle politique ;

II. s'engagent à considérer qu'en outre il y a matière à se concerter au sein de la Fondation du travail sur un certain nombre d'aspects ayant trait à la redistribution du travail et la lutte contre le chômage des jeunes avec l'idée d'aboutir avant le 1er janvier 1983 à des recommandations

III. expriment le souhait que – dans le respect des opinions et senti-ments de chacun quant aux projets politiques du nouveau gouvernement – sur la base des considérations et des propositions politiques ci-dessus, les négociations des conventions collectives 1983 dans les entreprises et les branches démarrent à court terme et font un appel pressant au gouverne-ment de laisser les partenaires sociaux librement négocier les conventions collectives. En même temps, ils se déclarent prêts au cours du printemps 1983 à informer le gouvernement sur les développements factuels et les résultats des négociations des conventions collectives.[5]

L'accord de Wassenaar est emblématique à plus d'un titre du modèle des polders, même si sa signature anticipe d'une quinzaine d'années l'émergence de la notion[6]. Signé par les dirigeants de toutes les organi-sations syndicales et patronales représentées au sein de la Fondation du travail, l'accord marque la volonté des partenaires sociaux de conclure un compromis dans un contexte de crise. Le texte (voir encadré) souscrit effectivement à une politique de rigueur, mais réaffirme également le rôle de la négociation collective pour mettre en œuvre de façon concertée cette politique, que ce soit au sein des institutions sociales de concertation ou dans les négociations des conventions collectives.

Intitulé « Recommandations centrales en matière de politique d'em-ploi », l'accord de Wassenaar expose les grands principes qui fondent la politique économique et sociale suivie par les Pays-Bas depuis lors. Quatre grands objectifs (la modération salariale, la flexibilisation du marché du travail, la réduction du déficit budgétaire et la stabilité des prix) et une méthode (la négociation collective) sont affirmés dans le texte.

L'engagement à la modération salariale met fin à une spirale des prix et salaires qui s'était traduite par des hausses conventionnelles de 5 à 15 %. Après 1982, les hausses ne dépassent pas les 5 %. L'accord ouvre la voie à une flexibilisation du marché du travail qui se traduira par une réglementation allégée et par le développement du temps partiel, des contrats à durée détermi-née et de l'intérim. Il comprend en contrepartie l'engagement d'une réduction de la durée du temps de travail, à négocier de façon décentralisée dans les conventions collectives. La réduction du déficit budgétaire qui atteint 6 % du PIB en 1982 entraîne la réduction des dépenses publiques, la privatisation de services publics, notamment pour la gestion de certaines prestations sociales.

---

[5] Traduction de A. Bevort.

[6] Il en a été de même pour la notion de *verzuiling*, apparue dans un dictionnaire pour la première fois en 1953.

La référence aux négociations des conventions collectives est centrale dans l'accord de Wassenaar. L'agenda social courant est scandé par des séances de concertation bisannuelles, dites de printemps et d'automne, qui encadrent notamment la négociation collective. Les conventions collectives, dont la négociation est considérée comme la tâche syndicale majeure, sont à durée limitée, d'un maximum de 5 ans, mais la majorité des conventions a une durée de 1 à 2 ans. Elles assurent toutes un salaire minimum supérieur au SMIC néerlandais, là où en France une proportion non négligeable des salaires *minima* conventionnels est en-dessous du SMIC. Négociées originellement par métier, les conventions collectives de branches dominent depuis l'après-guerre.

4. Du « *Dutch Disease* » au « *Dutch Miracle* »

La politique d'austérité validée par l'accord de Wassenaar engendre un mouvement social d'une ampleur tout à fait inhabituelle aux Pays-Bas. Malgré dix semaines de grève, les salaires des fonctionnaires et le salaire minimum sont diminués de 3 %. Le salaire minimum « jeune » baisse de 10 %. Dans les conventions collectives, on supprime le principe de l'indexation, remplacé par le versement de primes annuelles. De 1979 à 1985 le pouvoir d'achat aura diminué de 14 %. L'accord de Wassenaar ne suffit pourtant pas à mettre fin aux problèmes économiques et sociaux. Le déficit public restera élevé tout au long des années 1980, le taux de chômage continue à croître jusqu'à atteindre 10 % en 1984. Après une baisse, il reprend au début des années 1990 et s'élève à 8,7 % en 1995. C'est l'effet d'un ralentissement économique qui se lit également dans une nouvelle dérive du déficit public, lequel se monte à 9,2 % du PIB en 1995. L'importance de l'accord de Wassenaar se manifeste moins dans les résultats économiques et sociaux immédiats que dans la façon dont il renoue avec une approche concertée des difficultés économiques et sociales, initie un processus de partenariat social assez suivi qui n'empêche pas les crises[7], mais produit périodiquement des compromis permettant à l'économie néerlandaise de rebondir en maintenant un système social assez généreux (Bevort, 2010).

Ainsi, les hausses du chômage et du déficit budgétaire conduisent en 1993 à un nouvel accord au sein de la Fondation du travail, dénommé « *Nieuwe Koers* » (nouvelle voie). La modération salariale en forme à nouveau le cœur, mais en réponse à la demande des syndicats comme des employeurs, la décentralisation de la négociation est accentuée. Les grandes orientations sont définies au niveau central, mais la mise en œuvre « sur

---

[7]   Par exemple le mouvement social de 1991 réunissant le FNW, CNV et le MHP est considéré comme l'un des plus importants de l'après-guerre concernant la réforme de l'assurance chômage et l'incapacité de travail dont le gouvernement dirigé par W. Kok voulait privatiser la gestion.

mesure » (*maatwerk*) est laissée aux niveaux sectoriels et d'entreprise. La possibilité d'approches sectorielles différenciées est explicitement évoquée. En affirmant qu'« il faut chercher un nouvel équilibre tenant compte des défis posés aux entreprises, d'une part, et de la protection juridique des salariés d'autres part » (*Stichting van de Arbeid*, 1993), l'accord esquisse également les principes d'une démarche de flexicurité qui se traduit en 1998 par l'adoption de la loi « *flexibiliteit en zekerheid* » (flexibilité et sécurité), dénommée également *Flexwet* (Loi Flex). Précédée d'une concertation intense au sein de la Fondation du travail, cette loi a pour objectif de favoriser la flexibilité du travail, c'est-à-dire la possibilité de faire varier le volume d'heures de travail en fonction des besoins de l'entreprise, tout en assurant mieux la stabilité des revenus et des prestations sociales des salariés ainsi qu'une participation continue sur le marché du travail. La loi facilite le recours au travail temporaire (intérim), tout en améliorant les droits sociaux et la protection de ces emplois, limitant le nombre et la durée des CDD et en améliorant le statut des travailleurs temporaires par la création d'une convention collective de l'intérim.

L'accord entre les partenaires sociaux sur le chômage à temps partiel, en réponse à la crise financière de 2008-2009, est une illustration de cette approche. Cet accord prévoit que les entreprises rencontrant des difficultés peuvent réduire le temps de travail de 20 % minimum à 50 % maximum. L'employeur s'engage à payer les heures travaillées et le salarié est indemnisé pour les heures non travaillées. L'accord vise à permettre aux entreprises de garder leurs salariés pour éviter des départs dus à des difficultés temporaires, et aux salariés de conserver leur contrat de travail même s'ils sont pour un temps au chômage. Pour pouvoir bénéficier de ces dispositions, les représentants des salariés et l'employeur doivent conclure un accord à un niveau décentralisé, qui peut prévoir un complément partiel ou total de l'indemnisation du chômage.

Comme on le voit, les pouvoirs publics ne sont pas absents dans la régulation des relations de travail, mais ils interviennent en étroite coordination avec les partenaires sociaux pour décider des grandes orientations économiques et sociales. La façon dont la réforme des retraites a été négociée et décidée est de ce point de vue paradigmatique. Aux Pays-Bas, la recherche d'un compromis sur la réforme du système des retraites a été difficile. La crise financière de 2008 a provoqué une assez profonde dégradation de la situation financière des fonds de pension, un des trois piliers de la retraite aux Pays-Bas, provoquant une baisse des ratios de capitalisation ou de couverture de leurs engagements. La façon de réagir à ces difficultés a ouvert un long conflit entre les syndicats d'une part, et les projets de réforme du gouvernement et du patronat, d'autre part. Après l'échec d'un accord au sein du SER en 2009, le gouvernement a dû attendre qu'un accord soit trouvé entre les partenaires sociaux en juin 2010, au sein de la Fondation du travail, pour élaborer un projet de réforme très voisin (Wierink, 2010, Bevort, 2010) qui reporte l'âge du droit à la retraite à 66 ans en 2020. L'accord de juin 2010, approuvé par le CNV, suscite cependant de fortes tensions au sein du FNV. Il faut un an de négociations pour en préciser les modalités techniques d'application qui ne lèvent pas les critiques des deux principales fédérations de la FNV, *Bondgenoten* pour le secteur marchand et *Abvakabo* pour le secteur public. Ces fédérations « critiquent l'absence de prise en compte des longues carrières et de la pénibilité et la promotion de retraites casino »[8] (Wierink, 2012, p. 21). L'adoption de mesures d'inflexion financière négociées au cours de l'été conduit le conseil confédéral du FNV à approuver l'accord par 54,2 % des voix le 19 septembre 2011.

La réforme des retraites a provoqué toutefois une grave crise au sein du FNV. Les deux principales fédérations, représentant 60 % des adhérents, mais seulement 44 % des voix au sein du conseil confédéral, mettent en cause la présidente Agnes Jongerius et le fonctionnement du syndicat. Au bord de l'explosion, la confédération met en place fin 2011 un petit groupe de travail de personnalités externes à la FNV, destiné à élaborer des propositions. En juin 2012, la présidente et le responsable du dossier des retraites se retirent et un président intérimaire est nommé. Une réforme du fonctionnement est également annoncée dont la logique est de mieux représenter les adhérents. Depuis mai 2013, l'organisation nouvelle est en place. Le conseil confédéral composé des représentants des 16 principales fédérations est remplacé par un parlement des adhérents de 108 membres représentant 29 secteurs professionnels, dont le nombre de représentants est déterminé par celui des adhérents. Initialement élus, ces membres sont en fait désignés. La direction confédérale est composée de 18 membres, dont 8 permanents forment l'exécutif quotidien. La nouvelle règle contraint les deux principales fédérations à casser leurs organisations, mais leur poids dans la nouvelle structure prend mieux en compte le nombre de leurs adhérents.

Tous ces accords montrent que la société de concertation, qui semblait un temps condamnée par l'effacement des piliers, est profondément enracinée dans les pratiques sociales néerlandaises, même si la crise met de façon chronique ce partenariat social sous tension. La capacité des partenaires sociaux et des pouvoirs publics à conclure des pactes politiques et sociaux est probablement le facteur clef du modèle des polders qui permet de comprendre comment ce pays est passé au cours des années 1990 du « *Dutch Disease* » au « *Dutch Miracle* ». Dans leur explication du « miracle néerlandais » dont témoignent une forte croissance, un faible

---

[8]   La notion de « retraites casino » a été utilisée par les opposants à l'accord sur les retraites de 2011. Elle désigne le fait que dans cet accord, le niveau des pensions est indexé dans une proportion importante sur l'évolution des marchés financiers.

taux de chômage, et la capacité collective à réformer l'État social, J. Visser et A. Heemerinck (1998) soulignent le rôle important joué par la présence d'un syndicalisme relativement concentré (le FNV représente plus de 60 % des syndiqués) et par l'action des institutions de concertation. Selon ces auteurs, le modèle des polders représente un mélange de corporatisme et de libéralisme, formant un « corporatisme libéral réactif » qui a su, grâce à une grande réceptivité politique et sociale, prendre en compte les changements sociaux affectant le travail, la famille et la société, pour réformer l'État-providence et définir un nouvel équilibre entre flexibilité et sécurité, entre rémunérations du travail et prestations sociales. Comme le soulignent les auteurs, pour s'engager ainsi dans le long terme, il faut avoir des partenaires de négociation fiables, appartenant à des organisations fortes, à structures nationales, ayant la capacité et l'envie d'apprendre et de tenir compte des intérêts de nombreux secteurs et des *outsiders* (les personnes les plus exposées aux emplois précaires et atypiques sur le marché du travail : les jeunes, les seniors, les moins qualifiés, les immigrés, les femmes…) dont la coopération bénéficie d'un large soutien social. La faiblesse du taux de grève, un des plus bas d'Europe, pourrait être lue comme la preuve d'une faible combativité des salariés et de leurs organisations syndicales. Le *poldermodel* suggère une autre hypothèse concernant la relation entre les grèves et les négociations : alors qu'on fait grève en France pour exprimer des revendications et contraindre les employeurs ou les pouvoirs publics à ouvrir une négociation, on fait grève aux Pays-Bas pour sanctionner l'échec d'une négociation.

Conclusion

Dans le domaine des relations professionnelles, les Pays-Bas sont une bonne illustration de la spécificité des modalités nationales du capitalisme théorisée dans *Varieties of Capitalism* (Hall, Soskice, 2001). Si les polders renvoient à l'histoire longue de la construction de l'identité hollandaise, la notion de *poldermodel* apparue au milieu des années 1990 (Bos, Ebben, Velde, 2007) désigne de façon privilégiée un modèle de négociation des choix politiques et sociaux, fondé sur la confiance en la possibilité d'aboutir à des compromis créatifs et une régulation consensuelle des conflits (Heilbron, 2000). Le modèle des polders prolonge une tradition de concertation tripartite qui donne une grande autonomie aux partenaires sociaux pour gérer les négociations collectives, et les intégrer de façon décisive dans le processus de décision des politiques économiques et sociales. Le mode néerlandais de décision se préoccupe de façon centrale de l'existence d'un soutien social à l'action publique. Elle repose sur l'idée que les organisations de la société civile peuvent participer à l'élaboration des compromis politiques, les rendre plus conformes aux attentes des citoyens, et donc plus légitimes. Le modèle des polders n'est pas pour autant à l'abri de la mondialisation et des risques d'un libéralisme débridé. Aux Pays-Bas, mille agents d'une entreprise de nettoyage ont dû, au printemps 2010, faire grève pendant neuf semaines pour obtenir une nouvelle convention collective. La même année, l'inspection du travail a publié un rapport qui mettait en évidence que, dans les entreprises de culture des champignons, les employeurs pratiquaient à grande échelle des fraudes diverses et sous-payaient notamment des travailleurs immigrés. Si le taux de syndicalisation demeure trois fois plus élevé qu'en France, les Pays-Bas n'échappent pas à la baisse des effectifs syndiqués. Le taux de syndicalisation s'élève, en 2013, à 18 % de la population active (selon l'OCDE), un taux qui s'érode lentement puisqu'il était encore de plus de 35 % dans les années 1970-1980. Les moins de 25 ans, qui représentaient plus de 15 % dans les années 1970, sont désormais moins de 4 % (CBS, 2011). On peut s'interroger sur l'avenir du *poldermodel* si les organisations patronales n'ont pas en face d'elles un partenaire fort, notamment dans un contexte de polarisation croissante gauche-droite, et de segmentation accrue du marché du travail. Depuis les années 1980-1990, sous l'effet du recul du taux de syndicalisation, de l'individualisation des contrats de travail, de la décentralisation de la négociation collective, de la demande de flexibilité des entreprises et de la nouvelle organisation du travail, la négociation collective standard est fortement questionnée. Certains observateurs ou acteurs se demandent même s'il ne faudrait pas mettre fin à la procédure d'extension des conventions collectives, décidée par le ministre des affaires sociales et de l'emploi. Le taux de couverture reste cependant assez élevé, puisque 8 salariés sur 10 bénéficient d'un accord collectif.

Bibliographie

Bevort A., 2010, « Le modèle social français vu des polders », *La vie des idées*, 26 octobre. En ligne : http://www.laviedesidees.fr/Le-modele-social-francais-vu-des.html.

Bevort A., 1990, « Le syndicalisme et les relations professionnelles aux Pays-Bas », *Chronique internationale*, IRES, n° 7.

Bos D., Ebben M., te Velde H. (eds.), 2007, *Harmonie in Holland. Het poldermodel van 1500 tot nu*, Amsterdam, Bert Bakker.

CBS, Statistiek van de Vakbeweging (Structuurenquête en Kwartaalenquête) en Enquête Beroepsbevolking.

Chertier D.-J., 2006, *Pour une modernisation du dialogue social. Rapport au premier ministre*, Paris, La documentation française.

Crouch C., Pizzorno A., 1978, *The resurgence of Class Conflict in Western Europe since 1968*, vol. 2: Comparative Analyses, Londres/Basingstocke, Macmillan.

Freyssinet J., 2011, « L'impact de la crise économique sur les modes de production des normes générales de la relation d'emploi : l'exemple de six pays d'Europe occidentale », *Économies et Sociétés, série « socio-économie du travail »*, n° 33.

Hall P. A., Soskice D. (eds.), 2001, *Varieties of Capitalism. The institutional Foundations of Comparative Advantage*, Oxford, Oxford University Press.

Heilbron J., 2000, « Trendvolgers: 25 jaar SCP », *De Academische Boekengids* 21, mei, p. 9-11.

Lijphart A., 1977, *Democracy in Plural Societies: A Comparative Exploration*, New Haven, Yale University Press.

Stichting van de Arbeid, 1993, *Een Nieuwe Koers: agenda voor het cao-overleg 1994 in het perspectief van de middellange termijn*, 16 december 1993, publikatienr, 9/9.

Visser J., Hemerijck A., 1998, *Een Nederlands Mirakel. Beleidsleer in de verzorgingstaat*, Amsterdam, Amsterdam University Press.

Visser J., 1990, « In search of Inclusive Unionism », *Bulletin of Comparative Labour Relations*, Institute for Labour relations, Catholic University of Leuven, n° 18, chap. 8.

Wierink M., 2012, « Un compromis fragile sur la réforme des retraites », *Chronique internationale de l'IRES*, n° 136, p. 15-33.

Windmuller J. P., de Galan C., van Zweeden A. F., 1987, *Arbeidsverhoudingen in Nederland*, Utrecht, Aula-Het Spectrum.

CHAPITRE **12**

Québec : un système de relations industrielles en mutation

Mélanie Laroche et Patrice Jalette[1]

Selon une vision romantique, le Québec se situerait entre l'Europe et l'Amérique, un véritable trait d'union culturel entre les deux mondes. Mais qu'en est-il en matière de relations industrielles ? Force est de constater que le système de relations industrielles québécois comporte des similitudes fondamentales avec celui des États-Unis, la puissance dominante sur le continent, qui a servi de modèle à l'élaboration du système canadien de relations industrielles. Néanmoins, il faut voir que certains éléments de ce système se rapprochent du modèle européen. Il importera ici de faire état des principales tendances qui marquent le régime de rapports collectifs de travail au Québec en prenant appui sur des données-clé souvent inédites. Le propos s'articule autour de quatre points principaux : les principales caractéristiques du régime de rapports collectifs québécois, l'évolution de la présence syndicale et de celle du cadre légal, la dynamique des relations entre les acteurs et de l'évolution de la conflictualité et, enfin, l'adaptation des conventions collectives aux problématiques récentes découlant des nouvelles réalités économiques et sociales.

1. Le régime de rapports collectifs du Québec

Le système québécois de relations industrielles s'inspire grandement du Wagner Act américain de 1935 et, en conséquence, adopte plusieurs de ses principes concernant la reconnaissance syndicale à la base, le monopole de représentation et la négociation collective décentralisée au niveau de l'établissement. Mais le système québécois peut être considéré aussi comme une exception à l'échelle du continent nord-américain en raison de ses lois du travail qui sont parmi les plus progressistes en Amérique du Nord. Les mécanismes de concertation tripartite déployés aux niveaux supra-entreprise, comme le Conseil consultatif du travail et de la main-d'œuvre, le pluralisme syndical, restreint dans les autres provinces et États, de même

---

[1] Respectivement professeur agrégé et professeur titulaire à l'École de relations industrielles de l'Université de Montréal.

que le seul dispositif formel d'extension à l'ensemble d'un secteur d'activité des conditions de travail négociées entre syndicats et employeurs font que le système québécois de relations industrielles peut être considéré comme se rapprochant du modèle européen.

Pour l'essentiel, le cadre juridique des relations patronales-syndicales au Québec repose toujours sur les principes fondamentaux contenus dans la *Loi sur les relations ouvrières* de 1944, laquelle a été reconduite en 1964 pour devenir le *Code du travail* qui reconnait et protège le droit d'association des salariés et le droit à la négociation collective, droits qui se retrouvent également dans les chartes des droits de la personne canadienne et québécoise (Coutu, Fontaine, Marceau, 2010). Bien qu'il y ait des régimes particuliers régissant les relations industrielles dans quelques secteurs d'activité (par exemple, le secteur public et la construction), le régime défini par le Code du travail est le régime général des relations du travail au Québec (Tanguay-Lavallée *et al*., 2012).

Le premier principe introduit par le *Code du travail* est la reconnaissance à la base (Hébert, 1993). Tous les salariés, c'est-à-dire les personnes qui travaillent généralement sous la subordination d'un employeur moyennant rémunération à l'exception des cadres et travailleurs autonomes, peuvent se constituer en syndicat. Cette reconnaissance officielle est accordée par la Commission des relations de travail lorsque la majorité absolue – 50 % plus un – des salariés visés sont membres du syndicat. Cette reconnaissance, incarnée dans le certificat d'accréditation, permet au syndicat de représenter et de négocier les conditions de travail des salariés faisant partie de l'unité d'accréditation (également appelée unité de négociation). Cette reconnaissance se réalise à un niveau décentralisé : celui de l'établissement (par exemple, une succursale, un commerce ou une usine). C'est à ce niveau que le gros de la vie syndicale et des relations de travail se dérouleront. Il s'agit ici d'une particularité fondamentale des systèmes nord-américains.

En vertu du second principe, celui du monopole syndical, le syndicat accrédité est reconnu comme l'interlocuteur unique des salariés pour négocier une convention collective avec l'employeur. De cette reconnaissance découle des droits et des responsabilités pour le syndicat accrédité. Un de ces droits concerne le précompte syndical obligatoire (appelé aussi *Formule Rand*) qui vient fournir une garantie de revenu au syndicat accrédité. C'est ainsi que l'association syndicale accréditée a le droit de percevoir des cotisations sur les salaires des membres, ou l'équivalent du montant des cotisations syndicales pour les non-membres, par l'entremise de l'employeur (Coutu, Fontaine, Marceau, 2010). Une responsabilité fondamentale des syndicats découlant du monopole de représentation est de représenter de façon juste et équitable l'ensemble des salariés de l'unité de négociation, y compris ceux qui ne sont pas membres du syndicat.

Une fois le syndicat accrédité, l'employeur est obligé de négocier avec lui les conditions de travail des salariés faisant partie l'unité de négociation. C'est donc au niveau de l'établissement que se déroulera cette négociation. Si une négociation se déroule dans plusieurs établissements, voire dans l'ensemble d'un secteur, c'est que les parties en auront fait librement le choix ou parce qu'elles y seront contraintes par des régimes de relations du travail particuliers comme celui de l'industrie de la construction ou du réseau de la santé (Hébert, 1993).

Le déroulement de la négociation collective est assez peu règlementé et laissé à la liberté des parties. En ce qui concerne le processus de négociation, le *Code du travail* oblige seulement les parties à négocier de bonne foi et avec diligence (article 53). La liberté des parties implique leur droit à ne pas conclure un accord ne répondant pas à leurs intérêts légitimes et celui de recourir à l'arrêt de travail, soit à la grève pour les salariés et le lock-out pour l'employeur (Hébert, 1993). Mais l'un et l'autre restent interdits en dehors des périodes de négociation. En cas de mésententes sur l'interprétation ou l'application de la convention collective en dehors de cette période, les parties doivent s'en remettre à un processus de règlement des griefs et d'arbitrage.

Au cours d'un arrêt de travail, il est interdit à un employeur de recourir aux services de travailleurs de remplacement (ou briseurs de grève) pour effectuer le travail des salariés en grève ou en lock-out. Des dispositions particulières s'appliquent également pour les services d'utilité publique (municipaux, services ambulanciers, transport en commun…) en cas de conflit afin d'assurer le maintien des services essentiels et ainsi de protéger la santé et la sécurité du public. Différents mécanismes sont prévus pour aider les parties à sortir des impasses. L'État s'immisce en effet très peu dans la négociation, préférant généralement demeurer au-dessus de la mêlée. Les parties peuvent notamment recourir aux services de conciliation offerts par le ministère du Travail, un tiers étant alors nommé pour aider les parties à trouver un terrain d'entente.

Enfin, la convention collective constitue la finalité du processus de négociation entre l'employeur et le syndicat. Cette entente écrite contient l'ensemble des conditions de travail négociées qui s'appliquent au groupe de salaries déterminé par le certificat d'accréditation. Cette convention doit être ratifiée par un vote majoritaire au scrutin secret des membres du syndicat faisant partie de l'unité de négociation. L'objet de la négociation ou le champ du négociable est vaste et demeure seulement contraint par la condition que la convention collective ne doit pas contenir de dispositions contraires à l'ordre public ni à la loi. La durée de la convention collective est l'une des rares dispositions directement règlementée : d'un à trois ans dans le cas d'une première convention collective et d'au moins un an dans le cas d'un renouvellement (article 65).

2. La syndicalisation au Québec : stabilité relative et répartition inégale

Bien que moins marquée que dans d'autres pays, la syndicalisation au Québec a suivi une tendance à la baisse à l'instar de ce qui a été observé ailleurs en Amérique du Nord (Labrosse, 2014). Compte tenu du système de représentation syndicale en vigueur, le taux de présence syndicale demeure un indicateur fiable de l'influence syndicale sur la détermination des conditions de travail de leurs membres mais aussi sur celles des autres salariés non syndiqués. Selon les données disponibles, les conventions collectives négociées entre employeurs et syndicats déterminent directement les conditions de travail d'environ 4 salariés québécois sur 10, un taux qui s'est maintenu au cours de la dernière décennie et atteste de la pérennité de la représentation syndicale au Québec. Ainsi, la convention collective demeure l'instrument privilégié de la régulation de la relation d'emploi et des conditions de travail pour une partie substantielle de la main-d'œuvre québécoise, mais pas pour la majorité. L'acteur syndical est implanté beaucoup plus solidement au Québec que dans le reste du Canada et, surtout, bien plus qu'aux États-Unis où les taux globaux de présence syndicale tournent respectivement autour de 12 % et 30 % (Labrosse, 2014).

Taux de présence syndicale selon les secteurs d'activité au Québec

Secteur d'activité	2004	2013
Secteur privé	26,9	25,6
Secteur public	81,9	82,0
Secteur primaire	39,9	33,1
Secteur secondaire	42,6	42,5
Construction	54,9	56,2
Fabrication	40,3	36,8
Secteur tertiaire	39,3	39,2
Tertiaire privé	20,1	19,8
Tertiaire public	81,9	82,0
Ensemble	40,1	39,8

Source : Labrosse, 2014.

Par ailleurs, le taux global de présence syndicale masque une réalité importante de la présence syndicale au Québec : sa répartition inégale à travers les secteurs d'activité. Tout d'abord, le taux de présence syndicale est beaucoup plus élevé dans le secteur public (82,0 %) que dans le secteur privé (25,6 %). Alors que le secteur manufacturier est celui qui a le plus contribué à la baisse du taux de présence syndicale, le secteur tertiaire, privé mais surtout public, ainsi que la construction ont contribué – au contraire – de façon positive au taux de présence au Québec entre 2004 et 2013 (Labrosse, 2014). Bref, bien que les syndicats ne soient pas présents uniquement dans les secteurs où l'emploi décroît comme le secteur manufacturier, il reste que son influence est plus limitée dans certains secteurs en croissance où la syndicalisation est traditionnellement plus difficile comme dans le secteur des services privés.

3. Le cadre juridique des relations du travail : des évolutions divergentes

L'encadrement juridique des relations de travail a connu une évolution plutôt paradoxale au cours des dernières décennies au Québec : certaines modifications ont tendu vers une déréglementation des relations de travail tandis que d'autres ont introduit de nouvelles contraintes dont les parties doivent tenir compte au moment de négocier les conditions de travail (Jalette, Laroche, 2010).

Le cadre légal de la négociation et de la convention collective au Québec a connu d'importantes modifications. Pour beaucoup, ces changements d'ordre législatif survenus au cours des deux dernières décennies attestent de la volonté gouvernementale d'alléger les contraintes légales touchant la négociation et le contenu des conventions collectives, volonté qui s'inscrit dans la mouvance de l'idéologie néolibérale influençant les politiques publiques depuis dans les années 1970-1980. Le déplafonnement de la durée maximale des conventions collectives, la réduction de la protection législative en matière de sous-traitance, les nouvelles contraintes en matière de représentation syndicale et de négociation collective, l'abandon dans certains secteurs de l'extension juridique des conditions de travail ou la privation de certaines travailleuses de leur droit de se syndiquer et de négocier collectivement leurs conditions de travail en constituent des exemples évidents (Jalette, Laroche, 2010).

Par contre, depuis le milieu des années 1970, plusieurs lois ont introduit de nouvelles contraintes dont les acteurs doivent tenir compte au moment de négocier la convention collective. Parmi ces textes, mentionnons notamment la loi sur les normes du travail, la loi sur la santé et la sécurité du travail, la loi sur les accidents du travail et les maladies professionnelles, la charte des droits et libertés de la personne du Québec, la loi sur l'équité salariale, la loi sur les régimes complémentaires de retraite, la loi favorisant le développement de la formation de la main-d'œuvre, la loi favorisant le développement et la reconnaissance des compétences de la main-d'œuvre et la charte de la langue française.

À titre d'exemple, des changements significatifs sont survenus au chapitre de la loi sur les normes du travail au cours des vingt dernières années, dont certaines lors de la réforme importante de 2003 : droit de refuser de travailler au-delà des heures habituelles, congés pour obligations familiales, harcèlement psychologique, congés pour obligations familiales, dispositions relatives aux licenciements collectifs, interdiction des disparités de traitement à effet permanent, réduction de 44 à 40 heures de la durée normale de la semaine de travail, protection du lien d'emploi pour les personnes lourdement éprouvées... Prévoyant le versement d'indemnités aux nouveaux parents, le régime québécois d'assurance parentale introduit en 2006 est une autre de ces mesures législatives qui a influencé récemment le contenu des conventions collectives. De plus, des développements jurisprudentiels récents ont pour effet que le contenu de la convention collective ne se limite plus à ce que les parties y ont expressément négocié et qu'il comprend implicitement les droits et obligations découlant des lois sur l'emploi et sur les droits de la personne (Vallée, Bourgeault, 2010).

Cette effervescence législative concernant des normes du travail met en évidence l'orientation paradoxale des politiques gouvernementales récentes en matière de négociation collective des conditions de travail. Traditionnellement, le législateur se limitait à définir un plancher minimal de conditions de travail qui s'imposait dans tout lien d'emploi, qu'il survienne en contexte syndiqué ou non. Pour le reste, il appartenait aux salariés d'améliorer leurs conditions de travail en se regroupant au sein d'un syndicat et en négociant collectivement avec leur employeur en tirant profit du cadre juridique mis en place par la loi. Ce système qui faisait une grande place aux rapports collectifs a été bouleversé.

4. Transformation des relations du travail

Au cours des dernières décennies, plusieurs facteurs ont contribué à l'évolution des relations du travail au Québec. L'un de ces facteurs est le contexte économique et les pressions qu'il exerce sur les parties auxquelles elles ne peuvent se soustraire, tant dans le secteur privé que dans le secteur public, comme le montre l'exemple de la crise financière de 2007 qui s'est étendue à l'ensemble de l'économie. La mondialisation des marchés a créé pour les acteurs des contraintes, comme la concurrence accrue, et des opportunités comme le développement de nouveaux marchés. Cependant, cette mondialisation principalement économique comporte beaucoup plus d'opportunités que de contraintes pour les employeurs. Les possibilités accrues de sous-traitance et de délocalisation des activités de l'organisation inhérentes à un tel contexte mais, aussi, la menace d'y recourir, leur confèrent un avantage stratégique certain lors des négociations collectives qui leur permet davantage d'imposer leur agenda, et par conséquent, de modifier le contenu des conventions collectives dans le sens de leurs intérêts (Jalette, 2010). Il ne faut d'ailleurs pas se surprendre que le principal enjeu patronal des dernières années, la flexibilité, ait mené à des modifications importantes des conditions de travail des salariés (Jalette, Laroche, 2010) évoquées plus bas. D'autres facteurs, comme l'incessante évolution technologique, qui impactent le niveau d'emploi et les qualifications requises de la main-d'œuvre ou l'évolution démographique, contribuant à la transformation des attitudes et des valeurs de la main-d'œuvre ont eu nécessairement des effets sur les enjeux de négociation collective.

Processus de négociation au Québec, 2001-2009
(en % des conventions collectives)

	2001-2005				2006-2009*			
	Négo-ciation directe	Conci-liation	Arrêts de travail	Arbi-trage	Négo-ciation directe	Conci-liation	Arrêts de travail	Arbi-trage
Agriculture, sylviculture, chasse, pêche et mines	80,1	11,8	5,4	2,7	93,3	5,9	0	0,7
Industries manufacturières	77,4	16,6	5,2	0,9	80,9	15,9	2,5	0,7
Construction	81,0	12,2	5,4	1,4	91,7	8,3	0	0
Transports, communications et autres services publics	79,1	16,1	3,3	1,4	82,7	13,9	2	1,4
Commerce (gros et détail)	82,8	11,9	4,7	0,6	87,9	9,8	2	0,4
Finances, assurances et affaires immobilières	86,1	11,3	2,3	0,3	84,6	10,4	4,6	0,4
Services personnels, hébergement et restauration	82,9	11,7	5,4	0,1	84,6	11,6	2,9	0,9
Enseignement, santé, services sociaux et gouvernementaux	73,9	21,9	3,4	0,8	78	18,0	2,4	1,6
Ensemble	80,1	14,6	4,6	0,7	83,1	13,6	2,5	0,6

(*) 2009 étant la dernière année où les données étaient disponibles.
Source : Ministère du Travail. Le processus de négociation. Bilan de l'année (diverses années).

Sur cette toile de fond marquée par de nombreux bouleversements, les relations du travail ont évolué. Les données officielles relatives au processus de négociation montrent que, dans la dernière décennie, les parties ont été en mesure de conclure une entente par la voie de la négociation directe dans au moins 4 cas sur 5, ce qui témoigne de la très bonne performance du système de relations industrielles québécois. Par contre, les données révèlent aussi que les années entourant la dernière crise financière ont donné lieu à moins de conflits de travail (2,5 % des conventions collectives pour la période 2006-2009, comparativement à 4,6 % en 2001-2005). L'effet de cette crise apparait évident, le contexte économique demeurant un déterminant important de l'évolution des relations du travail.

Degré de conflictualité dans les relations du travail

La transformation la plus spectaculaire des relations de travail au Québec réside en effet dans la réduction considérable de la fréquence des conflits depuis plus de trente ans qui est passée d'une moyenne annuelle de 343 arrêts de travail pour la période 1976-1980 à environ une soixantaine depuis 2006, soit près de 6 fois moins.

Conflits du travail au Québec
(moyennes annuelles par période de 5 ans depuis 1966)

	Nombre	Journées individuelles de grève
1966-70	143	1 546 004
1971-75	261	2 430 440
1976-80	343	3 572 051
1981-85	298	1 541 356
1986-90	247	1 574 948
1991-95	145	481 200
1996-2000	122	486 673
2001-05	120	909 672
2006-10	61	265 200
2011-13*	70	543 446

* 2013 étant la dernière année où les données sont disponibles.

Source : Jalette, Bourque et Laroche (2008) et mise à jour des auteurs.

Cette tendance à la baisse de la conflictualité n'est cependant pas univoque, le nombre de jours de grève et le nombre moyen de conflits ayant connu plus récemment certains soubresauts. De plus, depuis plus de vingt ans, la durée moyenne des arrêts de travail au cours de la même période a constamment augmenté (Jalette, Bourque, Laroche, 2008 ; ORHRIQ, 2005) ce qui tend à corroborer la thèse d'un « durcissement » des conflits de travail au Québec (Villemure, Turgeon, 2006 ; Sauvé,

Robitaille, 2005). Bref, lorsque les parties recourent à la grève et au lock-out, il apparait que c'est pour des enjeux majeurs, sur lesquels elles éprouvent des difficultés à faire des compromis. À ce propos, les données du ministère du Travail du Québec en lien avec les enjeux des conflits révèlent qu'années après années, l'augmentation générale des salaires demeure le point en litige le plus fréquemment relevé, soit dans près de la moitié des arrêts de travail en moyenne pour toute la période couvrant les années 1998 à 2011. Il apparaît toutefois une diminution de l'importance de l'enjeu salarial, qui passe de 52,5 % des conventions collectives pour la période 1998-2004 à 44,9 % pour la période 2005-2011.

D'autres enjeux ont gagné en importance au cours de la dernière décennie, comme les régimes de retraite et les assurances collectives. Cette hausse significative est le reflet de la volonté des employeurs de réduire les coûts de ces régimes à terme. Les horaires de travail constituent un autre point en litige dont l'importance s'est accrue au fil des années. L'importance croissante qu'accordent les salariés syndiqués à cette question traduit sans doute une préoccupation plus grande pour la qualité de vie en dehors du travail et la possibilité de concilier vie personnelle et travail. Dans une moindre mesure, d'autres sujets sont aussi devenus la source de plus de conflits, notamment la sécurité d'emploi et la répartition des tâches qui constituent des préoccupations plus traditionnelles des syndicats, mais aussi la sous-traitance. À ce propos, la volonté patronale de recourir à l'impartition [externalisation] pour réduire les coûts et augmenter la flexibilité du travail, de même que les débats autour de l'article 45 du *Code du travail* (devenir de la convention collective en cas de vente ou concession partielle de l'entreprise) ont certainement accru l'importance de la sous-traitance comme enjeu de négociation. En mettant en opposition la sécurité d'emploi des salariés et le droit de l'employeur d'organiser la production, cet enjeu peut engendrer des conflits longs et coûteux pour les parties. Enfin, il apparaît une diminution des conflits relatifs à l'impasse, la lenteur ou le refus de négocier ou de parapher une entente.

Points en litige dans les conflits au Québec, 1998-2011
(en % des conventions collectives)

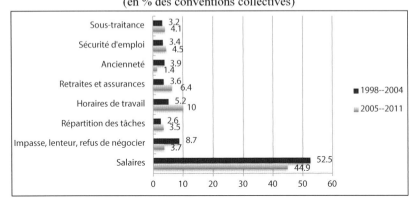

Source : Données compilées par les auteurs à partir de : ministère du Travail (diverses années), *Les arrêts de travail au Québec – Bilan annuel.*

L'une des manifestations de cette baisse de la conflictualité au Québec est le recours accru à la concertation en milieu de travail, les parties ayant eu tendance à se doter de différents mécanismes comme les comités de relations du travail pour échanger sur les problèmes qui surviennent en cours de conventions collectives. Pour Bergeron et Bourque (1997), le système de relations du travail du Québec est unique en Amérique du Nord puisque les politiques publiques adoptées étaient réputées comme favorisant la coopération patronale-syndicale à différents paliers de régulation. Pour Roy, Harrisson et Haines (2007), ce mouvement vers des relations plus coopératives est le fruit d'un désir partagé par les parties de mettre fin à plusieurs années d'affrontements et de miser sur de nouvelles façons de faire jugées plus constructives. Une étude récente vient cependant remettre en cause ces constats (Laroche, 2012). Bien qu'elle montre qu'une certaine tradition de concertation s'est développée dans les entreprises syndiquées du Québec, cette étude révèle qu'outre la question du développement des compétences de la main-d'œuvre, les ententes conventionnelles n'intègrent pas les ingrédients essentiels au maintien d'un contrat social plus coopératif entre les parties, comme la protection des emplois et la transparence économique. Bien plus, ces résultats montrent que la logique d'action au sein des milieux syndiqués ne semble pas s'inscrire dans la lignée des priorités formulées par les grandes associations patronales et syndicales québécoises dans le contexte du dialogue social qui se déroule au plan national (Partenaires pour la compétitivité et l'innovation sociale, 2005).

Une convention collective qui s'adapte

Les modifications introduites dans les conventions collectives découlant directement des nouvelles préoccupations des parties témoignent aussi du caractère évolutif des relations du travail. Deux grandes tendances se dégagent : un effet de normalisation et la flexibilisation du contenu de la convention collective. Le tableau ci-dessous illustre ces tendances en comparant les principales dispositions des conventions collectives à une vingtaine d'années de distance[2].

D'abord, l'adoption de lois d'ordre public (voir *supra*) a beaucoup influencé le contenu des conventions collectives. Par exemple, le tableau ci-dessous montre que, à la suite de l'adoption de la loi favorisant le développement et la reconnaissance des compétences de la main-d'œuvre en 1995, la proportion des conventions collectives incluant des dispositions sur la formation, le recyclage et le développement des ressources humaines a connu une forte progression, passant de 38,9 % pour la période 1988-1991 à 68,8 % pour la période 2009-2012. Plus récemment, les modifications apportées à la loi sur les normes du travail ont aussi favorisé des innovations conventionnelles en regard de la conciliation travail-famille : la proportion des conventions collectives qui prévoient des dispositions sur le congé parental a plus que quadruplé et celles traitant du congé de maternité a connu une croissance de 15,2 points de pourcentage. L'analyse du contenu des conventions récentes révèle que la rémunération au cours de ces congés s'aligne généralement sur les dispositions du régime québécois d'assurance parentale.

L'évolution de la convention collective au Québec révèle ensuite une nette tendance à la flexibilisation de son contenu. Les besoins de flexibilité numérique, fonctionnelle et salariale des employeurs, considérés comme la condition *sine qua non* de la performance de l'organisation, ont été les principaux arguments invoqués pour revendiquer des changements à des matières conventionnées comme l'ancienneté, la gestion et la protection des emplois, l'organisation de la production et du travail ou la rémunération. Ainsi, la proportion de conventions collectives recourant à l'ancienneté comme seul critère dans l'octroi des promotions est passée de 15,5 % en 1988-1991 à 1,9 % en 2009-2012 tandis que la proportion des conventions où l'ancienneté n'est pas considérée dans les promotions a plus que doublé, passant de 8,9 % à 19 %. Les employeurs ont ainsi réussi à réduire l'importance de l'ancienneté (et en conséquence, à augmenter celle d'autres critères comme les compétences) et à accroitre

---

[2]   Les données sont issues des publications du ministère du Travail : *Conditions contenues dans les conventions collectives*, Québec : ministère du Travail (diverses années), et *Portrait statistique des conventions collectives analysées au Québec*, Québec : Direction de l'information sur le travail (diverses années).

la flexibilité fonctionnelle. L'employeur a également réussi à limiter la garantie de travail offerte aux salariés, la proportion des conventions collectives prévoyant une telle disposition étant passée de 31,1 % en 1988-1991 à 21,4 % en 2009-2012. Enfin, si la proportion des dispositions en matière de sous-traitance a augmenté au cours de la période visée (passant de 56,2 % à 69,8 %), il ne faut pas croire pour autant que la protection est meilleure qu'auparavant. En effet, la très grande majorité des conventions collectives n'interdisent pas le recours à la sous-traitance (Jalette Laroche, 2010).

Ces quelques données permettent de constater que le contenu des conventions collectives a évolué de façon significative sous l'impulsion de deux tendances : un effet de normalisation et un accroissement de la flexibilité dans la gestion de la main-d'œuvre syndiquée qui prévoit une protection accrue et des droits nouveaux pour certaines catégories de salariés.

Évolution de certaines dispositions dans les conventions collectives entre 1988-1991 et 2009-2012 (en % des conventions collectives)

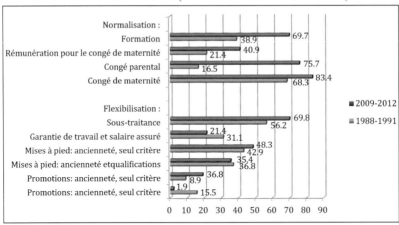

Sources : Pour les conventions 1988-1991 : Centre de recherche et de statistiques sur le marché du travail, *Conditions de travail contenues dans les conventions collectives au Québec* (diverses années). Pour les conventions 2009-2012 : Système d'information « Gestion des relations du travail », ministère du Travail, 2013.

Conclusion

Le système de relations industrielles québécois a connu plusieurs évolutions au cours des dernières décennies que ce soit au niveau de la syndicalisation, du cadre législatif, de la dynamique des négociations collectives ou de leur contenu. La stagnation, voire le déclin tranquille de la syndicalisation au Québec, suggère que la détermination unilatérale des conditions de travail par l'employeur continuera d'être le modèle dominant. Un élargissement du système de relations industrielles est peu envisageable tant que l'influence syndicale ne touchera pas les salariés des secteurs faiblement syndiqués (notamment les services privés). Il va sans dire que l'évolution récente du cadre législatif ne contribue pas à une expansion du système de relations collectives. En effet, autant la déréglementation que le relèvement des normes du travail s'appliquant à l'ensemble des travailleurs ne favorisent pas non plus le développement de celui-ci. Par contre, l'évolution de la dynamique des négociations montre que ce système fonctionne, contribuant à la réduction des conflits de travail et au développement de la concertation entre les parties. Cette amélioration des relations patronales-syndicales a permis l'adaptation des conventions collectives aux défis contemporains. Mais les deux parties ont-elles su tirer leur épingle du jeu et en tirer les mêmes avantages ? En fait, les employeurs ont été en mesure d'imposer des concessions importantes dans leur quête d'efficacité et de flexibilité, sans pour autant avoir offert de contreparties équivalentes en regard de la qualité de vie des travailleurs ou de la sécurité d'emploi (Laroche, 2013). Les compromis qui ont été négociés sont alors susceptibles, à la longue, de fragiliser cette paix industrielle depuis longtemps poursuivie par le système de relations industrielles. Les prochaines années pourraient en effet être marquées par une certaine volonté des organisations syndicales d'enregistrer des gains plus substantiels à différents chapitres.

Dans une période de profondes restructurations des marchés du travail, il demeure néanmoins difficile de prévoir l'évolution du niveau de conflictualité dans les relations du travail ou même du contenu de la convention collective. Compte tenu des pénuries de main-d'œuvre dans plusieurs secteurs économiques du Québec, les entreprises cherchent de plus en plus à maintenir en emploi des travailleurs vieillissants, ce qui implique une adaptation nécessaire des conventions collectives aux chapitres des horaires de travail, de la charge de travail, mais aussi des avantages sociaux. Les entreprises pourront également privilégier différentes stratégies pour attirer des travailleurs des plus jeunes générations et les maintenir en emploi. En ce sens, il est possible de croire que l'ensemble des salariés bénéficieront d'une amélioration de leurs conditions de travail, que ce soit au plan salarial ou en matière de flexibilité du temps de travail.

Pour autant, la logique d'action patronale dans la dernière décennie a été d'exiger des concessions syndicales, même dans les secteurs et les entreprises qui ne présentent pas de difficultés économiques particulières. Au Québec comme ailleurs, les restructurations ne sont plus l'apanage des entreprises en mauvaise posture financière (Jalette, 2014). Cette recherche de concessions va sans doute demeurer au cœur de l'agenda patronal, surtout en raison des pressions accrues en provenance de la concurrence internationale, mais aussi de la « dictature » des résultats à court terme, de la financiarisation de l'économie et, dans le secteur public, des restructurations en cours et à venir. Il est ainsi probable que dans plusieurs secteurs, les employeurs continueront d'utiliser la délocalisation des activités de production de biens ou de services ou la sous-traitance pour faire contrepoids aux revendications syndicales. La tendance actuelle à la diminution du nombre de conflits travail est susceptible de s'inverser si les employeurs préfèrent utiliser des stratégies plus offensives en relations du travail afin de forcer les changements désirés compte tenu du contexte qui renforce leur rapport de force : mobilité du capital, incertitude économique, développement technologique…

Diverses pressions du monde des affaires et de la pensée néolibérale, le contexte économique et les politiques publiques d'austérité mettront le système québécois de relations industrielles à l'épreuve au cours des prochaines années. Son caractère progressiste est questionné par des « acteurs » qui veulent le rendre « compétitif » (lirc moins « pro-travailleurs ») à grand renfort de la litanie capitaliste habituelle tournant autour de la concurrence ou de la flexibilité et *tutti quanti*. Dans ce contexte, le contrat social plus axé sur la coopération qui s'est développé au cours des dernières décennies au Québec pourrait être fragilisé. La pression sur le système de relations industrielles sera d'autant plus forte si les résultats de la concertation en milieu de travail ne permettent de répondre aux intérêts que d'une des deux parties au dialogue. Il est donc nécessaire que ce dialogue social et les négociations collectives permettent un équilibre des intérêts des parties alliant notamment le désir d'efficacité des employeurs à la nécessité d'améliorer le niveau de vie des travailleurs. La pérennité du système de relations industrielles ne sera assurée que dans la mesure où il permettra de répartir équitablement les fruits du progrès économique entre les parties.

Bibliographie

Bergeron J.-G., Bourque R., 1997, *Les changements en milieu de travail au Québec : politiques gouvernementales et réponses syndicales*, Current Issues Series, Kingston, Queen's University, Industrial Relations Center, IRC Press.

Boutet P., 2004, *Rapport sur les conventions collectives de longue durée de 1994 à 2002*, Québec, Ministère du Travail, Direction de la recherche et de l'Innovation.

Coutu M., Fontaine L. L., Marceau G., 2009, *Droit des rapports collectifs du travail au Québec*, Cowansville, Yvon Blais.

Jalette P., 2014, « Les restructurations d'entreprise au Québec 2003-2010 : ampleur, nature et logiques », in Jalette P., Rouleau L. (dir.), *Perspectives multidimensionnelles sur les restructurations*, Québec, Presses de l'Université Laval, Coll. Travail et emploi à l'ère de la mondialisation, p. 13-36.

Jalette P., Bourque R., Laroche M., 2008, « Les relations du travail au Québec : évolution et perspectives », *Effectif*, n° 2, p. 10-17.

Jalette P., Laroche M., 2010, « Conclusion : tendances et orientations de la convention collective », in Jalette P., Trudeau G. (dir.), *La convention collective au Québec*, Montréal, Chenelière Éducation, p. 429-448.

Jalette P., 2010, « Relocation Threats and Actual Relocations in Canadian Manufacturing: The Role of Firm Capacity and Union Concessions », *American Behavioral Scientist*.

Jalette P., Prudent N., 2010, « Le secteur manufacturier la tête sous l'eau », *L'état du Québec 2010*, Montréal, Boréal, Institut du Nouveau Monde, p. 125-130.

Labrosse A., 2014, *La présence syndicale au Québec en 2013*, Québec, Gouvernement du Québec, direction de l'information sur le travail.

Laroche M., 2013, « Le dialogue social au Québec : quels impacts au niveau local ? », *Regards sur le travail*, n° 2, p. 1-14.

Maschino D., 2002, *La négociation basée sur les intérêts dans le renouvellement des conventions collectives. Une enquête auprès des négociateurs patronaux et syndicaux*, Québec, Ministère du Travail, Direction des innovations en milieu du travail (DIMT).

Mayer D., Bourque R., 1999, « Le contenu des conventions collectives de longue durée au Québec de 1994 à 1996 », *Nouvelles formes d'emploi et diversification de la main-d'œuvre*, Actes du 36ᵉ congrès de l'Association canadienne des relations industrielles.

Ministère du Travail, 2013, *Portrait statistique des conventions collectives analysées au Québec en 2012*.

ORHRIAQ (Ordre des conseillers en ressources humaines et en relations industrielles agréés du Québec), 2005, *Relations du travail au Québec. Bilan et perspectives d'avenir*, avril.

Roy M., Harisson D., Haines I., 2007, « Le partenariat patronal-syndical et la gestion des conflits : Les rôles clés des représentants », in « Prévenir et résoudre les conflits organisationnels », *Gestion*, n° 31-4, p. 9-15.

Partenaires pour la compétitivité et l'innovation sociale, 2005, *Pour une compétitivité accrue et un dialogue social renforcé*, Québec, Ministère de l'Emploi et de la Solidarité sociale, Direction des communications.

Sauvé M., Robitaille C., 2005, *Évolution des conflits de travail de longue durée de 1983 à 2002 : une vue d'ensemble*, Québec, Ministère du Travail, Direction générale des politiques et de la recherche.

Tanguay-Lavallée B., Houde A., Marotte J., Nadeau C., Poulin M., 2012, « Les différents régimes de représentation collective au Québec », *Regards sur le travail*, n° spécial Forum-2012, p. 1-19.

Villemure G., Turgeon J., 2006, *Les arrêts de travail au Québec – Bilan de l'année 2006*, Québec, Ministère du Travail.

Chapitre 13

Roumanie :
des *minériades* à l'intégration européenne

Anemona Constantin[1]

La libéralisation, le retour de la liberté d'expression et de réunion, le passage progressif à l'économie de marché et la réduction du secteur industriel, comptent au nombre des facteurs qui contribuent après 1989 à la transformation du panorama syndical roumain.

Cette transformation est d'abord visible dans la désagrégation de l'Union générale des syndicats de Roumanie (UGSR), longtemps sous la domination du Parti communiste roumain (PCR). Ensuite, dans les difficultés rencontrées par les confédérations syndicales à s'adapter à la transition vers une économie de marché et aux exigences posées par le dialogue social après l'adhésion de la Roumanie à l'Union européenne.

L'histoire postcommuniste des syndicats roumains commence sous de bons auspices : le taux de syndicalisation avoisine 90 % et les « mobilisations » connaissent le succès dans un climat de grandes incertitudes politiques et économiques. Cela conduit à une multiplication des organisations syndicales.

1. Cinq confédérations syndicales représentatives

La première loi des syndicats crée un cadre permissif à leur multiplication puisqu'elle fixe à 15 le nombre de membres nécessaire à la constitution d'un syndicat qui, plus est, peuvent être salariés d'une même entreprise ou branche ou exercer une profession indépendante[2]. Très vite, une trentaine de confédérations syndicales sont dénombrées (Ionaşcu, 2009), soit une inflation d'organisations comparable à celle des partis politiques à la même époque.

Organisés selon une structure pyramidale classique (syndicat, fédération, confédération), consacrée par la même loi[3], les syndicats se re-

---

[1] Doctorante en science politique à l'Université de Paris-Ouest (Paris-Ouest-Nanterre-La Défense).

[2] Article 4 de la loi n° 54/1991, *Monitorul oficial*, n°164, 7 août 1991.

[3] Article 42.

groupent finalement en cinq grandes organisations considérées comme représentatives au niveau national[4].

Créée sur les ruines de l'UGSR, la CNSLR-*Frăţia* (Confédération Nationale des Syndicats Libres de Roumanie – La Fraternité) est issue de la fusion, en 1993, de la CNSLR et de *Frăţia*, constituées deux ans plus tôt. La confédération compte, en 2011, 300 000 membres (elle en revendiquait quelque 2 millions à ses origines) répartis en 28 fédérations qui représentent « pratiquement toutes les branches professionnelles et domaines d'activité »[5].

Le Cartel *Alfa* constitue l'autre grande organisation syndicale roumaine. Fondée en 1990, elle aurait rassemblé plus d'un million de salariés syndiqués contre 300 000 en 2011. Elle se structure en 41 fédérations de l'industrie, de l'agriculture, des transports, de l'éducation et de la culture[6].

Il faut compter ensuite avec le BNS (Bloc National Syndical) qui apparaît en 1991. Il est issu de la fusion de plusieurs confédérations des secteurs de l'énergie, de l'automobile, des matériaux de construction, de la poste et des télécommunications, de l'administration publique, de la santé, des finances et des banques. Le BNS représente 40 fédérations professionnelles et revendique 320 000 adhérents en 2013[7].

En 1994, à l'initiative de Victor Cirobea, leader de la CNSLR-*Frăţia* (et futur premier ministre de la Roumanie, en 1996-1998) et à la suite d'une scission au sein de cette confédération, a été constituée la CSDR (Confédération syndicale démocratique de Roumanie) par la réunion de neuf confédérations des secteurs aussi variés que l'enseignement, l'industrie alimentaire, le textile, les transports, l'agriculture et l'assistance sociale. Elle réunit 20 fédérations professionnelles (et 250 000 adhérents en 2011)[8].

Enfin, la dernière confédération nationale reconnue comme représentative est la CSN *Meridian* (Confédération syndicale nationale « *Meridian* »). Constituée en 1994 par la fusion de la fédération des syndicats miniers du cuivre et de celle des syndicats de l'industrie du caoutchouc, elle aurait rallié 29 fédérations (et comptait officiellement plus de 300 000 adhérents en 2011)[9].

---

[4] Selon l'article 51 de la loi du dialogue social, n°62/2011, *Monitorul oficial*, n° 322, 10 mai 2011.

[5] Voir en ligne : http://www.cnslr-fratia.ro/despre-noi.aspx.

[6] Voir en ligne : http://www.cartel-alfa.ro/default.asp?nod=8.

[7] Voir en ligne : http://www.bns.ro/wps/portal/Acasa/Descriere.

[8] Voir en ligne : http://www.confederatii.ro/article/252/C-S-D-R-Confederatia-Sindicatelor-Democratice-din-Romania.

[9] Voir en ligne : http://www.csnmeridian.ro/articol/ro/7/.

Effectifs syndiqués et syndicalisation en Roumanie (1990-2011)

	1996-1997	2001 (a)	2011
1. BNS	700 000	250 000	254 527
2. CARTEL *Alfa*	1 200 000	250 000	301 785
3. CNS-*Meridian*	600 000	100 000	320 204
4. CNSLR-*Frăţia*	2 000 000	650 000	306 486
5. CSDR	600 000	200 000	249 264
Effectifs totaux	5 100 000	1 450 000	1 177 755
et taux de syndicalisation	Environ 70 %	Environ 35 %	Environ 28 %

(a) Chiffres approximatifs

Sources : Muntean, 2003, p. 251 et INIST (voir *infra*) pour 2011.

L'ensemble de ces confédérations ont pour source de financement les cotisations de leurs membres, des donations et sponsorisations ; elles disposent également d'un patrimoine mobilier et immobilier. À cela s'ajoute des parts inégales de la substantielle « fortune » de l'UGSR, objet de querelles et de convoitises tout au long de la période postcommuniste[10], ainsi que des actions dans plusieurs sociétés commerciales[11]. L'État participe à son tour à l'activité syndicale en défiscalisant les locaux qui servent à son déroulement tandis que les bailleurs étrangers prennent souvent en charge les programmes de formation des leaders[12].

Ces ressources matérielles sont complétées par un réseau interne et international constitué de partis politiques et d'organisations internationales. Quoique l'ensemble des confédérations se disent « indépendantes politiquement », en conformité avec la loi sur les syndicats (loi n° 54/2003), plus d'une cultive des relations étroites avec les formations politiques. Ainsi, au début des années 1990, le leader de la confédération *Frăţia*, Miron Mitrea, crée le Parti de la solidarité sociale absorbée en 1994 dans le Parti de la démocratie sociale de Roumanie (PDSR), alors au gouvernement, et M. Mitrea quitte son poste à la tête de la confédération pour celui de

---

[10] Administré de façon peu transparente et au bénéfice d'une partie seulement des syndicats créés après 1990, cet héritage estimé par l'UGSR à 4,7 milliards de lei (2,7 millions dollars) et plusieurs immeubles constitue jusqu'à présent l'objet des querelles sans fin. Voir en ligne sur le sujet : http://www.ugsr.ro/stiri/exclusivprocuroriidnadem onstreazacapatrimoniulugsrafostpreluatinmodilegalprinmijloacefrauduloasesitrebuier estituitinstitutiei.

[11] Les cinq confédérations syndicales nationales détiennent des parts inégales dans le capital de la société *Sind Romania* créée en 1990 pour administrer l'importante base touristique de l'UGSR. CNSLR-Frăţia et Cartel *Alfa* sont les principales actionnaires avec respectivement 33 % et 28 % des actions, BNS et CSDR en détenant chacune 17,5 %. Voir : Enache Ş., 2007.

[12] Voir par exemple en ligne : http://www.formare-fsli.ro/proiect/Norvegia/Newsletter/ Newsletter_Nr1.pdf.

secrétaire de cette formation politique, devenant ensuite le ministre des Transports (2002-2004).

La relation de la CNSLR-*Frăţia* avec les sociaux-démocrates ne s'arrête pas là, ses membres se présentant aux élections sur les listes de ce parti (renommé PSD, Parti social-démocrate, en 2000), pratique qui est officialisée en 2008 avec la signature d'un accord de collaboration qui implique le soutien de la confédération dans la campagne électorale en échange de candidatures sur les listes du parti aux élections locales[13]. La CSN-*Meridian* a signé à son tour un accord de collaboration avec le PSD tandis que le BNS s'est rapproché du Parti de la Grande Roumanie (PRM) qui lui a offert, en 2004, quinze places sur ses listes aux élections législatives (Preda, 2004).

Basés sur un échange de biens divisibles, les liens étroits que les milieux syndicaux entretiennent avec les partis politiques ne sont ni stables, ni idéologisés pour autant. Ils reposent la plupart du temps sur des relations personnalisées et clientélistes entre deux milieux peu professionnalisés qui, de surcroît, sont susceptibles de changer de partenaires à chaque échéance électorale (Ionaşcu, 2009, p. 475-477). Les partis courtisent ainsi plusieurs confédérations syndicales à la fois pour s'attirer leur potentiel mobilisateur recherché surtout en période électorale (Muntean, 2003, p. 249), tandis que les leaders de syndicats espèrent la réalisation de leurs revendications ou leur propre salut politique.

Le capital social des confédérations ne se limite toutefois pas à son réseau interne et les liens avec les organisations internationales constituent une préoccupation constante pour l'ensemble des confédérations. Ainsi, les organisations roumaines sont toutes affiliées à la Confédération européenne des syndicats et à la Confédération internationale des syndicats.

2. Changement dans la violence

Contrairement aux autres pays socialistes où le changement de régime de 1989 a eu lieu sans heurts et a conduit au renouvellement du personnel politique, en Roumanie, il a pris la forme d'une violente révolte populaire qui a débouché sur le maintien au pouvoir des élites communistes (Grosescu, 2010, p. 237-240). La présence à la tête de l'État, dès 1989, d'un Front du Salut National (FSN) dominé par les membres de l'aile réformatrice du PCR a fait l'objet d'une intense contestation notamment de la part des intellectuels dissidents et des prisonniers politiques de l'époque stalinienne.

---

[13] « *Acord de colaborare între CNSLR et PSD* », *HotNews*, 27 mars 2008. En ligne : http://www.hotnews.ro/stiri-ultima_ora-2674431-acord-colaborare-intre-psd-cnslr-fratia.htm.

Des manifestations contre le nouveau pouvoir ont éclaté dans les rues des grandes villes de Roumanie au lendemain de l'annonce de la transformation du FSN en parti politique, le 23 janvier 1990, et ont continué tout au long de l'année 1990 malgré la victoire sans appel de cette formation et de son candidat (Ion Iliescu) aux élections générales du 20 mai[14]. En réplique, le FSN organise des contre-manifestations pour faire valoir son assise populaire, auxquelles il convoque les syndicats des mineurs de la Vallée de Jiu qui y prennent part activement. Dès la première intervention à Bucarest, le 29 janvier 1990, leurs actions s'inscrivent sous le signe de la violence et les sièges des partis et des journaux de l'opposition sont saccagés. Cela inaugure le triste cycle des « minériades », terme qui désigne dans l'histoire politique postcommuniste les descentes à Bucarest des mineurs de la Vallée de Jiu[15], qui font de nombreuses victimes et des destructions matérielles massives.

Entre 1990 et 1999, de telles actions se succèdent à six reprises dans des conjonctures et à des fins différentes. Leurs raisons et conséquences sont finement analysées par le sociologue Alin Rus (2007) dans sa thèse de doctorat, *Les minériades, entre manipulation politique et solidarité ouvrière*. Allant à l'encontre des idées reçues, A. Rus montre combien ces mobilisations sont complexes sous l'angle des motivations et des croyances de leurs acteurs, mais aussi des élites politiques qui dirigent la Roumanie entre 1990 et 1999 et, notamment, des anciens communistes qui entretiennent avec les mineurs une relation privilégiée.

Mettant en lumière des distinctions entre les six *minériades*, Alin Rus décèle une historicité des revendications qui les animent et montre comment les fidélités politiques et les hausses salariales des premiers temps s'effacent peu à peu devant la lutte des syndicats pour la conservation des emplois et contre la restructuration des mines qui dominent dans un deuxième temps, à compter de 1991-1993 (Rus, 2007, p. 210-214). Si les trois premières *minériades* ont pour objectif de pulvériser l'opposition politique au FSN comme celle, très sanglante, des 13-15 juin 1990 lors de la manifestation de la Place de l'Université, les trois dernières (1991-1999) sont davantage focalisées sur la satisfaction des revendications sociales et professionnelles des ouvriers[16].

---

[14] Le FSN obtient 66,3 % des suffrages lors des élections à l'Assemblée nationale et 67,0 % lors de celles du Sénat. Ion Iliescu est élu président de la République avec 85,0 % des suffrages.

[15] Région minière située dans le sud-ouest de la Roumanie.

[16] Les sources officielles comptent 6 morts en juin 1990, mais le dossier de l'enquête judiciaire de ces événements en compte plus de 100. Plusieurs sources journalistiques convergent à leur tour vers un chiffre de 128 morts. Voir Gussi, 2002.

Issues de la frénésie associative et mobilisatrice qui caractérise le début des années 1990, ces actions portent à jour de manière paroxystique les clivages qui traversent la société roumaine postcommuniste entre, d'une part, une couche urbaine et éduquée qui penche en faveur de la dé-communisation et du passage à l'économie de marché et, d'autre part, des groupes sociaux d'origine populaire ou rurale attachés à la sécurité du travail et à l'économie socialiste.

Hormis cette capacité des *minériades* à objectiver les tensions latentes présentes dans la société roumaine, par leur propension à faire valoir le potentiel mobilisateur des travailleurs, ces mouvements ont contribué à la popularité du mouvement syndical malgré le préjudice d'image que la violence déployée lui a fait subir. Ces mouvements sociaux ont ainsi participé à imposer les syndicats comme un interlocuteur incontournable pour le gouvernement[17].

Les *minériades* ont profondément marqué la période postcommuniste, incarnant un cas exemplaire du lien fort qui relie les syndicats au pouvoir politique. Héritée de l'époque communiste, cette proximité ne les a pas pour autant toujours desservi (Ionașcu, 2009, p. 475 et suiv.). Mais critiqué pour avoir sapé l'autonomie du mouvement syndical, le patronage des partis politiques a néanmoins contribué à sa stabilisation après le changement de régime laissant ouverte la possibilité de la négociation avec l'État, même si cette négociation est restée pour beaucoup opaque et informelle. Cela dit, ce mouvement manque de cohésion, ce qui l'empêche d'adopter une stratégie commune face au gouvernement et prédisposent ses diverses composantes aux jeux d'allégeance avec les partis politiques. Ces difficultés découlent du manque de démocratie interne des syndicats, de la rupture du leadership avec la « base »[18] mais aussi de la concurrence qui existe entre les entreprises d'une même branche affectant les relations entre leurs syndicats (Muntean, 2003, p. 244-245), de « l'absence d'instruments fonctionnels de concertation » mis en place par l'État (Ionașcu, 2009, p. 474), de la rétention d'information au sein des confédération et de la décentralisation des organisations syndicales (Peyroux, 2003, p. 1034).

En 1990, l'ensemble des programmes politiques convergent, à de très rares exceptions, vers la nécessité du passage à l'économie de marché. Même le parti de gouvernement, le FSN, qui hésite de s'engager dans cette

---

[17]   On fait notamment référence ici à la *minériade* de 1991 qui a conduit au renversement du gouvernement Roman parce qu'il refusait de renoncer au plan de restructuration de la Vallée de Jiu et à celle de janvier 1999 qui a failli se terminer par un coup d'État contre le gouvernement CDR qui refusait de revenir sur la fermeture des mines (voir Rus, 2007, p. 170-214 et p. 219-249).

[18]   Lors des élections intra-syndicales, le vote est pondéré en fonction des cotisations des membres. Aux niveaux fédéraux et confédéraux, les décisions sont davantage concertées (Peyroux, 2003, p. 1033-1034).

voie jusqu'à la désintégration de l'URSS en 1991, lance par la suite des « privatisations spontanées » dans l'industrie, l'agriculture et le commerce (Murgescu, 2010, p. 466). Ce choix n'étant pas remis en cause, ce qui fait débat alors est le rythme des réformes. Cela conduit à de profondes divergences dans les partis et à l'éclatement du FSN.

Ces conflits ont un effet déstabilisateur sur une économie déjà gravement éprouvée, dont les exportations (-54 %) et la production (-20 %) chutent fortement en 1990, annonçant l'effondrement économique des années 1990-1992 (Murgescu, 2010, p. 466-468). Malgré la temporisation des réformes, sous l'effet de la libéralisation des prix, de l'inflation (près de 200 % en 1992) et de la baisse du PIB, les syndicats se mobilisent à répétition, parfois avec succès, et le pays connaît une première vague de mouvements sociaux d'ampleur.

Parmi les plus importants, la quatrième *minériade*, qui éclate à l'automne 1991 sur le fond de mécontentements concernant les salaires, conduit au renversent du gouvernement de Petre Roman pris dans un jeu politique complexe et en rivalité avec le président Ion Iliescu. Cette vague de protestations se poursuit avec la grève générale des typographes en décembre 1992 qui empêche la diffusion des grands journaux pendant trois jours, une manifestation des principales confédérations syndicales contre la détérioration du niveau de vie en avril 2013 et la première grève générale de la Roumanie postcommuniste, en mai 1993.

Organisée par la CNSLR-*Frăţia*, le Cartel *Alfa* et le BNS, ce mouvement a pour objectif d'obtenir la garantie d'un revenu minimum. Mais le cabinet Văcăroiu installé en novembre 1992 se montre peu enclin au dialogue, ce qui conduit le Cartel *Alfa*, le BNS et la Ligue des étudiants à réclamer sa démission en novembre 1993. Sans gain de cause, cette action porte toutefois ses fruits quelques mois plus tard, lorsqu'en juin 1994, un accord avec le gouvernement admet l'augmentation des salaires et la signature de contrats collectifs de travail.

Le 16 octobre 1996, une nouvelle loi codifiant ce type de contrat est votée par le Parlement[19]. Elle introduit pour la première fois l'obligation de représentativité des organisations syndicales et patronales qui participent aux négociations concernant l'établissement de contrats collectifs. L'article 17 stipule que pour être considéré comme représentatif au niveau de l'unité, un syndicat doit réunir au moins un tiers des salariés. Pour qu'une fédération soit reconnue comme représentative, elle doit bénéficier des adhésions d'au moins 7 % des salariés de la branche. Pour qu'une confédération soit reconnue comme représentative au niveau national elle doit réunir au moins 5 % du nombre total de salariés. En outre, les fédéra-

---

[19]   Loi n° 130/1996, *Monitorul oficial*, n° 184, 19 mai 1998.

tions qui la composent doivent être représentatives de 25 % des branches de l'économie nationale.

L'approche de l'échéance électorale en novembre 1996 conduit à une croissance de la conflictualité sociale sur fond d'érosion de la relation du pouvoir avec les syndicats. L'adoption de l'ordonnance n° 1/1995 soumettant la hausse des salaires aux variations de la productivité du travail pour certaines catégories de fonctionnaires est le point névralgique qui provoque une deuxième vague de manifestations. Un accord social qui prévoit l'augmentation des salaires de 10 % et des réductions d'impôts est signé en juillet 1995 entre le gouvernement et la CNSLR-*Frăţia*. Jugeant insuffisantes ces mesures, le Cartel *Alfa* et le BNS quittent la table des négociations (Stoica, 2007, p. 82).

Les élections générales de novembre 1996 débouchent sur l'alternance au pouvoir avec la victoire de la CDR (Convention démocratique roumaine) et de son candidat Emil Constantinescu qui devient le nouveau président de la Roumanie. N'ayant pas obtenu la majorité, la CDR est obligée de rentrer dans un système d'alliances qui débouche sur une coalition hétérogène, traversée par de nombreuses tensions. Entre 1996 à 1998, Victor Ciorbea, ancien leader syndical déjà évoqué, et maire de Bucarest, exerce la fonction de premier ministre. Son programme donne la priorité à l'accélération des réformes, à l'attrait du capital étranger dans l'économie nationale et aux privatisations, objectifs auxquels il sacrifie la productivité et la stabilité sociale. Plusieurs banques et sociétés dans les secteurs de l'énergie, de l'automobile, des télécommunications, de l'industrie pétrolière sont par conséquent fermées ou vendues selon une logique qui veut que celles profitables soient privatisées pendant que leurs dettes sont nationalisées. Le FMI qui, en 1997, accorde un nouveau prêt à la Roumanie, tient un rôle clé dans cette politique.

De 1996 à 1999, l'économie est en récession car le gouvernement doit rembourser trois milliards de dollars à la Banque mondiale, tranche d'un prêt contracté par les gouvernements antérieurs. L'effort considérable réalisé pour honorer ce remboursement a un important coût social. Le chômage grimpe à 10 % entre 1998 et 2000, la productivité baisse et 40 % des Roumains vivent en 1999 en dessous du taux de pauvreté (Dăianu, 2002, p. 19-20, Murgescu, 2010, p. 468).

Certes, la conflictualité sociale diminue jusqu'en 1998 grâce en partie à la création des lieux de dialogue social qui offrent un espace d'expression des mécontentements et qui permettent de répondre à la demande des syndicats d'être associés au programme de réformes[20].

---

[20] Lors d'une manifestation qui réunit 50 000 personnes organisée par CNSLR-*Frăţia*, le 18 novembre 1993, les syndicats demandent leur implication directe dans la gestion des problèmes soulevés par les réformes adoptées (voir Stoica, 2007, p. 65).

Issues d'une décision ministérielle prise en mars 1997, les commissions consultatives de dialogue social se proposent de réunir, au niveau des ministères et des préfectures, les syndicats, les représentants des patrons et l'administration publique[21]. Le rôle de ces instances est de permettre aux partenaires sociaux de se rencontrer périodiquement, de donner leur avis sur les différentes initiatives législatives en matière socio-économique et de créer un espace de médiation des conflits de travail. En dépit de ses vertus, le dispositif ne prévoit en revanche aucune procédure ou mécanisme de contrainte pour régler les désaccords persistants ou les situations où les partenaires sociaux expriment un avis défavorable à l'égard d'une initiative législative.

Au même moment voit le jour le Conseil économique social (CES), créé par une loi de 1997[22]. Partageant avec les commissions tripartites un rôle consultatif, le CES doit obligatoirement intervenir pour tout ce qui concerne les politiques sociales, économiques et fiscales, les relations de travail, la protection sociale et salariale, l'éducation, la santé, la recherche, la politique de concurrence, les professions libérales, la protection des consommateurs… Lieu de rencontre avec les partenaires sociaux au niveau national, le CES a des attributions plus larges que les commissions consultatives comme par exemple l'obligation de produire, à la sollicitation du gouvernement ou du parlement ou à sa propre initiative, des enquêtes et des analyses dans le domaine du travail et des relations professionnelles ou de leur signaler les situations de vide juridique.

Malgré tout, le dialogue social ne fonctionne pas très bien en Roumanie, ce que déplore et tente d'analyser d'ailleurs le ministère du Travail : « La pratique démontre qu'en Roumanie, le dialogue autonome (bipartite) reste incompris et faiblement développé suite au rôle central assumé par le gouvernement au cours de l'histoire dans la réglementation et le déroulement de la négociation collective et du dialogue social, en général »[23]. Mais les syndicats critiquent également le « rôle formel (…) du CES et (…) son utilisation comme une fausse institution de consultation nationale avec les partenaires sociaux » (Muntean, 2011).

Moins fréquentes depuis 1996, les mobilisations connaissent une hausse spectaculaire en 1999, année où ont lieu deux *minériades*, dont la première faillit renverser le gouvernement. Déclenchée en réaction au plan de fermeture de plusieurs mines dans la Vallée de Jiu en février 1999, cette mobilisation met en scène 10 000 mineurs qui, face au refus

---

[21] Décision ministérielle n° 89/1997, *Monitorul oficial*, n°57, 4 avril 1997.

[22] Loi n° 109/1997, *Monitorul oficial*, n° 141, 7 juillet 1997. Cette loi est modifiée en 2001, 2003, 2006 et 2013 (loi n° 248/2013, *Monitorul oficial*, n° 456, 24 juillet 2013).

[23] Voir en ligne : http://www.mmuncii.ro/j33/index.php/ro/dialog-social/949-dialogul-social-bipartit

du Premier ministre de se rendre sur place, décident de se diriger vers Bucarest. Plusieurs unités de gendarmes sont mobilisées dans le territoire pour arrêter leur avancée, mais échouent et une rencontre avec Radu Vasile, le chef du gouvernement, est organisée *in extremis* dans une petite localité sur la route vers la capitale pour empêcher leur arrivée à Bucarest. Les tractations se terminent avec la signature d'un mémorandum qui maintient provisoirement les mines ouvertes. Ce mouvement a pour conséquence l'adoption par le parlement d'une nouvelle loi réglementant les conflits de travail[24]. Elle prévoit plusieurs voies de conciliation des conflits comme celles demandant l'intervention d'un tiers qu'il s'agisse d'un médiateur désigné par le ministère du Travail ou d'une commission d'arbitrage formée des représentants de l'administration publique, du syndicat et de l'employeur. S'y ajoute la grève d'avertissement, c'est-à-dire de courte durée. La loi conditionne l'appel à la grève à l'épuisement de ces autres modes d'action. Elle en fait un dernier recours dans la confrontation sociale. Contestée à plusieurs reprises pour son caractère non-constitutionnel, cette loi n'entrave que partiellement l'action syndicale puisqu'en pratique les confédérations réussissent à contourner les étapes imposées quand elles souhaitent faire grève (Muntean, 2003, p. 250).

Le deuxième mouvement important de l'année 1999 est la mobilisation des principales confédérations syndicales (Cartel *Alfa*, CSDR, BNS, CNSLR-*Frăţia*) contre des politiques gouvernementales conduisant à l'appauvrissement de la population. Les revendications se concentrent sur le renforcement des mesures de protection sociale assorti de plus de transparence dans le processus de privatisation. Dans une lettre adressée au président Constantinescu, les confédérations exigent la démission du premier ministre « qui n'est pas capable de gérer le processus de réforme »[25]. Dans le contexte des divergences avec Radu Vasile, le président Constantinescu trouve un artifice institutionnel pour pousser ce dernier à la démission (Pavel, Huiu, 2003). Il est remplacé par le technocrate Mugur Isărescu, gouverneur de la Banque nationale, qui assumera la difficile mission de négocier avec l'Union européenne les conditions d'adhésion de la Roumanie.

3. L'européanisation

Le 15 février 2000, cinq ans après avoir déposé sa candidature pour rejoindre l'UE, la Roumanie est invitée, dans le cadre d'une réunion à Bruxelles, à commencer les négociations d'adhésion. Celles-ci portent sur trente et un chapitres qui concernent les domaines économique, politique,

---

[24] Loi n° 168/1999, *Monitorul oficial*, n° 582, 29 novembre 1999.

[25] Selon « Demiterea Guvernului, cerută pe diverse voci » [La démission du gouvernement demandée de différentes manières], *Cronica română*, 23-24 octobre 1999.

social, scientifique, culturel et écologique et c'est au PDSR (Parti de la démocratie sociale de Roumanie, issu d'une scission du FSN) et à Ion Iliescu, gagnants des élections de novembre 2000, d'assumer cette mission durant leur mandat.

Le nouveau Premier ministre, Adrian Năstase, fait de l'entrée de la Roumanie dans l'UE et dans l'OTAN, les priorités de son programme de gouvernement. D'autres objectifs mentionnent la diminution du chômage et de l'appareil bureaucratique ainsi que la lutte contre la corruption et la criminalité. Ces préoccupations correspondent aux points relevés à plusieurs reprises par la Commission européenne sur la liste des problèmes que la Roumanie se doit de résoudre en vue de son adhésion à l'UE. Mais l'enjeu crucial pour le gouvernement reste de faire de l'économie roumaine une économie de marché, qui soit reconnue comme telle par Bruxelles, ce qui au début des négociations est loin d'être acquis. Car, en 2000, deux tiers des entreprises roumaines relèvent toujours du secteur public.

Pour parvenir à répondre à ces exigences, le gouvernement social-démocrate crée deux nouvelles entités : d'une part, fin 2000, l'Autorité pour la privatisation et l'administration de la participation de l'État (APAPS) et, d'une part, en 2002, le Parquet national anticorruption. En outre, sous la pression du FMI qui, en 2001, accorde à la Roumanie un sixième prêt depuis la chute du régime Ceaușescu, l'APAPS se lance dans un vaste programme de privatisations qui inclut les grandes compagnies d'État de l'énergie (pétrole, gaz, électricité), de la sidérurgie et des banques. Ces efforts valent à la Roumanie le droit de libre-circulation dans l'espace Schengen dès 2001 et la reconnaissance du statut d'économie de marché fonctionnelle par la Commission européenne, en 2004[26]. Puis le traité d'adhésion est officiellement signé en avril 2005. Il devient effectif le 1er janvier 2007.

Cela n'aurait peut-être pas été possible sans la maîtrise par l'État de la relation avec les syndicats étant donné que l'acquisition des entreprises roumaines par des investisseurs privés a impliqué des restructurations et des licenciements massifs. Entre 2000 et 2004, plusieurs accords sont signés en effet entre le gouvernement et les confédérations syndicales, dont ceux de 2001 et de 2002 semblent être, par leurs conséquences, les plus importants.

Dans le premier cas, il s'agit de l'un accord par lequel le gouvernement promet de modifier la législation du travail, d'assurer une augmentation de 10 % des salaires et une augmentation des retraites qui tienne compte des variations de l'inflation en échange d'une absence de mouvements

---

[26] Voir « Raportul de țară pe anul 2004 » [Rapport sur le pays pour l'année 2004], Commission européenne, 6 octobre 2004. En ligne : http://discutii.mfinante.ro/static/10/Mfp/control_prev/documente/Raport_tarasept2004.htm.

sociaux et de grèves pendant un an. Les principales confédérations syndicales signent cet accord et le respectent, à l'exception de Cartel *Alfa* qui, le 18 septembre 2001, dénonce le non-respect de certaines clauses par les autorités et rompt le contrat.

Des modifications législatives importantes sont pourtant en cours parmi lesquelles l'adoption d'une loi qui garantit le revenu minimum[27] et la refonte du code du travail. Celui-ci mécontente surtout les patrons qui déplorent une « limitation du temps de travail à 48 heures par semaine » et le fait qu'en fixant à 15 salariés le seuil pour la formation d'un syndicat, les petites et moyennes entreprises s'en trouveraient « assassinées »[28]. Trois fois plus élevé qu'en 1991 ce seuil – par entreprise, branche ou profession – sera pourtant salutaire en ce qu'il limite l'extrême fragmentation syndicale[29]. Par ailleurs, en 2005, selon une double recommandation du FMI et de l'UE, le code du travail intègre également des dispositions concernant la flexibilité du marché du travail. Cette fois, l'initiative est très critiquée par les syndicats[30].

Le deuxième accord social signé par le gouvernement Năstase avec la CNSLR-*Frăţia*, CSDR et la CSN-*Meridian* est celui du 6 mars 2002. Il prévoit l'augmentation des salaires et des retraites, la non-fermeture des usines, un pourcentage sur la somme versée à l'État lors des privatisations et certains avantages collatéraux pour les leaders syndicaux, en l'occurrence des postes politiques et des postes au sein des entreprises (Peyroux, 2003, p. 1050). Le Cartel *Alfa* et le BNS opposent toutefois à ces propositions une fin de non-recevoir et exigent la démission du gouvernement, la hausse du niveau de vie et des réductions fiscales pour les salaires modestes.

L'arrivée des démocrates-libéraux au gouvernement, en 2004, et de Traian Băsescu à la tête du pays pour deux mandats consécutifs jusqu'en 2014, marquent simultanément un affaiblissement sans précédent du mouvement syndical. L'entrée de la Roumanie dans l'UE en 2007 mais aussi des relations rapprochées avec les États-Unis depuis l'admission dans l'OTAN, en 2004, ont pour effet la poursuite des privatisations et l'ouver-

---

[27]   Loi n° 416/2001, *Monitorul oficial*, n° 401, 20 juillet 2001.

[28]   Selon le président de l'Union des industriels de Roumanie (UGIR), principale association de défense des intérêts des employeurs : *Tudorică, (Ionuţ), « Codul Muncii – o politică pentru giganţii industriali care îngroapă IMM-urile »* [Le Code du travail – une politique pour les géants industriels qui enterre les PME], *Curierul Naţional*, 20 juin 2003.

[29]   Loi sur les syndicats, n° 54/2003, *Monitorul oficial*, n° 73, 5 février 2003.

[30]   Voir le communiqué du Cartel *Alfa* qui annonce des actions communes aux autres confédérations contre cette réforme. En ligne : http://www.cartel-alfa.ro/default. asp?nod=106&info=85.

ture du pays aux investisseurs étrangers. Des licenciements massifs[31] ont lieu et si le chômage n'explose pas c'est parce que la migration de la main d'œuvre de travail roumaine vers les pays de l'UE, notamment vers l'Espagne et l'Italie, permet d'en amortir les effets[32].

Par rapport à ces évolutions, les syndicats roumains semblent impuissants. Après s'être prononcés en faveur des privatisations au début des années 1990, ils cherchent désormais à en contrôler les conséquences et à peser pour limiter les restructurations. Cela affecte directement les syndicats dont les effectifs diminuent fortement par rapport à la décennie précédente. Ainsi, en 2011, de sources officielles[33], la population syndiquée s'élève à 1 177 755 adhérents, soit un taux de syndicalisation légèrement inférieur à 30 % des salariés.

Si ces chiffres semblent loin d'être négligeables au regard des autres pays européens, ils ne constituent pas pour autant une ressource suffisante pour assurer aux confédérations syndicales une position de force dans les négociations avec l'État et les employeurs. Leurs échecs devant les coupes salariales de 2010[34], l'adoption d'une loi sur le dialogue social en 2011 qui introduit des limitations à la constitution d'un syndicat et, enfin, les discussions autour des propositions de nouvelles modification du code du travail qui consacrent le principe de flexisécurité[35], traduisent ce déclin… même si les seuils de représentativité devraient être révisés dans un sens plus favorable aux syndicats[36].

La réduction sensible des effectifs syndiqués depuis les années 2000 signifie donc non seulement une inadaptation des syndicats aux aspirations et attentes des salariés mais également une inadaptation aux conditions de l'économie de marché où l'État ne joue plus, comme durant les années 1990, le double rôle d'employeur et de médiateur des conflits sociaux

---

[31] Ainsi, 170 000 mineurs ont été licenciés à partir de 1997 (Stoica, 2007, p. 102).

[32] L'émigration augmente de quelques centaines de milliers de citoyens roumains partis en 2002 à presque 2 millions en 2007 et contribue à la fois à la baisse du chômage (4,1 % en 2007) et à l'entrée des capitaux en Roumanie (voir Murgescu, 2010, p. 473).

[33] INST [Institut national de statistique], *Buletin Statistic lunar* [Bulletin statistique hebdomadaire], n° 10, 2012, p. 100.

[34] Lors de la nouvelle crise économique de 2008, le gouvernement prend des mesures d'austérité, dont la baisse des salaires bruts des employés du secteur public de 25 % (loi n° 118/2010, *Monitorul oficial*, n° 441, 30 juin 2010).

[35] Pour une critique de cette réforme, voir Stoiciu, 2010.

[36] Le droit de former un syndicat est désormais limité aux salariés d'une même unité et non plus à ceux d'une même branche ou profession comme c'était le cas avec la loi n°54/2003. De plus, pour qu'un syndicat soit reconnu comme représentatif au niveau de l'unité, il faut désormais qu'il réunisse plus de la moitié des salariés (50 % + 1), selon la loi n° 62/2011, *Monitorul oficial*, n° 322, 10 mai 2011. Concernant la mise en œuvre et l'actualisation de cette réforme, voir Mihai C., 2015.

(Ionaşcu, 2009, p. 476). Le retrait de l'État avec les privatisations qui ont eu lieu au cours des années 2000 contraint les syndicats à une métamorphose : celle de gestionnaires des biens collectifs (congés, cures, assurance-maladie) pour le compte du Parti communiste en organisations de défense des droits et des intérêts des salariés. Or c'est là une métamorphose que les syndicats roumains peinent à assumer… même si certains s'efforcent de porter certaines réformes, tel le BNS à l'origine d'une réforme, en 2015, qui doit permettre de consolider les contrats de travail.

La faible implantation dans le secteur privé, la politisation (Pilat, 2007, p. 146), l'hypertrophie des revendications salariales, le manque de cohésion interne, l'absence de politique effective de recrutement au niveau du syndicat, le manque de communication entre le leadership et la base (Muntean, 2003, p. 247 et 251), le chômage et l'émigration des salariés, constituent autant d'arguments qui soulignent ces difficultés. Compte tenu de ces difficultés, les organisations ont tenté de se rapprocher et d'envisager leur regroupement. Cependant, deux tentatives de fusion, avec pour principal protagoniste le BNS, ont échoué en 2004 et en 2012. La première visait une alliance avec la CNSLR-*Frăţia*, qui avait donné son accord, avant de se retirer. Le second projet de fusion deuxième concerne le BNS, le Cartel *Alfa*, la CNSLR-*Frăţia*. Mais cette dernière se voit finalement exclue à cause des graves problèmes financiers auxquels elle est confrontée et, surtout, de l'arrêt de son leader, Marius Petcu, pour des faits de corruption[37]. En outre, en 2013, la fusion échoue en raison de désaccords concernant le partage des fonctions et les restructurations organisationnelles envisagées[38].

Avec la réduction de la population syndiquée, on note aussi une baisse du nombre de conflits de travail entre 2002 et 2014 (voir graphique ci-dessous). La chute sensible de la conflictualité à partir de 2011 est une conséquence directe de l'entrée en vigueur de la loi du dialogue social de 2011. Son article 164 stipule qu'il est interdit de déclencher un conflit collectif avant l'arrivée à échéance du contrat collectif de travail.

Étant donné que la loi conditionne désormais l'appel à la grève à celui préalable à deux autres dispositifs (l'arbitrage et la médiation), la diminution du nombre de grèves résulte probablement de la résolution des conflits par d'autres moyens. Néanmoins, cette diminution peut trouver également explication dans le recours à d'autres répertoires d'action, tels des recours juridiques, peu développés dix ans plus tôt (Ionaşcu, 2009,

---

[37] La CNSLR-*Frăţia* perd son siège en octobre 2013 par une décision du Tribunal du Bucarest, pour des impayés de loyer. En février 2013 Marius Petcu, le leader de la confédération, a été condamné à 7 ans de prison pour des faits de corruption.

[38] Cet échec s'explique aussi par la crainte de BNS de devoir endosser les dettes laissées par le Cartel *Alfa*.

p. 476). Cependant à la démobilisation des confédérations syndicales traditionnelles s'oppose une implication croissante dans les conflits de travail des organisations qui ne sont pas reconnues comme représentatives, ce qui est très visible dans la statistique des conflits. Pourrait-on y voir une incitation à un changement de stratégie syndicale ou l'apparition de nouveaux acteurs, peut-être plus informels, des relations professionnelles, ce qui paraît caractériser aussi d'autres pays européens ? Si la question reste ouverte, cela annonce manifestement de nouvelles évolutions, hors des cadres traditionnels des relations professionnelles.

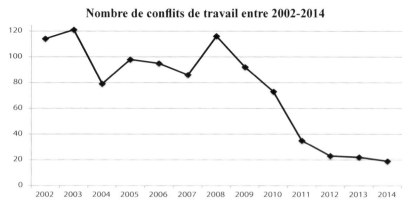

Nombre de conflits de travail entre 2002-2014

Source : Données du ministère du Travail. Pour 2009, seule la période de janvier à septembre est prise en compte.

Conclusion

Après la chute du régime communiste en Roumanie, en décembre 1989, le défi le plus grand pour les syndicats a été la reconversion d'importantes ressources humaines et matérielles héritées de l'ancien régime pour les rendre fonctionnelles dans une économie de marché. Les organisations issues de l'Union des syndicats communistes étaient, en 1990, bien placées pour répondre à ce défi compte tenu de la continuité au pouvoir d'une partie du personnel politique et de la relation privilégiée établie avec celui-ci. Mais si cette proximité a assuré la stabilité des syndicats à travers le changement de régime, elle les a aussi desservis pour l'immersion à venir dans un monde capitaliste.

Quoique souhaitée par les syndicalistes, l'entrée dans l'Union européenne les a également surpris mal préparés tandis que la flexibilité du marché de travail accentuée par les effets de la crise économique de 2008 et assortie d'une nouvelle législation du travail a accentué leur mise hors-jeu et leur affaiblissement.

Les syndicats qui ont, pour l'instant, « survécu » ont été ceux qui ont compris assez tôt que pour continuer d'exister, il importait de s'émanciper du « patronage » de l'État – et des partis politiques – en s'appropriant de nouveaux moyens (ou en s'intégrant à de nouveaux réseaux) pour la défense des droits des salariés dans une économie de marché. Cette appropriation s'accompagne de l'abandon du rôle de gestionnaire de « privilèges » que les syndicats ont continué d'assumer après 1989 et d'une trop forte centralité des revendications[39].

L'avenir semble désormais appartenir aux organisations syndicales qui ont su s'adapter et se réinventer en délaissant le lien avec la politique au profit de ressources et de stratégies nouvelles dont la formation (Pilat, 2007, p. 157), le développement de services aux salariés et des réseaux de loyauté extérieurs, notamment au niveau européen (Ionașcu, 2009, p. 482-486).

Bibliographie

Enache Ș., 2007, « *Noi ne odihnim pentru tine*, un logo pentru turismul sindical » [« Nous on se repose pour toi », un logo pour le tourisme syndical], *Săptămâna financiară*, n° 102, 20 mars.

Gussi A., 2002, « Construction et usages politiques d'un lieu de mémoire. La Place de l'Université de Bucarest », *Romanian Political Science Review*, n° 4.

Ionașcu A., 2009, « The Weakness of Social Actors in CEE. Exploiting or Consolidating Trade Unions in Post-communist Romania? », *Romanian Political Science Review*, n° 3, 2009.

Mihai C., 2015, « Iohannis trimite Senatului spre reexaminare legea dialogului social » [La réforme des règles de représentativité syndicale en Roumanie], *Mediafax*, 9 juin. En ligne : http://www.mediafax.ro/politic/iohannis-trimite-senatului-spre-reexaminare-legea-dialogului-social-14430773.

Muntean A., 2003, « Romanian Labor Movement Between Worker's Padded Coat and European Values: New Perspectives on Romanian Trade Unions », in Voicu B., Rusu H. (eds.), *Globalization, European Integration, and Social Development in Central and Eastern Europe*, Sibiu, Psihomedia Publishing Company.

Muntean A., 2011, « This is the ending of a beautiful friendship – Sindicatele din România la răscruce? » [Les syndicats de Roumanie, au carrefour?], *Criticatac*, 6 mai.

---

[39] En ce qui concerne les principales revendications au cœur des conflits, il faut préciser que tout comme avant 2002, celles salariales sont au cœur des mobilisations. Voir en ligne les données du Ministère du Travail pour 2002-2014 : http://www.mmuncii.ro/j33/index.php/ro/transparenta/statistici/buletin-statistic

Murgescu B., 2010, *România și Europa. Acumularea decalajelor economice (1500-2010)* [La Roumanie et l'Europe. L'accumulation des décalages économiques (1500-2010)], Iași, Polirom.

Pavel D., Huiu I., 2003, *Nu putem reuși decât împreună ! O istorie analitică a Convenției Democratice, (1989-2000)* [Seulement ensemble on peut réussir ! Une histoire analytique de la Convention Démocratique (1989-2000)], Iași, Polirom.

Peyroux O., 2003, « Rôle et influence actuels des contre-pouvoirs associatifs et syndicaux en Roumanie », *Studia Politica-Romanian Political Science Review*, n° 4, p. 1033-1034.

Pilat N.-M., 2007, « Stratégies et perspectives de renouveau syndical dans la Roumanie postcommuniste », *Transitions*, n° 2.

Preda C., 2004, « Educația și politica sindicatelor » [L'éducation et la politique des syndicats], n° 759.

Grosescu R., 2010, *La conversion politique des élites communiste roumaines après 1989*, thèse pour le doctorat en science politique, Université de Paris Ouest Nanterre La Défense.

Rus A., 2007, *Mineriadele. Între manipulare politică și solidaritate muncitorească* [Les *minériades*, entre manipulation politique et solidarité ouvrière], Bucarest, Curtea veche.

Stoica S., 2007, *România după 1989. O istorie cronologică* [La Roumanie après 1989. Une histoire chronologique], Bucurest, Meronia.

Stoiciu V., 2010, « Noul Cod al Muncii sau legiferarea codurilor nescrise » [« Le nouveau Code du travail »], *Criticatac*, 6 déc.

CHAPITRE **14**

Royaume-Uni :
l'européanisation d'un modèle très libéral

Sylvie CONTREPOIS[1]

Doté d'une confédération syndicale de salariés, le *Trade Union Congress* (TUC) et d'une organisation d'employeurs, la *Confederation of British Industry* (CBI) uniques, le système de relations professionnelles britannique est l'un des seuls systèmes européens à être historiquement basé sur les principes du volontarisme et de l'unitarisme.

Le premier de ces principes implique que l'État n'intervienne pas ou très peu dans la régulation des relations entre employeurs et salariés, la représentativité de ces deux acteurs collectifs étant fondée sur la reconnaissance mutuelle. Dans ce contexte dominé par le « laissez-faire », la loi occupe une place limitée dans le droit du travail. Les relations collectives sont avant tout le produit du rapport de force entre employeurs et syndicats, qu'aucune disposition légale n'oblige à négocier, tandis que les relations individuelles sont principalement régies par le contrat de travail. Les accords collectifs sont peu nombreux du fait qu'il n'existe pas d'obligation de négocier au Royaume-Uni. Seuls 33 % des salariés sont donc couverts par des accords collectifs, essentiellement dans le secteur public.

Le second principe, l'unitarisme, désigne le syndicat comme unique instance de représentation des salariés. Nombre d'institutions et de structures légales de représentation des salariés qui existent dans les autres pays européens sont absentes au Royaume-Uni. Jusqu'à une période récente, dans de nombreux secteurs, le système du *closed-shop* réservait l'accès aux emplois et aux droits collectifs associés aux seuls salariés syndiqués.

Depuis la fin des années 1970, ces deux principes ont été fortement questionnés sans toutefois être fondamentalement remis en question. Tout d'abord, le gouvernement Thatcher a pris de nombreuses mesures législatives visant à limiter le rôle des organisations syndicales, en supprimant le *closed-shop* et en restreignant leur capacité à organiser des conflits du travail.

---

[1] *Reader in European employment relations* à la London Metropolitan University (Faculté des sciences sociales et humaines) et membre du Centre de recherches sociologiques et politiques de Paris – Équipe culture et sociétés urbaines (CNRS).

Ces mesures continuent aujourd'hui de s'appliquer, les gouvernements travaillistes qui se sont succédé entre 1997 et 2010 ne les ayant pas abrogées. Ces gouvernements ont, en revanche, produit de nouvelles réglementations visant à encourager la négociation collective et à instaurer des critères de représentativité. Pour autant, il n'existe toujours pas de législation ou de système de conventions collectives juridiquement contraignantes conférant aux organisations syndicales locales des droits étendus en la matière.

Ensuite, bien que l'engagement du Royaume-Uni au sein de l'Union européenne demeure partiel, la question de l'harmonisation sociale s'y pose depuis que le gouvernement de Tony Blair a accepté le chapitre social du traité de Maastricht. Un certain nombre de dispositions légales introduites pour limiter la capacité d'action des organisations syndicales de salariés ont ainsi dû être assouplies pour être conformes avec la législation européenne. De même, l'absence de structures élues de représentation des salariés fait débat.

Il s'agira ici de retracer brièvement l'histoire du syndicalisme et des relations professionnelles britanniques puis d'explorer les évolutions intervenues depuis les années 1980, concernant notamment le droit syndical, le droit de grève, les dispositions en matière de négociation collective et de représentation. Enfin, un état des relations professionnelles et du syndicalisme aujourd'hui sera dressé et s'intéressera aux débats contemporains.

1. Les fondements du système de relations professionnelles britannique

Berceau du syndicalisme ouvrier, le Royaume-Uni est doté d'un système de relations professionnelles qui lui est bien particulier et dont l'influence est restée très marginale en Europe (Launay, 1990). Forgé dans la dynamique d'une révolution bourgeoise dite passive, il est longtemps apparu comme un système singulièrement peu régulé. Si cette situation a évolué dans le temps, force est de constater que l'extension de l'appareil législatif s'est accompagnée d'une disjonction croissante entre les droits proclamés (*de jure*) et les droits réels (*de facto*) (Hyman, 2001).

Une structuration précoce du mouvement syndical

Un grand nombre des syndicats qui existent aujourd'hui au Royaume-Uni puisent directement leurs racines dans les organisations formées au cours de la première moitié du 19e siècle. Le *Committe of the useful classes* crée par John Gast en 1822 est certainement la première de ces organisations. Dès 1824, le gouvernement britannique tolère les coalitions permanentes dans l'agriculture, l'industrie et le commerce, avant de les reconnaître de manière définitive au travers des *Trade union Acts* de 1871 et 1875.

Les syndicats des premières heures sont avant tout des syndicats de métier, qui se confédèrent en 1866 au sein du *United-Kingdom Association of Organised Trades*, précurseur du *Trade Union Congress* créé en 1868 à Manchester. L'émergence d'un syndicalisme d'industrie, connu sous le nom de *new unionism* et développé à la fin du 19ᵉ siècle par des franges du salariat ouvrier restées jusque-là à l'écart du mouvement revendicatif – dockers, gaziers, ouvriers des transports – donne naissance à une organisation plus centralisée et porteuse d'un projet politique de réalisation du socialisme. En 1899 est ainsi créée la *General Federation of Trade Unions* (GFTU). Celle-ci ne jouera finalement qu'un rôle mineur.

Le Royaume-Uni compte alors environ 2 millions de syndiqués, soit 10 % de la population active salariée (Launay, 1990, p. 35). La plupart des leaders sont des travailleurs qualifiés dont l'identité professionnelle est proche de celle des artisans. Sur le plan politique, le mouvement ouvrier apparaît marqué tout autant par la doctrine libérale que par une forme de conscience de classe communautaire (Hyman, 2001).

L'une des principales originalités du mouvement syndical britannique est sans doute d'avoir impulsé la création d'un parti destiné à représenter les intérêts de la classe ouvrière dans l'arène politique. C'est ainsi qu'en 1893, deux ans après que le congrès des *trade unions* eut proposé un projet de loi en faveur des huit heures de travail quotidiennes, l'*Indépendant Labour Party* est fondé à Bradford. En 1899, le congrès des *trade unions* décide de créer un Comité pour la représentation ouvrière au Parlement (*Labour Representation Commitee*). Le *Labour Party* (Parti travailliste) voit finalement le jour en 1906.

Cette année-là, 29 députés ouvriers entrent aux Communes. Ils sont trop peu nombreux pour infléchir la politique gouvernementale, mais ils peuvent promouvoir des propositions de loi, interpeller les ministres et intervenir dans les débats parlementaires. C'est notamment en 1906 qu'est voté le *Trade Dispute Act* stipulant que les grévistes ne peuvent être poursuivis sur le plan pénal.

Peu avant la Première Guerre mondiale, la question de la pauvreté devient particulièrement cruciale et la situation sociale se tend. En 1910, quarante députés travaillistes sont élus au Parlement. Les conflits sociaux deviennent plus violents, le syndicalisme révolutionnaire connaît une poussée dans des secteurs clés de l'économie (mines, sidérurgie, transports). Au début de l'année 1914, le syndicalisme britannique, toutes tendances confondues[2], est le plus important d'Europe après le syndicalisme allemand : il rassemble 4 millions d'adhérents (Launay, 1990).

---

[2] Il n'existe pas de syndicats confessionnels en Grande-Bretagne. Cela peut être lié au fait que l'église anglicane est en rupture avec Rome et à la diversité des religions en présence.

Une institutionnalisation adossée au jeu politique

Le processus d'institutionnalisation du syndicalisme qui intervient au cours du 19ᵉ siècle en Grande-Bretagne apparaît essentiellement articulé au rôle spécifique attribué par le TUC au *Labour Party*. Les relations entre les deux organisations sont particulièrement étroites sur le plan politique.

Entre 1945 et 1951, grâce à la présence au pouvoir du Parti travailliste, la section syndicale d'entreprise devient un fait de plus en plus reconnu par les employeurs, tandis que le TUC s'adresse directement à l'exécutif afin d'influencer les décisions gouvernementales en matière économique et sociale (Ravier, 1981). De manière symptomatique, cette période de développement des organisations syndicales est marquée par une relative paix sociale. Ainsi, le nombre de journées perdues pour cause de grève diminue de 2 160 000 en 1946 à 1 912 000 en 1948 puis à 1 388 000 en 1950, tandis que les effectifs syndiqués s'accroissent de 7 875 000 d'adhérents en 1946 à 9 235 000 en 1950 puis à environ 10 millions en 1959. Le taux de syndicalisation dépasse alors 40 % des salariés.

L'après-guerre connaît également un mouvement de concentration des organisations syndicales reflétant une évolution du tissu économique basée sur la multiplication des grandes entreprises. En 1945, le ministère du Travail recense 781 syndicats dont sept rassemblent plus de la moitié des effectifs. Les plus puissants sont le syndicat des Transports (*Transport and General Workers' Union*), le syndicat des constructions mécaniques (*Amalgamated Union of engineering Worker's*), le syndicat des Employés municipaux (*General and Municipal Worker's Union*) et le syndicat des employés des pouvoirs locaux et nationaux (*National and Local Government Officer's Association*). Ainsi qu'il apparaît ici, l'augmentation des effectifs du *Trade Union Congress* est imputable à la croissance des syndicats de cols blancs.

Les syndicats britanniques seront, dans un premier temps, peu affectés par la crise des années 1970 malgré la législation anti-syndicale adoptée par le gouvernement conservateur d'Edward Heath en 1971. L'*Industrial Relations Act* aboli alors les *Trade Unions Act* de 1871 et de 1876 et les *Trades Disputes Act* de 1906 et 1965. Il en résulte notamment l'interdiction du *closed shop* (l'embauche étant réservée aux seuls syndiqués)[3], l'obligation pour les syndicats de se faire enregistrer auprès d'organismes officiels qui ont la faculté de vérifier le caractère démocratique de leur fonctionnement et l'affaiblissement du droit de grève.

---

[3] Le *closed shop* est un système par lequel le travailleur est obligé, à la suite d'un accord entre l'employeur et le syndicat, de rejoindre le syndicat avant de pouvoir être embauché. Il s'agit en quelque sorte d'une forme d'« incitation sélective » (au sens de M. Olson) contraignant à l'engagement collectif et interdisant toute stratégie de « cavalier seul » (Olson, 1978).

Cette politique provoque une violente réaction sociale. Les grèves se multiplient et les travaillistes reviennent au pouvoir en octobre 1974. Les droits syndicaux sont rétablis. Une agence gouvernementale, l'*Advisory conciliation and arbitration service* (ACAS) est mise en place afin de régler à l'amiable les litiges du travail et de renforcer les structures de négociation sociale.

Si le nombre de syndicats s'est considérablement réduit – le ministère du Travail n'en recense plus que 496 en 1970 –, les effectifs syndiqués ont eux continué à augmenter. Ils atteignent 12,7 millions en 1979 sur une population de 24 millions de salariés. Dans certains secteurs, le taux de syndicalisation dépasse 90 % : houillères, gaz, électricité, transports, industries mécaniques. Dans de nombreuses entreprises, les syndicats ont reconquis le monopole de l'embauche : 5 à 6 millions de salariés sont concernés par le *closed shop*.

Le TUC entre, malgré tout, en crise du fait d'une évolution de son public qui intègre une part croissante de travailleurs pauvres dont les modes d'action bousculent les anciennes équipes syndicales (Launay, 1990) et d'une déstabilisation de ses relations avec le *Labour Party*. Ce dernier avait imposé un contrat social fondé sur la modération salariale en échange d'une d'amélioration de la redistribution des richesses au moyen de l'augmentation des dépenses publiques dans les écoles et les hôpitaux, l'augmentation des retraites, le subventionnement d'un certain nombre de denrées alimentaires et le contrôle de la croissance des prix et des loyers. Un certain nombre de syndicats, particulièrement ceux du secteur public, se rebellèrent durant l'hiver 1978-1979, organisant des mouvements de protestation massifs (Fairbrother, 2007).

Cet hiver de mécontentement (« *Winter of Discontent* ») contribue à renforcer l'aile la plus antisyndicale au sein du Parti conservateur. L'idée que les grèves étaient l'œuvre de militants radicaux suivis par des masses trompées se retrouve au centre de la politique syndicale du gouvernement Thatcher. Le manifeste conservateur de 1979 décrit ainsi les syndicats comme des troubles pour la cohésion sociale et appelle à un syndicalisme réformé. Il les rend également responsables d'une partie des difficultés économiques que connaît alors le Royaume-Uni.

2. Le tournant des années 1980

La période qui s'ouvre, à partir de 1979, sous le gouvernement conservateur dirigé par Margaret Thatcher va conduire à des évolutions profondes et durables du système de relations professionnelles britanniques. L'objectif revendiqué est d'améliorer la démocratie sociale en restreignant l'influence des minorités radicales. Ces changements sont introduits au travers d'une succession de mesures législatives partielles dont la mise en œuvre intervient progressivement. Ils sont parallèlement impulsés de manière plus radicale au travers de la gestion du personnel de la fonction publique et des entreprises publiques (Mullen, 2001).

Durant les onze années de son mandat, Margaret Thatcher transformera ainsi avec succès l'essentiel du dispositif régissant les libertés syndicales. Les gouvernements travaillistes, en place de 1997 à 2010, ne feront qu'assouplir un certain nombre des dispositions prises sans en modifier fondamentalement la teneur. Au cours des années 1990, en effet, le *Labour Party* a réévalué ses relations avec les syndicats, en particulier les liens institutionnels qui avaient contribué jusqu'ici à définir le « *labour movement* » de la Grande Bretagne. Le *Labour Party* se distancie d'un certain nombre de syndicats et l'autorité du TUC diminue (Fairbrother, 2007).

Dans un contexte dominé par les efforts d'harmonisation européenne, l'action des gouvernements travaillistes se concentre, en revanche, sur le développement de la négociation collective et l'introduction de nouvelles règles de reconnaissance des organisations syndicales dans les entreprises.

D'importantes restrictions au droit de grève

L'une des principales interventions des gouvernements conservateurs concerne le droit de grève. Entre 1980 et 1993, sous les gouvernements Thatcher puis Major, une succession de lois rapprochées a progressivement limité les possibilités de recours à des piquets de grève, imposé l'organisation d'un vote à bulletins secrets avant le déclenchement de toute grève, restreint l'objet des grèves considérées comme légales, et instauré la responsabilité civile des syndicats.

Ainsi, dès 1980, l'*Employment Act* établit qu'un maximum de six grévistes peuvent être présents simultanément lors d'un piquet de grève et rend illégale toute forme de piquets de grèves « secondaires » (comme les piquets de grève chez les fournisseurs de l'entreprise par exemple). Avec l'*Employment Act* de 1982, les grèves de solidarité et les grèves politiques deviennent elles-mêmes illégales ; les syndicats qui appellent à de telles grèves deviennent passibles de poursuites pour dommages et intérêts. En 1984, les consultations d'adhérents par voie postale avant le déclenchement d'une grève, conseillées par le gouvernement depuis 1980, deviennent obligatoires et doivent être effectuées par un huissier. En 1986, le *Public Order Act* élargit les notions d'émeutes (*riots*) et de désordre violent (*violent disorder*). Il en résulte désormais que si un non-gréviste se sent menacé en traversant le piquet de grève, cela est considéré comme un crime, les grévistes encourant une peine de prison. L'*Employment Act* de 1988 précise, quant à lui, que les consultations précédant le déclenchement des grèves doivent obligatoirement être menées établissement par établissement (cela interdit les consultations régionales dans les services publics par exemple). Par ailleurs, il oblige à ce que la mention suivante soit inscrite sur le bulletin de vote : « *If you take part in a strike or other industrial action, you may be in breach of your contract of employment* »[4]. L'*Employment Act* de 1990 renforce, enfin, la responsabilité des syndicats en matière de grèves illégales en établissant qu'ils sont passibles de poursuites pour dommages et intérêts s'ils ne dénoncent pas ces grèves par écrit dans des courriers adressés à tous les syndiqués.

L'ensemble de ces dispositions sont reprises et précisées par le *Trade Union and Labour Relations (Consolidation) Act* de 1992. Par exemple, un préavis de 7 jours est désormais nécessaire avant la consultation. La grève doit commencer moins de quatre semaines après la consultation. Après ce délai, une nouvelle consultation est obligatoire. Finalement, le *Trade Union Reform and Employment Right Act* de 1993 donne le pouvoir aux individus de demander aux tribunaux des injonctions contre des grèves illégales. Le même texte créée un bureau gouvernemental pour la « protection contre les grèves illégales ».

L'impact de cet ensemble de mesures sur le nombre des grèves est toutefois difficile à évaluer précisément dans un contexte international marqué par le déclin des grèves (Manning, 1992). Si la législation n'a pas toujours été appliquée à la lettre du fait des rapports de force qui pouvaient exister (Elgar, Simpson, 1994), il convient de relever un certain nombre de cas exemplaires où son application a pu avoir des effets dissuasifs au-delà des professions concernées. Ainsi, par exemple, en 1984, le *Transport and General Workers Union* qui n'avait pas organisé de scrutin avant de déclencher la grève chez Austin Rover a dû payer une amende de 200 000 livres. Ou encore en 1988, le *Civil and Public Services Associations* (CPSA) a été condamné à verser 500 000 livres de dommages et intérêts, après avoir appelé à une grève de solidarité pour soutenir les employés de la santé publique (*Mail on Sunday*, 13 mars 1988). En 1991, ce même syndicat était attaqué en justice par l'employeur pour cause de grève « politique ». Les membres du CPSA, qui travaillaient dans le bureau d'enregistrement de sociétés commerciales, avaient alors refusé d'enregistrer *National Front Printers*, l'imprimerie d'un groupe d'extrême droite, le *National Front*. Le tribunal leur donna tort. Dans de nombreux cas, il est apparu que la menace de l'employeur d'appliquer la loi pouvait aboutir à faire annuler la grève (*Labour Research*, 1990). De leur côté, les syndicats semblent avoir utilisé les piquets de grève de manière beaucoup plus circonspecte.

Surtout, ces mesures se sont accompagnées d'un durcissement de l'action de l'État envers les grévistes. L'exemple le plus célèbre est celui de la grève des mineurs de 1984-1985, pendant laquelle tous les fonds du

---

[4] « Si vous prenez part à une grève ou à une action collective, vous pouvez être en infraction au regard des dispositions de votre contrat de travail ».

syndicat ont été saisis au motif qu'aucun scrutin préalable à la grève n'avait pas été organisé. De manière générale, la répression de ce mouvement a été particulièrement violente et les moyens déployés contre les grévistes (forces de l'ordre, communication…) ont été sans commune mesure avec les bénéfices économiques obtenus. La victoire politique de Margaret Thatcher contre les mineurs, remportée à un prix exorbitant, engendra une profonde démoralisation du mouvement syndical et facilita tous les autres projets du gouvernement pour une quinzaine d'années (Mullen, 2001).

Fin du closed shop *et individualisation du droit syndical*

En matière de droit syndical, les actions du gouvernement Thatcher sont multiples et visent tout autant à affaiblir la présence syndicale qu'à tenter d'altérer la nature des organisations elles-mêmes. L'un des objectifs affichés par le gouvernement est d'éviter que les syndicats ne tombent aux mains de syndicalistes radicaux.

L'une de ses premières actions sera ainsi de remettre en question le *closed shop*. Dès 1980, l'*Employment Act* autorise les salariés, licenciés au motif de leur refus d'adhérer au syndicat de l'entreprise, à faire appel aux tribunaux. Il stipule également que la mise en place de nouveaux *closed shop* doit être approuvée par 80 % des salariés. L'*Employement Act* de 1982 introduit même l'obligation d'un référendum tous les cinq ans afin de confirmer la légalité du *closed shop* dans les entreprises où il est en place. Le *closed shop* est finalement abolit par l'*Employment Act* de 1990.

Parallèlement, le gouvernement a tenté d'interdire les syndicats dans certains secteurs jugés stratégiques. Ce fut le cas dans les centres de communication liés aux services d'espionnage du *General Communications Headquarters* (GCHQ), où un certain nombre de salariés ayant refusé de quitter le syndicat furent licenciés. La campagne pour le droit de se syndiquer au sein de GCHQ s'est poursuivie pendant 15 ans, avant qu'un renversement de la décision et des dommages et intérêts pour le personnel qui avait été licencié ne puisse être obtenus sous le gouvernement de Tony Blair (Mullen, 2001).

Au cours de la même période, des modalités précises d'élection des dirigeants syndicaux ont été imposées aux syndicats. L'*Employment Act* de 1982 commence par déclarer illégale la nomination des secrétaires généraux de syndicats sur des contrats à durée déterminée et stipule que ces derniers doivent être élus régulièrement. Celui de 1984 renforce et étend ces dispositions en précisant que les secrétaires généraux, les présidents et les comités exécutifs de tous les syndicats doivent désormais être élus tous les cinq ans lors de scrutins à bulletin secret. Depuis 1988, les membres des comités exécutifs qui n'ont pas le droit de vote dans ces instances doivent également être élus régulièrement. Tous les scrutins doivent être postaux.

Le gouvernement a cherché également à séparer plus clairement les champs politiques et syndicaux en réglementant le financement des activités politiques par les syndicats. Ainsi, en 1984, le *Trade Union Act* établit que le syndicat doit financer ses activités politiques au moyen d'une caisse séparée : le fonds politique. L'existence de ce fonds doit être soumise à référendum tous les 10 ans. L'*Employment Act* de 1988 interdit, quant à lui, aux syndicats de décider de leur affiliation à un parti politique lors de leurs congrès annuels. Ils doivent désormais le faire par voie de référendums spécifiques. Finalement, le *Labour Relations Act* de 1992 réactualise la définition des organisations syndicales de salariés en les décrivant comme des organisations indépendantes des employeurs et de tout autre groupe ou associations, en charge de réguler les relations entre salariés et employeurs. Ces dernières doivent désormais obtenir auprès de l'État un certificat d'indépendance, qui leur donnera la possibilité être reconnues dans les entreprises.

Au travers du même *Labour Relations Act* de 1992, le pouvoir politique a cherché à protéger les libertés individuelles en établissant qu'aucun salarié ne peut être sanctionné ou licencié pour son appartenance syndicale ou pour son refus d'appartenir à une organisation syndicale ; il interdit en l'occurrence l'utilisation des « listes noires » de syndiqués par les employeurs.

Décentralisation de la négociation collective

Les années Thatcher ont été marquées par un important déclin de la négociation collective de branche au profit de la négociation d'entreprise, qui est restée cependant peu développée puisqu'un tiers seulement des travailleurs britanniques sont aujourd'hui couverts par un accord collectif. C'est principalement dans la fonction publique que la négociation collective a continué d'exister. Mais celle-ci a été considérablement décentralisée au cours des années 1990, l'État espérant ainsi encourager les directions régionales à tirer parti des particularités des marchés du travail locaux (Mullen, 2001).

Lorsqu'ils subsistent, les accords de branche peuvent être signés par une ou plusieurs organisations patronales et un ou plusieurs syndicats de salariés de la branche industrielle concernée reconnus par les organisations patronales du secteur. Les accords d'entreprise, quant à eux, sont signés par l'employeur et les syndicats de salariés qu'il a reconnus, soit volontairement, soit à la suite d'une procédure de reconnaissance. Les syndicats reconnus sont représentés par les délégués d'atelier élus par les membres syndiqués ou par des responsables syndicaux locaux qui ne sont pas nécessairement des membres du personnel.

Bien que dépourvus de tout statut juridique et de tout pouvoir contraignant, les accords collectifs ont un effet normatif car ils sont intégrés en tout ou partie aux contrats de travail. À défaut, ils constituent un engagement sur l'honneur. Le *Trade Union and Labour Relations Act* de 1992 a réaffirmé ce principe selon lequel les accords collectifs ne sont pas censés produire les effets d'un contrat entre les parties, sauf si celles-ci en disposent autrement.

Les accords collectifs sont en général conclus pour une durée indéterminée. Toutefois, les salaires sont négociés chaque année. Par ailleurs, un règlement relatif à la méthode de négociation collective permet au Comité central d'arbitrage (CAC) d'imposer aux interlocuteurs sociaux une méthode de négociation lorsqu'ils ne sont pas parvenus à un accord.

En 1992, le *Trade union and labour relation (consolidation) Act* a redéfini les objets de la négociation collective qui peut désormais porter sur les sujets suivants : les modalités d'emploi et les conditions de travail et, le cas échéant, les critères physiques de recrutement ; le recrutement, la suspension ou la fin du contrat de travail ainsi que les obligations professionnelles ; la répartition du travail entre salariés ou groupes de salariés ; les questions disciplinaires ; l'appartenance syndicale ; les moyens mis à la disposition des syndicats ; les procédures de négociation ou de consultation sur les sujets précédents.

De nouvelles règles en matière de représentativité et de représentation

Depuis la fin des années 1990, l'amélioration des dispositions en matière de représentation syndicale dans l'entreprise a fait partie des chantiers des gouvernements travaillistes, dans un contexte marqué par l'évolution des législations européennes et internationales en la matière (Guislain, 2013). C'est notamment la condamnation, en 1994, par la Cour de justice de l'Union européenne de la règle britannique du monopole du syndicat reconnu qui a été le catalyseur de ces changements (Davies, Kilpatrick, 2005). La cour a estimé que ce monopole syndical privait les travailleurs non représentés par un syndicat reconnu de bénéficier du droit à l'information et à la consultation et qu'en la matière la Grande Bretagne violait le droit communautaire.

Avec l'*Employment Relations Act* de 1999, le gouvernement travailliste de Tony Blair a instauré une obligation de reconnaître l'organisation syndicale sur le lieu de travail et introduit une nouvelle procédure en matière de reconnaissance applicable dans les entreprises employant habituellement plus de vingt salariés. Dans ces entreprises, les syndicats titulaires d'un certificat d'indépendance qui n'ont pas été reconnus volontairement par l'employeur peuvent désormais demander à être reconnus selon la procédure prévue par la loi, s'ils peuvent démontrer que plus de la moitié des salariés font partie de leurs effectifs.

Le cas échéant, la procédure permet au syndicat de demander au Comité central d'arbitrage l'autorisation d'organiser une consultation auprès des salariés. Une simple majorité suffit alors à faire reconnaître le syndicat, à condition que 40 % des salariés (et non des votants) s'expriment dans ce sens. Les syndiqués qui font campagne sur leur lieu de travail pour une telle reconnaissance bénéficient d'une certaine protection contre le licenciement.

Depuis 2002, également, il est possible de nommer un nouveau type de représentant syndical dédié à la formation ; celui-ci bénéficie d'un temps de détachement pour établir les besoins de l'établissement en matière d'apprentissage et de formation. Enfin, la directive européenne de 2002 sur l'information et la consultation des salariés a été transposée dans le droit britannique en 2004[5].

Ces nouvelles dispositions établissent pour la première fois un cadre général en droit britannique. En effet, la consultation n'avait jamais fait l'objet jusqu'ici d'une législation spécifique bien que de nombreuses mesures aient déjà été prises depuis le milieu des années 1970 sous l'impulsion du droit européen. Il convient toutefois de noter que ces évolutions ont reçu un accueil très mitigé de la part des organisations syndicales qui y ont vu un risque de remise en question de leur monopole de représentation (Hall, 2005).

Les dispositions en matière d'information et de consultation sont devenues effectives en 2005 et ne s'appliquaient initialement qu'aux entreprises de plus de 150 salariés. Elles ont progressivement été étendues pour couvrir toutes les entreprises de plus de 50 salariés en 2008. Toutefois, ce droit à l'information et à la consultation ne s'applique pas automatiquement. Il doit être mis en place à l'initiative de l'employeur ou demandé par 10 % des travailleurs. L'employeur et les représentants du personnel doivent ensuite engager des négociations afin de parvenir à un accord. Si aucun accord n'est trouvé, un comité est constitué selon des prescriptions subsidiaires. Ces dernières requièrent *a minima* que l'employeur informe et consulte les salariés sur :

– les récents et futurs développements de l'activité et la situation économique de l'entreprise ;

– la situation, la structure et l'évolution prévue de l'emploi au sein de l'entreprise et toutes mesures envisagées, en particulier en cas de menace sur l'emploi ;

– les décisions qui peuvent conduire à des changements substantiels dans l'organisation du travail ou de la relation contractuelle, ce qui

---

[5] *Information and consultation of employees* (ICE) *regulations.*

inclut les décisions concernant les licenciements collectifs et les transferts d'activité.

Cette dernière disposition reprend la section 188 du *Trade Union and Labour Relations Act* de 1992, qui stipule qu'en cas de licenciements collectifs, les syndicats représentatifs bénéficient d'un droit de consultation dans les entreprises de plus de 20 salariés. L'employeur doit informer et consulter les syndicats (ou tout au moins les représentants élus des salariés) afin de trouver des solutions en vue de minimiser les licenciements potentiels.

À défaut d'une demande de mise en place d'un mécanisme d'information et de consultation par l'employeur ou par 10 % des salariés, aucune mesure n'est prise.

Nouveaux droits individuels

Un second axe politique des gouvernements travaillistes a été d'étendre les droits individuels, notamment en matière de discrimination, en lien avec le développement de la législation européenne dans ce domaine. Une partie du *Human Rights Act* de 1998 a ainsi été conçue pour s'appliquer en tant que législation du travail. Il en résulte un élargissement significatif de la compétence des tribunaux du travail, qui couvraient en 2008 une soixantaine de droits individuels contre une vingtaine en 1980 (Clark, 2010).

Cette extension des droits individuels a conduit, au cours des années 2000 à une augmentation très importante du nombre des litiges portés devant les tribunaux du travail. Dans la majorité des cas toutefois (55 %), il s'est agi de litiges groupés obligeant les entreprises à modifier certains aspects de la gestion de leur main-d'œuvre (Clark, 2010 ; Guillaume, 2015). Devenus de plus en plus complexes, ces litiges impliquent des avocats dans 70 % des cas en 2008 (contre 40 % au milieu des années 1980). Ce sont les affaires liées à des discriminations sexuelles qui ont connu la plus forte augmentation.

Le développement des droits accordés aux salariés ne s'est toutefois pas accompagné d'une augmentation correspondante de la capacité d'accueil des tribunaux du travail. Leur accès a, au contraire, été réduit par la création d'organismes de conciliation extra-judiciaire et par l'instauration de procédures amiables sur les lieux de travail, sur la base du principe que les tribunaux ne doivent constituer qu'un ultime recours en cas de conflit (Schneider, 2005).

Un rôle croissant a ainsi été donné à l'ACAS qui s'est vu imposer, par l'*Employment Rights Act* de 1998, l'obligation de proposer une tentative de conciliation lorsqu'un tribunal du travail a été saisi. Les nouvelles procédures de règlement des litiges sur les lieux de travail ont quant à elles été introduites par l'*Employement Act* de 2002 et s'appliquent aux mesures disciplinaires, aux licenciements et aux réclamations des salariés.

Plus récemment, ce sont les frais de justice qui ont été augmentés de manière significative et sont devenus beaucoup plus dissuasifs. Ainsi, depuis juillet 2013, les plaignants doivent payer des frais pour déposer une plainte, suivis d'autres frais pour avoir accès à une audience.

3. Bilan et enjeux

Les années Thatcher ont représenté un tournant particulièrement important dans l'évolution du système de relations professionnelles britannique. Si ce tournant est très souvent interprété comme une régression importante en termes de démocratie industrielle (Smith, Morton, 1993 ; Faibrother, 2007), il convient de souligner que l'affaiblissement du mouvement syndical ne se traduit pas par une pure perte d'influence. Le déclin du nombre d'adhérents est stoppé au cours des années 1990, tandis que la capacité de résistance collective des salariés trouve de nouvelles voies au travers d'organisations en cours de renouvellement.

Syndicats : une perte d'influence contenue

La Grande-Bretagne, comme les autres pays européens, a connu un important déclin de son mouvement syndical. Le taux de syndicalisation y a reculé de manière importante, passant de 58 % en 1970 (12 millions de syndiqués), à 55 % en 1980, 30 % en 2004 puis 26 % (7,4 millions) (Fairbrother, 2007). Selon les dernières données de l'OCDE, ce taux s'est maintenu depuis lors. Tous les observateurs s'accordent pour attribuer ce recul à l'effet combiné de la politique conduite par le gouvernement Thatcher et des restructurations industrielles qui ont affecté l'industrie manufacturière et les industries d'extraction.

Pour faire face à leur affaiblissement les différents syndicats de profession ont eu tendance à fusionner en de vastes syndicats généraux (Heery *et al.*, 2000). Cela leur a notamment permis de consolider leurs structures administratives et financières. Des biens ont pu être vendus dans certains cas, afin de dégager des fonds.

Trois grands syndicats se répartissent aujourd'hui environ 60 % des affiliés du TUC. *Unite* est né de la fusion entre les syndicats *Amicus* et TGWU (*Transport and General Workers' Union*) en 2007. Il regroupe 1 977 000 affiliés dans tous les secteurs, dont la construction automobile, l'imprimerie, la finance, les transports routiers et les services de santé. Il est davantage implanté dans le secteur privé que dans le secteur public. UNISON[6] compte 1 317 000 affiliés. Il regroupe principalement les salariés des services publics, mais il est également présent dans les entre-

---

[6] UNISON (ou Unison), qui a regroupé diverses organisations qui parlent donc désormais de la même voix, a le même sens en anglais que le français « unisson ».

prises privées à la suite des privatisations. GMB (*General, Municipal, Boilermakers and Allied Trade Union*), enfin, totalise 575 000 membres. Il a des adhérents dans de nombreuses industries et regroupe majoritairement des travailleurs manuels.

Les autres syndicats liés au TUC sont de taille plus modeste et sont davantage attachés à des industries ou à des professions spécifiques. Dans l'ensemble, le syndicalisme britannique reste marqué par la prédominance des syndicats de métiers qui représentent les intérêts de petits groupes professionnels, faisant écho au corporatisme. Dans une même entreprise peuvent ainsi coexister différents syndicats représentant chacun une catégorie de salariés et dont les intérêts ne convergent pas nécessairement.

Ainsi, par exemple, il a pu être relevé que 14 syndicats opèrent dans le secteur de la santé : *British Association of Occupational Therapists, British Dietetic Association, British Orthopaedic Society, Society of Physiotherapy, Federation of Clinical Scientists,* GMB, *Community District Nursing Association, Royal College of Midwives, Royal College of Nursing, Society of Chiropodists and Podiatrists, Society of Radiographers, Union of Construction, Allied Trades and Technicians, Unison, Unite.*

Il convient de souligner que, malgré la suppression du *closed shop* et le déclin du nombre de syndiqués, les situations où le taux de syndicalisation au niveau des entreprises s'est maintenu à 100 % sont restées courantes. Par ailleurs, si la syndicalisation des hommes a suivi une tendance au déclin dans l'industrie, celle des femmes a augmenté dans les services. Selon certains observateurs, les nouvelles procédures de reconnaissance syndicale auraient permis de développer la syndicalisation dans des entreprises où les employeurs y étaient hostiles. Ainsi, pendant l'année 2000, 159 accords de reconnaissance ont été signés (Mullen, 2001).

Aujourd'hui, le taux de syndicalisation est beaucoup plus élevé dans le secteur public (59 %) que dans le secteur privé (17 %), même si l'on observe une remontée dans ce dernier (Everzt, 2009).

Une évolution des formes de conflictualité

En l'espace de vingt ans, le nombre de jours non travaillés pour fait de grève est tombé de 7 millions (soit 300 jours pour une fraction de 1 000 salariés) à la fin des années 1970 à 500 000 (20 jours pour 1 000 salariés) à la fin des années 1990. Nombre d'observateurs ont attribué ce déclin, plus important que dans d'autres pays industriels, aux restrictions successives apportées au droit de grève par les gouvernements conservateurs[7].

---

[7] C'est dans le secteur privé que le déclin a été le plus fort. Des données comparatives pour la production manufacturière et la construction durant la décennie 1997-2006 indiquent, par exemple, une moyenne de 13 grévistes pour 1000 salariés en Grande-Bretagne contre 46 en France (Hale, 2008, p. 35).

Des études quantitatives ont toutefois montré qu'environ 90 % des scrutins ont conforté la position de la direction du syndicat au cours des conflits collectifs pendant cette période et que, bien souvent, la seule annonce d'un scrutin positif en faveur de la grève suffisait à faire reculer l'employeur (Brown *et al.*, 1997). Les années Thatcher n'auraient donc pas abouti aussi clairement qu'il l'est souvent affirmé à un déclin de la conflictualité du travail. C'est également l'avis du nouveau gouvernement conservateur (Cameron) qui, à peine en place, a introduit en août 2015 un projet de loi tentant de renforcer les restrictions à la grève. Ce projet prévoit notamment de nouveaux seuils en matière de votes pour le déclenchement d'une grève : si la loi est adoptée, les syndicats devront désormais obtenir le vote d'au moins 50 % de leurs adhérents pour que la grève soit déclarée légale. Ils devront, de plus, recueillir 40 % de votes favorables (calculés sur le nombre total d'électeurs) dans six services publics clés : les services de santé, l'éducation des jeunes de moins de 17 ans, les pompiers, les transports publics, le nettoyage des équipements radioactifs.

En appliquant rétrospectivement les mesures à 158 votes passés pour le déclenchement de grèves organisés par 28 syndicats différents, Ralf Darlington et John Dobson (2015) établissent que le seuil des 50 % de suffrages exprimés n'a été atteint que pour 85 de ces scrutins ; en conséquence seulement 444 000 travailleurs concernés auraient pu faire grève et 3,3 millions en auraient été empêchés.

Dans le même temps, il faudrait prendre en compte d'autres données pour avoir une appréhension globale de l'expression de la conflictualité sociale. En effet, les statistiques officielles n'offrent qu'une connaissance partielle des mouvements sociaux. Notamment, elles ne mesurent pas les grèves très courtes, ni les formes d'action alternatives à la grève qui sont importantes dans le secteur public.

Ainsi, en 2004, l'enquête WERS (*Workplace Employment Relations Survey*) indiquait que 16 % des salariés des entreprises de 10 salariés ou plus considéraient que leurs relations avec leurs employeurs étaient mauvaises voire très mauvaises (Kersley *et al.*, 2006: 243; Dix *et al.*, 2009). Cette enquête montrait plus particulièrement que l'expression des conflits tendait à se diversifier, pouvant inclure des formes de grève du zèle, le refus des heures supplémentaires, des pétitions, l'organisation de votes en faveur de la grève ou même la menace de grève, des campagnes dans la presse et sur internet visant à recueillir le soutien de l'opinion publique, la mobilisation de la procédure de *grievance* (procédure formelle par laquelle un salarié peut exprimer ses griefs)[8], l'absentéisme ou le départ de l'entre-

---

[8]   Dans le cadre de la procédure formelle de *Grievance* – décrite par le *ACAS' Code of practice – Disciplinary and grievance procedure (2009)* – le salarié doit expliciter le

prise (Clark *et al.*, 2011). Ces nouvelles formes de conflits sont difficiles à mesurer car les statistiques sont ici partielles. Par exemple, les statistiques des tribunaux du travail ne mesurent pas les *grievances* dans les entreprises alors même que ces procédures sont un préalable à tout traitement d'un conflit par le tribunal.

Ces statistiques attestent en tous les cas d'une augmentation des contentieux individuels devant les tribunaux du travail à la faveur de l'extension des droits des salariés et malgré le développement de procédures de règlement alternatives des conflits. Entre 1980 et 2003, on assiste à un triplement du nombre des affaires avec un pic à 130 000 en 2000-2001 (Severin, 2007). Il est à noter que ces affaires sont souvent portées devant la justice sous forme de cas multiples. Ainsi, en 2008-2009, l'ACAS a reçu 960 demandes en matière de conciliation collective, qui ont été résolues favorablement dans 90 % des cas (ACAS, 2009). La majorité de ces cas concernaient les salaires, la reconnaissance des organisations syndicales, l'évolution des pratiques de travail et les licenciements.

De nouvelles stratégies syndicales

Si plusieurs écoles s'affrontent en termes de renouvellement syndical, une ligne de clivage apparaît clairement entre les tenants d'une stratégie instrumentale, le *servicing* et ceux d'une stratégie de renouvellement plus participative, l'*organising* (Heery, 2005). Alors que la première est basée sur l'idée que les adhérents sont des consommateurs passifs des services du syndicat, la seconde repose sur le pouvoir donné aux travailleurs de résoudre les problèmes qu'ils rencontrent sur le lieu de travail autant que possible par eux-mêmes, sans représentation extérieure (Heery, 2002). Ces deux stratégies représentent, toutefois, avant tout des idéaux types dont les composantes s'articulent plus qu'elles ne s'excluent dans les faits (Fairbrother, 2007).

Depuis le début des années 1980, le TUC et ses principales composantes ont tenté de mettre en place une politique de service plus systématique, faisant jouer leur pouvoir de groupe de pression. Un axe fort de cette politique a été de développer une stratégie de partenariat avec les employeurs perçus comme étant les plus coopérants. Cette stratégie a été relativement diffuse car essentiellement mise en place à l'échelle des entreprises, sans qu'un cadre national ait été préalablement élaboré (Ackers, Payne, 1998).

---

motif de son grief (souvent à l'encontre d'un membre de son encadrement) et les solutions qu'il propose par écrit. La direction de l'entreprise doit recevoir le salarié, qui peut se faire accompagner d'un autre membre du personnel, d'un membre de l'encadrement ou d'un représentant du personnel, dans un délai raisonnable. Une investigation peut être menée à l'initiative de la direction de l'entreprise afin de vérifier les faits. Celle-ci propose ensuite une solution afin de résoudre le litige.

Il en est d'abord résulté que la plupart des accords de partenariat signés au cours des années 1990 semblaient davantage refléter les intérêts des employeurs en matière de modernisation des relations sociales que ceux des salariés (Kelly, 1998 ; Heery, 2002).

En 2001, pour tenter de contrer cet effet pervers, le TUC a mis en place l'Institut du partenariat avec l'objectif de fournir des informations sur les modalités des partenariats existants, des programmes de formation pour les responsables syndicaux sur les accords de partenariat et de promouvoir les bonnes pratiques sur ces questions.

Parallèlement, la confédération a développé, à partir du milieu des années 1990, une nouvelle approche reposant sur la sollicitation de l'engagement actif des adhérents. Dans cette optique, une *organising academy* a été créée en 1998 afin de former les dirigeants syndicaux. D'importantes campagnes de resyndicalisation ont été menées, notamment par TGWU, UNISON.

Cette stratégie a notamment permis aux syndicats d'adapter leur action face aux restructurations et à la décentralisation du dialogue social dans les services publics, en devenant force de proposition à l'échelle locale (Fairbrother, 2000). Ici notamment, la stratégie d'*organizing* a reposé sur le « *community unionism* », qui consiste à construire des alliances au niveau local et à centrer l'activité sur le local (Wills, Simms, 2004). Les syndicats du secteur public ont, de fait, pris des distances vis-à-vis de l'État employeur, dont ils ont commencé à remettre en question la rationalité manageriale au cours des années 1980 et 1990 (Fairbrother, 2007).

Un dernier axe de renouvellement syndical, qui transcende les stratégies de *servicing* et d'*organising*, a été de cibler les catégories de salariés les plus vulnérables : les femmes, les jeunes, les travailleurs temporaires et les travailleurs migrants pour lesquels des structures spécifiques ont été mises en place.

Bibliographie

ACAS, 2009, « Advisory, Conciliation and Arbitration Service: Annual Report & Accounts 2008/09 », Londres, The Stationary Office, p. 1-88.

Ackers P., Payne J., 1998, « British trade unions and social partnership: rhetoric, reality and strategy », *The International Journal of Human Resource Management*, n° 9, p. 530.

Brown W. A., Deakin S., Ryan P., 1997, « The Effects of British Industrial Relations Legislation », 1979-1997, *National Institute Economic Review*, n° 161.

Clark N., 2010, « Collective and individual workplace disputes and conciliation, mediation and arbitration – the GB model », Report. En ligne : http://www.

workinglives.org/research-themes/wlri-project-websites/cams/reports--publications.cfm

Clark N., Contrepois S., Jefferys S., 2012, « Collective and individual alternative dispute resolution in France and Britain », *The International Journal of Human Resource Management*, n° 23-3, p. 550-566.

Davies P., Kilpatrick C., 2005, « La représentation des travailleurs au Royaume-Uni après le canal unique », in Laulom S., *Recomposition des systèmes de représentation des salariés en Europe*, Saint-Étienne, Publications de l'université de Saint-Étienne.

Darlington R., Dobson J., 2015, « The conservative Government's proposed strike ballots thresholds: the challenge to the trade unions », Salford Business School, Research working paper. En ligne : http://blogs.salford.ac.uk/business-school/trade-union-bill/

Dix G., Sisson K., Forth J., 2009, « Conflict at work: the changing pattern of disputes », in Brown W., Bryson A., Forth J., Whitfield K. (eds.), *The Evolution of the Modern Workplace*, Cambridge, Cambridge University Press.

Elgar J., Simpson R., 1994, *The Impact Of The Law On Industrial Disputes In The 1980s*, Report Of A Survey Of Education Authorities Centre For Economic Performance, Discussion Paper n° 197.

Everzt H., 2009, « La conciliation des conflits sociaux au Royaume-Uni. Le rôle de l'ACAS » *Revue de la Form'action André Renard*. En ligne : www.far.be/far/publications2009/20091216.pdf.

Fairbrother P., 2000, « British Trade Unions Facing the Future », *Capital and Class*, p. 47-78

Fairbrother P., 2007, « Trade Union revitalisation: trends and prospects in the United Kingdom », in Phelan C. (ed.), *Trade union revitalisation. Trends and prospects in 34 countries*, Bruxelles, Peter Lang, p. 145-157.

Fulton L., 2013, *La représentation des travailleurs en Europe*, Labour Research Department et ETUI. En ligne : http://fr.worker-participation.eu/Systemes-nationaux ; http://fr.worker-participation.eu/Systemes-nationaux/En-Europe

Guillaume C., 2015, « L'usage du contentieux dans la lutte pour l'égalité salariale en Grande-Bretagne : quels effets d'un engagement syndical "avec le droit" ? », *La Nouvelle Revue du Travail*, n° 6.

Hale D., 2008, « International comparisons of labour disputes in 2006 », *Economic & Labour Market Review*, n° 4, p. 32-39.

Hall M., 2005, « How are employers and unions responding to the Information and consultation of employees regulations? », Warwick Papers in Industrial Relations, n° 77. En ligne : https://www2.warwick.ac.uk/fac/soc/wbs/research/irru/wpir/wpir77_mh.pdf.

Heery E., Simms M., Delbridge R., Salmon J., Simpson D., 2000, « The TUC's Organising Academy: an assessment », *Industrial Relations Journal*, n° 5, p. 400-415.

Heery E., 2002, « Partnership versus organizing: Alternative futures for British trade unions », *Industrial Relations Journal*, n° 33-1, p. 20-35.

Heery E., 2005, « Sources of change in trade unions », *Work, employment and Society*, n° 19-1, p. 91-116.

Hyman R., 2001, *Understanding European Trade Unionism, Between market, class and society*, Londres, Sage Publications.

Labour Research Department, 1989, *Ballots on Industrial Action*, Londres, LRD.

Guislain V., 2013, « La représentation des salariés à l'échelle européenne ». En ligne : http://www.legavox.fr/blog/valentin-guislain/representation-salaries-echelle-europeenne-10502.htm#.VZqIN6Z8WHm

Kelly J., 1998, *Rethinking Industrial Relations: Mobilization, Collectivism and Long Waves*, Londres, Routledge.

Kersley B., Alpin C., Forth J., Bryson A., Bewley H., Dix G., Oxenbridge S., 2006, *Inside the Workplace: Findings from the 2004 Workplace Employment Relations Survey*, Londres, Routledge.

Launay M., 1990, *Le syndicalisme en Europe*, Paris, Imprimerie Nationale.

Manning A., 1992, *An Economic Analysis of the Effects of Prestrike Ballots*, Centre for Economic Performance, London School of Economics and Political science.

McIlroy J., Campbell A., 1979, « Picketing Under Attack Workers », *Educational Association Studies for Trade Unionists*, n° 20.

Mullen J., 2001, « La législation syndicale de Thatcher à Brown: menaces et opportunités pour les syndicats », colloque Liberté, libertés, Université de Tours, sept. 2001. En ligne : http://berlemon.net/ressources_gb/mullen_art1.htm.

Olson M., 1978, *Logique de l'action collective*, Paris, PUF (1re éd. en 1966).

Ravier J.-P., 1981, *Les syndicats britanniques sous les gouvernements travaillistes*, 1945-1970, Lyon, Presses universitaires de Lyon.

Severin E., 2007, « Le traitement des litiges en droit français et britannique : deux modèles d'intégration des procédés amiables », *Revue de Droit du Travail*, n° 4, p. 202-206.

Schneider M., 2005, « Employment litigation on the raise? Comparing British employment tribunals and German labour courts », *Comparative labour law and policy journal*, vol. 22, p. 261-280.

Wills J., Simms M., 2003, « Building reciprocal community unionism in the UK », *Capital and Class*, n° 82, p. 59-84.

CHAPITRE 15

Suède :
brève histoire du syndicalisme et défis actuels

Christer THÖRNQVIST, Monica ANDERSSON BÄCK
et Jesper HAMARK[1]

Il ne va pas de soi de déterminer quels sont les premiers syndicats ou les premières organisations de travailleurs en Suède. D'après l'historien libéral Svante Nycander (2008, p. 17), « le syndicalisme est le frère jumeau de l'entreprise capitaliste », à savoir que les entreprises capitalistes et les syndicats sont tous deux nés dans la période qui a immédiatement suivi l'abrogation, en 1846, du décret sur les guildes de 1720 en Suède et l'introduction de la liberté « totale » du commerce et de l'industrie en 1864. Comme dans de nombreux pays, il est sans doute possible dans certains cas de faire remonter leur origine aux guildes. Cependant, le véritable essor syndical s'est produit en 1846, lorsque les guildes sont devenues obsolètes (bien que leur dissolution formelle n'intervienne qu'en 1864). Lorsque les anciens compagnons perdent la protection assurée par le système des guildes, nombre d'entre eux s'inscrivent auprès des caisses de prévoyance prenant en charge l'assurance maladie, les frais d'obsèques et, par la suite, l'assurance chômage. Les premières organisations, de façon non exclusives, sont rattachées aux corps de métiers, mais contrairement aux associations de compagnonnage en grande partie sous le contrôle de maîtres-compagnons, les associations modernes sont indépendantes de l'employeur. Cependant, il subsiste un très fort protectionnisme venant des corps de métiers, hérité des regroupements de compagnons et aucun ouvrier non qualifié ne doit dévaluer la qualité du travail – et en conséquence la rémunération – des ouvriers qualifiés (Hansson, 1927, p. 9-10 ; Lindbom, 1938, p. 10-12).

---

[1]   Respectivement maître de conférences à l'Université de Skövde et maîtres de conférences à l'Université de Göteborg (Suède).

1. Les premiers syndicats suédois

Si l'on admet la qualification de ces associations de « syndicats », alors le premier syndicat suédois se constitue en 1846 parmi des typographes de Stockholm (*Typografiska föreningen*). En parallèle à ces nouvelles organisations, un courant de pensée moderne commence à se répandre à la fin des années 1840 et au début des années 1850, à savoir les sociétés de « réforme » libérales ou d'« ouvriers » ayant pour objectif le suffrage universel (masculin) et agissant comme associations d'éducation populaire pour apporter la culture aux travailleurs. Ces organisations, cependant, ne sont pas créées par les ouvriers eux-mêmes mais par des bourgeois libéraux. À la suite d'une vague de conflits du travail spontanés dans toute la Suède au cours des années 1850, qui culminent lors de révoltes liées à la famine en 1855, ces associations deviennent autant un moyen d'infléchir le potentiel révolutionnaire des travailleurs qu'une façon d'asseoir leur influence dans la société (Nerman, 1956, p. 1-2).

Le premier syndicat « moderne », dans le sens où son objectif est l'organisation collective des travailleurs dans une lutte pour l'augmentation des salaires et l'amélioration des conditions de travail, est créé en 1874 parmi les travailleurs des manufactures de tabac à Malmö, dans le sud de la Suède. Étant le tout premier, il n'est pas surprenant que cette initiative vienne de l'étranger. Les ouvriers du tabac danois voient Malmö – selon leurs propres termes – comme « plus ou moins un faubourg de Copenhague » en raison de la faible distance entre les deux villes ; en conséquence, il est nécessaire de prendre en charge l'organisation des ouvriers de Malmö afin d'éviter les briseurs de grève et la concurrence des bas salaires transfrontaliers. Le syndicat des ouvriers du tabac danois, *Enigheden* (Unité), fondé en 1871 et membre de l'Association internationale des travailleurs (c'est-à-dire la Première Internationale), crée une filiale à Malmö forte d'une centaine d'adhérents. Déjà, quelques mois auparavant, la branche de Malmö s'était engagée dans une grève frappant deux des huit manufactures de tabac de la ville. C'était la première fois, en Suède, qu'une grève est formellement menée et partiellement financée par une organisation syndicale. Le résultat s'avère, cependant, tellement dévastateur que la branche de Malmö est dissoute en 1875. Toutefois, l'influence danoise devait perdurer dans le sud de la Suède. Cette même année, en 1875, les gantiers danois rencontrent leurs homologues suédois à Lund, également en Scanie, comme Malmö. Il en résulte un syndicat qui s'installe dans la durée et réussit à s'étendre aux autres villes de la région, même si ses résultats à long terme sont moins probants (Uhlén, 1959, p. 171-177).

La grève des scieries de Sundsvall, au nord de Stockholm, en 1879, marque un tournant dans la création des syndicats, la liberté d'association et les droits du travail. L'introduction de scies à vapeur au milieu du

19ᵉ siècle avait fait de Sundsvall, une ville florissante de 9 000 habitants, un carrefour de l'industrie des scieries alors en plein essor et secteur de première importance pour les exportations suédoises. À la fin des années 1870, cependant, le cycle économique entre en récession, faisant baisser le prix des produits en bois. De ce fait, les salaires diminuent de 20 à 25 % entre 1878 et 1879. Les propriétaires des scieries demandent un prêt important auprès du gouvernement suédois afin de faire face à la récession. Ce prêt, accordé au printemps de 1879, n'entraîne pas l'augmentation des salaires. En conséquence, fin mai, les ouvriers cessent le travail, exigeant le rétablissement du niveau de rémunération de 1878 avant toute reprise. Au plus fort de la grève, 6 000 travailleurs de 21 scieries sont concernés. La grève dure une semaine, mais en raison de menaces d'intervention militaire, les ouvriers reprennent le travail sans avoir atteint leur but. Toutefois, ils ont fait preuve d'une forte unité et ont donné l'exemple à d'autres ouvriers en Suède : unis, les travailleurs peuvent faire front contre les traitements iniques des employeurs et des autorités (Kämpe, 1979 ; Hentilä, 1981).

La grève des scieries de la région de Sundsvall n'est pas d'inspiration socialiste, le socialisme n'étant pas encore arrivé en Suède à cette date. Ce conflit présentait plutôt des tonalités religieuses, teintées par un non-conformisme grandissant. Certains ouvriers étaient aussi membres du mouvement anti-alcool, élément ayant une importance considérable pour la conduite de la grève (Kämpe, 1979). En très peu de temps, toutefois, le mouvement socialiste devait dépasser en importance pour l'organisation du travail tant le mouvement anti-alcool que l'idéal non-conformiste. A Malmö, le 6 novembre 1881, le tailleur August Palm, revenant de longues années de compagnonnage en Allemagne et au Danemark où il avait été acquis aux idées socialistes, tint le premier discours socialiste en Suède qui suscita une agitation socialiste dans tout le pays, de la part de Palm lui-même comme de ses nouveaux adeptes. En 1882, A. Palm lance le premier journal social-démocrate *Folkviljan* (*Le Souhait du Peuple*) à Malmö et, en avril 1884, la première organisation sociale-démocrate est fondée à Göteborg. Le Parti national social-démocrate, *Socialdemokratiska Arbetarepartiet* (SAP) voit le jour le 23 avril 1889, A. Palm étant son premier président. Le parti met notamment en avant deux éléments – la journée de travail de huit heures et le suffrage universel – et il s'associe à la Seconde Internationale dès la fondation de celle-ci en juillet de cette même année (Thörnqvist *et al.*, 2015).

Bien que le SAP soit un parti politique et non un syndicat, il s'est façonné très largement en conformité avec le mouvement syndical alors en pleine expansion ainsi qu'avec les caisses d'assurance maladie et de frais d'obsèques. En 1886, le comité central des syndicats à Stockholm adopte les principes socialistes et notamment celui qui veut que « le profit devrait revenir aux travailleurs » (Hansson, 1927, p. 319). Lors du premier congrès syndical scandinave, tenu à Göteborg plus tard cette même année, les syndicats présents intègrent les idées socialistes et font des déclarations allant dans le sens des programmes sociaux-démocrates nationaux. Plusieurs organisations de travailleurs suédois, cependant, s'opposent au congrès scandinave. La lutte, à cette époque, entre les partisans des syndicats socialistes et non-socialistes atteint un point crucial et les adversaires du congrès craignent, à juste titre, que les Danois, à la fois mieux organisés et plus radicaux, fassent pencher la balance du côté du socialisme (Lindbom, 1938, p. 95-101 et p. 371-384).

Lors de la fondation du SAP, la fraction socialiste du mouvement syndical l'avait remporté et les syndicats commencent à adhérer au nouveau parti. En 1898, le mouvement syndical s'est suffisamment développé en effectifs et en maturité organisationnelle pour constituer une organisation centrale, la Confédération des syndicats suédois (*Landsorganisationen*, LO). Une opposition existe cependant au sein du mouvement des travailleurs dans son ensemble : il s'agit de fraction d'extrême gauche, d'anarchistes et, par la suite, de syndicalistes révolutionnaires (Thörnqvist *et al.*, 2015). Puisque les fractions réformatrices du SAP comme de la LO sont bien plus puissantes, l'objectif du renversement de la société capitaliste ne figure pas en tête de l'ordre du jour politique mais pour un avenir lointain. Dès lors, la tâche principale des syndicats consiste davantage à améliorer la situation de leurs adhérents en négociant des accords collectifs avec les employeurs.

Plusieurs syndicats accueillent uniquement des femmes. Quelque 62 organisations ayant pour objectif la défense des droits des ouvrières contre les employeurs sont dénombrés en Suède au tournant du siècle (Östberg, 1997, p. 200). L'essor des syndicats féminins s'explique par le fait que de nombreuses femmes ont des difficultés à faire entendre leur voix au sein des syndicats existants. Le premier syndicat féminin suédois est établi en 1886 par des gantières à Lund, les premiers syndicats de femmes apparaissant principalement dans le textile et la confection où les effectifs féminins sont très élevés. En 1902, ces organisations forment l'Union des femmes (*Kvinnornas fackförbund*), confédération couvrant l'ensemble du secteur du textile et de l'habillement. Cependant, ce sont des hommes qui organisent le syndicalisme féminin. Puisque les femmes travaillent généralement pour des salaires bien moins élevés que les hommes, le but de l'organisation est de réduire la concurrence entre les sexes en matière de salaires. C'est aussi la raison principale qui fait que l'Union des femmes est acceptée comme membre de la LO en 1904. Mais six ans plus tard, l'Union des femmes se scinde et, depuis la constitution de la LO, favorise des organisations mixtes regroupant des adhérents tant féminins que masculins (Fransson, Thörnqvist, 2003, p. 195-97).

2. La réaction des employeurs et l'embryon d'un « modèle suédois »

Depuis Adam Smith, semble-t-il, les organisations patronales se définissent par opposition aux organisations de travailleurs. Le patronat est par nature individualiste : il ne s'organise qu'en cas de besoin pour répondre aux actions des organisations de travailleurs et du gouvernement. Si le patronat peut conserver la gestion et ses prérogatives sur les décisions qui touchent ses entreprises, il préfère toujours ne pas s'organiser (Due *et al.*, 1993, p. 328-331). Mais le succès de la LO est l'occasion de la fondation, en 1902, d'une Confédération du patronat suédois (*Svenska arbetsgivareföreningen*, SAF). Dès l'origine, l'un des objectifs principaux de cette organisation est d'assurer un contrôle centralisé du déroulement des conflits industriels. En 1905, le comité directeur de la SAF met en place un examen centralisé des conventions collectives signées par ses filiales avec leurs homologues syndicaux. L'article 23 du règlement de la SAF prévoit que tous les accords collectifs sans exception autorisent l'employeur à gérer librement et répartir le travail, à embaucher ou licencier les ouvriers de façon discrétionnaire et avoir recours à une main d'œuvre syndiquée ou non. En 1906, la SAF négocie et conclut un accord général avec la LO soutenant l'article 23, et connu ultérieurement sous la dénomination de « compromis de décembre 1906 ». En particulier, les tentatives syndicales pour parvenir à une préférence à l'embauche sont rejetées. En contrepartie, la SAF convient que le droit d'association doit rester intact et que les travailleurs peuvent réclamer une enquête s'ils estiment que les pouvoirs de licenciement de l'employeur ont été utilisés pour nuire aux syndiqués. C'est la preuve que la SAF reconnaissait le droit à la LO – ou en pratique à ses syndicats affiliés – de représenter ses adhérents individuels lors des négociations collectives sur les salaires (Schmidt, 1958, p. 33-34 ; Schiller, 1967, p. 25-49).

C'est aussi le premier pas vers ce qui sera connu sous le nom de « modèle suédois » ou peut-être le deuxième, en fonction de la définition adoptée. En effet, déjà en 1905, les patrons de l'industrie mécanique qui n'ont pas rejoint la SAF concluent un accord collectif national avec leur interlocuteur le Syndicat suédois de la sidérurgie et de la métallurgie. La teneur de l'accord est similaire au « compromis de décembre » : le patronat a le droit de gérer et répartir librement le travail ainsi que d'embaucher et de licencier les ouvriers tandis que le syndicat, en contrepartie, conserve le droit d'association. Il a souvent été dit que les conditions de l'accord favorisaient les employeurs. Cependant, Alf Johansson (1990, p. 22) a soutenu de façon convaincante que le droit d'association valait bien ce sacrifice de la part des ouvriers puisqu'ils prenaient le contrôle du monde du travail : ils en devenaient « les maîtres » ; en conséquence, les droits de gérer et de répartir librement le travail ne constituaient pas une menace sérieuse pour les syndiqués.

3. Reflux syndical puis relance dans le premier 20ᵉ siècle

Si le futur s'annonce radieux pour le mouvement syndical suédois, la situation va rapidement changer. En 1909, celui-ci essuie sa défaite la plus dévastatrice. En réponse à plusieurs lock-out, la LO lance une grève générale en août. Cette grève porte un coup de masse aux industries clés comme la sidérurgie, le bois et la pâte à papier, avec la menace d'une fermeture plus ou moins complète. Cependant, l'organisation est trop faible. En particulier, d'importants groupes ouvriers comme les cheminots, les dockers et les marins n'en font pas partie, principalement pour des raisons juridiques. Les briseurs de grève jouent aussi un rôle considérable. En conséquence, la distribution de marchandises peut être maintenue presque sans dommages et dans le faible état du marché de l'époque, les plus importantes entreprises peuvent survivre en vendant des stocks malgré les entraves à la production. En outre, les fonds de soutien à la grève sont maigres et ses leaders déclarent qu'aucune aide ne sera apportée aux adhérents pendant le conflit. Bien que cette décision ne soit pas complètement suivie dans les faits, de nombreux ouvriers ayant des familles se trouvent en grande difficulté. Au bout d'un mois, la grève prend fin. C'est une victoire pour la SAF. Au début de la grève, les syndicats suédois comptaient plus de 210 000 adhérents (dont 160 000 affiliés aux organisations de la LO). Fin 1909, ces effectifs ont reculé à 150 000 (dont 108 000 pour la LO). Le déclin se poursuit pendant les deux années suivantes, touchant le fond en 1912, avec seulement 114 000 syndiqués, dont 80 000 à la LO (Schiller, 1967 ; Hamark, Thörnqvist, 2013).

Une décennie est nécessaire pour que la LO retrouve ses effectifs perdus à cause de la grève générale. Le taux de syndicalisation augmente en valeurs absolue et relative presque chaque année de 1911 à 1938. Pendant les années 1920, la progression est exceptionnelle par rapport à la situation internationale, les taux de syndicalisation reculant dans la plupart des pays dans les années 1930 comparées aux années 1920. L'expansion syndicale suédoise s'inscrit dans une plus longue série d'événements marqués par des accords et des négociations de la LO avec le patronat après des compromis majeurs au début du 20ᵉ siècle (Kjellberg, 1983, p. 220). La LO s'efforce également d'organiser l'intégralité de la classe ouvrière. Pour autant, cette analyse doit être nuancée. Pendant les années 1920, le capital organisé a largement recours aux lock-out expliquant que « de nombreux travailleurs suédois recherchent une protection en adhérant aux syndicats » (Swenson, 2002, p. 76). Ainsi, il y a deux façons de comprendre la croissance de la syndicalisation : l'une met l'accent sur la puissance du monde du travail, l'autre sur le pouvoir du capital.

On s'est souvent interrogé sur la raison pour laquelle la SAF n'a pas complètement anéanti le mouvement syndical après sa victoire de 1909. L'une des raisons primordiales tient à la naissance d'un syndicat à tendance anarchiste, l'Organisation centrale des travailleurs suédois : la SAC (*Sveriges Arbetares Centralorganization*). Celle-ci est fondée en 1910 en réaction directe à la défaite de la LO lors de la grève générale de 1909. Comme elle n'avait aucunement pour objectif la négociation de conventions collectives mais préconisait des actions directes sur les lieux du travail, la SAF, dans la crainte d'une extension anarchiste, préfère maintenir le lien avec des organisations plus réformistes, fidèles au « compromis de décembre » (Persson, 1975, p. 104-107). De son côté, la direction de la LO était très contrariée par les syndicalistes révolutionnaires et les efforts pour prendre de la distance avec eux lors du congrès de 1917 sont contrariés par certains délégués, indication de l'esprit idéologique qui règne alors au sein du mouvement ouvrier (Hansson, 1932, p. 85).

Même si la Suède ne figure pas parmi les belligérants pendant les guerres mondiales du 20ᵉ siècle, le premier conflit mondial engendre cependant une pénurie qui se termine par des émeutes dues à la famine dans de nombreuses villes en 1917. Comme dans bien d'autres pays, la Suède se retrouve à deux doigts d'une révolution (Andrae, 1998). Bien que la révolution ne se soit jamais produite, le nombre de grèves augmente et la période de 1916 au milieu des années 1920 n'a pas son pareil dans l'histoire suédoise en termes de conflits collectifs (Thörnqvist, 2000, p. 165-167). L'arme du lock-out total revient après la guerre avec les importants conflits de 1920, 1923 et 1925, ce dernier touchant 100 000 ouvriers. Mais, en dépit du fait que le cycle économique ne favorise pas les ouvriers, les lock-out n'ont jamais été aussi dévastateurs que la grève générale. Visiblement, quelque chose a changé. En 1909, les associations patronales peuvent potentiellement exclure autant de travailleurs qu'il y a de syndiqués, mais la situation finit par évoluer. Les associations patronales continuent de gérer principalement les entreprises de fabrication au sein du secteur privé tandis que la LO devient le représentant de l'ensemble de la classe ouvrière. Cela signifie que de grands regroupements d'ouvriers peuvent contribuer efficacement aux fonds de grève même si la SAF lance le plus large lock-out possible (Hamark, 2014, p. 134-136). En conséquence, la SAF commence à regarder dans une nouvelle direction.

Le régime des relations sociales qui commence à se développer avec les conventions collectives dans l'industrie mécanique en 1905 et le « compromis de décembre 1906 » survivent aux attaques des employeurs les plus militants et des mouvements syndicaux radicaux. Sans surprise, ce régime de relations sociales « se juridicise » davantage (Lundh, 2008, p. 56). Un fait marquant de la période de l'entre-deux-guerres est la promulgation de la loi sur les conventions collectives et celle sur les prud'hommes de 1928. Cette nouvelle législation conduit à ce que la signature d'une convention collective impose une obligation de paix sociale, les actions collectives visant à modifier la convention n'étant pas autorisées. La principale tâche des prud'hommes est de répondre à des différends concernant l'interprétation et l'application des conventions collectives. La seule action permise pendant la durée d'application de la convention est une action de solidarité avec un conflit licite (Göransson, 1988, p. 420-422).

Cette législation est généralement vue comme avantageuse pour la SAF et le mouvement ouvrier s'oppose à l'introduction des deux nouvelles lois. Une grève de protestation d'une journée en mai 1928, avant leur adoption, rassemble 370 000 personnes (Hansson, 1932, p. 108). L'argument développé est que les lois changent l'équilibre des pouvoirs en faveur du capital, les entreprises conservant les prérogatives sanctionnées par le « compromis de décembre » mais les ouvriers se voyant privés de leur moyen de résistance le plus efficace, la grève. En revanche, du point de vue de la perspective de la hiérarchie syndicale, les choses ne se présentent pas trop mal. Le renforcement juridique des conventions collectives augmente le pouvoir des responsables syndicaux, ce qui n'est pas sans importance à une époque de récession et de fort chômage et donc d'agitation du marché du travail et de contradictions politiques internes à la LO (Fulcher, 1991, p. 139). Ainsi, alors que la LO et la SAP s'opposent à la législation de 1928, les deux organisations acceptent la législation une fois promulguée.

4. L'accord de Saltsjöbaden et le nouveau régime du marché du travail

La loi sur les négociations collectives encadre les différends concernant les droits des travailleurs. Les syndicats peuvent appeler à la grève dès qu'une convention a expiré et, en conséquence, le patronat est libre de son côté d'organiser des lock-out. Le recours à l'arme du conflit social sera, cependant, plus encadré dix ans plus tard par la « convention fondamentale » entre la LO et la SAF, plus connue sous le nom de « l'Accord de Saltsjöbaden » puisque celui-ci a été signé au Grand Hôtel de Saltsjöbaden, le 20 décembre 1938. Cet accord fixe le cadre des conventions collectives de branche et en conséquence les niveaux des salaires dans les entreprises individuelles aussi. De plus, il constitue, au moins en partie, un garde-fou contre l'intervention étatique dans le marché du travail ; le capital organisé ainsi que le travail organisé, c'est-à-dire les syndicats, doivent gérer les questions relatives au marché du travail sans intervention du gouvernement tant qu'ils agissent de manière responsable dans un esprit de respect mutuel et de coopération et, en conséquence, aussi éloignés du conflit social que possible (Lundh, 2009, p. 9).

La victoire des sociaux-démocrates lors des élections générales de 1932 et 1936 explique cet accord. La SAF se réjouissait d'éviter toute immixtion politique quand, au moins à ses yeux, la branche politique du mouvement ouvrier détenait le pouvoir politique et pouvait faire avancer la vision socialiste du SAP. Les sociaux-démocrates, cependant, ont réformé la société suédoise mais sans jamais avoir l'intention de la bouleverser. Le SAP a plutôt placé son propre personnel dans les structures bureaucratiques existantes mais n'a jamais vraiment remis en cause les grandes entreprises capitalistes. Le capital organisé a donc toujours eu droit de cité : le gouvernement fixe les règles du jeu mais sans intervenir dans la partie en train de se jouer tant qu'il n'y a pas de violation flagrante des règles. De telles violations pouvaient prendre la forme de réclamations salariales qui menaçaient d'augmenter par trop le taux d'inflation ou les conflits sociaux qui nuisaient aux « tiers neutres ». L'accord de Saltsjöbaden a donc trouvé sa place dans l'histoire comme étant l'événement de référence d'un nouveau marché du travail « harmonieux », sans conflits ni législation détaillée, même si cette approche reste incomplète (Swenson, 2009 ; Hamark, 2014). Pour ce qui la concerne, la notion de « modèle suédois » a vu le jour en 1936. Le célèbre journaliste et publicitaire Marquis Childs a utilisé l'expression qui est devenue à la mode dans le débat américain sur le *New Deal* pour montrer que la Suède suivait une « voie médiane » entre une économie planifiée totalitaire et une reddition au capitalisme effréné (Childs, 1936). Cependant, bien que M. Childs ait sans doute forgé l'expression deux ans avant l'accord de Saltsjöbaden (Guðmundsson, 1995, p. 5), le modèle suédois, tel qu'on le connaît aujourd'hui, comme régime du marché du travail, est né en 1938, même s'il était déjà auparavant au stade embryonnaire et avait encore un long chemin à parcourir.

Pour que la vision de « Saltsjöbaden » se concrétise, il fallait que les partenaires sociaux « se disciplinent », c'est-à-dire que la hiérarchie s'impose. Au congrès de la LO de 1941, les statuts de la confédération donc été modifiés afin de centraliser davantage l'organisation. Pour faire partie de la LO, toutes les associations syndicales doivent désormais adopter, en premier lieu, une clause accordant un veto à la direction. Les scrutins – utilisés à tort et à travers par de nombreux syndicats – ne sont pas interdits mais les directions syndicales doivent avoir le dernier mot sur tous les sujets concernant les conventions collectives et les conflits sociaux. En second lieu, les syndicats affiliés à la LO doivent demander une autorisation avant d'appeler à la grève impliquant plus de 3 % de leurs adhérents si toutefois le conflit est susceptible d'avoir des implications sérieuses en dehors du domaine d'activité de l'association (Fulcher, 1991, p. 142-143). Mais la modification des statuts n'intervient pas uniquement en raison de l'accord de Saltsjöbaden. Elle résulte également de l'adaptation de la pratique de la LO depuis le début des années 1930. En 1933, le conseil général de la LO recommande aux associations affiliées d'inscrire dans leurs statuts un droit de veto au profit de la direction et, dans les années suivantes, la plupart des associations avaient obtempéré. Au moment du congrès de 1941, 38 des 45 associations affiliées ont déjà ratifié ce point (Hadenius, 1976, p. 125-126). La centralisation auto-imposée apparaît en outre une réponse à l'« ennemi intérieur », soit l'opposition communiste qui est puissante dans certaines branches de la LO ; ainsi, le fait de déplacer le processus de décision de la base vers les comités contrôlés par les réformistes réduit l'influence des révolutionnaires (Hamark, 2014, p. 156-157). La SAF a bien accueilli cette centralisation. L'un de ses représentants prétendait qu'« il ne fallait ni législation ni même un accord central pour contrôler les syndicats suédois, parce qu'ils évoluaient vers une plus grande centralisation et il suffisait que les employeurs soutiennent la direction syndicale » (Fulcher, 1991, p. 143).

Le fort lien entre le SAP et la LO, cependant, donne au mouvement syndical une grande influence sur la politique sociale-démocrate. Notamment, le « programme d'après-guerre du mouvement des travailleurs » (*Arbetarrörelsens efterkrigsprogram*), présenté en 1944, est développé conjointement par le SAP et la LO et met l'accent sur les droits des travailleurs et la participation sur les lieux de travail comme moyen d'améliorer la productivité. Si les travailleurs avaient leur mot à dire sur l'évolution technique et financière des entreprises, ils s'intéresseraient davantage à la production et seraient plus productifs. La représentation des ouvriers au niveau des branches ira dans le même sens (Thörnqvist, 2011).

Une autre caractéristique du programme d'après-guerre est le débat sur l'introduction d'une économie planifiée, seul débat sérieux de ce genre dans l'histoire de la Suède, les membres du parti et les adhérents de la LO étant actifs dans l'élaboration détaillée de cette transition (Lewin, 1967).

Outre la centralisation des conventions collectives, les frémissements du nouveau régime du marché du travail à la suite de « Saltsjöbaden » et du programme de l'après-guerre ont marqué la fin d'une époque et le début d'une nouvelle ère. En premier lieu, malgré la politique de la LO visant à éviter la séparation entre syndicats masculins et syndicats féminins, un grand nombre d'organisations du travail de femmes avec des ambitions syndicales existent encore dans le secteur privé pendant l'entre-deux-guerres. Rien qu'à Stockholm, on compte une cinquantaine d'organisations, réparties en groupes divers tels que les agents de bureau, les vendeuses, les serveuses, les domestiques et les dentistes femmes. Si beaucoup de ces organisations ne peuvent pas être qualifiées de syndicales dans le sens traditionnel, leur objectif consiste à obtenir des droits collectifs par des actions collectives, même si le patronat ne reconnait pas ces organisations comme des partenaires sociaux et même si elles ne sont pas aussi militantes que les syndicats « masculins » (Östberg, 1997). Les organisations féminines n'étant reconnues ni comme des partenaires de négociation ni comme militantes, la question se pose de savoir quels sont leurs leviers et leurs stratégies. Tant dans les secteurs privé et public, une caractéristique clé est la coopération plutôt que la confrontation dans les contacts avec le patronat et avec les autres organisations d'ouvrières. Les femmes tissent des réseaux. L'objectif est également de négocier séparément avec chaque employeur sur une base individuelle. En faisant progresser les compétences des membres et leur niveau d'instruction, ces organisations pensaient pouvoir améliorer les conditions de travail et les salaires de leurs adhérents lors de négociations avec les employeurs. Cependant, le principal point faible de cette stratégie est qu'elle est mieux adaptée à un marché du travail présentant une répartition sexuée très marquée, soit des industries et entreprises où des regroupements professionnels dominés par les femmes se distinguent. Les syndicats suédois sont, cependant, des associations de branche et plus les syndicats au sein de la LO fusionnent pour former des ensembles plus grands, plus il devient difficile de maintenir des structures distinctes pour les femmes. En conséquence, les syndicats féminins disparaissent peu à peu, au fur et à mesure de la centralisation continue et de la fusion de nombreuses organisations pendant la période de l'entre-deux guerres (Fransson, Thörnqvist, 2003).

En second lieu, en 1944 la Confédération suédoise des employés salariés (TCO) a été fondée par la fusion de deux confédérations mineures, l'une du secteur privé, l'autre du secteur public. Il devait se passer encore du temps pour que les cols blancs aient les mêmes pouvoirs que la LO, notamment les fonctionnaires qui n'ont pas légalement le droit de conclure des conventions collectives ou de mener des actions collectives avant 1966, mais à partir de cette date, les organisations de cadres ne pourront plus être ignorées (Kjellberg, 1997). Par exemple, en 1946, la SAF accepte de conclure un accord avec la LO et la TCO – deux ans seulement après la création de cette dernière – garantissant l'information et la consultation au sein des entreprises. Dans une certaine mesure, d'un point de vue strictement juridique, cet accord constituait une limite au droit de gérer et de déléguer le travail librement (Göransson, 1988, p. 294).

5. L'âge d'or de l'influence politique des syndicats suédois

Le débat sur l'économie planifiée a rapidement perdu son sens concret avec l'essor de l'économie suédoise d'après-guerre. Pourtant, les principaux architectes derrière ces nouvelles idées politiques sur le marché du travail et donc la distribution de la nouvelle richesse sont deux économistes de la LO, Gösta Rehn et Rudolf Meidner. Ils introduisent la « politique salariale solidaire », un concept pour le plein emploi mais avec une faible inflation qui fait ses preuves dans les années 1950 et 1960. Cette politique promeut, avec le système de négociation centralisée, une transformation structurelle nécessaire de l'économie suédoise ; les industries « faibles » comme le textile et la confection ne peuvent plus supporter les coûts des salaires, mais les industries mécaniques profitent de la dérive des bas salaires et ainsi les ouvriers passent des industries non rentables vers celles qui sont plus prospères (Bergström, 2003 ; Ekdahl, 2003 et 2005). En outre, la période du début des années 1950 à la fin des années 1960 est particulièrement épargnée par l'agitation sur le marché du travail. Les conditions de vie s'améliorent régulièrement pour la majorité de la population et la rentabilité des grosses entreprises satisfait la SAF. Les syndicats suédois, notamment dans les industries exportatrices, se considèrent non seulement comme les acteurs des politiques réformatrices nationales du SAP mais aussi de la politique industrielle suédoise sous un régime de démocratie sociale fort. Plus particulièrement, les syndicats de la métallurgie suédoise (*Svenska Metallindustriarbetareförbundet*) recourent aux deux fédérations métallurgiques internationales comme des canaux pour informer le SAP des actions au sein de la Communauté économique européenne et, plus tard, de l'Union européenne (Thörnqvist, 2008, p. 947).

La paix sociale prend fin de façon dramatique en décembre 1969. Si le boom économique d'après-guerre a amélioré de façon considérable et régulière le niveau de vie mais au prix d'unc aggravation des conditions de travail pour beaucoup, les changements structurels, la mécanisation et la rationalisation ont fait des mécontents parmi les ouvriers. L'augmentation du niveau de vie ne peut pas, à long terme, remplir le « vide » ressenti au travail : non seulement les ouvriers ont perdu leurs compétences mais ils sont réduits à l'état de machines à cause d'une organisation du travail strictement tayloriste. Au niveau de la base, cela provoque une vague de grèves sauvages, le détonateur étant celle des mineurs dans la société étatique LKAB à l'extrême nord de la Suède qui débute en novembre 1969 et qui ne prend fin qu'en février 1970. Le conflit commence à propos du taux de rémunération à la pièce dans l'une des trois mines mais s'étend rapidement à tous les mineurs, soit 4 800 personnes. Les revendications s'élargissent aussi, pour recouvrir les questions des conditions de travail et de participation. « Nous sommes des hommes, pas des machines » clament les mineurs des piquets de grève comme ils l'écrivent sur leur pancartes pour montrer qu'ils ne se reconnaissent pas dans les idéaux de gestion tayloriste de la société. La grève de la LKAB met un terme à la célèbre « paix sociale » du marché du travail suédois et les grèves sauvages qui s'ensuivent partout dans le pays font comprendre qu'il n'y aura plus de paix sociale générale dans un futur proche (Thörnqvist, 1994, p. 315).

Puisque la vague de grèves sauvages n'est pas seulement une attaque contre les conditions de travail mais indirectement aussi contre l'idéal du « consensus » entre les ouvriers et le capital, la LO comme le SAP doivent prendre des mesures pour répondre à ces nouvelles demandes de la base. Le résultat consiste en un élan vers une nouvelle législation du travail comprenant la démocratie sur les lieux de travail. Cette revendication d'une démocratie sociale oblige le SAP – toujours au pouvoir – à promulguer une nouvelle législation qui se concrétise sous la forme de plusieurs lois relatives au marché du travail au cours des années 1970, dont les plus importantes sont la loi sur la sécurité de l'emploi (LAS) de 1974 et la loi relative à la codétermination (MBL) de 1976. Selon cette dernière, toujours en vigueur, les syndicats ont un droit d'information et de consultation avant la prise de toute décision importante par une entreprise. Cela ne veut pas dire que le syndicat a son mot à dire sur la décision finale qui relève toujours du conseil d'administration ou du PDG, mais que les réclamations syndicales doivent être prises en compte avant la prise de décision. La réponse immédiate de l'aile gauche du syndicalisme est que la nouvelle loi n'est qu'une escroquerie et ne veut rien dire en pratique. Dans le langage populaire, la nouvelle loi est dénommée le « klaxon », le seul véritable changement étant que l'employeur devait désormais klaxonner avant d'écraser le travailleur (Göransson, 1988, p. 319-25 ; Thörnqvist, 1999, p. 78).

Cependant, la loi est introduite par les sociaux-démocrates et, en conséquence, de nombreux employeurs considèrent que leur capacité à régir librement leur entreprise est menacée. La SAF croyait sérieusement que les prud'hommes suédois, souvent accusés de favoritisme vis à vis du patronat, leur seraient moins favorables, et certains indices laissent penser que c'était effectivement le cas (Schiller, 1988, p. 163 et 190). En pratique, cependant, la SAF réussit à atténuer, même à neutraliser les effets de la nouvelle loi. La codétermination des questions de gestion doit être garantie par des clauses des conventions collectives, en conséquence la SAF déclare refuser de conclure de tels accords. La pratique des prud'hommes était claire : si ni la loi ni les conventions collectives n'énoncent que les salariés et les syndicats détiennent légalement le droit de codétermination de certaines questions, les prérogatives de l'employeur restent intactes ; il s'agissait d'une « clause invisible » (Göransson, 1988, p. 289-299 et 350-351). Ainsi, d'un point de vue jurisprudentiel, les droits à codétermination n'ont jamais dépassé le stade du « klaxon ».

La législation était donc une nouvelle façon pour les syndicats de gagner du terrain, mais qu'en est-il de la démocratie économique dont il est plus souvent question ? Comment les fondateurs de la politique sociale solidaire, G. Rehn et R. Meidner, les économistes liés à la LO, ont-ils réagi ? Au milieu des années 1970, G. Rehn avait trouvé un poste à l'université et R. Meidner, pour sa part, voulait faire avancer la question de la solidarité économique et de la démocratie. Sa proposition était d'organiser les caisses d'entre-aide des salariés, dans le langage populaire les « caisses Meidner » visant la formation d'un capital collectif. Si le parlement suédois l'avait adoptée, cette proposition aurait demandé que les grandes entreprises émettent chaque année des actions correspondant à 20 % des bénéfices et les cèdent à des caisses contrôlées par les syndicats, où elles s'accumuleraient jusqu'à ce que le pouvoir de vote dans les plus grandes entreprises passent des détenteurs traditionnels aux nouvelles caisses collectives (Ekdahl, 2005, p. 259-270).

Les caisses ont été inscrites sur l'agenda politique à la fin août 1975 lorsque R. Meidner présenta sa première proposition. La « percée » dans le débat politique est venue lors des élections générales de 1976. Les aspects ouvertement socialistes des caisses furent minimisés par le SAP, le parti valorisant plutôt l'idée de niveler les différences de richesses et d'augmenter l'influence des salariés dans les entreprises en obtenant des bénéfices excédentaires (Gilliam, 1988, p. 31). Toutefois, R. Meidner, dans sa proposition initiale, ne voulait pas que les caisses salariales soient un instrument de la politique économique. Selon ses propres termes, le « débat suédois sur les caisses salariales prenaient racine dans un phénomène comprenant un aspect extrêmement important du modèle suédois : la politique des salaires solidaires » (Meidner, 1991, p. 293). Les caisses visaient le pouvoir politique et non une simple influence économique. Cependant, la proposition aspirait aussi à la croissance économique, qu'on oublie trop souvent dans le débat qui leur est consacré, le taux de formation du capital en Suède à cette époque commençant à ralentir et la création d'emplois à faiblir (Ekdahl, 2005, p. 261-63).

La proposition des caisses rencontra une opposition idéologique immense de la part de la SAF et des partis parlementaires représentant les classes moyennes. Les sociaux-démocrates perdirent les élections générales de 1976 comme de 1979, selon de nombreux commentateurs essentiellement en raison du nouvel élan idéologique contre les caisses. Mais à son retour aux affaires en 1982, le SAP mit en œuvre une version édulcorée des caisses sans commune mesure avec la radicalité de la proposition initiale de R. Meidner ; il s'agissait désormais de caisses relatives plus généralement à l'accumulation financière et les aspects de la démocratie industrielle étaient grandement minimisés. Il est intéressant de noter que lors des trois élections générales de 1979, 1982 et 1985, c'est davantage le peuple qui était opposé aux caisses, à savoir les électeurs de la classe moyenne, qui y voyaient une question de pouvoir ; les électeurs sociaux-démocrates en col bleu, à qui ces caisses devaient bénéficier, ne voyant pas cet aspect de la question (Gilliam, 1988). La campagne de la SAF contre les caisses atteignit son paroxysme en 1984. Le SAP ne manifesta plus d'enthousiasme particulier envers les caisses, puisque la question avait sans doute coûté deux élections au parti. À cette époque, R. Meidner lui-même considérait que les caisses étaient un échec engendrant de mauvaises relations entre les syndicats et le SAP (Meidner, 1991).

6. Les défis syndicaux contemporains : décentralisation et libéralisation

La lutte contre la nouvelle législation du marché du travail et les caisses d'entre-aide ainsi que la contre-attaque idéologique de la SAF et des partis parlementaires des classes moyennes a mis fin aux relations « amicales » entre travail et capital. Une réorientation de la direction au sein de la SAF au milieu des années 1970 accélère le mouvement. La nouvelle direction de la SAF plus militante déclenche un grand conflit de lock-out lors des grèves en 1980 qui se répercute sur l'ensemble du marché du travail, dans le secteur privé comme dans le secteur public. Bien que le conflit s'achève en faveur des syndicats plutôt que du patronat, la SAF y voit « un investissement pour l'avenir ». Peu à peu, les associations patronales commencent à démanteler le système de négociation collective et, dans les années 1990, la SAF annonce qu'elle ne prendrait plus part du tout aux négociations collectives centralisées. Elle donne deux raisons : permettre une plus grande différence salariale entre les industries à l'exportation et les secteurs protégés de l'économie et faciliter pour le patronat le recours aux salaires comme moyen d'encourager l'engagement salarial et de stimuler la productivité et la qualité. La colère du patronat contre le système de fixation des salaries provient du fait que le lien entre la performance des entreprises et le niveau réel des salaires est devenu très faible. Il n'y a cependant, jamais eu de démantèlement total du régime social. Après de dures luttes sur la décentralisation de la fixation des salaires lors des négociations de 1993 et 1995, un accord est conclu : la « convention de l'industrie » de 1997 signée par tous les syndicats et les organisations patronales des industries de fabrication. La question clé est que, bien que le patronat encourage une décentralisation de la fixation des salaires contrairement à l'ancien idéal de « Saltsjöbaden », il ne souhaite pas une « décentralisation » des armes du conflit, ce qui aurait constitué une conséquence logique, à savoir, que les grèves puissent aussi être engagées au niveau local sans sanction des directions syndicales (Thörnqvist, 1998). En conséquence, le résultat de la « bataille » sur la décentralisation est le démantèlement de l'ancien système de négociation centralisée, remplacé par une sorte de négociation-type suivant un même modèle, toujours en vigueur actuellement.

Cependant, ni les conventions collectives suédoises les plus fortes, ni les syndicats les plus forts n'ont le droit de s'immiscer dans la liberté de l'entreprise de vendre ou de déplacer ses activités ou ses biens. Les syndicats ont un droit de consultation et d'information, mais, si une entreprise maintient sa décision, par exemple, de fermer une usine en Suède et de délocaliser ses activités dans un pays à bas salaires, les syndicats n'ont aucun recours légal, y compris à travers l'action collective. Après l'expansion vers l'est de l'Union européenne en 2004, les syndicats suédois ont dû aussi faire face à la concurrence des travailleurs détachés, embauchés dans des nouveaux États membres de l'UE mais en poste en Suède pour des plus bas salaires et souvent régis par des conditions de travail impossibles à contrôler. La fameuse affaire Laval fut la plus remarquée sur le plan international, puisqu'elle remet en cause les relations sociales de tous les pays de l'UE (Woolfson, Thörnqvist, Sommers, 2010)[2].

Cela dit, grâce au legs tripartite de l'âge d'or du « modèle suédois », le système corporatiste a survécu, non sans dommages, aux défis idéologiques de l'impulsion néo-libérale des années 1980 et 1990. La Suède est passée indéniablement dans les années 1990 d'une économie keynésienne de la demande vers une économie de l'offre inspirée par le capitalisme néo-libéral. Cependant, la forte dépendance historique assurait que le partenariat social et les conventions collectives restent les socles des relations sociales dans la première décennie des années 2000.

Après le changement de gouvernement en septembre 2006, néanmoins, remplaçant le SAP par une alliance de centre-droit, les syndicats ont dû faire face à un autre défi. Des membres influents du nouveau gouvernement, parmi lesquels le premier ministre, le ministre des Finances et le ministre du Travail, d'une part, promettent que les conventions collectives resteront au centre du régime du marché du travail, rassurant ainsi les syndicats quant à la permanence de leur rôle dans la régulation collective du marché du travail. D'autre part, le gouvernement introduit une nouvelle législation de régulation des caisses de chômage qui entraîne la plus forte perte d'adhésion syndicale de l'histoire contemporaine de la Suède. Le changement des règles concernant l'allocation chômage – que les syndicats jugent dévastatrice – obligent les caisses à financer la plupart des allocations totales, ce qui entraîne une augmentation des cotisations des membres individuels de plus de 200 %, passant d'une moyenne de 90 à 100 couronnes suédoises par mois en 2006[3] à environ 340 à 370 couronnes en janvier 2007. Au même moment, les possibilités de déduction fiscale sont supprimées, raison pour laquelle l'augmentation nette est encore supérieure pour certains groupes atteignant 500 %.

---

[2] En l'occurrence, la Cour de justice de l'Union européenne a jugé le droit social suédois en partie incompatible avec le droit communautaire (arrêt du 18 novembre 2007). Pour la CJUE, la convention (concernant les salaires) que les syndicats suédois entendaient imposer à l'entreprise Laval excédait la protection minimale garantit par le droit européen.

[3] À l'époque, 1 euro = 9,3 couronnes suédoises.

Puisque ce sont les syndicats qui gèrent les fonds chômage, les frais d'assurance chômage et d'adhésion syndicale sont normalement réglés en même temps et apparaissent sur la même facture ; beaucoup d'adhérents voient la couverture d'assurance et l'adhésion syndicale comme les deux facettes d'une même médaille, mais désormais une médaille qu'ils n'ont plus les moyens de s'offrir. En conséquence, le taux d'adhésion syndical général passe de 77 % à 73 % entre le 1er janvier et le 31 décembre 2007, perte la plus importante depuis la grève générale de 1909 (Thörnqvist, 2011). Fin 2014, ce taux s'élève à 70 %[4].

Si les syndicats suédois comptent encore parmi les plus forts au monde, ils sont désormais rentrés davantage dans l'ère des promesses que de celle des perspectives positives.

Bibliographie

Andrae C. G., 1998, *Revolt eller reform: Sverige inför revolutionerna i Europa 1917-1918*, Stockholm, Carlssons.

Bergström V., 2003, « Prisstabilitet i fullsysselsättningssamhället – Rehns och Meidners modell för lönebildning », in Erixon L. (ed.), *Den svenska modellens ekonomiska politik: Rehn-Meidnermodellens bakgrund, tillämpning och relevans i det 21:a århundradet*, Stockholm, Atlas, p. 33-54.

Childs M. W., 1936, *Sweden: The Middle Way*, Londres, Faber & Faber Ltd.

Due J., Madsen J. S., Strøby Jensen C., 1993, *Den danske model: En historisk sociologisk analyse af det kollektive aftalesystem*, Copenhague, Jurist- og Økonomforbundets Forlag.

Ekdahl L., « Mellan fackligt och politiskt dilemma: En bakgrund till Rehn-Meidnermodellen », in Erixon L. (ed.), *Den svenska modellens ekonomiska politik: Rehn-Meidnermodellens bakgrund, tillämpning och relevans i det 21:a århundradet*, Stockholm, Atlas, p. 13-32.

Ekdahl L., 2005, *Mot en tredje väg: En biografi över Rudolf Meidner : II. Facklig expert och demokratisk socialist*, Lund, Arkiv.

Fransson S., Thörnqvist C., 2003, « Gender-specific Strategies for Industrial Action: The Swedish Case in Historical Perspective », in Fleming D., Thörnqvist C. (eds.), *Nordic Management – Labour Relations and Internationalization – Converging and Diverging Tendencies*, Copenhague, Nordic Council of Ministers, Nord, 15, p. 193-214.

Fulcher J., 1991, *Labour Movements, Employers, and the State: Conflict and Co-operation in Britain and Sweden*, Oxford, Clarendon Press.

---

[4]   Le taux de syndicalisation suédois s'élevait à 9 % au début du 20e siècle, 15 % à compter de 1915, plus de 30 % dans les années 1920, plus de 40 % dans les années 1930, plus de 60 % à compter de 1945 avant de dépasser les 70 % à compter des années 1960. Il dépasse les 80 % à compter de 1985 puis culmine à 85 % en 1995 avant de commencer à reculer (Kjellberg, 2015, p. 66-69).

Gilljam M., 1988, *Svenska folket och löntagarfonderna: En studie i politisk åsiktsbildning*, Lund, Studentlitteratur.

Göransson H., 1988, *Kollektivavtalet som fredspliktsinstrument: De grundläggande förbuden mot stridsåtgärder i historisk och internationell belysning*, Stockholm, Juristförlaget.

Guðmundsson G., 1995, « Le modèle nordique: définitions et dimensions », *P+ European Participation Monitor*, n° 10, p. 5-12.

Hadenius A., 1976, *Facklig organisationsutveckling: En studie av Landsorganisationen i Sverige*, Stockholm, Rabén & Sjögren.

Hamark J., 2014, *Ports, Dock Workers and Labour Market Conflicts*, Gothenburg, Gothenburg studies in economic history 12.

Hamark J., Thörnqvist C., 2013, « Docks and Defeat: The 1909 General Strike in Sweden and the Role of Port Labour », *Historical Studies in Industrial Relations*, vol. 34, p. 1-27.

Hansson S., 1927, *Den svenska fackföreningsrörelsen*, Stockholm, Tiden.

Hansson S., 1932, *Svenskt fackföreningsliv under fem decennier*, Stockholm, Tiden.

Hentilä S., 1981, « Sundsvallsstrejken 1879 », *Meddelande från Arbetarrörelsens arkiv och bibliotek*, n° 18, p. 22-39.

Johansson A., 1990, *Arbetarrörelsen och taylorismen: Olofström 1895-1925 : En studie av verkstaddsindustrin och arbetets organisering*, Lund, Arkiv.

Kämpe A., 1979, *Den stora strejken: Nyutgåva till Sundsvallsstrejkens 100-årsjubileum*, Farsta, Förlaget barrikaden (1ʳᵉ édition en 1929).

Kjellberg A., 1983, *Facklig organisering i tolv länder*, Lund, Arkiv.

Kjellberg A., 1997, « Hur formades de svenska tjänstemännens organisationsmönster? », in Johansson A. L. (ed.), *Fackliga organisationsstrategier*, Solna, Arbetslivsinstitutet, p. 49-64.

Kjellberg A., 2015, *Kollektivavtalens täckningsgrad samt organisationsgraden hos arbetsgivarförbund och fackförbund* [Coverage of Collective Agreements and Union Density, Density of Employers' Organisations], Lund, Lund University.

Levin L., 1967, *Planhushållningsdebatten*, Uppsala, Acta Universitatis Upsaliensis.

Lindbom T., 1938, *Den svenska fackföreningsrörelsens uppkomst och tidigare historia 1872-1900*, Stockholm, Landsorganisationen i Sverige.

Lundh C., 2008, *Arbetsmarknadens karteller: Nya perspektiv på det svenska kollektivavtalets historia*, Stockholm, Norstedts akademiska förlag.

Lundh C., 2009, « Inledning », in Lundh C. (ed.), *Nya Perspektiv på Saltsjöbadsavtalet*, Stockholm, SNS Förlag, p. 42-90.

Meidner R., 1991, « Beyond Wage-Earner Funds », in Hancock M. D., Logue J., Schiller B. (eds.), *Managing Modern Capitalism: Industrial Renewal and*

Workplace Democracy in the United States and Western Europe, New York, Praeger, p. 291-312.

Nerman T., 1956, *Svensk arbetarrörelse i ord och bild 1881-1955*, Stockholm, Tidens förlag.

Nycander S., 2008, *Makten över arbetsmarknaden: Ett perspektiv på Sveriges 1900-tal*, Stockholm, SNS Förlag.

Östberg K., 1997, *Efter rösträtten: Kvinnors utrymme efter det demokratiska genombrottet*, Eslöv, Brutus Östlings bokförlag Symposion.

Persson L. K., 1975, *Syndikalismen i Sverige 1903-1922*, Stockholm, Federativ.

Schiller B., 1967, *Storstrejken 1909: Förhistoria och orsaker*, Göteborg, Akademiförlaget, Studia Historica Gothoburgensia IX.

Schiller B., 1988, *« Det förödande 70-talet » : SAF och medbestämmandet 1965-1982*, Stockholm, Allmänna förlaget.

Schmidt F., 1958, *Kollektiv arbetsrätt (tredje upplagan)*, Stockholm, P.A. Nordstedt & söner.

Swenson P. A., 2002, *Capitalists Against Markets: The Making of Labor Markets and Welfare States in the United States and Sweden*, Oxford, Oxford University Press.

Swenson P A., 2009, « Solidaritet mellan klasserna: Storlockouten och Saltsjöbadsandan », in Lundh C. (ed.), *Nya Perspektiv på Saltsjöbadsavtalet*, Stockholm, SNS Förlag, p. 42-90.

Thörnqvist C., 1994, *Arbetarna lämnar fabriken: Strejkrörelser i Sverige under efterkrigstiden, deras bakgrund, förlopp och följder*, Göteborg, Avhandlingar från historiska institutionen i Göteborg 9.

Thörnqvist C., 1998, « The Swedish Discourse on Decentralisation of Labour Relations », in Fleming D., Kettunen P., Søborg H., Thörnqvist C. (eds.), *Global Redefining of Working Life – A New Nordic Agenda for Competence and Participation?*, Copenhagen, Nordic Council of Ministers, Nord, 12, p. 267-291.

Thörnqvist C., 1999, « The Decentralization of Industrial Relations: The Swedish Case in Comparative Perspective », *European Journal of Industrial Relations*, n° 1, p. 71-87.

Thörnqvist C., 2000, « Arbetsinställelser 1903-1999 », in Tegle S. (ed.), *Har den svenska modellen överlevt krisen? Utvecklingstendenser inför 2000-talets arbetsliv*, Stockholm, Arbetslivslivsinstitutet, p. 163-168.

Thörnqvist C., 2008, « Metall och världen », in Berggren L., Ekdahl L., Gråbacke C., Isacson M., Jansson R., Jörnmark J., Sund B., Thörnqvist C., *Det lyser en framtid: Svenska metallindustriarbetareförbundet 1957-1981*, Stockholm, IF Metall, p. 909-1009.

Thörnqvist C., 2011, « Il modello svedese di democrazia industriale: Dramma storico in quattro atti », *Quaderni di Rassegna Sindacale*, n° 2, p. 209-238.

Thörnqvist C., 2011, « The Most Powerful Industrial Relations in the World? Pros and Cons of the Swedish Collective Bargaining System in the Light of the Laval Conflict », in Thörnquist A., Engstrand A. K. (eds.), *Precarious employment in perspective: Old and new challenges to working conditions in Sweden*, Bruxelles, P.I.E. Peter Lang, p. 23-45.

Thörnqvist C., Bergholm T., Mellberg M., 2015, « The May Day Tradition in Finland and Sweden », in Peterson A., Reiter H. (eds.), *European May Day Rituals: Past, Present and Future*, Aldershot, Ashgate, 2015.

Uhlén A., 1959, « Arbetarrörelsen i Malmö intill sekelskiftet », in Nilsson K. (ed.), *Arbetets söner: Text och bilder ur den svenska arbetarrörelsens saga: Del I Pioniärtiden*, Stockholm, Steinsvik, p. 171-195.

Woolfson C., Thörnqvist C., Sommers J., 2010, « The Swedish Model and the Future of Labour Standards after *Laval* », *Industrial Relations Journal*, n° 4, p. 333-350.

Conclusion

Plusieurs décennies après que les premiers jalons pour la mise en place d'une Europe sociale aient été posés, l'incertitude quant à la capacité des pays du vieux continent de poursuivre ensemble la construction et l'affirmation d'un « modèle social européen », différent, voire alternatif au néo-libéralisme qui caractérise le monde anglo-saxon, et même au-delà de celui-ci, paraît entière.

Ainsi qu'en témoigne le choix de présenter dans ce livre les systèmes nationaux par ordre alphabétique – par souci de clarté –, la prudence ne peut être que de mise lorsqu'il s'agit d'interpréter les multiples évolutions en cours. En particulier, il est apparu au cours d'une analyse récente de l'évolution des systèmes de représentativité des « partenaires sociaux » dans les différents pays européens (Contrepois, Jefferys, Kerckhof, 2016) qu'aucune des typologies de systèmes de relations professionnelles existantes (Hall, Soskice, 2001 ; Marginson, Sisson, 2004 ; Hyman, 2001) n'avaient de valeur explicative complète pour comprendre la logique des différents systèmes nationaux. Différents enseignements peuvent être tirés toutefois des monographies présentées dans cet ouvrage.

Tout d'abord si les syndicats de salariés ont subi un déclin plus ou moins prononcé dans la plupart des pays étudiés – la Belgique faisant exception à cet égard –, force est de constater qu'ils continuent d'y exister et de s'y renouveler partout, y compris là où ils ne peuvent puiser aucune force qui proviendrait d'un ancrage institutionnel.

Les États-Unis fournissent à cet égard un exemple extrême puisque les droits collectifs des salariés n'y sont plus que très faiblement régulés par l'État. Le déclin spectaculaire de la représentation syndicale au cours de ces dernières décennies, survenu à la faveur des restructurations économiques et d'une modification des rapports de force en faveur des employeurs, a laissé la majorité des salariés de ce pays sans couverture conventionnelle. Malgré tout, les stratégies récentes d'*organizing* mises en œuvre par les centrales syndicales ont pu s'avérer concluantes dans certains cas, ainsi que le montre l'exemple récent de l'entreprise de santé Kaiser permanente, présenté dans ce livre.

Cet exemple vient confirmer les observations menées au début des années 2000 par Steven Henry Lopez (2004) au terme d'une enquête menée dans l'ancienne ville industrielle de Pittsburg. Dans cette ville de Pennsylvanie, où le renouvellement économique se caractérisait alors par l'émergence de services mobilisant une main d'œuvre non syndiquée, mal payée et travaillant dans des conditions particulièrement difficiles, l'auteur a étudié en détail la stratégie d'*organizing* déployée par le *Service Employee International Union* (SEIU). Il montre que si les travailleurs résistent aux efforts de mobilisation du syndicat sur la base de leur mauvaise expérience d'un type de *business unionism*, ils tendent à se réinvestir quand le syndicat privilégie un réapprentissage de la démocratie en les associant à la définition des objectifs et des stratégies de la mobilisation. Celle-ci rencontre alors un certain succès.

Ces stratégies d'*organizing* ont été assez largement débattues en Europe, où la chute importante des effectifs a conduit à des concentrations d'organisations comme en Allemagne ou au Royaume-Uni, ou bien s'est accompagnée, au contraire, de scissions des organisations de salariés traditionnelles débouchant sur la création de syndicats renouant avec le radicalisme comme cela a été le cas en France et en Espagne, ou encore a donné lieu à des successions de scissions puis de fusions comme en Bulgarie et en Roumanie. Il semble que ces stratégies constituent la voie de renouvellement privilégié, même si la mise en place de nouveaux services est elle aussi explorée (Pedersini, 2010 ; Bernaciac *et al.*, 2014).

Ainsi des campagnes de syndicalisation sont menées de manière assez systématique depuis une dizaine d'années, ciblant les fractions du salariat où les organisations syndicales ont le plus de difficultés à s'implanter. À ce titre, les travailleurs immigrés font l'objet d'une attention croissante de la part des confédérations. Cela est particulièrement vrai au Royaume-Uni où des structures spécifiques ont été créées pour syndiquer les travailleurs immigrés. Mais c'est aussi le cas dans d'autres pays. Ainsi, en Allemagne, en Espagne, en France, en Italie, en Irlande, aux Pays-Bas ou en Suède, les confédérations syndicales ont développé des dispositifs leur permettant de s'adresser plus spécifiquement aux travailleurs immigrés, dont la défense des droits constitue une voie de contestation des bas salaires et de la précarité. Ces dispositifs restent, toutefois, souvent timides et ne créent pas toujours les conditions propices à une meilleure intégration des travailleurs immigrés au sein des différents rouages des organisations syndicales (Penninx, Roosblad, 2000 ; Marino, Penninx, Roosblad, 2016). Ces dernières sont alors concurrencées dans leur mission de défense des droits des salariés par d'autres types d'organisations qui rencontrent actuellement un certain succès auprès des franges les plus atypiques des travailleurs précaires. C'est ainsi que dans plusieurs pays des associations comme San Precario en Italie, Officina precaria (OP) en Espagne ou Génération Précaire en France (tournée vers les stagiaires en entreprises qui se sont multipliés) ont vu le jour en marge des organisations syndicales.

Comme le souligne Jens Lind concernant le Danemark, les possibilités de renouvellement syndical sont plus ou moins importantes selon les modes de régulation des marchés du travail, des caractéristiques du système de négociation, mais aussi selon la place occupée par les syndicats dans le système de redistribution des richesses. Ainsi au Danemark, le déclin de la principale organisation syndicale de salariés, LO, apparaît être directement lié à la remise en cause de son rôle au sein de l'assurance chômage et à la montée d'organisations non militantes. En revanche, en Belgique où, au contraire, le rôle des syndicats dans la gestion de l'assurance chômage a été maintenu, le taux de syndicalisation continue à progresser. Plus largement, le maintien voire l'extension, d'une régulation des relations professionnelles par l'État apparaît constituer un facteur de pérennité des organisations syndicales ainsi que tendrait à le démontrer le contraste qui existe aujourd'hui entre leur situation aux États-Unis et au Québec où, dans ce dernier cas, le déclin syndical reste très contenu malgré de fortes similitudes des deux systèmes de relations professionnelles sur les autres points.

Un dernier facteur important mériterait d'être mentionné, il s'agit de la réglementation de la représentativité syndicale. Il est vrai qu'il est difficile aujourd'hui d'en mesurer les effets sur l'adhésion syndicale, les réformes intervenues dans plusieurs pays – France, Allemagne, Roumanie, Slovaquie et République Tchèque, notamment – étant trop récentes. Dans le cas français, cela semble pour le moment sans impact notable sur la syndicalisation. Cela étant, le singularisme français s'explique aussi par un système de ressources syndicales faiblement dépendant des cotisations d'adhérents (Andolfatto, Labbé, 2009). Pour autant, les audiences électorales syndicales n'en évoluent pas moins et, selon les branches ou les entreprises, ainsi que selon les nouveaux seuils de représentativité établis pour pouvoir signer ou s'opposer aux accords négociés, le paysage syndical tend à se modifier.

On soulignera encore qu'il est possible d'observer un recul du principe de reconnaissance mutuelle qui a jusqu'ici dominé les relations professionnelles de certains pays comme le Royaume-Uni, le Danemark ou la Suède[1]. De plus en plus, les États tendent à intervenir dans la définition de la représentativité, particulièrement celle des organisations syndicales de salariés, établissant des seuils d'effectifs, voir des seuils de succès électoral comme c'est maintenant le cas en France. D'un autre côté, le principe de présomption irréfragable de représentativité qui s'appliquait dans certains pays, comme la France et l'Espagne, est également remis en question par l'établissement de ces seuils (Contrepois *et al.*, 2016).

---

[1] Le principe de reconnaissance mutuelle est fondé sur la reconnaissance réciproque de la légitimité de l'autre partie. Selon Hyman (1997), cette légitimité se fonde sur l'expérience et les réalisations de l'organisation, son poids idéologique et sa capacité de négocier efficacement.

La notion de représentativité est particulièrement indispensable pour définir le niveau de participation des protagonistes sociaux à la vie économique et sociale nationale : institutions tripartites, négociations interprofessionnelles et de branches là où elles existent, consultation diverses. Elle contribue donc à déterminer leur influence aux yeux des adhérents potentiels.

Un autre élément de mesure de l'influence des organisations, tout au moins de celles de salariés, est leur capacité d'organisation de mouvements sociaux. Si, à la lumière des statistiques nationales de grève, celle-ci semble avoir décliné dans tous les pays, parfois sous l'effet de l'introduction de mesures restrictives de recours à celle-ci comme cela a été le cas en Grande-Bretagne ou en Roumanie, il apparaît que la conflictualité sociale s'est renouvelée sous d'autres formes. Ainsi, aux grèves plus ou moins longues est souvent préférée l'utilisation de répertoires d'action collective variés incluant des grèves de quelques heures répétées au cours d'une période donnée, des manifestations de salariés à l'extérieur de leur entreprise, assorties ou non de l'occupation de lieux publics mais aussi la saisine des tribunaux du travail au travers de séries de cas individuels (Jefferys *et al.*, 2011). La mobilisation conjointe de l'ensemble de ces répertoires d'action peut déboucher sur des mouvements sociaux importants comme ceux qui sont signalés, dans ce livre, concernant l'Autriche (2003), la Belgique (2005, 2014 et 2015), la France (2010), la Grèce (2011, 2012, 2013) ou l'Italie (2002, 2012). Cela peut également conduire à une « radicalisation » des luttes ainsi que le montre l'ouvrage récent de Gregor Gall (2013). Mais des luttes passées ont pu être également violentes et il n'est pas toujours simple de distinguer le neuf de l'ancien. Enfin, ces différents mouvements demeurent assez ponctuels tandis que le contexte reste marqué par une individuation des valeurs, le reflux de l'engagement civique, une informalisation des liens sociaux, un faible niveau de confiance (Putnam, 2000) que tempère tout de même, dans quelques pays, l'émergence de nouvelles formes et organisations militantes, critiques des modèles institutionnels classiques, plus axées sur les individus et développant des modes de démocratie plus directe ou participative.

Concernant l'évolution des systèmes de relations professionnelles, en second lieu, il est possible de relever, dans la plupart des pays couverts par cet ouvrage, une évolution à première vue paradoxale combinant décentralisation de la négociation collective et régulation croissante des relations professionnelles par les États. Ainsi que le rappelle Martin Behrens concernant l'Allemagne, la décentralisation de la négociation collective est un processus par lequel les compétences en la matière sont transférées de la branche ou du niveau interprofessionnel national à l'entreprise ou à l'établissement. Il importe de distinguer les processus de décentralisation organisée par lesquels des aspects de la négociation collective sont explicitement délégués aux niveaux inférieurs de ceux, désorganisés, qui s'apparentent davantage à de la dérégulation pure et simple (Traxler, 1995). Au fil des chapitres de cet ouvrage, deux formes de décentralisation apparaissent de manière plus ou moins systématique dans les différents pays étudiés avec comme conséquence une remise en question de la hiérarchie des normes juridiques qui y était établie.

C'est aux États-Unis que le processus de décentralisation désorganisé apparaît le plus manifeste avec, d'une part, la remise en question progressive du « traité » de Detroit qui encadrait les relations professionnelles et établissait la responsabilité de l'employeur en matière de protection sociale dans les grandes entreprises privées de l'automobile depuis les années 1950 et, d'autre part, la révocation récente du droit à la négociation collective, de manière partielle ou en totalité, dans le secteur public de certains États comme ceux d'Indiana, du Missouri, du Wisconsin, d'Ohio et du Michigan. Cela dit, le « modèle » nord-américain avait largement échappé au mode de régulation institutionnelle et étatique qui caractérise les rapports sociaux dans les pays européens (Bagnasco, 2006).

Le processus de décentralisation apparaît plus souvent et plus systématiquement organisé en Europe. Il faut, tout d'abord souligner qu'il concerne des domaines plus restreints qu'aux États-Unis, la protection sociale étant gérée par les États dans les pays Européens. Le processus de décentralisation y concerne donc la plupart du temps les salaires, les questions d'hygiène, de santé et de sécurité au travail, d'organisation du temps de travail, de formation professionnelle et d'égalité professionnelle.

Dans certains pays, ce processus s'appuie sur des négociations avec de petits syndicats indépendants, voire comme l'illustre les cas de la Grèce et de l'Allemagne, sur des associations de personnes regroupant au moins 60 % du personnel ou sur la mise en place de formules participatives.

Il se nourrit également du développement des entreprises multinationales, qui jouent un rôle de plus en plus important dans l'évolution des relations professionnelles. Ainsi que le soulignent Évelyne Leonard et François Pichault concernant la Belgique, ces entreprises favorisent la diffusion de pratiques de gestion similaires d'un pays à l'autre, notamment en matière de réduction des coûts et de flexibilité. Elles utilisent des objectifs de gestion, des outils de mesure et de contrôle ainsi que des « comparaisons coercitives » et tout cela pèse sur les négociations locales.

Le processus de décentralisation joue donc un rôle important dans la dérégulation des relations d'emploi mais ce rôle reste toutefois contenu par deux facteurs non négligeables. Le premier réside dans la persistance des mécanismes d'extension des conventions collectives partout où ils existaient. Certains pays, comme l'Allemagne, ont même introduit de nouvelles possibilités d'étendre les conventions collectives.

Le second facteur réside dans le développement de la législation euro-péenne, qui se traduit par une régulation croissante des relations profes-sionnelles par les différents États. Cette évolution est particulièrement visible dans le cas des pays d'Europe centrale et orientale entrés dans l'Union européenne dans les années 2000 ainsi qu'en attestent les cas de la Bulgarie et de la Roumanie évoqués dans ce livre. Pour ce qui est de la Bulgarie, Vassil Kirov note que la transposition des directives européennes dans le droit du travail s'est traduite par la mise en place d'un système dual de représentation des salariés au sein des entreprises et par des droits nouveaux en matière de négociation conférés aux syndicats. Le cas bul-gare illustre toutefois la complexité de cette évolution. Si, depuis 2006, des représentants de salariés peuvent, en effet, être élus par une assemblée générale du personnel dans le cadre de la mise en œuvre du droit à l'infor-mation et la consultation, l'assemblée générale peut également décider de transférer la mise en œuvre de ce droit aux organisations syndicales présentes dans l'entreprise. L'existence de représentants élus du personnel aux côtés des organisations syndicales est donc loin d'être systématique dans les entreprises bulgares.

Dans les pays d'Europe centrale et orientale, également, les multina-tionales et leurs comités d'entreprise européens ont joué – et continuent de jouer – un rôle particulièrement important dans la diffusion de la directive sur le droit à l'information et à la consultation et, par voie de conséquence, sur le développement des institutions représentatives du personnel dans les entreprises (Contrepois *et al.*, 2010).

De manière peut être plus surprenante, la législation sociale commu-nautaire a également des répercussions non négligeables au Royaume-Uni où la remise en question des droits individuels et collectifs des sala-riés a été d'une telle ampleur et d'une telle profondeur que ce pays est souvent considéré comme le symbole du revirement néolibéral. Mais, à la faveur d'une activité législative croissante au cours des vingt der-nières années, de nouveaux droits – certes controversés dans les rangs des organisations syndicales – y ont récemment été introduits en matière d'information et de consultation dans les entreprises, ainsi qu'en matière de représentation des salariés. Le droit de grève continue, en revanche, d'y être fortement limité.

Bien évidemment, l'influence de la législation sociale européenne est également forte dans les anciens pays membres de l'Union européenne où des dispositifs de représentation des salariés préexistaient. Plusieurs auteurs de ce livre notent une européanisation des modèles de relations professionnelles nationaux, prenant notamment appui sur la transposition des différentes directives dans les droits nationaux, ainsi que sur l'action des comités d'entreprise européens. En la matière, leurs observations rejoignent notamment celles de Sylvaine Laulom (2005) qui analyse la recomposition des systèmes de représentation des salariés à la lumière des différentes transpositions qui ont été faites de la directive sur l'information et la consultation en Allemagne, en France, en Italie, en Grande-Bretagne.

De ce point de vue, plusieurs monographies réunies dans ce livre confirment le rôle joué par la législation communautaire dans une lente et sans doute encore toute relative harmonisation des législations nationales, sans toutefois complètement épuiser les débats sur la convergence ou la divergence des systèmes de relations professionnelles en Europe (Da Costa, 2003 ; Marginson, Sisson, 2004). Dans ce processus d'harmonisation, un acteur relativement intégré, comme l'a longtemps été la Confédération européenne des syndicats (Wagner, 2005), a choisi de jouer un rôle plus offensif depuis son congrès d'Athènes, en 2011. Le plan d'action adopté alors met l'accent sur le renforcement d'un modèle social européen qui offre de solides garanties sociales, favorise la négociation collective et protège le droit de développer des actions collectives en cas de conflits d'intérêt, au contraire de limitations que tend à apporter la jurisprudence européenne. Le congrès de Paris, en 2015 a confirmé ces orientations, dénonçant des politiques sociales « inadaptées » et prônant la « démocratie au travail ». La CES s'est également résolue à mieux adapter son organisation aux transformations du salariat et des modes d'action collective.

Bibliographie

Andolfatto D., Labbé D., 2009, *Toujours moins ! Déclin du syndicalisme à la française*, Paris, Gallimard.

Baganasco A., 2006, « Le capital social dans un capitalisme en mutation », in Bevort A., Lallement M., *Le capital social. Performance, équité et réciprocité*, Paris, La découverte, p. 51-70.

Bernaciac M., Gumbrell McCormick R., Hyman R., 2014, *European trade unionism: from crisis to renewal?*, Report n° 133 for the European Trade Union Institute, ETUI.

Contrepois S., Delteil V., Dieuaide P., Jefferys S. (eds.), 2010, *Globalizing Employment Relations: Multinational Firms and Central and Eastern European Transitions*, Basingstoke, Palgrave MacMillan.

Contrepois S., Jefferys S., Kerckhofs P., 2016, *The concept of representativeness at national level and at european level – Part 1 The concept of representativeness at national level*, Rapport, Eurofound.

Da Costa I., 2003, « Economic globalisation and industrial relations in Europe: lessons from a comparison between France and Spain », *Document de travail du Centre d'Études de l'Emploi*, n° 26, mai 2003.

Hall P., Soskice D. (eds.), 2001, V*arieties of Capitalism. The Institutional Foundations of Comparative Advantage*, Oxford, Oxford University Press.

Hyman R., 1997, « The Future of Employee Representation », *British Journal of Industrial Relations*, n° 35-3, p. 309-336.

Hyman R., 2001, *Understanding European Trade Unionims: Between Market, Class and Society*, Londres, Sage.

Jefferys S. *et al.*, 2011, *Social Dialogue and the changing role of Conciliation, Arbitration and Mediation Services in Europe (CAMS)*, Rapport final pour la Direction Générale de l'Emploi et des Affaires Sociales de la Commission européenne, Working Lives Research Institute, London Metropolitan University.

Laulom S. (dir.), 2005, *Recomposition des systèmes de représentation des salariés en Europe*, Saint-Étienne, Publications de l'Université de Saint-Étienne.

Lopez S. H., 2004, *Reorganizing the Rust Belt: An Inside Study of the American Labor Movement*, Berkeley, University of California Press.

Marginson P., Sisson K., 2004, *European Integration and Industrial Relations. Multi-Level Governance in the Making*, Baingstoke, Palgrave Macmillan.

Marino S., Penninx R., Roosblad J. (eds.), 2016, *Trade unions, immigration and immigrants in Europe in the 21th century: new approaches under changed conditions*, Londres, Edward Elgar and ILO.

Pedersini R. (2010), « Trade unions strategies to recruit new groups of workers », Report for the European Foundation for the Improvement of living and working conditions. En ligne : http://www.eurofound.europa.eu/sites/default/files/ef_files/docs/eiro/tn0901028s/tn0901028s.pdf.

Pennix R., Roosblad J. (eds.), 2000, *Trade unions, immigration and immigrants in Europe, 1960-199 3: A comparative study of the actions of trade unions in seven west European countries*, New York, Berghahn books.

Putnam R., 2000, *Bowling alone*, New York, Simon and Schuster.

Traxler F., 1995, « Farewell to labour market associations? Organized versus disorganized decentralization as a map for industrial relations », in Crouch C., Traxler F. (eds.), *Organized Industrial Relations in Europe: What Future?*, Aldershot, Avebury, p. 3-19.

Wagner A.-C., 2005, *Vers une Europe syndicale. Une enquête sur la confederation européenne des syndicats*, Bellecombe-en-Bauges, Éditions du Croquant.

Les auteurs

Monica Andersson Bäck, maître de conférences en sociologie du travail à l'Université de Göteborg (Suède).

Dominique Andolfatto, professeur de science politique à l'Université de Bourgogne (Faculté de droit, sciences économique et politique, laboratoire Credespo).

Martin Behrens, chercheur à la Fondation Hans Böckler (Düsseldorf).

Antoine Bevort, professeur de sociologie au Conservatoire national des arts et métiers (laboratoire Lise), Paris.

Marina Casula, maîtresse de conférences en sociologie à l'Université de Toulouse 1 - Capitole.

Anemona Constantin, doctorante en science politique à l'Université de Paris-Ouest.

Sylvie Contrepois, *reader in European employment relations* à la London Metropolitan University (Faculté des sciences sociales et humaines) et chercheuse au Centre de recherches sociologiques et politiques de Paris (CNRS).

Mathieu Dupuis, doctorant à l'École de relations industrielles de l'Université de Montréal.

Guillaume Gourgues, maître de conférences en science politique à l'Université de Franche Comté (Besançon).

Jesper Hamark, maître de conférences en sciences sociales (sociologie économique) à l'Université de Göteborg (Suède).

Patrice Jalette, professeur titulaire à l'École de relations industrielles de l'Université de Montréal.

Vassil Kirov, professeur associé à l'Institut pour l'étude des sociétés et la connaissance (Académie bulgare des sciences, Sofia) et chargé de cours à l'Institut d'études politiques de Paris.

Lefteris Kretsos, maître de conférences en relations sociales et ressources humaines à l'Université de Greenwich (Londres).

Dominique Labbé, chercheur associé en science politique à l'Institut d'études politiques de Grenoble (laboratoire Pacte).

Mélanie Laroche, professeur agrégé à l'École de relations industrielles de l'Université de Montréal.

Évelyne Léonard, professeur à l'Université catholique de Louvain (Louvain School of Management, Belgique).

Jens Lind, professeur de sociologie à l'Université d'Aalborg (Danemark).

Patrick Moreau, chargé de recherche en histoire au CNRS, laboratoire Dynamiques Européennes, Université de Strasbourg.

François Pichault, professeur en management à l'Université de Liège (HEC), professeur en gestion des ressources humaines à l'ESCP-Paris.

Claude Rioux, chercheur associé au Centre de recherche interuniversitaire sur la mondialisation et le travail (CRIMT, Montréal) et consultant pour le Bureau international du travail.

Jessica Sainty, maître de conférences en science politique à l'Université d'Avignon.

Christer Thörnqvist, maître de conférences en économie de l'entreprise à l'Université de Skövde (Suède).

Traduction des textes en français par **Christopher Sutcliffe**, traducteur-interprète.

www.peterlang.com